普通高等教育"十二五"规划教材

物流与供应链管理

主　编　顾穗珊
参　编　赵素巧　马文杰　顾学泰　田琳琳

机 械 工 业 出 版 社

本书从企业运营角度来阐述物流与供应链管理，主要内容包括：物流与供应链管理概述、顾客服务及供应链物流顾客服务标准规划、物流系统规划、库存管理及其技术、采购与外包战略、仓储管理与现代配送中心作业模式、运输管理及其规划技术、供应链物流信息管理技术及信息管理系统、供应链的构建。

本书内容全面且新颖，不仅包含物流与供应链的常用理论与知识，还跟踪和采纳了最新相关成果，如物联网、无线射频技术等，文中采用的数据都以近年数据为主。

本书在编撰中，注意理论知识与技术的传授和知识应用环节的结合，每章都有导入案例，除基础知识练习外，各章设定应用知识环节，应用知识环节由专题练习、项目规划和案例讨论组成，突破了传统教材知识应用缺失的弊病。

本书适合管理类及相关专业的高校学生使用，也可供企业管理相关人员参考使用。

图书在版编目（CIP）数据

物流与供应链管理/顾穗珊主编. —北京：机械工业出版社，2012.12（2024.1 重印）
普通高等教育"十二五"规划教材
ISBN 978-7-111-40441-5

Ⅰ.①物… Ⅱ.①顾… Ⅲ.①物流-物资管理-高等学校-教材②供应链管理-高等学校-教材 Ⅳ.①F252

中国版本图书馆 CIP 数据核字（2012）第 273934 号

机械工业出版社（北京市百万庄大街 22 号 邮政编码 100037）
策划编辑：裴 泱 责任编辑：裴 泱 卢若薇
版式设计：闫玥红 责任校对：潘 蕊
封面设计：路恩中 责任印制：刘 媛
涿州市般润文化传播有限公司印刷
2024 年 1 月第 1 版第 9 次印刷
184mm×260mm · 18.5 印张 · 457 千字
标准书号：ISBN 978-7-111-40441-5
定价：39.80 元

电话服务
客服电话：010-88361066
010-88379833
010-68326294

网络服务
机 工 官 网：www.cmpbook.com
机 工 官 博：weibo.com/cmp1952
金 书 网：www.golden-book.com
机工教育服务网：www.cmpedu.com

前　言

物流与供应链管理是当代经济发展中的热点问题。从宏观层面来看，进入 21 世纪，随着经济全球化和一体化的趋势日益明显，物流业的发展已经成为各个国家和地区经济持续增长的重要组成部分，物流业的发展程度已经成为衡量一个国家现代化程度和综合国力的重要标志之一。从微观层面来看，企业面对的市场和经营环境正在发生着根本性的变化，基于大量生产的竞争方式显然是无法适应这种变化的，新的现实要求企业在营销、生产、组织、管理诸方面进行变革，采用新型经营管理模式，实现敏捷经营，实际上是要对迅速变化、不断细分、高质量、高性能的顾客定制产品和服务，以及全球化经营的挑战作出全面反应。现代物流与供应链管理可以使企业有效整合其上下游流程的能力，准确掌握市场需求，快速、敏捷反应市场变化，获取竞争优势。可以说，物流与供应链管理是企业应对 21 世纪市场竞争的重要途径，物流与供应链管理能力已是企业重要的战略竞争资源。

笔者从事物流与供应链管理的教学与研究已十余年，这十余年也是我国物流与供应链管理迅速发展的时期，相关的教材建设工作也取得了很大的成绩。同时，国内企业在现代物流系统构建与供应链管理方面的实践也蓬勃开展。随着物流与供应链管理研究、实践的发展，对它的教学要求或学习需求也发生了变化。笔者正是考虑到中国企业现实要求与学生对物流与供应链管理的不断深化的学习要求而编著本书，并力图从以下几个方面进行尝试，取得突破。

（1）应用“体验式学习”的思路统筹教材。本教材在撰写时，从内容、形式上都采用“体验式学习”的理论和模式，激发学生的主动性。

（2）知识传授与知识应用环节兼顾。本教材增加了知识应用方面的内容，如方案策划等，并且将其编入课后练习，强调了培养学生的应用能力。

（3）内容随着物流与供应链管理的发展进行更新。本教材不仅包含物流与供应链的常用理论与知识，还跟踪和采纳了最新相关成果，如物联网、无线射频技术等，文中采用的数据都以近年数据为主。

（4）案例涵盖面广。教材兼顾国内外优秀成功案例，从多方面来调高学生的辨析能力。

当然，由于编写者水平有限，错误和缺点在所难免，请广大读者批评指正。

编　者

目　录

第一章

物流与供应链管理概述

导入案例

福特汽车：配置全球资源

全球化的深入发展使企业必须在全球范围内寻求业务外包，也促使福特汽车公司在全球范围内配置资源。在全球范围内对原材料、零部件的配置正成为企业国际化进程中获得竞争优势的一种重要技术手段。

福特汽车公司从20世纪70年代开始，以一流的质量、最低的成本和最先进的技术提供者、实现JIT供货为标准，在全球范围内挑选原材料和零部件的供应商。现在，福特汽车公司把配置全球资源的战略扩展成为集成化的“福特2000”采购战略，目标是建立一个适于全球制造的汽车生产环境，零部件的设计、制造、采购以及组装都是在全球范围内进行的，并为此建立了反映17个分厂每天原材料大致需求量的“日报交货”系统。为了保证全球资源配置的成功与效率，福特汽车公司在适当的时候为供应商提供一定的技术培训，并与他们在工程、合作设计等方面保持着良好的合作关系，从而缓和了与全球供应商之间的技术交流困难。同时，福特汽车公司尽量保证生产计划的稳定性，以便其供应商在生产计划变化的时候能迅速反应，实现JIT供货。以福特汽车公司为核心的扩展企业通过供应链管理形成了更为有效的组织和系统，为全球资源配置的成功提供了有力支持。

扩展企业包括采购公司和供应商（一个或多个），他们通过紧密合作来实现最大化的利润分配，所以说，扩展企业不仅包括了企业的各个职能部门本身，而且相应涵盖了企业与它的顾客、供应商、商业伙伴的关系。扩展企业主要具有以下的特征：①核心企业集中体现核心竞争力的商业活动，把非核心业务外包给外部产品供应商和服务提供商；②扩展企业的核心企业与供应商和客户建立一种长期、互相信赖的关系，把他们当做合作伙伴而不是竞争对手；③为了实现供应商和客户在商业和技术信息上的集成，扩展企业采用先进的通信技术和运输手段支持跨组织的商业活动。

福特汽车公司目前大约有60%的成本是用在采购原材料和零部件上。在福特汽车公司的全球资源配置中，它主要在加拿大、日本、墨西哥、德国、巴西和其他一些国家进行原材料和零部件的采购。

（资料来源：中培网 http：//www. chinacpx. com/zixun/94964. html）

第一节　21世纪管理热点——物流与供应链管理

物流与供应链管理是当代经济发展中的热点问题。从宏观层面来看，进入21世纪，随着经济全球化和一体化的趋势日益明显，物流业的发展程度已成为衡量一个国家现代化程度和综合国力的重要标志之一，也是国家或地区经济持续增长的重要组成。从微观层面来看，企业面对的市场和经营环境正在发生着一些根本性的变化，基于大量生产的竞争方式显然是无法适应的。新的现实要求企业在营销、生产、组织、管理诸方面进行变革，采用新型经营管理模式，实现敏捷经营，对迅速变化、不断细分、高质量、高性能的顾客定制产品和服务，以及全球化经营的挑战作出全面反应。现代物流与供应链管理可以使企业有效整合其上下游流程的能力，准确掌握市场需求，快速、敏捷反应市场变化，获取竞争优势。可以说，物流与供应链管理是企业应对21世纪市场竞争的重要途径，物流与供应链管理能力已是企业重要的战略竞争资源。

一、现代经营管理模式和物流与供应链管理

（一）准时制管理与现代物流[⊖]

20世纪80年代开始，始于日本丰田公司的JIT生产制在世界范围内推广，其主要思想是：在准确的时间、准确的地点进行准确种类和数量的产品生产经营，通过“后工序在必要时刻从前工序领取必要数量的必要零部件”的原则来实现均衡化生产，企业与外包组织间的专业化分工协作，强调改善、再改善等多种优秀的管理理论与实践的技术、方法、手段与思想。JIT的本质就在于创造出能够灵活地适应市场需求变化的生产系统，这种生产系统能够从经济性和适应性两个方面来保证公司整体性利润的不断提高。此外，这种生产系统具有一种动态自我完善机制，即在“准时化”的激发下，通过不断地缩小加工值和减少在制品储备，使生产系统中的问题不断地暴露出来，使生产系统本身得到不断的完善，从而保证准时化生产的顺利进行。整个企业的经营根据订单来计划和调整，力求消除库存、制造过程中的成本，在准时制管理中，物流指的是即时物流，在准确的时间、地点、提供生产经营所需的生产原材料、零配件和产品。即时生产需要即时物流的保证，即时生产与即时物流的有机结合才能集成准时制管理。在准时制现代管理模式中，现代的物流管理的中心就是物流的时间性。通过这种时间性管理，加快商品、生产资料流转，最大限度地压缩库存，减少无效物流，最终达到降低成本、提高企业整体效率和效益的目的。

即时物流表现为即时供应和即时销售。即时供应指的是为了消除库存和不必要的浪费，在整个生产过程中，无论是协作商向核心企业供应还是企业内部各协作车间之间物资的调拨都是以恰当的时间、恰当的地点、恰当的数量和质量组织，不允许在企业的仓库或生产线上存放多余的物料，如果生产采用的是混种生产时，不同的零部件以小批量的方式混合装载搬运，并放在规定的位置上。要做到准时供应，应注意物料需求计划制订的准确性和与供应商之间良好的合作关系。首先，双方要建立稳固的长期交易合作，才能保证供应商能根据核心企业的需要积极作出反应和调整。其次，在进行供应商选择时需要综合评定，不仅有常用的质量、数量、价格、交货期等指标，对供应商的工程设计能力、应变能力、价值工程能力都要设立相应的指标，这种综合评价体系才能较好地反映供应商的综合生产供应能力。最后，供应商的培育也是即时采购供应的重要工作。由于即时物流对质量要求较高，可能需要对协

⊖ 宋华、胡左浩. 现代物流与供应链管理案例. 北京：经济科学出版社，2000

作商进行适当的培训，才能使双方的质量水平趋向一致；另外，经过一定的培训和和磨合，双方对物流供应的认识才能达到一定的高度，更好地进行配合。

即时销售是现代物流管理的另一个重要机能，把商品迅速地转移到需求顾客手中，完成生产经营的最后环节。为了有效地承担销售物流工作，实行物流集约化，将分散的中小型物流仓库集合到大型的配送中心配送作业，可以提高作业的效率和效益。另外，还能通过应用IT 技术改造销售流程，精简销售渠道，缩短销售周期。

（二）基于扩展企业的管理模式与供应链管理

80 年代后期，美国学习日本的精细生产方式，并力图在美国企业中实施。但是由于文化背景和各种社会条件的差别，其效果总是不尽如人意。1991 年利哈伊大学受美国国会委托研究“21 世纪制造企业战略”。利哈伊大学邀请了国防部、工业界和学术界的代表，建立了以 13 家大公司为核心的、有 100 多家公司参加的联合研究组。前后耗资 50 万美元，花费了 7 500 多人时，得出结论：全球性的竞争使得市场变化太快，单个企业依靠自己的资源进行自我调整的速度赶不上市场变化的速度。并提出了“敏捷制造”（Agile Manufacturing，AM）的概念和以虚拟企业（Virtual Enterprise，VE）或动态联盟为基础的敏捷制造模式。敏捷制造面对的是全球化激烈竞争的买方市场，采用可以快速重构的生产单元构成的扁平组织结构，以充分自治的、分布式的协同工作代替金字塔式的多层管理结构，注重发挥人的创造性，变企业之间你死我活的竞争关系为既有竞争、又有合作的“共赢”（Win-Win）关系。敏捷制造强调基于互联网的信息开放、共享和集成。进入 90 年代不久，美国就提出了基于敏捷制造的虚拟企业概念。

与此同时，有鉴于传统的“纵向一体化”管理模式的种种弊端，从 80 年代后期开始，国际上越来越多的企业放弃了这种经营模式，随之而来的是“横向一体化（Horizontal Integration)”思想的兴起，即利用企业外部资源快速响应市场需求，本企业只抓最核心的东西，即只抓产品方向和市场。至于生产，只抓关键零部件的制造，甚至全部委托其他企业加工。例如，福特汽车公司的 Festiva 车就是在美国设计，在日本的马自达生产发动机，由韩国的制造厂生产其他零件和装配，最后再在美国市场上销售。制造商把零部件生产和整车装配都放在了企业外部，这样做的目的是利用其他企业的资源促使产品快速上马，避免自己投资带来的基建周期长等问题，赢得产品在低成本、高质量、早上市等诸方面的竞争优势。“横向一体化”形成了一条从供应商到制造商再到分销商的贯穿所有企业的“链”。由于相邻节点企业表现出一种需求与供应的关系，当把所有相邻企业依此连接起来，便形成了供应链(Supply Chain)。

虚拟企业是一种新的指导思想，如何具体付诸实施则还没有确定的模式，正在此时兴起的供应链管理模式从这个方面满足了实现敏捷制造所寻找的具体途径的要求。供应链上的节点企业通过贡献自己的核心能力，同步、协调运行，快速反应与满足变化中的市场需求，使链上的所有企业的贡献得到回报，达到共同受益。

案例 1-1

美特斯邦威的快速发展

1994 年，中国休闲服市场刚刚启动，靠加工夹克衫起家的温州商人周成建开始创立自己的服装品牌——美特斯邦威。不过在迅速扩大的休闲服市场面前，美特斯邦威有限的资本很快成了最大的“瓶颈”，满足市场需求需要成倍地购买机器扩大生产，而当时的美特斯邦威根本不可能做到这一点。思想超前的周建成决定借助外界的力量来实现自己的跨越式发展，美特斯邦威采取定牌生产策略，先后与广东、江苏等地的100多家生产企业建立了长期合作关系，为公司进行定牌生产。如果生产能力都由美特斯邦威投资的话，则需3亿元。有了生产能力，美特斯邦威还需要通畅的营销渠道，可是专卖店开到全国至少需要2亿元资金，善于“借助外力”的美特斯邦威决定采用特许经营的模式。现在美特斯邦威的1 000家专卖店已经开到了全国，只有20%是直营店的品牌形象店，其余80%都是特许连锁专卖店。1995年开始的时候，美特斯邦威的做法在业界一直被怀疑，甚至被别人认为是“皮包公司”。但美特斯邦威却不这么看，他们把有限的资源集中在品牌和设计上，生产外包出去。2002年，越做越“小”的美特斯邦威总部只有200多人，却爆炸性地把规模做大了300倍，1995年创立时企业年营业收入500多万元，2002年的时候已经是15亿元。但是这种经营也曾受到过挫折，在1997年因为连锁店信息不畅带来的库存问题，一度让美特斯邦威的扩展模式经受了痛苦的考验。1995年以后公司开始使用仓库信息管理系统对财务、仓储、运输和销售等各种报表上规范；1997开始在专卖店开始推广使用收银系统，慢慢地从收银系统上升到业务系统、管理系统。随后在加工厂上ERP，美特斯邦威随时了解到工厂的生产进度，大大降低了原来信息不透明的风险。现在美特斯邦威的信息系统由三部分组成，加工厂的ERP、内部的管理系统和专卖店的信息系统，三个系统打通之后一个“虚拟企业”就出现了，在总部的40多个人指挥这个庞大的“虚拟企业”。

（资料来源：IT商业新闻网 http：//www. itxinwen. com）

（三）价值链管理和物流与供应链管理

价值链（Value Chain）的理论最早是由美国的迈克尔·波特教授（Miehael Porter）于1985年在其著作《竞争优势》中提出的，波特认为企业价值链是进货后勤、生产作业、采购、技术开发等九种基本活动的特定方式联结，不同企业之间价值链的差异形成企业竞争优势的源泉，即价值链是企业为客户、股东、企业职员等利益集团创造价值所进行的一系列经济活动的总称。

价值链管理就是将企业的生产、营销、财务、人力资源等方面有机地整合起来，作好计划、协调、监督和控制等各个环节的工作，使它们形成相互关联的整体，真正按照链的特征实施企业的业务流程，使得各个环节相互关联。企业实施价值链管理目标在于通过优化核心业务、组织结构、业务流程和资金流，由职能型向流程型转化，由此降低组织和经营成本，控制经营风险，最终提高企业效率和效益，增强企业综合竞争优势。

一般而言，通过价值链管理可以使企业获取以下的竞争优势：

（1）节约成本。当组织砍掉价值链中的那些低效率的和不增加价值的工作后，组织就会在不同的工作和领域中降低成本。

（2）提高交货速度。当价值链中的成员在分享信息和重要活动上合作时，供货速度就会提高。

（3）降低存货。大量的存货包括原材料和成产品会导致大量的成本，通过价值链中各成员紧密和谨慎的合作，渠道中的物流速度将会提高，这样便会降低存货。

价值链管理要求企业在建立物流与供应链流程时，关注顾客的价值，识别顾客的关键需求并对其进行评价，然后以此建立以顾客为中心的物流与供应链流程。因此，现代物流与供应链管理必须是以满足顾客为第一目标的。

（四）延迟运作与供应链

延迟运作是指在时间和空间上推迟生产或物流活动，使产品和服务与顾客的需求实现无缝连接，从而提高在供应链环境下企业的柔性以及顾客价值。延迟运作战略主要是为了降低企业运营的整体风险，企业可以通过其在供应链管理中的实施程度，将延迟运作分为：生产延迟（成型延迟）、物流延迟（时间延迟）和完全延迟。

生产延迟（成型延迟），着眼于产品本身，以推迟最终产成品的形成为手段，在不牺牲效率的同时，实行一次一单的生产运作。实现针对客户的快速反应的定制运作。推迟最终产成品的形成的基本观点是：在获知客户的精确要求和购买意向之前，尽量使产品保持中性及无承诺状态，制造相当数量的标准产品或基础产品以实现规模化经济，即“推式”生产，待收到客户订单后，才从事最终产成品的生产，即“拉式”生产。生产延迟优势的主要表现：第一，可以使销售预估的不同产品的种类减少，物流故障降低；第二，由于更多地使用物流技术和产品制造过程的重构技术来进行生产和最后的集中装配，从而可以实现通用化模块的规模生产，最大限度地发展规模经济；第三，最后环节的运作（按订单需求进行设计、制造或装配），可以满足顾客需求的多样化，缩短交货期，以实现范围经济。

物流延迟（时间延迟），着眼于时间，以推迟产成品的运动为手段，在一个或多个战略地点对全部货品进行预估，而将进一步库存部署延迟到收到客户的订单时进行。一旦物流程序被启动，所有努力都将被用来尽快将产品直接向客户方向移动。物流延迟优势的主要表现：在保持规模生产的同时，可以完全摆脱由预测性商业运作模式引发的库存风险；同时，通过高度精确和快速的订单发送，提高加工和传送能力，以较少的总体库存投资来提高服务水准。

完全延迟，是在推迟最终产成品形成的同时，也推迟产成品的运动，是把生产延迟和物流延迟两种不同类型的延迟结合在一个供应链系统中加以运用。通过提供两种不同方法来制止预期生产或市场的承诺，直到收到客户订单为止，共同减少预估风险，发挥两者结合的优势。

案例 1-2

惠普公司（HP）台式打印机延迟“本土化”的供应链模式

在打印机行业竞争非常激烈的环境下，惠普公司为了解决其台式打印机在传统供应链中的库存和服务危机，采用了标准组件法来设计其台式打印机，在欧洲和亚洲市场上根据顾客的要求进行“本土化”装配，生成不同风格的产品出售。惠普将产品个性化的程序从生产车间推进到地区分销中心进行（如图 1-1 所示）。

惠普公司设计出的供应网络（存货的储备地点以及服务、制造和分销中心的定位和结构）能提供两项能力：一是该供应网络能以符合成本效益的原则进行大规模生产，为执行产品差异化的分销中心供应基本产品，即生产延迟；二是该供应网络具有高度灵活的配送，能对个人顾客的订单作出迅速的反应，快捷地提供个性化的成品，即物流延迟。

惠普公司的“本土化”加工，是在地区分销中心完成的。例如，惠普的台式打印机不在其设于新加坡的生产工厂进行加工，而在设于德国斯图加特的欧洲分销中心进行，其设计的打印机连电源插头都要因国而异（如图 1-1 所示）。这种重新设计的结果是，制造成本比在生产车间进行个性化加工时稍高，但总的制造、运输和存货成本降低了 25%。其设计理念是：将制造过程模块化、标准化，最后一个制造工序在接到顾客订单后才发生。既不是把市场需求抛在一边，制造完了再去推销，进行单一的推式生产，也不是坐在那里等订单，等订单来了才开始第一道工序，进行单一的拉式生产。惠普公司极好地实施了完全延迟运作战略，运用大规模定制法，将大工业制造和小作坊量身定做的优点集于一身，把产品“本土化”延迟到分销中心进行，从而能以最大的效率进行运作，以最小的存货量迅速快捷地完成顾客的订单，极大地增强了企业供应链的柔性，从而为惠普赢得了很大的竞争优势。

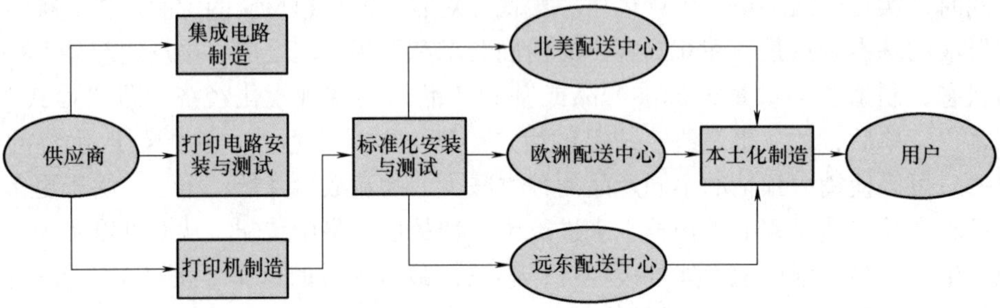

图 1-1　惠普公司台式打印机供应链流程

二、企业经营环境和物流与供应链管理

（一）全球经济一体化与物流与供应链管理

20 世纪 80 年代以来，贸易自由化、全球资本市场的成长、信息和通信技术的进步创造出一个正在增长的全球市场，即原来分割型的国家或区域市场正在逐渐演变成一个统一的全球市场。世界经济活动超越国界，通过对外贸易、资本流动、技术转移、提供服务等活动，形成全球范围的有机经济整体。经济全球化是当代世界经济的重要特征之一，也是世界经济发展的重要趋势。经济全球化是贸易、投资、金融、生产等活动的全球化，即生存要素在全球范围内的最佳配置。

经济全球化、国际化的现象主要从以下几个方面表现出来：

（1）生产国际化。这主要是指国际生产领域中分工合作及专业化生产的发展。现代生产分工已经不是在国家层次上的综合分工，而是深化到部门层次和企业层次的专业化分工。这种分工在国际间进行，形成了国际生产网络体系。其中最典型的是企业生产零部件工艺流程和专业化分工，例如波音 747 飞机有 400 万个零部件，由分布在 65 个国家的 1 500 个大企业和 15 000 多家中、小企业参加协作生产。德国拜耳公司与 35 000 多家国内外企业建立了协作关系，拜耳向它们提供中间产品，由它们加工成各种最终产品。这种企业层次的国际化，使未来在一个企业内部进行的设计、研制零部件的加工或购入、组装和总装等一系列的活动环节分布到国外进行，即企业的不同部门、工厂、车间，甚至工段、工序等都在国际范围内进行组织，从而也形成了生产组织的国际化。

（2）产品国际化，也就是生产总额中出口生产所占的比重大大提高，直接表现为现代国际贸易的迅速增加。世界上几乎所有的国家和地区以及众多的企业都以这种或那种方式卷入了国际商品交换。现在的国际贸易已占到世界总生产额的 1/3 以上，并且还在稳步增长。国际贸易的商品范围也在迅速扩大。从一般商品到高科技产品，从有形商品到无形服务等几乎无所不包。如“麦当劳”快餐、“可口可乐”，饮料、“苹果”电脑、“奔驰”汽车等。

（3）投资金融国际化。生产和产品的国际化使得国际间资金流动频繁，大大促进了投资金融的国际化。以国际直接投资为例，2006 年以后国际直接投资额达万亿美元。2011 年，全球直接投资额达到 1.5 万亿美元，2012 年，全球直接投资额约在 1.6 万亿美元水平上下浮动。与此同时，为适应国际化的潮流，各国放宽了对投资金融的管制，甚至采取诸多措施鼓励本国对外投资的发展，国际资本的输出输入更加自由。世界大银行致力于在世界各国设办事处、代表处和分行，建立海外附属银行以及附属金融机构，并与其他银行组成合资银行或国际银行集团。

（4）技术开发与利用的国际化。首先，从国际技术贸易的发展来看，由于技术对生产和经济的重要作用，生产国际化自然带动国际技术贸易的不断增长。资料表明：1965 年世界各国技术贸易总额为 30 亿美元，1970 年达 110 亿美元，80 年代初为 160 亿美元，1985 年为 500 亿美元，1989 年达 1 100 亿美元，1995 年达到 2 600 亿美元，到 20 世纪末，达到了 5 000 亿美元，平均每 5 年翻一番。其次，从研究与开发的情况来看，一方面由于各国在科技发展水平上的不平衡，而企业又为了获得先进的科技成果，因而各国间设立研究与开发据点便成了一种趋势，以至于许多企业形成了全球范围内的研究与开发网络，从而促进了研究与开发组织体系的国际化。

（5）世界经济区域集团化。生产、投资、贸易发展的国际化使各国间经济关系越来越密切，特别表现在区域间经济关系上，为了适应新形势的发展，以区域为基础，形成了国家间的经济联盟。如欧洲共同体，美、加、墨自由贸易区等等。全球经济一体化对物流和供应链管理影响如下：

1）经济全球化中的生产全球化、产品全球化，直接的结果就是全球物流快速增长。无论是生产中的原材料、零部件的采购与配送，还是产成品运输到全球市场，都促进了全球物流量的急剧攀升。这种客观需求刺激了专业化的全球物流服务商的发展，同时，对传统的制造型企业也带来了全球物流运作的要求。因为企业间的竞争是在全球范围内展开，一个企业如果要获得竞争优势就必须在全球范围内利用资源，开展经营活动。在世界 500 强企业中，企业的利润大多来自本土之外，而全球化经营战略中，物流管理的地理区域扩大，物流活动内容增加，如通关手续、全球化运输等，企业面临从世界市场获取原材料，在世界各地的工厂组织生产，然后将产品运送到世界各地的用户手中。这种在不同国家建立生产基地，并将这些全球化产品销往国际市场的经营模式，必然导致物流的全球化。

2）企业必须确定适当的物流动作，自营物流或外包，以适应全球业务所需。由于物流环境的复杂性，世界贸易还存在各种形式的壁垒，对物流活动而言，表现为技术壁垒，如通关检查和手续的不一致，转运环节的衔接，运输的标准化等问题，同时跨国企业经营的全球化使得管理全球供应链的物流活动变得复杂和频繁，这可能导致巨大的物流成本，因此企业必须对全球供应链的物流活动进行管理协调和控制。

3）企业全球化与供应链管理相互影响、相互作用。企业全球化对供应链管理提出了更高的要求，而供应链管理能力的提升能够有效促进企业全球化战略的实施，增强甚至构建企业的核心竞争优势。从宏观层面来讲，供应链管理与企业全球化战略存在三个层次的协同和匹配，分别是战略层协同、策略层协同、技术层协同。战略层协同主要是针对整体性、长期性、基本性问题，它规定着战术层协同管理和操作层协同管理的范围和协同的程度。而策略层协同侧重于规划局部性、短期性、具体性问题。技术层协同是供应链协同的基础，从决策的范围和时间来看，技术层协同就是操作协同，其管理处于最底层，但战略协同管理和战术协同管理都依赖于操作协同，它是战略协同和战术协同的基础和前提。对企业来讲，无论是哪一个层次的协同，其核心是要求企业的供应链管理和供应链战略能够有效促进企业全球化战略的实施。

（二）电子商务与物流与供应链管理

电子商务（Electronic Commerce，EC）是将电子信息技术和商务活动相结合，基于因特网的商务运行方式。从涵盖范围方面看：交易各方以电子交易方式而不是通过当面交换或直接面谈方式进行商业交易；从技术方面看，电子商务是多技术的集合体，包括数据交换、数据获取和数据处理等。电子商务必须通过计算机网络和通信网络将交易各方的信息、产品和服务相连。

供货方将商品信息通过网络展示给客户，需求方通过浏览器访问网站，选择所需商品，写订单；供应方通过订单确认客户，告知收费方法，同时通知自己的应用系统组织货源；需求方通过电子结算方式付款；供应方组织货物并送到客户手中。

电子商务 = 网上信息传递 + 网上交易 + 网上结算 + 配送

电子商务是由网络经济和现代物流共同创造的，是两者一体化的产物。电子商务的任何一笔交易，都包含着以下几种基本的“流”，即信息流、商流、资金流和物流，交易过程的实现也需要这“四流”的协调和整合。其中物流是电子商务的重要组成部分，当信息流、资金流在电子工具和网络通信技术支持下，可通过轻轻点击鼠标完成时，而物流——物质资料的空间位移，即具体的运输、储存、配送等各种活动，作为电子商务实现过程中一个必不可少的实物流通环节，是不可能通过网络传输来完成的，物流过程的逐步完善需要经历一个较长的成长时期。

随着电子商务模式在社会经济中的比重越来越大，必然要求社会物流服务能力与电子商务发展水平相一致。无论是新型的企业还是传统企业，在21世纪商业环境中进行运营，都离不开电子商务模式，如何建立或选择适宜的物流运作模式，即自营物流与第三方物流，是企业战略决策的重点问题。

总之，企业现代经营模式与所处的经营环境，都表明了物流是企业赖以生存和发展的外部条件，同时又是企业本身必须从事的重要活动。从外部看，社会物流承担联结社会再生产，联结企业与企业、企业与消费者、企业与供应者的重任，因而是社会再生产的构成因素，使企业有机地存在于国民经济总体中；由企业本身看，企业的物流活动可能成为企业“降低成本的宝库”，可能成为企业的“第三个利润源”，可能成为企业战略生存和发展的核心活动。

三、21世纪环境下的现代物流观念

1. 全球化观念

随着全球化的发展，企业的物流方式也向全球化发展。企业的原材料、零配件来源于全球的原材料市场，产品销售区域也是世界范围，为了资源的优化，全球经营的企业也会在世界各地设定生产基地，这种全球经营的模式必须带来物流全球化。全球化物流是现代企业经营的特性。

2. 物流一体化观念

物流是生产商服务顾客的重要能力，这个能力的强弱直接影响顾客选择商品的结果，也影响企业的生存和发展。企业为了保持顾客的忠诚度，必须迅速满足顾客需要，从接受顾客订单开始，启动采购、生产、库存、配送等活动，从企业的内部作业流程来看，是企业内部物流一体化的过程。但是要满足顾客要求，不仅企业内部物流过程一体化，企业与其原材料、零配件的供应商、销售过程涉及的销售商们必须很好地配合，即这三者的物流活动必须统一、协调地运作，所以在现代经营环境下，不仅要求企业内部物流的一体化运作，还要外部物流的一体化。

3. 以顾客满意为第一的观念

进入20世纪90年代以后，整个社会经济向信息化、多元化方向发展的步伐越来越快，消费者需求多样化特征日益明显，企业为了适应这种情况，多品种、少批量生产方式应运而生，物流需求也以小批量、多品种、高频次为特点。订货周期变短、时间性增强，物流需求的不确定性增高、物流的柔性化要求增强。企业物流活动的目的就是为了满足顾客所要求的在适当的时间、适当的地点，通过适当的服务形式得到适当商品的要求。

4. 物流信息化观念

现代物流活动的运作离不开信息化。信息在实现物流系统化，实现物流作业一体化方面发挥着重要作用。现代物流通过信息将各项物流功能活动有机地结合在一起，通过对信息的实时把握控制物流系统按照预定的目标运行。而信息技术的发展也为现代物流企业减少非增值物流活动、提高物流效率提供了必要支撑。

5. 物流自动化观念

在现代物流活动中，广泛使用先进的运输、仓储、装卸搬运、包装以及流通加工等手段。运输手段的大型化、高速化、专用化；装卸搬运机械的自动化、包装的单元化、仓库的立体化；自动化以及信息处理及传输的计算机化、电子化、网络化等为开发现代物流提供了物质保证。

6. 物流社会化观念

在现代物流时代，物流行业具有巨大的发展空间。制造性企业如果既从事生产制造，又要从事运输等物流活动，可能会给企业的资金带来负担，同时也不能充分利用社会物流的能力，因此，许多企业都将自己的物流活动部分或全部外包给专业的物流服务企业。制造性企业和物流服务企业的联结，使社会物流活动的效益得到体现。第三方物流形态成为现代物流的主流，带动了物流产业在国民经济中发挥越来越重要的作用。

7. 绿色物流观念

绿色物流是指在物流过程采取各种措施，控制物流对环境造成的危害。这种观念实际上与社会经济的大要求是分不开的。由于地球资源的有限性，为了长期、持续的发展，人类必须学会维护我们的生态环境，要求我们的各种经济生活都不能损害我们所赖以生存的自然环境。发展物流，也应该既能促进经济发展又能保障人类健康发展。大多数国家或地区在制定运输、包装等法规时，都或多或少地体现了对物资的循环使用、防止破坏环境的思想，这就要求企业在开展物流活动时，一定要注意遵守相关的法律、法规。

第二节 物流与物流管理

一、物流基本知识

（一）物流

物流（Logistics）：物品从供应地向接收地的实体流动过程。根据实际需要，将运输、储存、装卸、搬运、包装、流通加工、配送、信息处理等基本功能实施的有机结合。

理解物流概念，应当注意以下几点：

（1）物流是物品物质实体的流动。任何一种物品都有两重性：一是自然属性，即它有一个物质实体；二是社会属性，即它具有一定的社会价值，包括它的稀缺性、所有权性质等。物品物质实体的流动是物流，物品的社会实体的流动是商流。商流是通过交易实现物品所有权的转移，而物流是通过运输、储运等实现物品物质实体的转移。

（2）物流是物品由供应地流向接收地的流动，即它是一种满足社会需求的活动，是一种经济活动。不属于经济活动的物质实体流动也就不属于物流的范畴。

（3）物流包括运输、搬运、储存、保管、包装、装卸、流通加工和物流信息处理等基本功能活动。

（4）物流包括空间位置的移动、时间位置的移动以及形状性质的变动，因而通过物流活动，可以创造物品的空间效用、时间效用和形状性质的效用。

（二）物流的分类

社会经济领域中的物流活动无处不在，对于各个领域的物流，虽然其基本要素都存在且相同，但由于物流对象不同，物流目的不同，物流范围、范畴不同，形成了不同的物流类型。在对物流的分类标准方面目前还没有统一的看法，主要的分类方法有以下几种：宏观物流和微观物流；社会物流和企业物流；国际物流和区域物流。在此，我们将采用第二种分类方法，对物流进行划分。

1. 社会物流

社会物流（External Logistics）：企业外部的物流活动的总称。社会物流包括企业向社会的分销物流、购进物流、回收物流、废弃物物流等，也称之为大物流或宏观物流。企业内部物流属于微观物流，社会物流属于宏观物流，一般都伴随着商流发生。

社会物流是指超越一家一户的以一个社会为范畴面向社会为目的的物流。这种社会性很强的物流往往是由专门的物流承担人承担的，社会物流的范畴是社会经济大领域。社会物流研究再生产过程中随之发生的物流活动，研究国民经济中的物流活动，研究如何形成服务于社会、面向社会又在社会环境中运行的物流，研究社会中物流体系结构和运行，因此带有宏观性和广泛性。

2. 企业物流

企业物流（Internal Logistics）：企业内部的物品实体流动。在现代企业的生产经营中，物流活动贯穿于从原材料采购开始，到零部件的加工，最后把产成品销售，并送达用户的整个循环过程。企业内部物流主要是企业内部的生产经营工作和生活中所发生的加工、检验、搬运、储存、包装、装卸、配送等物流活动。根据物流活动发生的先后顺序，企业物流可分为五部分：供应物流、生产物流、销售物流、回收物流、废弃物物流。

(1) 供应物流 (Supply Logistics)。供应物流是指为生产企业提供原材料、零部件或其他物品时，物品在提供者与需求者之间的实体流动。

生产企业、流通企业或消费者购入原材料、零部件或商品的流通过程，也就是物品生产者、持有者至使用者的物流。对于生产企业而言，是指生产活动所需要的原材料、备品备件等物资的采购、供应活动所产生的物流；对于流通领域而言，是指交易活动中从买方角度出发的交易行为所产生的物流。

企业为保证本身生产的节奏，不断组织原材料、零部件、燃料、辅助材料的供应，这种物流活动对企业生产的正常、高效运行起着重大作用。企业供应物流不仅是保证供应，而且还是用最低成本、以最少消耗、最大的保证来组织供应，因此，就带来很大的难度。企业竞争的关键在于如何降低这一物流过程的成本，可以说是企业物流的最大难点。为此，企业供应物流就必须解决有效的供应网络问题、供应方式问题、零库存问题等。

(2) 生产物流 (Production Logistics)。生产物流是指生产过程中，原材料、在制品、半成品、产成品等在企业内部的实体流动。

生产物流与生产流程同步，是从原材料购进开始直到产成品发送为止的全过程的物流活动。企业生产过程的物流大体为：原料、零部件、燃料等辅助材料从企业仓库或企业的"门口"开始，进入到生产线的开始端，再进一步随生产加工过程一个一个环节地流，在流的过程中，原料等本身被加工，同时产生一些废料、余料，直到生产加工终结，再流至生产成品仓库，便终结了企业生产物流过程。原材料、半成品等按照工艺流程在各个加工点之间不停顿的移动、转移，形成了生产物流。如生产物流中断，生产过程也将随之停顿。生产物流的发展经历了人工物流、机械化物流、自动化物流、集成化物流和智能化物流等五个阶段。

物流与生产制造的关系，如同人体中血液循环与内脏器官的关系一样，物流是生产制造各环节组成的有机整体的纽带，又是生产过程维持延续的基础。现代生产物流，由于采用了快速、高效、自动化的物流设备（如自动化立体仓库、自动导引运输车、自动化上下料机器），计算机管理，从而实现了系统化与集成化。

(3) 销售物流 (Distribution Logistics)。销售物流是指生产企业、流通企业出售商品时，物品在供方与需方之间的实体流动。

销售物流是物品的生产者或持有者至客户或消费者之间的物流。通过销售物流，企业得以回收资金，进行再生产的活动。销售物流的效果关系到企业的存在价值是否被社会承认，销售物流的成本在商品的最终价值中占有一定的比例，因此，为了增强企业的竞争力，必须重视销售物流的合理化。在现代社会中，市场是一个完全的买方市场，因此，销售物流活动便带有极强的服务性，以满足买方的需求，最终实现销售。在这种市场前提下，销售往往以送达用户并经过售后服务才算终止，因此，销售物流的空间范围很大，这便是销售物流的难度所在。

一般来说，销售物流的目标应该是：以最低的成本和最佳的服务将产品在适当的时间送达适当的地点。事实上，销售物流的成本与服务很难获得最佳的效果。因为一方面，为了提供最好服务，需要较多的库存量、最快的运输、多设网点，结果必然大量增加物流成本；另一方面，为了降低成本，势必要采取缓慢而廉价的运输，降低库存量，减少仓库及网点。因此，真正的销售物流效率是在成本与服务间取得合理的平衡，即对销售物流的各要素进行平衡，取得合理成本下的时空效用。在这种前提下，企业销售物流的特点，便是通过包装、送货、配送等一系列物流实现销售，这就需要研究送货方式、包装水平、运输路线等，并采取各种诸如少批量、多批次、定时、定量配送等特殊的物流方式达到目的，因而，其研究领域是很宽的。

(4) 回收物流（Returned Logistics）。回收物流是指不合格物品的返修、退货以及周转使用的包装容器从需方返回到供方所形成的物品实体流动。

在生产消费过程和生活消费过程中，部分物料可通过收集、分类、加工、供应等环节转化成新的产品，重新投入到生产或消费中，这样就形成了回收物流。例如，货物运输和搬运中所使用的包装容器、废旧装载工具、工业生产中产生的边角余料、废旧钢材等在回收中所发生的物流活动。在一个企业中，如果回收物品处理不当，往往会影响整个生产环境，甚至影响产品的质量，也会占用很大空间，造成浪费。另外，值得注意的是，在企业的经营管理活动中，有时会产生突发性回收物流，这种情况较多地出现在汽车、医药和食品等行业，多半是由于产品质量方面的问题而产生了回收的需求，这种问题如果处理不好，将会影响企业的信誉，甚至危及企业的生存。

(5) 废弃物物流（Waste Material Logistics）。废弃物物流是指将经济活动中失去原有使用价值的物品，根据实际需要进行收集、分类、加工、包装、搬运、储存等，并分送到专门处理场所时所形成的物品实体流动。

废弃物物流的作用是无视对象物的价值或对象物没有再利用价值，仅从环境保护的角度出发，将其焚化、进行化学处理或运到指定地点堆放、掩埋。当今，由于环境问题的日益突出以及物流与环境的密切关系，在研究社会物流和企业物流时必须考虑环境问题。废旧物品如何合理回收以减少对环境的污染且最大可能的再利用也是物流管理所需考虑的内容，废弃物物流将越来越受到社会和企业的重视。

二、企业的物流活动

（一）物流系统

物流系统是由两个以上互相区别又互相联系的单元结合起来，以完成物品的实际流动为目的的有机结合体。

物流不是运输和保管等活动的简单叠加，而是以信息为中介构成的有机整体，是一个物流系统。物流系统内部任何部分功能的发挥都要有利于系统整体目标的达成。在物流系统中，各个功能要素之间存在着“效益背反”关系，因此，部分的最优化不等于系统整体的最优化。树立系统化观念，对于搞好物流管理，实现物流合理化十分重要。

（二）物流管理系统

应当从相互影响和相互作用的角度，全面地理解和把握物流过程的一切功能与活动，即要用系统的方法来进行物流管理。物流管理系统的主要内容如图 1-2 所示。物流管理系统的输入端为四种资源，即：自然资源、人力资源、财力资源和信息资源。物流管理部门通过对各种内外部资源的计划、组织、协调和控制来实现资源的有效利用，通过对各项物流活动的管理实现物流系统的有效运作。其输出是顾客服务和产品的时间、地点效用，通过提供优良的物流服务而使物流真正成为企业财富的重要源泉，使企业在激烈的市场竞争中赢得竞争优势。事实上，现代物流概念更强调的是其管理属性，通过对物流各个环节和要素的系统化、集成化管理，提高物流能力和物流服务水平，同时有效地控制物流成本。在对物流系统的管理中，必须注意的是物流系统内存在着“效益背反”关系。所谓“效益背反”是指一个部门的高成本会因另一个部门成本的降低或效益的提高而相互抵消的这种相关活动之间的相互作用关系。换言之，效益背反原理体现的是一方利益的追求要以另一方的利益为代价的相互排斥的状态，这种状态在物流系统中随处可见。对物流管理系统而言，合理的目标和有效的协调是十分必要的。

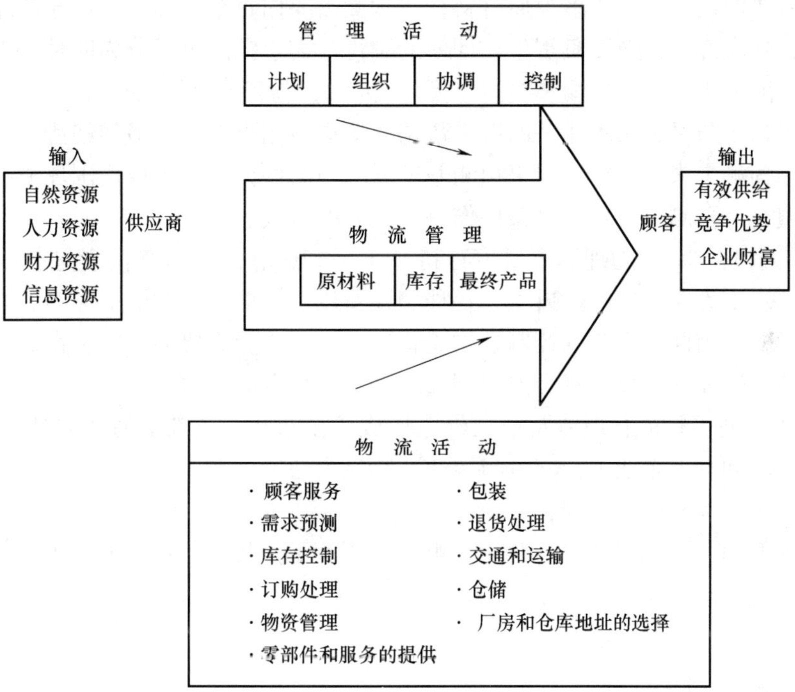

图 1-2 物流管理系统

物流管理系统是企业物流系统的组成，它强调的是管理技术与管理内容的有机结合，来创造最大的物流运行效益。企业的物流系统范围更为广泛，它是企业的物流过程、物流设施、物流技术、管理方法的有机整体，既有设施、机械、设备、人员等物质基础，又有管理方面的软环境，是一个结构复杂、目标多元的动态系统。企业的物流系统是具体的物流运行环境或构架，它的合理化程度决定了物流运行的效率和效益，因此，物流系统规划是企业物流管理的重要工作，需要进行大量细致工作，是一项庞大的系统工程。

（三）关键的物流活动

物流活动是指物流诸功能的实施与管理活动。虽然物流活动的具体内容和分类目前没有统一标准，但一般认为关键的物流活动主要包括以下各个方面：

（1）顾客服务。顾客服务是一种以顾客为导向的企业经营理念。强调在优化的服务成本和服务水平组合下，对企业与顾客的连接层面的所有要素进行集成管理。顾客服务是发生在卖方、买方及第三方之间的过程，这个过程使交易中的产品或服务实现增值，这种增值意味着通过交易，各部分都得到了价值的增加，因而从过程管理的观点来看，顾客服务是通过节省成本费用为供应链提供重要的附加价值的过程。作为物流系统的产物，顾客服务的具体含义就是“5 Rights”：以最少的成本，在正确的时间（Right Time）、正确的地点（Right Location）、正确的条件（Right Condition）、将正确的商品（Right Goods）送到正确的顾客（Right Customer）手中。良好的顾客服务是顾客满意的根本保证。

（2）需求预测与计划。需求预测是对需求未来发展趋势的预计和推测。在企业经营活动中存在着多种需求预测。市场营销部门基于促销、价格竞争等影响因素作出顾客需求预测。生产部门根据市场销售需求预测和当前库存水平作出生产计划，而物流部门通常从采购的角度预测需要向供应商采购多少原材料，或预测需要向每个目标市场运输产品的数量。在一些企业中，物流部门甚至要负责生产计划的制订。需求预测可以分为四种基本类型：定性预测、时间预测分析、因果预测和模拟模型。定性预测属于主观判断，它基于估计和评价；时间预测分析基于与过去需求相关的历史数据，历史数据可能包含诸如趋势、季节、周期等因素，可用于预测未来的需求；因果预测假定需求与某些内在因素或周围环境的外部因素有关；模拟模型允许预测人员对预测条件作一定程度的假设。

（3）库存管理。库存管理需要对库存持有水平和顾客服务水平两者进行权衡。与库存相关联的成本，如库存占用资本成本、各种储存费用、过期库存物资损失等，对企业来说是一笔很大的开支，因此对库存的控制是物流管理中一项十分重要的内容。良好的库存管理能够加快资金的周转速度、提高资金的使用效率、增加投资的收益。

（4）物流沟通。物流管理涉及产品价值形成的全过程，物流管理人员需要同企业内部众多的职能部门和其他企业进行交流与沟通。物流沟通发生在：

- 企业与供应商和顾客之间；
- 企业内部的主要职能部门（物流、财务、工程、市场、生产等）之间；
- 各项物流活动之间；
- 每项物流活动的各阶段之间；
- 供应链成员之间。

管理沟通是任何管理系统有效运作的关键，良好的沟通是企业竞争力的重要源泉。

（5）物料处理。物料处理包含了原材料、在制品和产成品在工厂和仓库中的搬运和装卸等处理，这类操作并不实现物品的增值，因此物料处理的一个基本目标是尽可能减少操作成本。通过对物料流的细致分析，物料管理能为企业节约大笔开支。

（6）订单处理。企业订单处理系统的职能包括：接收顾客订单、根据订单向顾客供货、跟踪订单处理状况、向顾客反馈订单处理信息。具体的订单处理过程包括库存检查、顾客信用审核、开具单据发票、发货等。订单处理对顾客满意度影响极大。当今企业越来越多地通过互联网、电子数据交换（EDI）和电子转账（EFT）等手段来加快订单处理速度，提高准确性和效率。

（7）包装。包装是在流通过程中为保护产品、方便储运、促进销售，按一定技术方法而采用的容器、材料和辅助物等的总体名称。作为一种物流活动，它是指为了达到上述目的而采用容器、材料和辅助物的过程中施加一定技术方法等的操作。包装不仅具有保护和存放商品的功能，还具有广告宣传的营销功能。良好的产品包装设计应当符合仓储和运输的特定需要。

（8）产品售后服务支持。物流部门需提供产品的售后服务支持，包括产品的安装调试、存储充足的备用物品、回收有缺陷的产品、对顾客的维修或退换货请求作出快速响应等。

（9）物流设施的选址。物流设施的选址是企业的一项重要战略决策，不仅影响到原材料和产成品的运输费用，也会影响顾客服务水平和对顾客需求的响应速度。在进行选址时，需要考虑各种影响因素和要求，在此基础上预先确定地址，列出几个可供选择的方案，利用科学的评价方法，从这几个可行方案中选出最理想的地址。

（10）采购与供应。采购与供应是指外购物料或服务，以支持本企业的生产、销售以及物流等各项活动。采购是选择和购买物品的过程，包括了解需要、选择供应商、协议价格、签订合同、选择运输方案、催促交货以及保证供应等事项。企业应与主要的供应商结成长期协作的战略伙伴关系。

（11）退货处理。退货处理十分复杂，要求物流系统将分散的少量退货从顾客手中收集并运回，其物流流向与销售物流相反，而成本通常是后者的九倍之多。除了成本因素外，退货处理对顾客满意程度的影响也比较大，因此越来越受到企业的重视。

（12）交通和运输。商品在空间位置上的转移必须通过运输来实现。这是一项十分重要的物流活动，也是大多数企业开支最多的物流活动。其主要内容包括：选择运输方式、确定正确的运输路线、选择承运人等。

（13）仓储。商品（特别是指实物商品）的时间和地点价值只有在运输和仓储的支持下才能得以实现。仓储活动包括仓库的设计与构建、库存物品的管理、仓库租赁决策等等。

（14）物流回收。特指物流过程中各种废弃物的回收和处理。随着社会对环保问题的日益关注，企业在环保方面受到越来越多的管制，物流回收活动亦越来越重要。

三、企业物流管理的主要内容

物流管理（Logistics Management）：为了以最低的物流成本达到用户所满意的服务水平，对物流活动进行的计划、组织、协调与控制。

换句话说，物流管理是对原材料、半成品和成品等物料在企业内外流动的全过程所进行的计划、组织、协调、控制等活动。这个全过程，就是指物料经过的包装、装卸搬运、运输、储存、流通加工、物流信息等物流活动的全部过程。在社会再生产过程中，根据物质资料实体流动的规律，应用管理的基本原理和科学方法，对物流活动进行计划、组织、指挥、协调、控制和监督，使各项物流活动实现最佳的协调与配合，以降低物流成本，提高物流效率和经济效益。

1. 物流活动诸要素的管理

（1）运输管理。主要内容包括：运输方式及服务方式的选择、运输路线选择、车辆调度与组织等。

（2）储存管理。主要内容包括：原料、半成品和成品的储存策略，储存统计，库存控制等。

（3）装卸搬运管理。主要内容包括：装卸搬运系统设计，设备规划与配置和作业组织等。

（4）包装管理。主要内容包括：包装容器和包装材料的选择与设计，包装技术和方法的改进，包装系列化、标准化、自动化等。

（5）流通加工管理。主要内容包括：加工场所的选定、加工机械的配置、加工技术与方法的研究和改进、加工作业流程的制定与优化。

（6）配送管理。主要内容包括：配送中心选址及优化布局、配送机械的合理配置与调度、配送作业流程的制定与优化。

（7）物流信息管理。主要指对反映物流活动内容的信息、物流要求的信息、物流作用的信息和物流特点的信息所进行的收集、加工、处理、存储和传输等。信息管理在物流管理中的作用越来越重要。

（8）客户服务管理。主要对于物流活动相关服务的组织和监督，例如调查和分析顾客对物流活动的反映，决定顾客所需要的服务水平、服务项目等。

2. 物流系统诸要素的管理

（1）人的管理。人是物流系统和物流活动中最活跃的因素。对人的管理包括：物流从业人员的选拔和录用、物流专业人才的培训与提高、物流教育和物流人才培养规划与措施的制定等。

（2）物的管理。“物”指的是物流活动的客体，即物质资料实体。物的管理贯穿于物流活动的始终。它涉及物流活动诸要素，即物的运输、储存、包装、流通加工等。

（3）财的管理。主要指物流管理中有关降低物流成本、提高经济效益等方面的内容，它是物流管理的出发点，也是物流管理的归宿。主要内容有：物流成本的计算与控制、物流经济效益指标体系的建立、资金的筹措与运用、提高经济效益的方法等。

（4）设备管理。指对物流设备管理有关的内容。主要内容有：各种物流设备的选型与优化配置，各种设备的合理使用和更新改造，各种设备的研制、开发与引进等。

（5）方法管理。主要内容有：各种物流技术的研究、推广普及，物流科学研究工作的组织与开展，新技术的推广普及，现代管理方法的应用等。

（6）信息管理。信息是物流系统的神经中枢，只有做到有效地处理并及时传递物流信息，才能对系统内部的人、财、物、设备和方法等五个要素进行有效的管理。

3. 物流活动中的具体职能管理

物流活动从职能上划分，主要包括物流计划管理、物流质量管理、物流技术管理、物流经济管理。

（1）物流计划管理。是指对物质生产、分配、交换、流通整个过程的计划管理，也就是在物流大系统计划管理的约束下，对物流过程中的环节都要进行科学的计划管理，具体体现在物流系统内各种计划的编制、执行、修正及监督的全过程。物流计划管理是物流管理工作的首要职能。

（2）物流质量管理。主要内容包括：物流服务质量、物流工作质量、物流工程质量等的管理。物流质量的提高意味着物流管理水平的提高、企业竞争能力的提高。因此，物流质量管理是物流管理工作的中心问题。

（3）物流技术管理。主要内容包括：物流硬技术和物流软技术的管理。对物流硬技术进行管理，即是对物流基础设施和物流设备的管理。如物流设施的规划、建设、维修、运用；物流设备的购置、安装、使用、维修和更新；提高设备的利用效率，日常工具管理工作等。对物流软技术进行管理，主要是物流各种专业技术的开发、推广和引进，物流作业流程的制定，技术情报和技术文件的管理，物流技术人员的培训等。物流技术管理是物流管理工作的依托。

（4）物流经济管理。主要内容包括：物流费用的计算和控制，物流劳务价格的确定和管理，物流活动的经济核算、分析等。成本费用的管理是物流经济管理的核心。

第三节　供应链与供应链管理

一、从产品生产过程看企业供应链

在全球经济一体化的今天，企业可以在世界范围内组织其产品生产，并在全球市场进行营销，企业运营的地域范围大大扩展，其复杂性日益增强。企业要想获得快速而有效的市场反应能力，满足其顾客需求，必须以更广阔的视野去看待竞争，去谋划竞争策略和运营。

从典型的制造型企业来看，其整体产品制造流程应该包括：产品研发、原料采购与生产、零部件制造、产成品制造、产成品配送等。如服装生产，其典型的完整制成过程如表1-1所示。

表1-1　服装制成过程

时　间	设计活动	订单接收和生产计划	物料管理	生　产	销　售
2007.2	设计过程开始				
2007.3～2007.4	年度展示会				
2007.5～2007.6	概念定稿				
2007.7	草图确定		订购原色织品		
2007.8				样板生产	
2007.9	设计定稿			样板生产	
2007.11		零售商发出第一份生产订单	收到第一份订单 ● 计算纺织品和配品的需求 ● 订购配品 ● 发出印染订单	样品生产	
2007.12				样品生产	
2008.1～2008.2				全面生产	
2008.3		零售商发出第二份生产订单	收到第二份订单 ● 计算纺织品和配品的需求 ● 订购配品 ● 发出印染订单	全面生产	
2008.4～2008.6		额外订单		全面生产	
2008.7～2008.8				运输成品	支付给零售商
2008.9～2008.11					零售期
2008.12～2009.1		补货订单			零售期

（资料来源：《供应链设计与管理》，大卫·辛奇-利维）

而较为复杂的产品制造，其生产周期及制成过程则更为复杂。以汽车制造为例，常见的制造过程如图 1-3 所示。

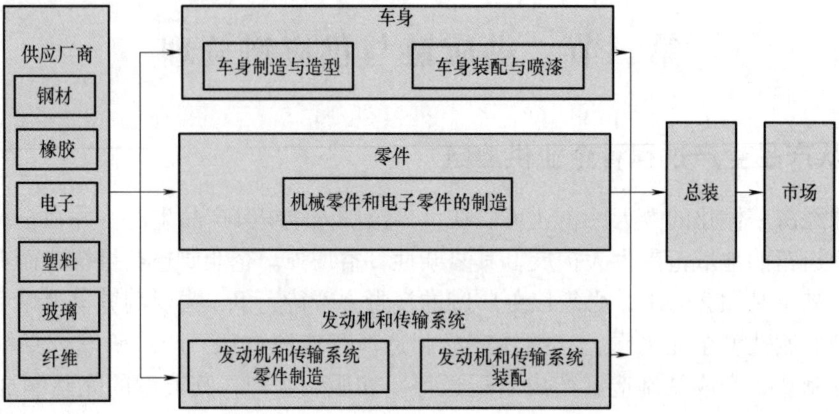

图 1-3　汽车制造过程

而对于不同厂家或不同类型的汽车产品，其采购链或供应厂商范围不同，其总装过程的具体工序又会不同。如国内某汽车制造厂商其具体的采购件和供应商地点如表 1-2 所示。

表 1-2　某汽车制造商采购件和供应商地点

序　号	物 料 名 称	供应商地点
1	发动机零部件	上海
		常州
		北京
		奥地利
		芜湖
2	底盘零部件	芜湖
		宁波
		日本
3	车身零部件	芜湖
		宁波
		昆山
		北京
		广州
4	电子电器零部件	芜湖
		上海
		韩国
		广州
		昆山

其制造过程主要分为四道步骤，具体如下：

第一道：冲压工艺。冲压工艺是为了生产出各种车身冲压零部件，工艺流程如图 1-4 所示。

第二道：焊接工艺。焊接工艺是将各种车身冲压部件焊接成完整的车身。

第三道：涂装工艺。涂装工艺是为了防止车身锈蚀，使车身具有靓丽外表，工艺流程如图 1-5 所示。

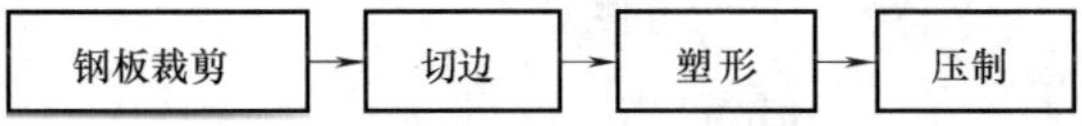

图 1-4 冲压工艺

图 1-5 涂装工艺

第四道：总装工艺。总装工艺是将车身、底盘和内饰等各个部分组装到一起，形成一台完整的车，工艺流程如图 1-6 所示。

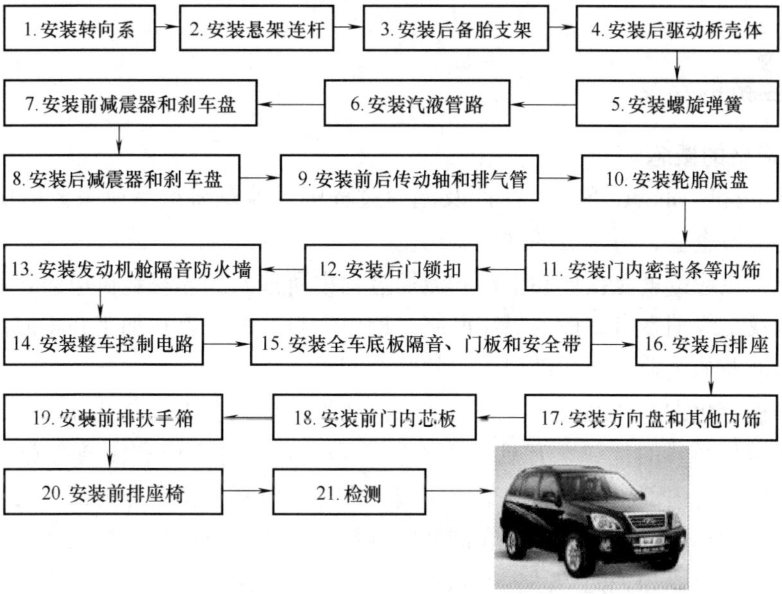

图 1-6 总装工艺

从以上产品的制成过程来看，产品从研发、原材料采购、零部件生产、产成品生产再到传递到最终消费者手中，在这一整个过程中，涉及不同的参与者，如原材料供应商、零部件供应商、产成品生产商、物流服务商和消费者，也涉及这些组织的行为或流程，还离不开这些组织的衔接与协同。同时，在全球经济一体化的环境下，整个产品制成过程所处的地理位置也是分布在不同的区域里，可能是亚洲、美洲、欧洲等。企业与企业之间的竞争，不再仅局限于企业之间实力的较量，而要依赖于企业的上下游业务及运营有效的组织，因此，企业运营管理要用更宽阔的视野来考量，即供应链的角度，如图 1-7 所示。

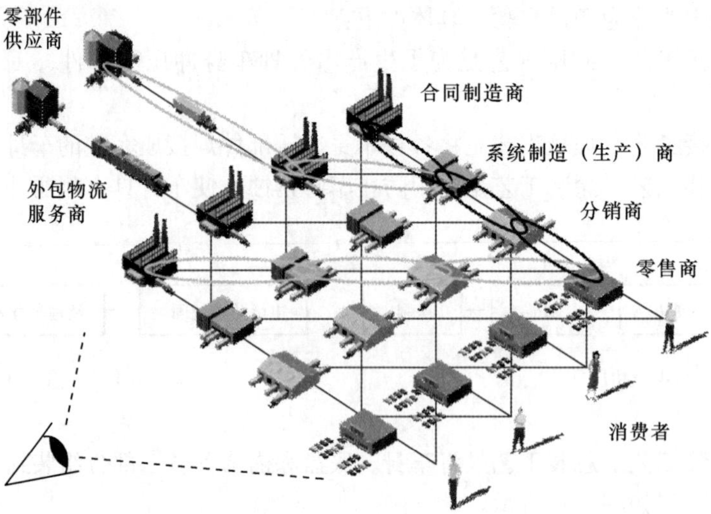

图 1-7　供应链图

二、供应链的定义

（一）供应链的概念

供应链（Supply Chain，SC）：生产及流通过程中，涉及将产品或服务提供给最终用户活动的上游与下游企业，所形成的网链结构。

具体地说，供应链就是指产品生产和流通过程中所涉及的原材料供应商、制造商、批发商、零售商以及最终消费者组成的供需网络，即由物料获取、物料加工并将成品送到用户手中这一过程所涉及的企业和企业部门组成的一个网络。

供应链是社会化大生产的产物，是重要的流通组织形式和市场营销方式。它以市场组织化程度高、规模化经营的优势，有机地连接生产和消费，对生产和流通有着直接的导向作用。供应链一般分为内部供应链和外部供应链，内部供应链是指企业内部产品生产和流通过程中所涉及的采购部门、生产部门、仓储部门、销售部门等组成的供需网络。而外部供应链则是指企业外部与企业相关的产品生产和流通过程中所涉及的原材料供应商、生产厂商、储运商、零售商以及最终消费者组成的供需网络。内部供应链和外部供应链共同组成了企业产品从原材料到成品到消费者的供应链，可以说，内部供应链是外部供应链的缩小化。

（二）供应链的结构

根据以上供应链的定义，可以将供应链的结构描述为如图 1-8 所示的模型。

从图 1-8 中可以看出，供应链由所有加盟的节点企业组成，其中一般有一个核心企业（可以是产品制造企业，也可以是大型零售企业）。节点企业在需求信息的驱动下，通过供应链的职能分工与合作（生产、分销、零售等），以资金流、物流、服务流为媒介实现整个供应链的不断增值。

（三）供应链的特征

从供应链的结构模型可以看出，供应链是一个网链结构，由围绕核心企业的供应商、供应商的供应商和客户、客户的客户组成。一个企业是一个节点，节点企业和节点企业之间是

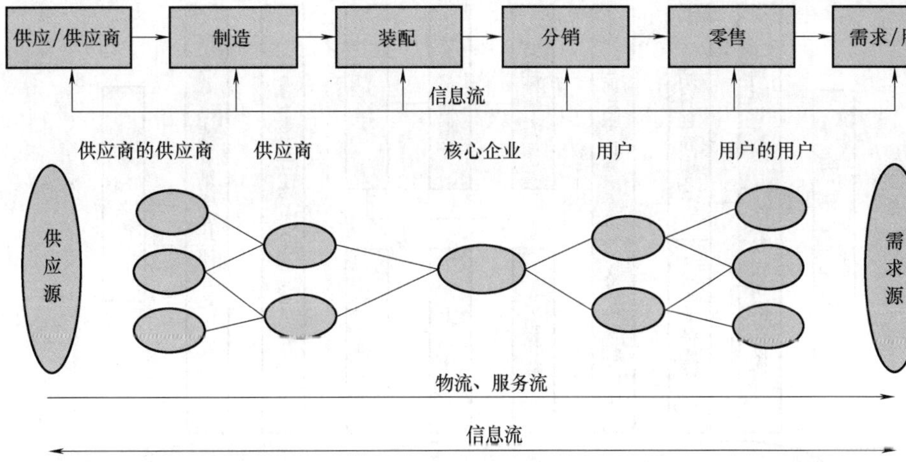

图 1-8　供应链结构图

一种需求与供应关系。供应链主要具有以下特征：

（1）复杂性。因为供应链节点企业组成的层次不同，供应链往往由多个、多类型甚至多国企业构成，涉及不同的组织文化或民族文化背景，所以供应链结构模式比一般单个企业的结构模式更为复杂。

（2）动态型。因企业战略和适应市场需求变化的需要，节点企业需要动态的更新，这就使得供应链具有明显的动态型。

（3）面向用户需求。供应链的形成、存在、重构，都是基于一定的市场需求而发生，并且在供应链的运作过程中，用户的需求拉动是供应链中物流、信息流、资金流运作的驱动源。

（4）交叉性。节点企业可以是这个供应链的成员，同时又是另一个供应链上的成员，众多的供应链形成交叉结构，增加了协调管理的难度。尤其是在信息系统的建设和使用上，会产生接口的协调问题，需要有信息技术的支持使之标准化，才能满足节点企业处在多条供应链上交叉点的现实需求。

案例 1-3

服装制造行业的供应链过程——联泰服装

联泰创始于 1965 年，是一家以服装制造为主的多元化跨国集团。2004 年 7 月，联泰控股有限公司的股票在香港上市。2006 年上市公司营业额达 6.62 亿美元，其中成衣营业额达 6.44 亿美元。从 1998 年开始探讨并实行“从设计到店铺”的一站式服务战略，即“D2S（Design to Store）”商业模式，如图 1-9 所示。

1. 以供应链集成服务提高现代服装的响应速度

联泰充分利用土地规模和成本低的优势，将服装的设计中心建到工厂附近，为服装设计师提供所需要的面料图书馆、面料测验中心、流行色研究、计算机绘图和小样制作等非核心设计服务。服装品牌的设计师可以带着创意飞到联泰，一周内可以完成整个设计过程。而在过去进行服装设计与小样制作时，设计师需要在国外和中国之间来回跑，花费约 45 天的时间。这个改动使服装开发时间缩短了 40 天。同时又不侵犯服装品牌商的核心竞争力，提供了过去服装品牌商必须要做但又不擅长的服务，从而使得联泰成为服装品牌商的首选供

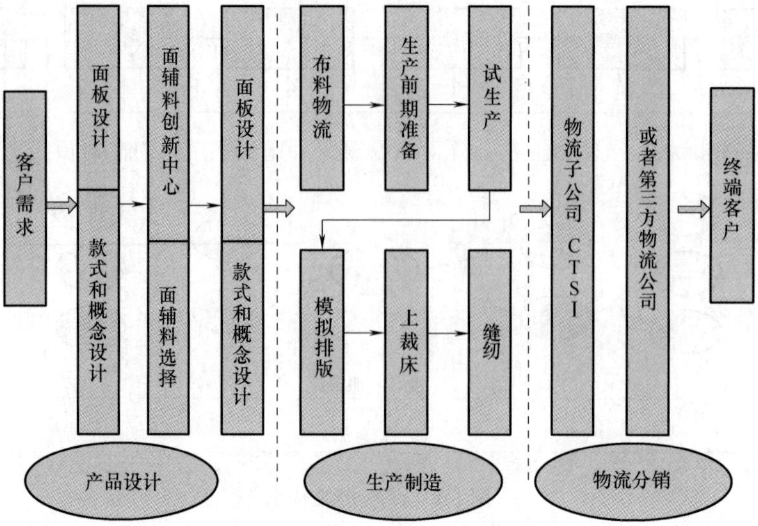

图 1-9　联泰 D2S 商业模式

应商。

在制造环节上，联泰通过信息技术能够按照配送计划对产品进行合理的混装，方便产品直接送往零售店面，而不需要再由配送中心分拣和混装，能省下 1 ~2 天的时间和成本。另外，联泰厂区内的面辅料创新中心为上游企业提供了面辅料展示的平台，订单可以直接下发，节省了到全国各地选料看样的时间。通过各种努力，联泰供应链各环节的参数全面优于 2005 年供应链 25 强所要求的基准数据，如表 1-3 所示，从而奇迹般地将许多原本属于外部市场交易“虚拟”转移到了企业内部，有效保证了信息沟通的及时性与有效性，大大改变了中国 OEM 企业普遍存在的响应滞后、成本升高、信息沟通不畅等不良局面。

表 1-3　联泰与 2005 年供应链 25 强所要求的基准数据比较

序号	环　节	供应链功能创新	时间节省	基准数据	比较值（%）
1	服务设计	辅助设计从品牌商转移到制造商	服装开发时间缩短了 40 天，加快 89%	产品进入市场快 60%	+29
2	面料设计	面料设计从供应链转移到制造商			
3	产品制造	通过设计新的加工流程对面料裁剪等重新排版	衣服加工时间从 23 分钟减少到 19 分钟，快 17.4%	完成订单方面领先 17%	+0.4
4	产品分销	按照配送计划对产品进行混装，并经由物流了公司 CTSI 或第三方物流公司直接发送到客户指定的位置	节省 1 ~2 天的时间和成本	库存低于基准数据 15%	+35
比较结论		联泰全面优于供应链 25 强所要求的基准数据			

2. 通过营造求大于供的市场关系降低服装成本

在产品成本构成中，一般 OEM 所在的生产环节所占的成本较小，仅占 7.5%，如表 1-4

所示。单从生产环节进行成本降低的潜力越来越小，且一味追求成本降低还可能影响产品的质量，因此，联泰致力于通过流程创新等营造求大于供的市场关系。

表1-4　零售商的简要成本项目分类

	物料成本	生产成本	工厂利润	其　他	零售商利润	合　计
成本/美元	6.5	3.0	0.5	26.0	4.0	40
比例（%）	16.25	7.5	1.25	6.5	10	100

目前，联泰有一半以上的营业额来自POLO、FR等5家世界知名品牌。品牌商负责研发的科技人员常住在联泰供应链城进行款式设计和面料选择，联泰则参与进去，与品牌商一起对样品进行不断改进，以最高的效率达成共识并迅速组织生产。这种合作带来的示范效应，不断吸引着相关企业加盟联泰供应链城，从而使联泰以及相关布料商、品牌商的核心企业作用得到了协同发挥，较好地解决了各方都关心的根据时装潮流、季节变化与客户要求等进行面料开发与时装设计的互动优化问题，大大地节省了由于客户相隔遥远所耗费的时间、精力与费用，大幅度提高了顾客买对货的比率。

除此之外，联泰积极利用现代信息技术改造服装加工流程，使一件衣服加工时间减少2%，而每减少1%就能帮助联泰节省300万美元。由于这种成本降低是建立在不影响甚至是有利于提高服装质量、周转速度与企业信誉的基础上，因此，它开创了现代社会经济条件下服装企业的精益生产之路。

3. 以供应链集成服务谋求业务拓展与关系改善的协同效果

OEM厂商自创品牌与自我设计款式等努力，通常会遭到外包商诸如抽掉订单、进行技术与信息封锁等报复，从而使OEM厂商陷入前所未有的困境。对此，联泰寻找到了一种既能够拓展业务，又不与上下游主要客户发生冲突的两全对策。

联泰目前有8亿多元销售收入，从企业的一般规模来讲，联泰远远大于那些有自己服装品牌的企业，但相对于联泰所服务的世界一流服装企业来讲，联泰又处于弱势的地位。联泰之所以这样定位的关键是充分考虑到了服装供应链与企业发展的辩证关系。事实上，联泰为OEM如何实行战略制胜进行了较为成功的尝试，以服务而非挤占上下游的战略定位较好地取得了拓展业务和改善上下游关系的协同效果。如在东莞厂区设置了包括设计与开发部门、技术中心、面料与辅料测试中心、营业跟单与全球生产规划、水洗、印花与绣花车间、生产车间等在内的、能够完成服装设计开发一整套环节的机构。这样，联泰不仅取得了许多名牌企业从事贴牌生产的服装收入，而且还在设计环节创出了自己的特色，获得了服务收入，增强了与客户合作时的议价砝码，提高了企业的核心竞争力。

（资料来源：《基于OEM的精敏供应链创新》，吴志华）

讨论题：

1. 从联泰的案例来看，企业如何在现有的商业环境中提升自己的竞争优势？

2. 根据联泰供应链的构建，企业如何成为供应链中的核心企业？成为核心企业应作什么准备？承担什么责任？获取的回报是什么？

3. 在世界制造中心向我国转移的过程中，我国企业能获取哪些机会？同时又可能存在哪些竞争劣势？我国企业，特别是OEM的企业应否考虑从制造企业向服务企业或创新性企业转型？为什么？

4. 你认为联泰的供应链运营最宝贵的经验是什么？

三、供应链的管理

（一）定义

供应链管理（Supply Chain Management，SCM）：利用计算机网络技术全面规划供应链中的商流、物流、信息流、资金流等并进行计划、组织、协调与控制。

供应链管理术语的出现已有20年左右的时间，但关于它的定义由于出发点不同，每个理论研究者或企业实践者都不完全一样。一般认为，供应链管理是指人们在认识和掌握了供应链各环节的内在规律和相互联系的基础上，利用管理的计划、组织、指挥、协调、控制和激励职能，对产品生产和流通过程中各个环节所涉及的物流、信息流、资金流、价值流以及业务流进行的合理调控，以期达到最佳组合，发挥最高的效率，以最小的成本为客户提供最大附加值的产品或服务。其目的是从整体的观点出发，寻求建立产、供、销企业以及客户间的战略合作伙伴关系，最大程度的减少内耗和浪费，实现供应链整体效率的最优化。供应链管理是在现代科技促使产品极其丰富的条件下发展起来的管理理念，它涉及各种企业及企业管理的方方面面，是一种跨行业的管理，并且企业之间作为贸易伙伴，为追求共同经济利益的最大化而共同努力。

有时，根据企业运营的层次，供应链管理的内容也可以分成三个层次：

（1）运作层。这是实施供应链管理的基础，主要包括各种供应链管理方法和技术，如信息技术、采购与物流技术、生产运作技术、库存管理方法等。运作层是整个供应链的基础，要想提高企业的供应链管理水平，首先必须建立和完善各种供应链管理方法和技术，形成规范、高效的运作层管理。只有完善运作层的管理和操作，才能保障业务层和战略层的顺利实施。

（2）业务层。这是实施供应链管理的关键，主要指企业运用供应链管理的思想完善内部的价值链，并以供应链战略为指导，通过将非核心业务外包，集中发展自己的核心业务，提高企业的核心竞争力。业务层的活动着重从企业内部提高本企业的竞争力，使企业在市场竞争中保持优势。业务层是对战略层的执行，并指导运作层的操作，起到承上启下的作用，因此是供应链管理中的关键部分。

（3）战略层。这是实施供应链管理的核心，主要是从战略的高度，通过业务流程重组和选择合作伙伴，设计和构建供应链，结成战略联盟，协调供应链成员间的利益关系，最终达到“共赢”的目的。战略层的活动着重从企业外部提高企业的竞争力，通过与供应链中企业的合作，共同提高整个供应链的竞争力，使供应链中的各企业共同发展、分享利益。战略层的管理真正体现了供应链管理思想的实质，是供应链管理的核心部分。

（二）供应链管理的特点

与传统的企业管理相比，供应链管理更强调供应链整体的集成和协调，要求各连接企业围绕物流、信息流、资金流以及工作流进行信息共享与经营协调，实现柔性的与稳定的供需关系。其本质特点是：

1. 基于流程的集成化管理模式

传统的管理以职能部门为基础，往往由于职能矛盾、利益目标冲突、信息分散等原因，各职能部门无法完全发挥其潜在效能，因而很难实现整体目标最优。供应链管理则是以流程为基础，物流、信息流、价值流、资金流、工作流贯穿于供应链的全过程。通过业务流程再造，消除各职能部门以及供应链企业成员的自我保护主义，实现供应链组织的集成和优化；通过核心企业管理思想在整个供应链上的扩散和移植，实现管理思想的集成；通过准时制管理、企业资源计划、快速反应、全面质量管理等管理技术方法的综合运用，实现供应链管理方法的集成；通过现代信息技术手段的运用，信息共享，实现供应链管理手段的集成；通过资源整体优化配置，有效运用价值链激励机制，寻求非增值活动及相应结构的最小化，实现供应链管理效益的优化与集成。

2. 强调全过程的战略管理

供应链上的各个环节是不可分割、环环相扣的一个有机整体。因此，从总体上考虑，如果只依赖部分环节的信息，则由于信息的局限或失真，可能导致决策失误、计划失控、管理失败。在供应链管理过程中，高层管理者必须从战略的高度统筹安排，协调资源及可能存在的冲突，这样才能实现供应链管理的目标。

3. 全新的库存观

传统的库存思想认为，库存是维系生产和销售的必要措施，因而企业与其上下游企业之间在不同的市场环境下只是实现了库存的转移，整个社会库存总量并不减少。供应链的形成是链上各个成员建立了战略合作伙伴关系，通过快速反应致力于总体库存的大幅度降低，库存是供应链管理的平衡机制。

4. 以客户为中心

不管供应链的节点企业有多少类型，也无论供应链的节点企业的数量多少，供应链都是由最终客户驱动的，正是最终客户的需求使得供应链存在。

5. 注重核心竞争力

核心竞争力是指企业内部经过整合的知识和技能，尤其是协调各方面资源的知识和技能。只有企业本身具有核心竞争能力，供应链业务伙伴关系才能持久。

（三）供应链的益处

1997 年 PRTM（Pittiglio Rabin Todd & McGrath）公司进行了一项关于集成化供应链管理的调查，涉及 6 个行业的 165 个企业，其中化工 25%、计算机电子设备 25%、通信 16%、服务业 15%、工业 13%、半导体 6%。该调查表明，通过实施供应链管理，企业可以达到以下多方面的效益：

- 总成本下降了 10%；
- 供应链系统中企业的按时交货率提高了 15% 以上；
- 订货 - 生产周期缩短了 25% ~35%；
- 供应链中企业的生产率提高了 10% 以上；
- 主导企业的资产增长率为 15% ~20%。

同时，不少供应链管理的实践者认为，通过良好的供应链管理，可以在进入新市场，开发新产品，开发新的分销渠道，改善售后服务水平，提高用户满意程度，降低库存、后勤成本、单位制造成本及提高工作效率等方面获得满意效果。

一般认为，通过建立供应商与制造商之间的战略合作关系或供应链的运作，可以让供应链的参与者都达到效率提高与效益的提升。具体如下：

(1) 对于制造商（买主）来说，能够降低成本（降低合同成本）、实现数量折扣和稳定而有竞争力的价格、提高产品质量和降低库存水平、改善时间管理、缩短交货提前期和提高可靠性、优化面向工艺的企业规划、更好的产品设计和对产品变化更快的反应速度、强化数据信息的获取和管理控制。

(2) 对于供应商（卖主）来说，能够保证有稳定的市场需求、更好地了解用户需求、提高运作质量、提高零部件生产质量、降低生产成本、提高对买主交货期改变的反应速度和柔性、获得更高的（比非战略合作关系的供应商）利润。

(3) 对于双方来说，能够改善相互之间的交流，实现共同的期望和目标，共担风险和共享利益，共同参与产品和工艺开发，实现相互之间的工艺集成、技术集成和物理集成，减少外在因素的影响及其造成的风险，降低机会主义影响和投机几率，增强解决矛盾和冲突的能力，在订单、生产、运输上实现规模效益以降低成本，减少管理成本，提高资产利用率。

阅读资料

什么是供应链？

著名管理学大师德鲁克曾说：21 世纪不再是企业与企业的竞争，而是供应链与供应链之间的竞争。这意味着企业之间进行竞争的时候，关键是谁的战略联盟高度协同，而不再仅仅是单个企业之间的竞争。

供应链管理这个概念始于信息化的普及。也就是把企业整个的采购、销售、售后等环节，通过信息化手段融为一体。随着市场需求的越来越多样化、快速化，对信息化程度的要求也越来越高，实现供应链管理不仅成为一种可能，也成为一种必要。

产业链是用来分析一个产业的宏观格局和趋势的；价值链是进行产业链分析的方法和工具之一；供应链则是连接产业链中的具体产品和服务输入和输出的一系列链条。对于具体的企业而言，所有的战略和理念最终都要落实到管理层面上。从企业具体操作这个意义上来讲，三个概念的目的和结果的落点是一致的。

一位管理咨询家曾说过："作为企业，研究了半天，最后都是落实到供应链管理上面去的。但如果你仅仅只是就供应链而供应链，而没有产业链和价值链作为基础，那么你是很难进行供应链的管理的。"

"那么，一家企业对其所在产业链上的各个环节是否有能力去整合，自己在供应链上的地位的主动能力，是不是就是体现一个企业竞争力的重要标志呢？答案是肯定的，产业链中体现的是一个企业的核心竞争力。"

企业在产业链中间必须要寻找自己的角色。要寻找这个角色，就要创造自己的价值。任何一个角色都是要有价值的，这样企业才有机会被整合到产业链中间，否则就会出局。

在构建供应链时企业有特色，才能主动。在供应链上能够占据主动的企业，可以是小企业，但必须具备与大企业平等对话的能力和资本，企业可以不是主角，但应该是舞台上不可缺少的角色，就是要有自己的特色。

特色可以体现在很多方面，可以是服务优势、技术优势、人才优势。在整个供应链中，可以分成原材料、部件、成品、分销、物流、设计、品牌营销等环节，只要在其中一个环节上有独到之处，就可以进入到供应链中。

上海保隆汽车，是福特、通用等一流汽车企业的供货商。美国通用设计了庞大的供应链管理机构，派出资深工程师到上海保隆，帮助上海保隆改进、提高，从而节约成本，提供降价空间。美国通用还灌输给他们一个观念，那就是他们与客户，不论大小，都是伙伴关系，“我们是价值链中的一环，连在一起才有作为链条的价值，离开了就什么都不是。”

88.3%的企业考虑通过技术的升级来改善自身在供应链中的位置。93.3%的企业则表示，他们正试图通过与供应链中的其他环节来建立战略同盟，以达到提升自己在供应链中地位的目的。

深圳奥特瑞实业有限公司和深圳大阳实业公司同为贸易公司，控制着从工厂到客户的渠道。在渠道趋于扁平化的时代，对掌握渠道的企业如何生存得更好这一问题，他们给出了共同的答案：突破产业链条的制造环节，从价格带来的比较优势向高附加值的综合竞争优势转变。

供应链管理不仅仅是“供应链”。

近一半（46.21%）的企业家和经理人认为，在供应链上蕴含商机最多的环节是销售终端，即将产品最终送达消费者手中的下游环节。但事实上，在供应链中，从原材料、零部件，到下游环节、分销商，都可以在供应链中体现其独特价值。

半导体行业分销商富昌电子，就是承担了自己在行业中应该承担的角色，做好了一家分销商的本分，从而使自己企业的发展与行业的良性平衡竞争达成共赢。

而作为供应链上的角色之一，一家小企业既可以与聚光灯下的主角大型企业平等对话，也需要与其他合作伙伴形成利益捆绑。供应链最早来到中国的时候，在操作层面上来讲，首先涉及的是物流，其次是采购，再次是在分销层面，最后才是把采购制造这些环节打通。现在很多企业已经意识到供应链管理其实是一体化的，在操作的时候，采购、制造、分销、物流诸环节一定要逐个去打通。

在这个整体运作中，很少会有企业单独一家去完全解决所有环节上的问题。就像保隆汽车，85%的产品都是销往海外，他们的物流全部都是找的第三方，主要也是因为这方面的服务比较规范，并且因为有了信息化，可以实时看到自己货物的状态。“这种合作是比较有效的，因此也就没有考虑过自己做物流。”保隆汽车总经理张祖秋介绍。

有人认为供应链管理就是如何更快速地把你的合适的产品和服务送到顾客的手里面，而且这个运输的过程又要是成本最优的。要做到这一点的话，就不是单纯的供应链管理可以解决的了。供应链管理不仅仅是“供应链”，必须作为一个整体运作去进行规划和操作。要从业务战略、研发、营销等环节通盘考虑业务战略的正确、营销环节的客户定位以及产品研发与市场需求之间的契合度等。

（资料来源：《世界经理人》，2011年9月）

基本练习

1. 为什么说物流与供应链管理是21世纪的管理热点？
2. 现代物流管理的特征是什么？
3. 什么是物流？物流如何分类？
4. 主要的物流活动包括哪些？
5. 什么是物流管理？物流管理的分类有哪些？
6. 什么是供应链？什么是供应链管理？
7. 供应链管理的特点是什么？供应链管理的益处是什么？

应用练习

一、物流管理重要性分析

1. 选定一个企业，可以是你所处的企业，也可以是其他企业，分析其所处的竞争环境。包括国内外需求及变化情况、主要市场及市场份额及销售额变化状况、主要竞争厂商及其产品、企业竞争优势与劣势（相对于主要竞争厂商或行业内标杆）。

2. 分析经济全球化及当前国际国内经济形势带给此企业的机会与威胁有哪些？要求分析至少三个机会和三个威胁。可以从市场、产品、原材料、技术、资源、人力、成本等方面进行分析。

3. 从以上分析中，能否判断得出物流管理在企业运营中所处的地位？如果要应对威胁，赢得机会，企业物流管理应达到什么状态？制定物流管理的目标及主要绩效指标。

4. 分析企业现在物流运营状况，如物流职能部门设置及其职能活动、企业主要物流活动、物流管理使用的主要技术、物流绩效指标等。

5. 提出相关改进对策。包括：措施、计划、步骤等。

二、供应链分析

1. 选定一个产品，分析其从原材料制造、零部件制造、产成品制造、销售配送到最终用户的整个过程，用流程图表示出来，要求注明参与者、过程名、地点、过程时间或周期、成本等信息。

2. 分析供应链参与者的短期目的与长期目的。判断供应链中是否存在冲突目标。

3. 说明此供应链的瓶颈之处或需改进之处，并提出相关对策。

4. 分析供应链改进的效益。要求至少分析两个参与者、三处效益变化情况。可从生产周期、成本、市场反应速度、库存管理、柔性管理等方面进行。

三、案例分析

从以下供应链管理案例中，分析供应链应具备的特性。

案例 1-4

AAFES 加强协作以降低客户成本

The Army and Air Force Exchange Service（AAFES）是美国一家军事机构，主营业务是以颇具吸引力的价格向现役军人、保安人员、预备队成员、退伍军人及其家属销售军用商品并提供各种服务。AAFES 将其收入的 2/3 投资于提高军队士气、资助福利和退休计划。

该机构将所赚的每一分钱都用于提高军队成员及其家属的生活质量，多年来它也一直致力于寻找创新方法以求降低运营成本。在 2007 年，一个宝贵的合作机会令其非常高兴，即与同行 FMWRC（Family and Morale，Welfare and Recreation Command）组织共享服务模型，从而达到双赢的局面。这两家机构拥有相同的客户群，而且产品分类也很相似。

从 European Theater 开始，两家机构组建了一支联合团队，调查总运输成本，并确定采购、分销和运输等环节中的合作机会。例如，团队发现，AAFES 首先将货物送达 FMWRC 仓库，所有货物都卸载并存储在这些仓库中，然后被分别运往各 FMWRC 场所。现在，这些货物直接被运往各 FMWRC 场所，省去运往 FMWRC 仓库的环节。通过这类协作，两家机构通过提高运输量降低了单位交货成本，无需再运输价值为 230 万美元的库存，人力成本降低了 80 万美元。

案例 1-5

Airbus 供应链的可视性

Airbus 是世界上最大的商务客机制造商之一，它担负着生产全球过半以上的大型新客机（超过 100 个座位）的重任。随着其供应商在地理位置上越来越分散，Airbus 发现它越来越难以跟踪各个部件、组件和其他资产从供应商仓库运送到其 18 个制造基地过程中的情况。

为提高总体可视性，该公司创建了一个智能的感应解决方案，用于检测入站货物何时离开预设的道路。部件从供应商的仓库运抵组装线的过程中，它们会途经一个智能集装箱，这种集装箱专用于盛放保存有重要信息的 RFID 标签。在每个重要的节点，读卡机都会审查这些标记。如果货物到达错误的位置或没有包含正确的部件，系统会在该问题影响正常生产之前向操作人员发送警报，促使其尽早解决问题。

Airbus 的解决方案是制造业中规模最大的供应链解决方案，它极大地降低了部件交货错误的影响范围和严重度，也降低了纠正这些错误的相关成本。通过精确了解部件在供应链中的位置，Airbus 将集装箱的数量降低了 8%，也因此省去了一笔数额不小的运输费用，而且还提高了部件流动的总体效率。借助其先进的供应链，Airbus 可以很好地应对已知的及意料之外的成本和竞争挑战。

案例 1-6

Cisco：规避一份风险，带来十倍收获

Cisco 的硬件、软件和服务产品都是组建互联网的基石。为提高整体灵活性并预防各种可能的灾难事件发生，Cisco 创建了一个供应链风险管理体系，其中包括一个灵活的指标表和一组与事件和危机恢复有关的阈值。Cisco 供应链中的每个“节点”（供应商、制造合作伙伴和物流中心）都有责任跟踪和报告其“恢复时间”，并确保在实际灾难发生前所有恢复计划和能力建设都准备到位。

Cisco 的解决方案是该行业的首个供应链解决方案，其雏形来源于一次为确定供应链最佳实践而举办的，由各行各业的供应链风险管理从业者参加的论坛。最初的设想是一个由多种流程和最佳实践构成的“开源”库，而所有参与的公司都可以利用其中的内容来确定可能的风险并进而制订弹性计划。例如，备用货源、备用场所条件和风险规避方案，它起源于“业务应急计划”，目的在于了解供应链中的弱点和弹性。2008 年中国发生了严重的地震，Cisco 通过其颇具前瞻性的业务应急流程确定出可能的威胁，并及时在发生会导致客户或收入损失的异常事件之前就启动了风险规避计划。Cisco 可以确定哪些节点受到影响，亦可以评估事件发生前后几小时内可能会带来的影响。通过这种影响评估，Cisco 可以与其供应商和制造伙伴协作以避免任何环节出现异常情况。

案例 1-7

Nuance 公司不断优化库存以更好地服务当前客户

Nuance 集团是全球顶级的机场零售商之一，其业务范围遍及五大洲。在 Nuance 的商业航线中，可能只有一次进行销售的机会，保持适当的库存至关重要。

然而不幸的是，公司位于澳大利亚的免税商店常常某些货品不够，而其他商品的库存却很多。为了更好地为客户提供服务，并实现更大的增长，Nuance 公司决定将其手工库存跟踪和定购系统更换为更加智能的预测和库存优化系统。该解决方案可以分析实际销售数据以及销售趋势、客户购买偏好、促销计划和预计的航线客运量，从而计算和提交补货订单。

早在2007年10月，Nuance公司在悉尼机场设立了最大的免税商店，如今，该公司在澳大利亚的其他商店也装上了这个新系统。除了从根本上缩减补充库存所需的时间外，该解决方案还支持更准确的需求预测、可以使库存降低10%~15%，并增加销售量。

案例1-8

高仪供应链实现全球整合

高仪公司（GroheAG）是全球领先的卫生设备配件制造商和供应商，约占全球市场份额的10%，拥有5 200名员工、6家生产工厂、20家销售分公司，业务范围遍及全球130个国家。显然，高仪是一家全球化公司。

2005年，高仪因市场发展成熟、全球竞争更加激烈和产品多样性加强而遭遇了发展瓶颈。要解决这些问题非常困难，因为公司供应链未得到很好的整合，而高额的固定成本又使得这一过程雪上加霜。

为摆脱这一困境，并从优化的全球整合中获得高效率，高仪在整个公司范围内发起了一项名为“创建世界级的高仪”的改革计划。此项计划包括将供应链策略与业务策略结合、供应链整合及协调、减少零部件的飞速增加、自制或外购策略、物流网络优化、制造基地的全球化以及日益扩大的全球采购。

高仪的改革已经为其创造了巨大的价值，包括改善的现金状况、效率、速度、过程优化及品质保证。通过这项全面的计划，公司有望实现其战略目标，进而成为业内为数不多的、最受需求驱动的企业之一。

（资料来源：支点网，http：//www.topoint.com.cn）

第二章

顾客服务及供应链物流顾客服务标准规划

导入案例

雪铁龙的售后物流服务

法国标致-雪铁龙公司十分重视售后物流服务的重要性。根据该公司开展的一份调查研究表明，在100个接受调查的顾客中，对购买的轿车不满意，但是对其提供的零部件售后服务满意的情况下，大约仍然会有45个人保持对该轿车品牌的忠诚度。反之，只有14个人仍然保持品牌忠诚度。这充分说明了售后服务的重要性。换句话说，售后零部件服务对顾客产生的影响要比整车销售服务对顾客产生的影响大得多。同样，维修人员也高度评价高质量售后服务的重要性。他们认为，在评定一个零部件供应商的诸多标准中，零部件的可得性排在第一位，紧跟其后的是及时送货率，价格只是排在诸多要素中的第七位。

标致-雪铁龙每年大约生产200万辆轿车，其中有60%用于出口。每年20亿美元的销售收入中约有10%左右是来自零部件的销售。随着整车销售市场的竞争日益加剧，而且越来越多的参与者挤入售后服务领域中去，标致集团（PSA）更得依赖售后服务体系效率的提高来确保其市场份额。PSA在法国的经销商当天下午4点以前发出零部件订单，在次日上午9点之前基本上都可以得到满足。PSA的零部件订单满足率（满足的订单/发出的订单）维持在96.1%的水平，对于紧急订单而言，该水平可以达到97.6%。1997年PSA通过了ISO9002认证，加强了其质量控制水平。此举使得PSA与1993年的水平相比，其订单出错率减少了50%。平均送货时间与以前相比减少了将近一半，有95%的订单是在5天以内完成的。在过去4年中，PSA的紧急订单满足率一直保持在99%的水平。随着消费者对于服务质量要求的不断上升，PSA需要不断提高其零部件配送频率和水平，以满足其开发新区域市场的需要，如匈牙利、波兰、斯洛文尼亚等国。同时，尽管由于汽车零部件标准化的推广与普及，但是总的来说，世界范围内的零部件种类和数量还是在不断上升。根据PSA相关人员预测，零部件的种类序号将会从1996年的145 000个上升到2005年的175 000个。

随着竞争的加剧，各大主机制造厂面临着很大的成本削减压力，而在原材料和人力的挖掘空间已经逐渐枯竭时，物流自然而然地肩负起了成本削减的重担。通过对物流水平和质量的不断提高，一定程度上，PSA得以弥补或者可以缓和客户服务水平上升带来的成本上涨效应。PSA全球范围内只在法国设有2个零部件物流中心仓库。位于Vesoul的仓库用于存储标致、雪铁龙两个系列车型的零部件，面向法国、欧洲和海外市场。而位于Melun的仓库只存储雪铁龙系列产品的零部件，面向法国和海外市场。与这2个物流中心库相匹配的是遍布全球的24个物流分中心，其中有一半是直接受控于PSA设于当地的子公司或分支机构。

PSA希望能够将维修的复杂性、订单的优先级别和配送频率综合进行考虑，不断改进以进一步提升其售后物流网络的效率。实际上，上述的3个要素共同决定了售后物流配送的路径规划水平。在此基础上，PSA采用了一套称之为“2-3-4”的内部管理系统，2表示订单分为常规类和紧急类2类，3表示将运输时间在几个小时到5天内划分为3个等级，4表示将配送频率在2次/天到1次/周间划分为4个水平。经过近4年的运作，PSA将其售后物流运作成本削减了15%，同时将存储于仓库中的零部件价值量减少了20%。

（资料来源：中国物流与采购网 http：//www. chinawuliu. com. cn）

企业的经营目的只有实现了商品销售并将商品准确地送达给顾客后才算完成，从现代营销角度来看，顾客购买的不仅是产品及其功能，顾客购买的是产品、质量和服务的统一体。这个服务蕴含了在准确的时间、准确的地点提供准确的产品的要求。当市场处于需求饱和或存在着较大的商品选择余地情况下，顾客的选择是企业的命运。顾客服务水平直接影响顾客的购买决定，进而决定了企业的市场份额。单纯依靠产品进行竞争难以为继，只有将产品与服务结合起来（物流服务是服务的重要组成部分），才能有争取顾客的把握。因此，企业物流管理的主要目的之一就是将供应物流、生产物流以及销售物流进行综合计划、协调和组织，以最快的速度、最佳服务水平满足顾客的需求。物流活动是广泛地满足顾客的时间需求和地点需求的过程，与顾客服务有着天然的联系，物流系统的产出就是顾客服务。在进行物流系统规划时，首先要确定顾客需求，以此作为物流系统的输出和要求，以求企业的物流系统运行达到其原始目的——满足顾客需求。

第一节　顾客服务与顾客满意

对于制造企业来说，通过物流活动可以及时和准确地向顾客提供他们所需要的产品，从而支持企业的竞争战略。为顾客服务，首先要弄清楚谁是顾客。对企业物流系统而言，只要接受了物流服务的对象就是顾客，因此顾客是多样化的，既有接受产品所有权和服务的用户，也有同一组织内不同的作业单位，或供应链上位于下游节点上的业务伙伴，如销售商等。我们可以把物流系统服务的顾客分为外部顾客和内部顾客，产成品用户及供应链上的下游业务伙伴看成是外部顾客，企业内需要物流服务的部门称为内部顾客，如生产制造部门、销售中心等。但是，内部顾客的活动是根据外部顾客的需求确定和安排的。如销售中心需要的产品数量和时间是由顾客购买拉动的，而生产制造部门则根据销售中心的销售计划和用户的购买信息确定生产的数量、类型和时间，由此拉动原材料、零配件的组织和供应。因此，进行顾客服务需求调查和确定的时候，应以外部顾客为主，在此基础上，再进行内部顾客需求确定。由此对顾客服务方面的定义，我们以外部顾客为主。

一、顾客服务的定义

（一）顾客服务的概念

现代市场营销主张要识别和细分顾客的具体需求，然后整合资源去满足不同顾客群体的需求。从顾客的角度来看，应该是方便地、容易地获得自己想要的产品，这种方便性、容易性就是顾客服务的基本要求。

顾客服务的内容和方法随企业而变化，不同企业、不同学者由于考虑的角度不同，对顾客服务有不同的理解。

从市场营销角度来看，顾客服务是直接影响顾客需求和客户忠诚度的首要因素。

从顾客服务的过程来看，顾客服务是销售满足顾客的一系列活动，通常始于订单录入，止于产品送达顾客。有时，还会以设备服务、保修或其他技术支持的形式继续下去。

从顾客服务的特性角度，顾客服务是使（顾客）提高订购产品的速度和可靠程度。

客户服务如果从过程这个角度来看，可以把顾客服务看成是企业为了满足顾客对产品及相关的服务的需要而整合资源，进行产品提供的过程。

（二）物流活动与顾客服务

企业为顾客提供相关的服务和产品，以满足顾客的需求，这是企业最基本的目的。依据综合营销理论，构成营销活动的四个方面就是所谓的4P，即：Product/Service（产品或服务）、Promotion（促销）、Price（价格）、Place（渠道）。形成有效的营销组合的关键是将上述四个部分的活动有机结合，使之产生最大的顾客服务效果。与企业的物流活动有直接联系的是Place（渠道），物流活动的输出之一就是有效地进行渠道管理，使产品准确传递，物流管理可以简单定义为提供顾客服务需求的方法。实际上组织中的每个人、每项活动都与顾客服务有着密切的关系，因此许多成功的公司开始检测它们的内部业务过程和标准，与顾客需求保持一致，即建立起顾客价值链，连接组织内直接或间接与市场关联的所有人员和相关业务，以顾客需求标准来实施和评价组织运营，这样可以将组织的活动与市场紧紧联系起来，加强组织对市场变化的反应能力。

在界定顾客服务要求的基础上，设计与需求相符的企业物流活动过程，并有效地运行和控制，就是主动地运用企业的物流能力去吸引顾客、争取顾客、争夺市场。具体的市场或具体的顾客对4P的要求或认可度不一，影响顾客购买欲望的有时是产品本身的特性，有时是价格，有时是因为促销活动的影响效果。但是，无论市场营销的重点是什么，物流活动是综合营销不可缺少的部分，只有通过它，才能实现产品在时间和地点的需要，离开它，就无法实现产品所有权的转移。我们要研究的不是需不需要物流，而要研究针对不同层次的顾客、不同范围的市场、不同的产品应制定何种适宜的物流策略。

二、顾客服务的要素

确定顾客服务，首先要了解顾客服务由哪些因素构成及其如何影响购买者的行为，这也是营销管理中的重要研究问题。美国物流管理协会（Council of Logistics Management）曾根据供应商和顾客之间的交易发生的时间进行顾客服务构成因素的调查后确定，根据交易发生时间的前后顺序，将顾客服务因素分为交易前、交易中和交易后三类。

（一）交易前因素

交易前因素为企业开展良好的顾客服务创造适宜的环境。这部分要素尽管并不都与未来有关，但对产品销售有重要影响，顾客对企业及其产品的印象和整体的满意度都与交易前因素密切相关。企业为稳步持久地开展顾客服务活动，必须先对交易前因素做好正式的规范化的准备。交易前因素主要包括顾客服务条例的书面说明、提供给顾客的服务文本、组织结构、系统柔性、技术服务等。

1. 顾客服务条例的书面说明

顾客服务条例是以正式文件的形式，反映顾客的需要，阐明服务的标准，如订货后何时送达、退货和延期交货的处理程序、运输方法等。明确每个员工的责任和具体业务内容，最好具体到每个岗位的相关职责；所规定的每项服务应量化，易实施、推广、考核、评价。企业内部常见的此类文件有服务指南、服务标准、员工服务准则等。

2. 提供给顾客的服务文本

企业不仅要明确自己进行顾客服务的标准、责任，还应以文本等明确方式将顾客服务的内容展示给顾客，最常用的形式有服务承诺、服务条款等。这样顾客可以清楚地了解到自己能够获得什么样的服务，否则顾客可能产生一些不切实际的要求。同时，顾客也可以知道在没有得到应有的服务时该如何与企业进行交涉，反映自己的意见，这样也为企业了解顾客满意状态提供了便利。

3. 组织结构

尽管不存在适合于所有企业成功实施其顾客服务的通用的最优组织结构模式，但对每个企业而言，应当有一个较好的组织结构以保障和促进各职能部门之间的沟通与协作。总体负责顾客服务工作的人在企业中应具有相当的职责和权威，因为这项工作实际效果是企业总体运行的综合表现，要涉及企业多个职能部门，往往需要多方的协作和快速响应。

4. 系统柔性

物流系统在设计时要注意柔性和必要的应急措施，以便顺利地响应突发事件。系统柔性决定了处理异常的顾客服务需求的能力，是企业物流能力水平高低的重要指数。在实际物流运作过程中，常常出现的需要组织灵活作业的异常情况包括：①物流服务标准的修改，例如装运交付地点的变更；②支持特殊顾客或市场的销售和营销方案，如对核心顾客需求的完善保证；③新产品导入或产品退出市场；④生产资料的短缺；⑤物料的回收，如因质量问题而发生的产品从市场上召回的情况；⑥定制服务等。总之，在物流系统的规划时，对上述常见异常要有所考虑，才能及时地进行相关物流活动的调控处置。

5. 技术服务

企业应当为顾客提供技术培训，包括根据顾客情况制订用户培训计划，编写适用的培训教材，提供实际操作的机会，提供实习和代培的条件，答复用户的有关咨询直到用户满意为止。

（二）交易中因素

交易中因素主要指直接发生在交货过程中的顾客服务活动，也就是最经常与顾客服务相联系的活动。主要有履行订单的能力、系统的准确性、订货周期、订货的方便性、产品的可替代性。

1. 履行订单的能力

企业能否依据顾客要求的时间、地点将产品交付，主要由企业的订单处理能力、库存水平和运输能力决定。

订单处理能力应具备快速接受顾客订货需求、查询所购商品的库存信息、推算预计的运送日期等能力。对数量较大的购买需求，企业难以一次完成的，这种订单需通过延期订货、分批运送来完成。延期订货发生的次数及相应的订货周期是评估物流系统运作优劣的重要指标。

库存是满足顾客需求的保证。产品的库存量高，产品的可得性越强，产品的库存量低，可能不能满足顾客购买的数量需求，但是过多的库存又意味着物流成本，因此如何根据顾客服务水平确定库存水平和物流总成本，是顾客服务研究的重要问题之一。在实际操作中，有的企业开发了各种物流方案，以弥补其因库存不足而造成的不良影响。如设定安全库存来调整预测误差；严格区分核心顾客，对核心顾客的需求设定较高水平的库存，保证以最高水平实现其服务需求，争取他们的忠诚度；对非核心顾客则依据情况保持较低的库存水平，维持一般的顾客服务水平即可。

运输是将产品从库存地运送到顾客需求地点的活动，由于企业面对的是不同层次的顾客和不同特性的市场，往往需要从多个生产地或配送中心向顾客运送货物，这种多库存地向多个目的地的运输调配，必须有高质量的运输组织能力。有时候为了保证不失去顾客（因为失去顾客的代价极高），企业要提供特殊货运，这种货运的成本要高于正常运送方式。

履行订单的能力可用以下指标进行衡量：缺货频率、订货完成率。缺货频率指缺货将要发生的概率，当需求数量超过产品可供数量（或需求次数超过产品可供次数）就会发生缺货。将全部产品所有发生缺货的次数汇总起来，就可以反映出企业实现其基本服务承诺的能力。对每次缺货情况要根据具体产品和顾客作备忘录，并分析其内在原因，进行改进。订货完成率是与缺货概率相反的指标，它指企业完成顾客需求的数量与顾客需求总量的比率，或完成顾客需求的次数与顾客需求总次数的比率。这个指标越高，企业履行订单的能力越强，从某一方面而言，企业物流运作能力越强。

2. 系统的准确性

物流系统运行的准确性指的是按顾客的需求细则提供准确的物流服务活动，也可称为服务细节与顾客要求细则的一致性，这是物流作业的最基本问题，是企业物流水平的体现，是物流服务质量的重要指标。在物流系统运行过程中，准确性不仅涉及作业活动，信息处理也需要准确性，顾客不仅希望快速获得广泛的数据信息，同时也要求这些关于订货、库存和运送的信息准确无误。如果发生缺货或延迟递送等意外情况时，也应让顾客接到相关信息，便于他们进行相应的调整。越来越多的顾客认为，信息的准确性是物流服务质量的重要要求。

3. 订货周期

订货周期是指从顾客提出订货、购买产品或服务要求到收到所订购产品或服务所经过的时间。订货周期包括在顾客收到订购货物需经过的时期内发生的所有相关活动。一个订货周期所包含的时间因素有订单传输时间、订单处理时间、配货时间、库存现货、生产时间和送货时间。

订单传输时间是由订单处理的技术决定的，一般来说，自动化处理的程度决定了订单传输速度和时间。顾客与供应商之间采用电话、传真等通信方式传输订单，订单到达供应商处时，还需要将订单录入到计算机系统中进行进一步处理；采用计算机网络传输方式，顾客传输的信息可直接进入供应商的订单处理系统中进行处理，这样订单传输和订单处理有机衔接，缩短了整个订货周期的时间。

订单处理包括填制运输单证、更新库存记录、信用审核、核对订单、向客户和供应商等有关方就订单处理情况互通信息、将订单信息通报销售、生产、财务部门。配货时间包括收到订单并通知仓储和运输部门有关订单信息后，配齐货物准备发运所需的时间，包括从仓库中拣货、将货物搬运到发运点、必要的包装或加工过程、与运输地点相同的货物进行拼装的活动。通常，订单处理与配货活动往往发生重叠，如运输单证填制和库存数据更新是根据配货结果信息而定，企业物流信息处理计算机、自动化程度越高，两种不同活动的衔接就紧凑。

库存现货对订货周期影响很大，如果仓库现货量不够，就必须启动生产过程，这时订货周期等于订单传输和处理时间、生产物料供应组织时间、生产制造时间和销售递送时间之和，订货周期大大延长，物流的组织活动内容复杂化。实际上，对于制造性企业而言，大多不会在仓库贮存大量现货，生产计划都依订单情况制订或调整，因此有些学者认为“订货周期是实物配送完成周期、制造支持完成周期和购买获取完成周期之和”。

订货周期最后一个时间要素是从存储地到客户所在地运输产品所需要的时间，其中也包含起点装货和终点卸货的时间。订货周期可用统计指标表示，如均值、标准差、频率分布。

4. 订货的方便性

顾客总喜欢同便利和友好的卖方打交道，订货的便利性是决定顾客下单的因素。如果订货程序复杂、填写单证繁琐、接洽人员业务不精、等待时间过长都会引起顾客不满，从而影响顾客与企业的关系。

5. 产品的可替代性

顾客所订购的某种产品暂时缺货时，具有相同功能的其他类似产品也能满足顾客的需要，这种情况在现实时有发生。为顾客提供可接受的替代产品可以大大提升企业的服务水平。企业在制定产品替代策略时要广泛征求顾客的意见，并及时将有关的政策和信息通知顾客。在向顾客提供替代产品时，应征询顾客的意见并取得其认可。

（三）交易后因素

顾客服务的交易后因素是企业对顾客在接收到产品或服务之后继续提供的支持。售后服务对提高顾客满意度和留住顾客至关重要。

1. 安装、保修、更换、提供零配件

这些要素是顾客在作购买决策时经常考虑到的，特别是一些设备产品，顾客购进之后发生的维护费用甚至远大于初次购买的成本。

2. 产品跟踪

企业必须对售出的产品进行跟踪并及时从市场上收回存在隐患的产品，主动预防在产品使用过程中因质量问题而对顾客造成的损害。做好产品跟踪必须清楚知道售出的单个产品所在地，或能迅速校核问题产品的归属（是否是本企业生产？生产时间？生产人员等）。

3. 顾客的抱怨、投诉和退货

物流系统的设计目标是将产品顺利传递到顾客手中，而非常规的活动，特别是顾客抱怨、投诉和退货的处理也要有明确的规定和流程，以便能及时有效地处理顾客抱怨和索赔，通过提高顾客对本企业反应的满意度，弥补产品质量问题带来的顾客关系损害。

4. 临时借用

当顾客所购买的产品尚未到货或先前购买的产品正在维修时，暂时将企业的备用品借给顾客使用，这样既给顾客提供了便利，也增强顾客的忠诚度。

5. 其他

顾客服务要素不是固定不变的，在某些特殊的产品或市场环境中，一些要素可能会比其他要素更重要，在以上所列要素之外也可能存在其他要素在某个特殊的市场具有重要意义。

因此，关键是根据不同的细分市场中的不同需求来理解顾客服务，企业要根据具体市场采取不同的要素组合，并赋予不同的权重，才能符合顾客需求的本质，以达到较高的顾客满意。

三、顾客满意

达到顾客需求的基本标准是企业参与市场竞争中的基本要求，而要保持竞争优势则需要达到较高水准的顾客满意。搞好物流管理，不仅要了解顾客的基本需求和标准，更要研究确定什么是目标顾客、关键顾客的满意标准。

顾客满意与顾客服务两者有着密切联系，但它们的概念是不同的。顾客满意指顾客通过对一个产品及相关服务的可感知的效果，与他的期望值相比较后，所形成的愉悦或失望的感觉状态。由此可见，顾客满意是由顾客期望和实际感受两个因素决定的，如期望越低越容易满足，实际感受越差越不满足。可见顾客是否满意与期望成反比例关系，与实际感受成正比例关系。可用顾客满意程度作为定义顾客满意的量化指标，其概念模式为：

顾客满意度 = 顾客实际感受值/顾客期望值

当顾客满意度等于 1 时，表明顾客的期望值与实际感受是完全一致的；当顾客满意度等于 0 时，表明顾客的期望完全没有实现；当顾客满意度大于 1 时，此时意味着顾客获得了超过期望的满足感受。

当顾客满意度低于 1 时，即顾客体验和感觉到的质量与自己的预期不一，会导致以下结果：

（1）顾客认为体验和感觉到的质量太差，比不上预期，对企业提供的服务持否定态度。

（2）顾客将自身的体验和感觉向亲友等诉说，损害企业的口碑和形象。以前，如果企业的产品或服务让一个客户不满意，他可能告诉他的几个或十几个亲友，现在通过互联网，他可能会告诉成千上万的潜在客户。这样，企业将失去老顾客并对潜在的顾客失去吸引力。

反之，顾客满意度大于 1，即顾客感受值大于其期望值，对企业则具有正面影响。同时营销理论告诉我们，企业大多数销售额来自于老顾客，发展新顾客的费用要大大高于保留老顾客的费用，因而通过保持较高水平的顾客满意度是企业不可缺少的竞争策略。

顾客服务是市场营销和物流管理两大职能的临界面，物流系统的主要功能就是通过系统活动达到和超过顾客的期望值，如准确递送、方便的交易等，以此获得较高的顾客忠诚度。有的企业为了获取这种忠诚度，致力于建立顾客与企业之间一种长期的稳定关系，这种关系建立在一种顾客满意水平上，在这个水平之上顾客就不再考虑其他供应商的替代品。

进行物流系统规划时，必须有这样的观念，设计的物流服务指标高于顾客期望值，这样才有可能使顾客满意度达到较高数值，实现高质量的物流服务。

第二节 物流方案策划与设计

一、物流方案策划与设计的含义及原则

（一）物流策划方案的含义

一般而言，策划的意思就是策略、谋划，为达到一定的目标，在调查、分析有关材料基础上，遵循一定的程序，对某一项目的未来事先进行系统、全面的构思、谋划，制定和选择

合理可行的执行方案，并根据目标要求和环境变化对方案进行修改、调整的一种创造性的社会活动过程。策划方案，是策划成果的表现形态，通常以文字或图文为载体，策划方案来自于提案者的初始想法和创意，终结于方案实施者的书面参考（通常也被作为策划书），其目的是将策划思路与内容客观、清晰、生动地呈现出来，并高效地指导实践行动。

物流策划是针对涉及物流的事物，在考虑现有资源的情况下，通过分析和研究，激发创意，制定出具体的计划方案的思维及对创意实施、以求最佳效果的创造性策划活动。物流策划是一个过程，它是为实现某一目标，在对现实和潜在资源充分把握的基础上，将各种最优资源有机地整合在一起，为决策者提供最佳方案，创造出最佳效益的活动过程。

物流策划方案就是针对某一物流项目，在充分考虑其内外部资源的条件下，经过周密的调查研究，在反复讨论分析的基础上，经策划者设计并制订出严密、详尽的具体实施计划，最终以书面材料的形式，提交一份供物流实施者付诸行动，并能指导其物流实践，具有计划、组织、运行及控制等功能的实施报告。

（二）物流方案策划的基本原则

物流策划活动是一个复杂的运动过程，它需要遵循一些基本的原则，而且各项原则相互之间彼此联系，并构成策划活动的一个体系，贯穿于全部策划活动的始终。所以，物流策划的基本原则是一个系统，既保有这些原则具有相对的独立性和指向性，又保存着这些原则之间的相互关联性，这可以保证策划活动能够体现统观全局、科学合理、机动灵活及群策群力的基本要求，以及策划实践中总结归纳出的经验和认识。

1. 利益主导原则

利益是激励人们对改造客观世界而自觉活动的客观动因，所以人们的一切活动，包括一切策划活动，实质上就是谋求利益。通过研究利益的实现过程，就可以更加深刻地认识到利益与策划的内在联系，从而自觉地在策划活动中坚持利益导向原则。

2. 整体规划原则

在进行物流策划的过程中，必须注重整体或全局的策划思想，贯彻以全局带动局部，局部服从全局的原则。一般而言整体规划原则具有以下特点。

（1）全局性。格式塔心理学认为：整体大于部分之和。即把整体看做一个系统，其收效远远大于单独考虑孤立的事物。策划中要从全局和长远的角度着眼，而不能仅仅局限于局部利益和眼前利益，要让局部为全局服务，让眼前利益为长远利益服务。

（2）长远性。整体性原则的着眼点不是当前，而是未来。具有远见的策划者绝不会只顾眼前而不顾及长远，有些事情尽管从眼前看有利，可是从长远看却是不利的，所以我们作规划必须立足眼前，放眼未来，照顾眼前与长远的关系，这是实现整体性原则的紧要点。

（3）层次性。任何系统都可以看做一个全局，而系统是有层次的，有大系统、小系统。对不同层次的系统，就有不同层次的策划，就要体现不同层次的整体性。全局和局部划分是相对的，子系统的全局是相对于母系统而言的，它只是母系统的一个局部。因此在考虑下一个层次的策划时，应该同上一层次的战略要求相符，而不是相背离。

3. 客观现实原则

客观现实原则是指策划运作过程中，策划者通过各种努力，使自己的主观意志自觉能动地符合客观实际情况。客观性原则要求策划者顺应历史潮流，合乎民意，把握社会心理的倾向性，不可逆其道而行。具体而言就是策划要以策划主体的现实状况为基础，做到据实策划。

4. 可行性原则

可行性原则是指策划方案可被实施并能取得科学有效的效果。这一原则是物流策划活动各种规律的综合要求，因为任何行动计划都必须是可行的、有效的，否则，这种计划和方案都将毫无意义。具体要求如下。

（1）进行可行性分析。可行性分析实际上是贯穿于策划的全过程，即在进行每项策划时都应充分考虑所策划方案的可行性。方案完成后，必须进行可行性分析，以便选出最优方案或作最后决策。

（2）进行可行性实验。为了准确弄清楚策划方向是否科学可行，可对方案进行可行性实验。可行性实验一般以局部试点的方式进行，检查策划方案的重心是否放在最关键的现实问题上，方案的整体结构和运行机制是否合理，实施结果是否有效。

（3）运行性和有效性。运行性和有效性是可行性原则的根本要求。策划方案的运行性一方面是指方案本身是策划行动的结果，另一方面是指策划方案必须具有方案实施的行为特点，符合实施行为的要求；有效性是指策划方案实施过程中能合理有效地利用人力、物力、财力和时间，实施结果能达到甚至超过方案设计的要求。一个具备可行性要求的策划方案必然具有运行性和有效性。

5. 资源整合原则

资源整合是物流策划的一个重要原则，整合原则又称为系统原则。一方面，物流策划活动往往是一个系统工程，并非一个人能够完成，需要广泛聘请各方专家、集中智慧来完成；另一方面，物流策划的项目本身需要整合各种力量和资源来完成，物流产业内外的资源整合，甚至需要跨行业的资源整合。资源整合，就是将相关或不相关的事物联系起来，创造新的价值绩效。

6. 机动应变原则

增强动态意识和随机应变观念。任何策划都是出于高度机动状态下的活动，策划者必须深刻认识策划的这一本质特征，从思想上深入建立起自觉的机动应变策划观念。

二、物流方案策划与设计的流程

从物流策划实战的角度出发，需要将策划的整个过程分为不同的环节，即物流策划的过程化，它既有助于明确每一环节主旨、内容及解决的问题，又有利于将每个环节之间形成一个有机的整体，表现出其严密的内在逻辑性和相互之间的关联性，以体现策划过程缜密构思和统揽全局的导向，以实现物流策划预期的各项目标。物流策划活动的流程如图 2-1 所示。

归纳各类物流策划过程的一般要素，并结合物流领域策划实践的过程化的具体表现，物流策划的一般过程主要包括如下几个方面的程序。

（一）设定问题与目标

众所周知，物流策划是一项目的性很强的活动。任何一类物流策划方案的产生，无不是针对组织的某个问题（或项目）和某种特定的目标而言。所以，物流策划的第一个必要程序就是设定问题与目标。设定清晰而准确的目标，它是整个物流策划活动解决某个问题的必要前提，也是通过策划最终取得效果的基础条件，更是评价策划方案和评估实施结果的重要依据。在有些情况下，物流策划的目标是很明确的，例如调查策划的目标基本上都是预先给定的；但有些情况下问题与目标就不是那么明显，需要策划人自己去挖掘和归纳。在这种情况下，常常需要事前的调查，调查的详尽程度随策划的复杂情况而定。值得注意的一点是，目的并不等于目标。目标是目的的具体化。将目的以一定的方式标志即是目标。具体目标化、数量化，则可增加达到目的的可能性。因此，目标的设定是一个复杂的过程。总之，设定问题与目标是策划过程必不可少的主要环节。

（二）策划环境分析

所谓“策划环境”，就是指在策划实施时，将会产生什么影响，或对有关组织和社会状况会受到什么影响等的考虑。对策划环境进行分析，是确立目标后又一个策划的必要程序。策划环境分析对于策划过程的重要性可用一个形象的比喻来说明，策划环境就像是策划这条鱼将要放进去的池子的整体状况。如果池子的食物总是充足的话，这条鱼不很强壮，但它也能够生存下去。如果不管池子里是泥水还是盐水，就随随便便地将鱼放进去，那么它就死定了。放“鱼”之前，根据“池子”状况决定放不放“鱼”，放什么“鱼”，是至关重要的。

（三）斟酌课题、创意与构想

在对策划环境分析之后，紧接着就进入策划的核心阶段，即产生构想阶段。这一阶段也是最能体现策划者创造性的关键阶段。

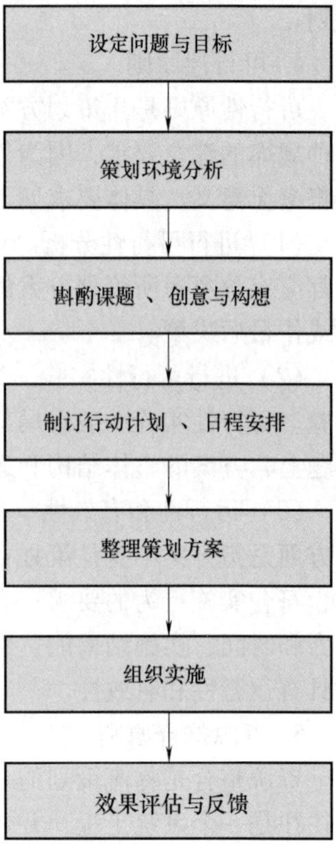

图 2-1　策划活动流程图

策划人首先要确定策划的大致方向，也就是在地基上完成钢筋的骨架。这个骨架是否稳固，依赖于地基的牢固程度。也就是说，策划的大致方向是围绕设定的目标与问题，结合环境因素而确定的。能否准确发现问题、设定目标，决定了策划方向的准确性。

确定大体方向后，就该是策划人的卓越创造力发挥作用的时候了。策划人找到了解决问题、达到目标的关键所在，并逐步确立了大致的抽象性概念。最后将这一抽象性概念附着于某个实体上，这样，策划的核心——构想就初具轮廓了。之后，构想在策划人头脑中进一步清晰，进一步成形，并最终发展成为一个完整的构想。到此，策划的基本结构已经构筑成功，“建筑师”的任务已经完成了一半。

（四）制订行动计划、日程安排

制订行动计划是策划构思的细化过程。在大致确定了该做什么、该怎样做之后，下一步的工作就是确定何时、何地干什么，需要什么人、哪个组织的协助与监督，需要准备何种设备、物资，具体预算是多少等。这些都属于制订具体计划与日程安排的内容。

具体行动计划的设定使构想变成详细的计划，从而使策划由策划人头脑中的“想法”变成具体的、可行的“方案”，这是一个质的飞跃，它是策划初具现实的意义。制订计划和日程表是一项工作量很大的工作，也是一项极具科学性、严密性的工作。特别是预算的准确性，很能反映策划人员的水平与工作的细致程度。一项策划的具体计划安排越详尽，预算越准确，就越具有现实的可行性，从而越具有说服力。

（五）整理策划方案

这里所说的策划方案就是指最终完成的策划书。实际上，从策划人最初的构想开始，策划方案的制作即已开始，只不过那时的“策划方案”存在于策划人的头脑中而已。随着构思的细化，策划方案也初具雏形，内容也渐渐丰富，直至最后水到渠成成为完整的策划方案。但这并不是说策划方案可以随便编制。它是策划人赖以展开策划内容，获得他人认同，并据以组织实施的“设计图”或“剧本”，是策划由想法到现实的重要环节之一。因此，策划人必须重视策划方案的设计制作。

一项好的策划方案不但要具有丰富、翔实的内容，还能够完全表达策划人的意图，而且要具有生动的、吸引人的表现方式，这样才能使提案获得通过。能否制作一份完整的、有说服力的策划方案，也是策划人能力的重要表现之一。

（六）组织实施

策划不是为了策划而策划，而是为了取得一定的效果。因此，如果策划仅仅停留在策划书的阶段，那么它也就仅是供人观赏的摆设而已，不具有任何实际意义。日本策划专家江川郎认为，所谓杰出的策划是指：杰出创意+现实可能性最大的期待效果。可见，策划单有杰出的创意是远远不够的，策划的效用最终表现在它的实施上。

（七）效果评估与反馈

这是策划过程的最后阶段，一般包括两种可能情况：一种是如策划方案未获通过，策划人应仔细分析其中的原因，并据此调整策划的结构和具体内容，以期再次提案时获得通过；另一种是当策划方案获得通过并付诸实施，而实施结果不佳或偏离预定方向时，应随时根据反馈信息作些调整，使策划按预定轨道取得预期效果。

策划活动完成后的反馈，主要是指按照策划方案确定的进度、质量、价值、效益等标准，对策划成果的优劣加以评价等一系列活动的总称。这一反馈主要检查策划方案执行的效果，帮助策划人员提高策划水平。

三、物流方案策划的方法

物流方案策划是一种创造性活动，策划过程中要运用一定的科学方法，这是策划人员长期实践经验的总结。掌握这类方法，有助于提高策划人员的策划水平。

（一）设定问题与目标

（1）设定问题。为使策划的主题明确，就必须清楚地表示出来，是基于何种理由，为了做什么事而制作的策划并用纸上文字方式表达出来。概括来说，就是在策划起点的问题设定已经明确的前提下，一般采用比较规范的结构格式表现出来，即人们熟知的“5W3H”思考方法。

What（什么）——策划的目标是什么？

Why（为什么）——策划的依据是什么？

Who（谁）——为谁策划（策划的对象）以及谁来策划（策划的有关人员）？

Where（哪里）——在何处策划（策划的场所）？

When（时间）——什么时候进行策划以及策划的日程安排？

How（方法）——策划的方法是什么？

How（怎样）——策划的步骤和表现形式如何？

How（多少费用）——策划涉及的预算情况。

（2）用数字表达明确的目标。定性设定策划的问题与目标后，接下来要使它更加明确化。一方面使目标尽量用数字化来表达，另一方面使目标更具专有名词化。

（3）掌握策划委托方的本意。所谓策划委托方的本意，是指对方所期待的，以及对方所想的。这些都是需要事先确定的。

（二）策划环境分析

（1）如何运用环境加以分类。环境是指各种不同的影响因素对策划事务的作用与影响。一般而言，物流策划环境因素可大致划分为：①物流服务需求客户环境；②物流市场环境；③政策法律环境；④竞争环境；⑤物流技术环境；⑥委托方企业（或组织）环境；⑦其他环境。

（2）通过调查、研究收集环境资料。调查研究的意义不仅限于掌握策划环境，而且对于策划目标的设定、了解策划大致轮廓、寻求构思点等都有重要意义。调查、研究做得越充分，越能做出适合需要的、有效的策划方案。

（三）获取信息的方法

（1）广泛猎取各类信息。主要是指为策划方案撰写提供具有针对性、实效性的信息和数据支持。

（2）收集策划方案的表现事例。收集并灵活运用一份具有说服力的策划方案表现事例，有助于策划人整理、制作出成功的策划方案，同时也有助于策划人从他人策划的考虑方式、程序设计、表现形式中，汲取对本策划有用的信息。

（四）描述策划轮廓

产生策划创意的作业，实际上是一个充满试行错误的过程，这个过程也可以说是从收集得来的资料中，寻找切入点，激发构想、设想的过程，并抽出重要策划与设计线索的过程。所谓策划轮廓，并不是策划的具体创意，或策划的细部计划，而是整体上的期待效果——一种大致的轮廓或印象。

通常物流策划的印象，不会是一开始就完全成形、正确的。往往要经过多次的重新描绘、反复修正，经过一再讨论，才逐渐清晰化、明朗化，这样的策划印象也叫做策划骨架，也被称为策划的概念。越是困难的策划，这个过程越长，越需要策划人的智慧和精力。

（五）探寻策划线索

从信息论的角度来看，所谓策划就是对各种信息的有机组合。而构成其组合要素的各种创意，也都是由某种信息，经过加工、组合而成的信息。一项优秀的策划方案，总有它独特的差异性存在，也就是说它是由具有差异性的信息加工、变形、组合而成。因此，探寻策划线索、转化为创意、形成策划的一连串工作，说起来也就是将信息的探寻方法，变形、加工、组合、整理的工作，每个阶段信息的探寻方法、变形、加工、组合、整理方法的巧拙，便成为策划方案水平高低的决定条件了。

（六）制订行动计划

任何策划的最终目的都要付诸实施。因此，物流策划最终都应表现为能使参与实施的人由此知道自己应有行为的“行动的设计图”或叫做“行动计划”，也可以说，策划最后的提案内容就是行动计划。

（七）制作日程表

日程表的作用，不单只是表示多久的时间内做什么工作。大多数的策划都是借着日程表的制作，来考核其正确与否以及实现的可能性。

（1）日程表应有的要素。设定日程表就是设定为了实现各种行动计划的进行顺序，它应包含分解成作业单位的所有策划内容，将一切事项都浓缩其中，且易看易懂。日程表中应包含如下要素：①各作业项目的承担者、负责人；②各作业项目的开始时间、结束时间；③各作业项目的确认，考核机会；④各作业中所应产生的结果和报告的内容；⑤各承担者的联系人。在物流策划实施过程中，因为具体承担者、负责人、实施者等的调整，常使得日程表要不断更新。

（2）设计日程表。日程表如何才能清楚、完备地反映出策划实施的日程计划，这就是设计日程表的问题。日程表的横轴，也就是左端的那一栏，记入承担作业的人的姓名，或是承担作业的某个组织的名称。可能的话，把各承担者的联系方式（电话号码、传真机号等）也记下来。日程表的纵轴，也就是上端的那一栏，记入日期。如果以星期为单位，星期六、日等休假日，要清楚地记载下来。法定节假日或其他一些特殊的日子，都可能对工作产生影响，所以也要记下来。为了管理整个工作，考核联络的进行，会议是有必要的，因此，要为会议设一专栏记入。各项作业完成后所应提交的报告，记载在报告栏。每份报告都要记下它何时需要。各类报告是考核作业进行的准则。

第三节　供应链物流客户服务标准规划

企业物流系统是支持实现顾客服务目标的内部业务流程和管理模式的集合，物流系统的出发点是市场，必须充分分析和理解不同市场、不同顾客群体的物流服务需求，才能寻找符合企业经营和发展需求的物流运作模式。

一、识别顾客服务需求

顾客在服务需求方面的差异是永远存在的，或者说没有两个顾客对服务需求的看法是完全一样的。但可以根据客户的大致需求将之分成需求相近的消费群体，再对各种群体的需求进行调查和分析，企业根据不同群体的物流服务需求进行相应的物流策略设计，确定具有针对性的运作方法。

识别顾客需求应有系统、按步骤进行，一般可分成三个阶段。

（一）从顾客角度出发识别顾客服务的关键组成部分

由于顾客个性的千差万别，我们不可能穷尽所有的顾客服务需求细节和要求，只有抓住主要影响顾客购买的因素，确定出大致准确的服务需求。企业要在市场上获得长期的竞争优势，还应该建立长期追踪顾客需求变化的机制，即有专门的负责部门或人员承担顾客服务需求的调查和分析的工作，并配有科学的调查分析方法及信息处理和传送的相关规则等。

进行市场信息搜集时，对调查对象可采用直接访问、电话调查、网上调查等形式，目的是从客户方面获得有用信息。首先要调查顾客认为相对于其他营销组合因素如价格、产品质量、促销等而言，客户服务的重要性有多大；其次是他们认为客户服务的单个成分的特定重要性如何；最后还可让顾客对本企业及主要竞争对手各方面服务绩效的满意程度进行评估，为企业制定既满足顾客需要又优于竞争对手的物流服务标准作准备。

在进行正式的调查之前，应在小范围的顾客样本中进行问卷或问题测试，以便发现可能漏掉的重要问题，避免有些条目让被调查者难以读懂或难以清楚回答，或识别出调查方法的缺陷，针对这些问题进行修正，以保证调查的质量。在调查中，如果已确定了顾客种群，要注意不同群体的客户需求的差异性，因此应设计不同的调查表格，运用到相关群体中去。另外，顾客对服务需求的认识往往是感性的，常采用一些感性描述语言表述，如“及时”、“友善接待”等，在调查表格上，对能直接量化的就应尽量赋值，便于之后的分析和设定企业运行管理的数量指标。如对于“递送及时”要求，可确定为“实际送达时间为预定时间±1天”，或“实际送达时间为预定时间±0.5天”等。

（二）列出顾客服务成分的相对重要性

确定顾客服务成分的重要性的最简单的方法是，把通过调查产生的服务组成成分一一列出，让接受调查的顾客按照从“最重要”到“最不重要”的顺序给它们排序。但这样做会非常繁琐，尤其是服务成分或因素较多的情况下，难以明确每项因素的相对重要性。也可以采用范围估值的形式，如让被访问者根据他们赋予每项因素的重要性对每个成分在1~10之间打分，但由于这些因素都是被访问者根据自己的认识提出的，他们可能认为大部分的成分都很重要，结果是打出的分数客观性不强。有时可要求被访问的顾客根据感觉到的重要性在罗列出的所有成分中分配分数，如将100分或10分在各种因素中进行分配，但这对被访问者来说是一项相当烦人的任务，以至他们随意打分。

比较实用的方法是我们首先根据以往营销的经验或参照其他相关企业的做法，提炼出一些可行的顾客服务因素，并将这些因素进行不同的组合，让顾客根据其偏好程度给这些组合排序。然后应用模糊数学和计算机技术分析算出每项服务成分的重要性。

（三）顾客服务细分

确定了各项服务成分的重要性，就要分析是否存在偏好的相似性。如果一个被访者群体具有与另一群体明显不同的喜好，那么就要把这两个群体看成是不同的服务分区。随着计算机技术的成熟，我们可以把收集到的成千上万的数据和信息输入具有群体分析模型的计算机系统中去，对被调查的顾客进行分类。

顾客物流服务需求调研要与企业物流运作整体过程结合起来，才能更好地发挥其效用。在物流系统规划时期，进行服务需求调查可得到企业物流系统应达到的目标；在物流系统正常运行时，通过调查，可以确定顾客对企业提供的物流服务的满意程度及相对于竞争对手的优劣程度，为企业改进物流系统提供方向。

二、确定物流服务目标的方法

（一）成本与效益的平衡

正如前面所述，物流系统的全部目的是以合理的成本为顾客提供他们所要求的服务水平和质量，在设定或优化物流服务目标的过程中，无论采用什么方法，都要有成本和效益的观念，即以合适的成本去保持长期的优质服务，因此，确定物流服务目标，首先要考虑成本与效益的关系。

企业的物流过程起源于顾客订货，物品转移所涉及的一切费用（如订货费用、信息处理费用、库存费用、运输费用、采购费用等）的总和就是物流总费用或物流成本，它可视为企业在顾客服务上的开支。服务水平和成本之间的关系可用一条上升的曲线来表示，如图

2-2 所示。

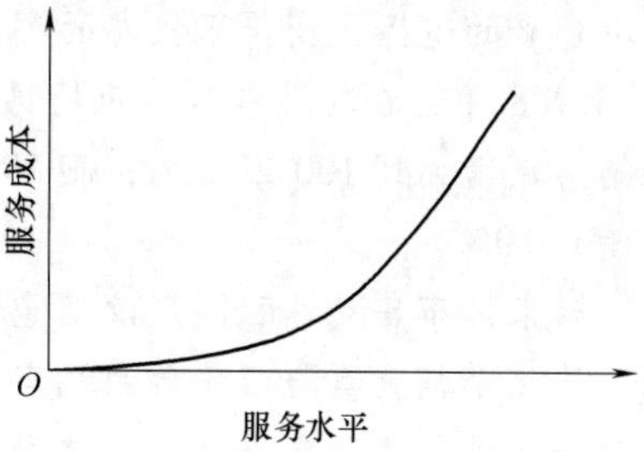

图 2-2　服务水平与服务成本的关系

企业及时满足顾客需求的能力越强，其服务水平就越高。具体表现为订货周期短、供货及时、适应性强、灵活性高。为了防止缺货事件发生，或为了满足顾客需求变化，都要求有大量的预存现货，并且配备足量的运输物力、人力，维持高水平的服务质量。而大量存货和运输方面的投入必然带来高成本，因此服务水平与服务成本是一对具有相对趋势走向的指标。值得注意的是，技术的提高可以降低成本同时又保持一定的服务水平。如使用信息技术提高信息流动速度，就能以较少的存货实现同样水平的服务；提高风险库存的核定能力，也可使总库存量降低。由此可见，企业要提高服务水平，跟踪和采用先进的技术是有效途径。

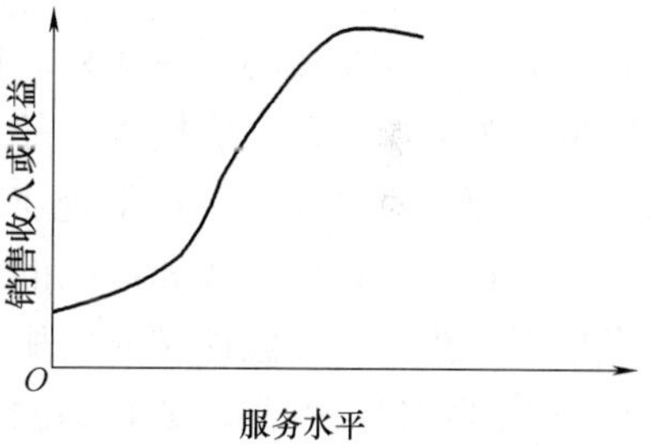

图 2-3　服务水平与收益的关系

与此同时，服务水平的提高又可以引发顾客的购买欲望，对顾客的购买行为产生积极影响，进而使企业的销售增长，收益增加。服务水平和收益之间的关系可以以 S 曲线表示，如图 2-3 所示。

总体来看，服务水平上升，收益增加；但是，影响顾客购买行为的因素众多，有价格、产品、促销、渠道、竞争对手的策略等。如第一节所述，与物流服务有直接联系的是渠道，因此物流服务水平对销售行为的影响是有界限的。当服务水平超过某一点时，销售收益出现递减趋势，多余的服务支出得不到相等规模的回报。根据图 2-2 和图 2-3 可推导，服务成本的提高可带来服务水平上升，服务水平上升引起收益增长；但这种增长是有限的，存在着一个收益增长的临界点，一旦服务水平超过临界点时，收益不增反降。因此，企业的总体服务水平是与物流成本相对应的，企业应根据自己的服务水平和资金能力界定自己的物流策略。

案例 2-1

布鲁克林酿酒厂的物流策略

布鲁克林酿酒厂是一家美国公司，但在日本市场，它取得了巨大成功，每年销售额达到近 200 亿美元。其秘诀之一就是将产品——啤酒航运到日本，以保证其独一无二的新鲜度。

在此之前，由于航空运输的高成本还无一家公司通过航运将啤酒运到日本。布鲁克林啤酒于 1989 年 11 月装运了它的第一箱啤酒到达日本，并在最初的几个月里使用了各种航空承运人。最后，日本金刚砂航空公司被选为唯一的航空承运人，因为该航空公司提供了增值服务。金刚砂公司在国际机场的终点站交付啤酒，并在飞往东京的商务航班上安排运输，通过其日本报关行办理清关手续，这些服务有助于保证产品的新鲜度要求，即在很短时间内将啤酒运到销售地。

要使啤酒保持新鲜，必须在其酿造后的 1 周内从酿酒厂运达顾客手中，而海外装运啤酒的平均订货周期为 40 天。虽然空运成本高于普通运输成本，但具有较好新鲜度的啤酒的价格却可高于普通装运啤酒的 5 倍。因此，虽然布鲁克林啤酒在日本是一种高价商品，仍然受到消费者的追捧，获得了极高的利润。

1988年，在其进入日本市场第1年，布鲁克林酿酒厂取得了50万美元的销售额。1989年销售额增加到100万美元，而1990年达到了130万美元，其出口量占布鲁克林酿酒厂总销量的10%。

后来，布鲁克林酿酒厂改变包装，通过装运小桶装啤酒而不是瓶装啤酒来降低运输成本。虽然小桶重量与瓶装啤酒相当，但减少了玻璃破碎而使啤酒损毁的机会。此外，小桶啤酒对保护性包装的要求也低，这进一步降低了装运成本。

（资料来源：D客实训网 http：//www.51deek.com/articles/detail_1878.html）

（二）确定顾客服务的优先次序

在所有的商品和服务提供过程中，都存在着所谓的帕累托定律：企业利润的80%来源于20%的客户或20%的产品，这些客户或产品对企业而言就是核心客户或核心产品，在分配物流服务资源时，也应按大致的比例将资源向这些客户或产品倾斜。对于企业而言，顾客服务管理首先是识别顾客和产品的获利性，然后发展能够提高企业整体利润的服务战略。核定核心顾客和核心产品，适宜的测量指标应该是利润，而不是销售收入或销售量。原因是收入和销售指标可能会掩盖成本，有时，我们用“贡献”表示当产品通过物流系统时所带来的收益与所发生的直接相关成本之间的差额。图2-4表示了利润与核心顾客或核心产品的关系。

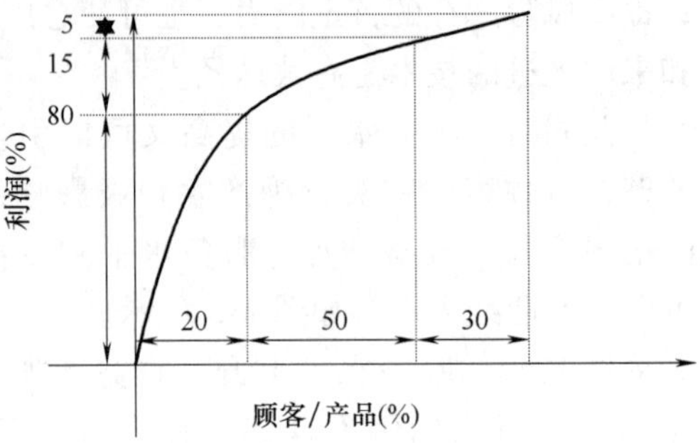

图2-4　帕累托规则

图中曲线分为三部分：利润率最高的20%的产品或顾客是“A类”，接下来的50%左右属于“B类”，最后的30%是“C类”。分布图随着市场的不同和企业的不同而不同，所以不可能进行精确的分类。

也可以将产品和顾客的重要性综合起来考虑，以确定能给企业带来最大收益的顾客服务水平，如表2-1所示的顾客-产品贡献矩阵。

表2-1　顾客-产品贡献矩阵

顾客分类	产品		
	A	B	C
Ⅰ	1	2	5
Ⅱ	3	4	7
Ⅲ	6	8	9

表2-1中A、B、C表示产品类别，其中A类产品利润最高，为核心产品，以下为B、C类。Ⅰ、Ⅱ、Ⅲ表示顾客类别，Ⅰ类顾客对企业的利润影响最大，它们能产生较为稳定的需求，对价格不太敏感，交易中发生的费用也较少，但这类顾客数量通常很少，通过提供高质量的服务可稳定此类顾客，这样企业大部分利润就有了保障。Ⅱ、Ⅲ类顾客为企业创造大约

20%的利润，但在数量上占了企业顾客的大多数。根据产品和顾客对企业利润贡献的大小我们对顾客-产品组合进行评判，贡献越大，赋予数值越小，将组合的分值填写在矩阵里，得出顾客-产品贡献矩阵。对企业最有贡献的顾客-产品是Ⅰ-A，Ⅰ类顾客购买A类产品，以下是Ⅰ-B或Ⅱ-A，依次类推。

根据表2-1的数据制定顾客服务战略时，对于利润贡献大的顾客-产品组合应给予高水平和高质量的物流服务，如百分之百的及时供货、短时间的订货周期、及时的顾客投诉处理等。对于利润贡献不高的顾客-产品组合保持一般水平的物流服务，如90%的及时供货、相对较长的订货周期等。这样就可以在较合理的成本下组织符合企业利益的物流活动。表2-2是对应不同的顾客-产品组合的物流服务标准。

表2-2　顾客-产品组合的物流服务标准

优先等级	存货供应率（100%）	订货周期/小时	顾客投诉处理/小时
1~3	100	24	12
4~6	95	48	24
7~9	80	72	96

将在表2-1中排序在1~3的定为第一等级，给予尽可能完善的服务，排序在4~6的处于第二等级，给予一般的服务标准，排序在7~9的处于第三等级，给予最低的服务标准。应该注意的是无论哪种级别的服务水平，都要保持稳定性，只要承诺了服务标准，就必须尽力去完成。

（三）竞争状态矩阵

在进行服务评价时，通过本企业和主要竞争对手的服务业绩相比较，以此制定具有较强竞争力的服务标准。这种比较是一个过程，通过这一过程企业可以识别关键成功因素，研究其他企业最佳的实践，然后实行改进措施以追赶或打败竞争对象，这种方法也称标杆竞争（Benchmarking）。标杆竞争首先于20世纪70年代末应用于施乐公司，由于效果显著，进而广泛推广。

下面以汽车玻璃市场的数据来说明竞争状态矩阵的制作与使用。为简便说明，只对两竞争对手情况进行分析比较，其顾客为汽车制造商，根据实际需要可扩展到多家竞争企业的分析。

1. 编制顾客服务要素评估表

表中包含了顾客对关键的物流服务要素重要性的评分以及对两家企业服务业绩的评分，满分以10分为计，按照顾客认可的重要性对物流服务要素进行排列，并将两家企业的具体得分和相对业绩分数填写到矩阵中，相对业绩分数是用本公司得分减去竞争对手得分，得到表2-3。

2. 绘制竞争地位矩阵

基于表2-3，可以得到竞争地位矩阵，矩阵的横轴是相对业绩数轴，纵轴是服务要素的重要性数轴，根据服务要素重要性和相对业绩评分，可以将竞争地位矩阵划分成不同的区域，代表不同的竞争情况。具体状况见图2-5。

表 2-3 顾客服务要素评估表

顺序	要　素	业 绩 评 估			
		重要性	A 企业	B 企业	相对业绩（A 对 B）
1	按承诺的时间送货的能力	9.6	8.42	8.53	-0.11
2	履行订单的准确性	9.25	8.6	8.47	0.13
3	提前通知运输延误	8.6	8.9	8.57	0.33
4	对客户的投诉处理	8.34	7.79	8.21	-0.42
5	订货周期的稳定性	8.1	8.59	8.4	0.19
6	预估发运时间的准确性	7.89	7.7	8.05	-0.35
7	顾客退货处理	7.55	6.5	6.68	-0.18
8	特殊订单的处理	6.69	5.94	6.02	-0.08
9	运货频率	6.47	7.4	7.01	0.39
10	订单处理计算机化	6.45	5.44	6.32	-0.88

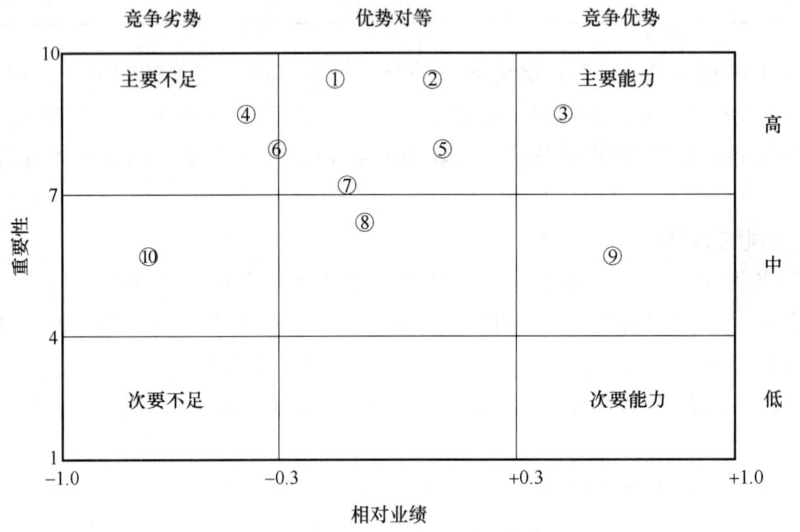

图 2-5 竞争地位矩阵

矩阵的各分区代表了不同的竞争状况：

（1）竞争优势区域。

- 主要能力（重要性高，相对业绩好）。
- 次要能力（重要性低，相对业绩好）。

（2）优势对等。相对业绩分数相近，表示企业与其竞争对手在相关领域能力相近。

（3）竞争劣势。

- 主要不足（重要性高，相对业绩差）。
- 次要不足（重要性低，相对业绩差）。

若有服务要素评估结果落入竞争优势区域中主要能力单元格中，表示该要素是顾客看重，企业比竞争对手又具有相对优势，企业在这方面应该继续保持领先水平。如图 2-5 所示，A 企业的主要竞争能力是标号为③的要素，即提前履行订单的准确性。如果服务要素评估结果落入次要能力单元格中，表示此服务要素顾客并不看重，但企业在此方面比竞争对手有着较大优势。优势对等区域指的是进行比较的企业在此范围内服务能力相近，没有优劣之分。该矩阵显示 A 企业和 B 企业的相对业绩评分多在优势对等区域，即两者的服务业绩在顾客看来几乎是等同的。如果有服务要素落入主要不足单元格中，则表示此要素是顾客看重的，而在此项上本企业落后于竞争对手，它是企业提高竞争能力的主要改进方向。

有时，通过竞争地位矩阵不能完全显示企业的服务能力与顾客需求之间的关系，这样，为了便于进行深入分析寻找真正符合顾客意向的服务要素，我们可用顾客满意评价矩阵弥补竞争地位矩阵的不足。顾客满意评价矩阵的横轴表示顾客对企业各服务要素的评价，纵轴表示顾客对各种服务要素重要性的评价。根据服务要素的实绩评价和重要性评价，可把矩阵划分为九个区域，每个区域代表了顾客对服务要素重要性的认可和顾客对企业的服务能力的评价。服务要素落入到具体的区域，就代表了这一服务要素在顾客眼中的重要性和企业实际执行情况的综合体现。同时，顾客对服务要素重要性进行区分评价，也是顾客对各种服务要素的期望，顾客对企业服务要素情况评价，也是顾客对企业的服务感受，因此这一矩阵称为顾客满意状态矩阵，如图 2-6 所示。针对不同的区域，企业可制定相应的措施，以提高顾客满意度。

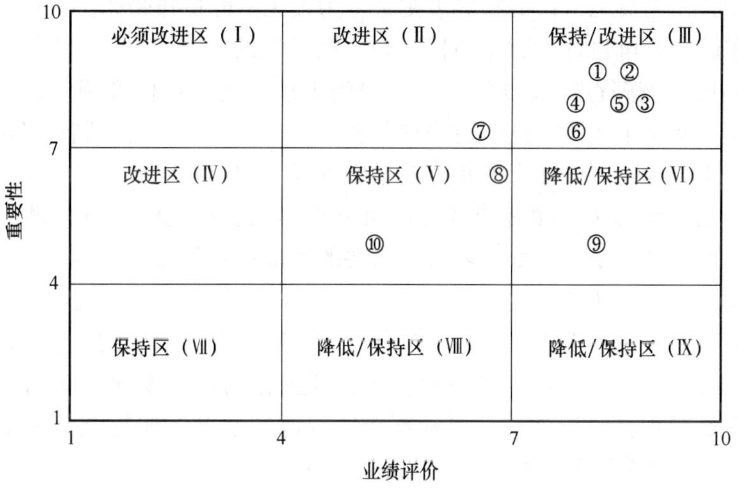

图 2-6 顾客满意状态矩阵

顾客满意评价矩阵的分区及其相关措施如下：

Ⅰ区，必须改进区（重要性高，评价差）；

Ⅱ区，改进区（重要性高，评价一般）；

Ⅲ区，保持/改进区（重要性高，评价好）；

Ⅳ区，改进区（重要性一般，评价差）；

Ⅴ区，保持区（重要性一般，评价一般）；

Ⅵ区，降低/保持区（重要性一般，评价好）；

Ⅶ区，保持区（重要性低，评价差）；

Ⅷ区，降低/保持区（重要性低，评价一般）；

Ⅸ区，降低/保持区（重要性低，评价好）。

如图 2-6 所示，在所有与物流有关的顾客服务要素中，顾客最看重的 7 项服务要素，A 企业有 6 项做得较好，可以保持。而第 7 项“顾客退货处理”未达到顾客的要求水平，落入改进服务区，在下一步工作中需要对此类服务进行改进。而顾客认为重要性一般的 3 项服务要求中，第 9 项“运货频率”高于顾客要求，落入降低/保持区，如果要进行物流成本控制，可适当降低此项服务水平，以体现用合适的成本进行顾客需要的物流活动的准则。

三、设定顾客服务标准

要做好顾客服务，企业应该建立一套有效的服务体系，在这个服务体系中，离不开服务实施规则和标准，而服务规则和标准的基础是服务指标或服务标准，这些指标或标准不是凭空臆造，需要通过顾客服务识别和分析过程确定物流服务要素，然后将这些服务要素数量化，只有合理数量化的指标或标准，在实施的评价和控制过程中才具有指导意义。

相对于产品需求而言，服务需求更具主观性，顾客无法用准确的语言或数量指标描述它，往往采用一些叙述性的语句表述自己的要求，如表 2-3 所示，调查的顾客服务要素，“按承诺的时间送货的能力、履行订单的准确性、提前通知运输延误、预估发运时间的准确性、顾客退货处理”等，都是表述性的要求，无具体的数量要求，可以设想，我们用这些表述性的要求直接作为员工工作的指导准则，会为员工实际操作带来多大困扰。反之，我们将各项服务要求转化成可执行的数量指标，如“按承诺的时间送货”，转化为“必须在合同规定的时间 ±4 小时内将货送至顾客”，这种时间上清晰的数量标准规定，为物流业务流程在时间上的准确性制定了底线，同时也为评价实际工作是否符合规定制定基准。

在转化过程中，我们还要注意的是，基本服务标准和超值服务标准的区分。服务标准一定要与顾客和产品联系起来，顾客或产品的重要性不同，相应的服务标准水平也有高低之分。基本服务标准，是满足大多数顾客服务需要的水准；超值服务标准一般比基本服务标准更严格，它针对的是对企业的效益和利润具有极大影响的顾客群体。为了保证这部分顾客需求的实现，企业有时借用超常规的方法，进行严格的顾客服务水平的控制。同时服务标准的确定是一个反复拟订、实施、修改的过程，企业要根据需求的变化，对制定的标准进行修正，使之与顾客反馈相称；另外，又要根据企业内部的情况，如物流负荷能力、员工水平等，对这些指标进行适当调整，使之成为真正切实可行的制度。

我们利用表 2-3 的数据制作顾客服务标准，得到图 2-7。

	类别	服务要素	基本标准	超值标准
顾客服务	交易前因素	订单处理信息化	人工或计算机	计算机
		准确预估发运时间	准确率99％	准确率100％
		特殊订单处理	视情况调整	100％满足
	交易中因素	履行订单的准确性	98％及时供货	100％及时供货
		订货周期稳定性	基准周期± 2 天	基准周期± 0 天
		准时送货能力	合同时间± 4 小时	合同时间± 2 小时
		提前通知运输延误	发生延误的2 小时内通知	
		运货频率	两天 1 次	随时发货
	交易后因素	客户投诉处理	投诉后 1 天内处理	4 小时内处理
		顾客退货	接受退货	退货并补偿

图 2-7　顾客服务标准

从图 2-7 中的顾客服务标准，我们清楚地得到各种服务要素及其基本标准和超值标准，这些具体、简洁、明晰的指标，就是企业物流系统运行的细分目标，在具体的工作中，我们可以根据各种指标，评估每一服务要素的实际绩效，分析实际绩效与目标之间的差异，进而采取必要的纠正措施缩短差异，将实际绩效纳入目标水平中。

四、企业物流客户服务

企业的物流服务是企业经营体系的重要组成，为实现企业总体经营目标服务，它与物流在企业中的地位和作用息息相关。制造性企业与服务性企业的产品范畴具有较大的差异，制造性企业提供的产品是实体，顾客服务是实体产品的附加功能，而服务性企业的产品是直接的顾客服务，因此制造性企业的物流服务除了以顾客的服务需求为导向，还要与自己的产品特点为基础，是产品特点和顾客服务要求的完美结合。

许多制造性企业都在物流服务方面下工夫，制定各种各样的策略，更好地为顾客提供产品和服务。如戴尔公司通过独特的直销模式，将顾客需求与企业的物流运行系统有机地结合，创造了高效的顾客服务效果（见案例 2-3）。著名的美国 3M 公司下属的工业磁带公司，实施了会员“白金俱乐部”制，将订货数量最大的顾客归属为“白金会员”，按照会员的要求在预定的服务时间内对其订购的每一种产品都给予精确的供货。为了兑现这种服务承诺，3M 公司实行了各种意外事故保障措施，以便在主要供货地点缺货时能够调用其他存货来完成“白金”会员的订货任务。这些保障措施包括了专门设定的备货、优先供货、直接递送等。在特殊情况下，甚至将已销售给普通客户的产品撤回，转而供给“白金”顾客。美国医疗器具制造商 J&J 公司为保证重要顾客的供货要求，利用通宵运输服务进行产品递送，紧急订货或特殊订货，动用航空运输，千方百计保证首选客户需求，以维持顾客的忠诚度。

如果从企业提供的产品方面考虑，制定物流服务项目就要考虑产品的生命周期特征，与厂商在其产品的生命周期所经历的各种竞争特点相适应，以保持极具竞争力的服务。

1. 产品的引入期

在产品刚进入市场的时候，其目标是在市场获得立足之地，那么，能否满足顾客随时可获得产品的需求就显得非常重要。在制订新产品的物流支持计划时，要以产品的迅速补给作为目标。如果补给不及时，即使进行了大量的广告宣传和促销活动，顾客看不到或买不到具体的实物，那么促销活动的作用受到抵消。但是，由于新产品刚进入市场，在确定需求数量时无相关的历史数据做参照，需求预测准确性不高，需求稳定性较差；同时，各销售地点需求量都不会太大，大多是小批量订货，订货频率处于不稳定状态，使得运输批次多，批量小，整个物流运行费用较高。因此根据产品在引入阶段的特点，我们在进行物流系统规划时，可能要以较高的运行费用保证物流的灵活性和及时性。

2. 产品快速成长期

随着产品取得了一定程度的市场认可，需求数量日趋稳定，物流活动的重点就从保证及时供应转为稳定的服务和成本绩效的平衡。企业运营的关键是尽量保持这种扩大的销售，扩大产品市场覆盖面。这时企业可进行各种方式的顾客服务调查确定顾客服务标准，并制订相对稳定的计划来实现各种服务要求并达到赢利目标。在成长阶段，产品需求是呈增长趋势，这种增长可以使企业具有更大的利润空间去安排物流作业，主要是通过各种规模物流运行模式降低单位作业成本，取得效益，典型的有规模运输、规模保管等。企业在制定这一阶段的物流服务战略时，可较少地考虑产品的特点，而更多倚重顾客服务需求，前述的许多顾客服务目标处理方法和技术多用于此阶段上。

3. 饱和成熟期

当产品市场占有率达到一定高度后，其增长会减速，最后稳定到某一近于固定的份额，这时市场上呈现功能相似或相近的产品激烈竞争的情况。在饱和成熟期，各个厂家都会使用提高服务水平或独特的服务要素，保持主要顾客的忠诚度，因此，企业会以更多的费用去实现这些服务。这些费用常用在：建立配送网点，使产品快速递送到多个顾客目的地；建立顾客直接订货方式，绕开传统的销售商；运用成本较高的运输方式，如航空运输、直接运输等，以缩短订货周期。总之，这一阶段物流活动的复杂性增加，提高作业的灵活性是物流系统的目标。

4. 产品衰退期

当产品进入衰退期时，市场份额不断减少，这时企业即使提高物流作业的水平也不能挽救这种减退趋势，企业决策部门应该考虑是继续有限的销售或停止出售产品，相应的物流支持也要进行减退，严控物流运作费用。

根据产品生命周期制定企业的物流服务策略，实质上是根据市场对产品的需求的状况对物流服务目标进行适当的调整。

综上所述，新产品的引入需要高水准的物流活动和灵活性，以适应物流量计划的迅速变化；在产品的成长期和成熟期，企业物流管理的重点转移到服务内容与成本的合理化上；在衰退期，厂商则需要对物流活动的必要性进行定位，使风险处于最低限度。但是，只依据产品的生命周期特性制定物流策略是不完整的，企业要有开阔的视野，还要了解市场上究竟需要什么样的顾客服务，以及应该如何对这种顾客服务需要进行配置，这样，才能制定出既适应产品特性，又符合顾客真实需要的物流服务目标和标准，让企业的物流战略目标和实施途径和自己的经营方向一致，又极具市场竞争力。

基本练习

1. 什么是顾客服务？
2. 顾客服务主要因素有哪些？
3. 什么是物流方案策划？其遵循的原则是什么？
4. 物流方案策划与设计的流程有几步？具体内容是什么？
5. 识别顾客服务需求应有几步？具体内容是什么？
6. 在产品不同的生命周期阶段，物流服务应考虑的问题点各是什么？

应用练习

一、企业物流服务方案策划

1. 选定一个企业，可以是服务型企业，也可是制造型企业，分析其现有顾客服务项目。

2. 进行顾客物流服务需求调查。

要求：设计问卷调查表，并进行发放，调查内容主要包括顾客物流服务需求及相关满意度，对顾客物流服务需求进行归纳分析。调查设计参照《市场调研》（帕拉苏拉曼），或参照附件。

附件：

某公司物流客户服务满意度调查问卷

（1）对于以下的联系方式，您的评价是

态度：是指是否具有合作精神、尊重客户、有耐心

使用方便：是指是否能够很方便地找到要联系的人

及时回复：是指是否及时回复并提供解决方案

	满意程度										重要程度										
	非常不满意									非常满意	非常不重要									非常重要
电话																					
态度	0	1	2	3	4	5	6	7	8	9	10	0	1	2	3	4	5	6	7	8	9	10
使用方便	0	1	2	3	4	5	6	7	8	9	10	0	1	2	3	4	5	6	7	8	9	10
及时回复	0	1	2	3	4	5	6	7	8	9	10	0	1	2	3	4	5	6	7	8	9	10
传真																						
使用方便	0	1	2	3	4	5	6	7	8	9	10	0	1	2	3	4	5	6	7	8	9	10
及时回复	0	1	2	3	4	5	6	7	8	9	10	0	1	2	3	4	5	6	7	8	9	10
电子邮件																						
态度	0	1	2	3	4	5	6	7	8	9	10	0	1	2	3	4	5	6	7	8	9	10
使用方便	0	1	2	3	4	5	6	7	8	9	10	0	1	2	3	4	5	6	7	8	9	10
及时回复	0	1	2	3	4	5	6	7	8	9	10	0	1	2	3	4	5	6	7	8	9	10
柜台																						
态度	0	1	2	3	4	5	6	7	8	9	10	0	1	2	3	4	5	6	7	8	9	10

（2）对于放单过程，您的评价是

	满意程度										重要程度										
	非常不满意									非常满意	非常不重要									非常重要
确认速度	0	1	2	3	4	5	6	7	8	9	10	0	1	2	3	4	5	6	7	8	9	10
放单速度	0	1	2	3	4	5	6	7	8	9	10	0	1	2	3	4	5	6	7	8	9	10
准确性	0	1	2	3	4	5	6	7	8	9	10	0	1	2	3	4	5	6	7	8	9	10

（3）对于我们的客户服务人员，您的评价是

	满意程度										重要程度										
	非常不满意									非常满意	非常不重要									非常重要
主动性	0	1	2	3	4	5	6	7	8	9	10	0	1	2	3	4	5	6	7	8	9	10
及时提供信息	0	1	2	3	4	5	6	7	8	9	10	0	1	2	3	4	5	6	7	8	9	10
服务了解程度	0	1	2	3	4	5	6	7	8	9	10	0	1	2	3	4	5	6	7	8	9	10
解决问题	0	1	2	3	4	5	6	7	8	9	10	0	1	2	3	4	5	6	7	8	9	10

（4）对于我们的服务，您的评价是

	满意程度											重要程度										
	非常不满意										非常满意	非常不重要										非常重要
提供准确信息	0	1	2	3	4	5	6	7	8	9	10	0	1	2	3	4	5	6	7	8	9	10
核销单返还	0	1	2	3	4	5	6	7	8	9	10	0	1	2	3	4	5	6	7	8	9	10
对您的投诉处理	0	1	2	3	4	5	6	7	8	9	10	0	1	2	3	4	5	6	7	8	9	10
创造性解决问题	0	1	2	3	4	5	6	7	8	9	10	0	1	2	3	4	5	6	7	8	9	10

（5）在多大程度上，您会向您的朋友或同事推荐我公司物流的服务？

不可能　　　　　　　　　　　　　　　　很有可能

0　1　2　3　4　5　6　7　8　9　10

（6）您是否使用过我们的网站查找有用的信息？

□用过　　□没有用过

（7）我公司物流服务在其他哪些方面可以做得更好？

____

____

____

（8）您日常联系的我公司的分部有

□大连　□青岛　□天津　□宁波　□南京　□香港

□上海　□厦门　□福州　□深圳　□广州

（9）您和我公司合作多久了？

□少于一年　□一年到三年之间　□超过三年

以下可选

公司名称：	
您的姓名：	
联系电话：	

3. 对顾客进行分类，确定 A、B、C 类顾客范围，要求有数据、分类方法及核算。

4. 将调查后归纳的顾客需求转化为顾客服务标准，并将此作为公司的物流顾客服务内容进行实施。参照本章第三节，图 2-7。

5. 选定标杆公司。并说明选择理由。

6. 对实施后的顾客服务标准状态进行调研。要求调查本公司及标杆在同类服务项目或内容上的顾客感受评分，及顾客认可重要性评分。（最低 0 分，最高 10 分）

7. 利用第 6 步得到的数据，编制服务要素评估表。参照本章第三节，表 2-3。

8. 根据第 7 步制作的服务要素评估表，绘制竞争地位矩阵。参照本章第三节，图 2-5。

9. 制定本企业的物流服务改进对策。

二、案例分析

案例 2-2

戴尔公司直销企业模式与顾客服务

戴尔计算机公司从 1985 年正式创立开始就秉承根据顾客的需要进行生产和销售的营销观念。因为公司创始人迈克尔·戴尔在从事计算机业务初始阶段，就以这种直销方式向顾客提供商品，并且取得了巨大成功，其主要原因就是，直销方式可以省去销售渠道中的中间商，节省了销售成本。随着公司业务规模的增大和业务范围的扩展，这种直销方式除了为公司节省成本，缩短销售过程外，还增强了顾客与公司的关系，提高了公司的顾客服务能力。

传统的计算机公司中，产品研究、开发、制造、销售等业务都在公司内部进行，产品提供过程较长。而戴尔公司只专注于根据顾客需求和市场现有的部件进行计算机组装和销售，几乎不从事计算机产品的研究开发工作，要弥补不掌握核心技术的劣势，公司必须在服务方面具备竞争对手不可超越的优势。一方面是通过直接与顾客接触，准确把握顾客需求；另一方面，紧密地与供应商联合，如参与供应商新产品设计和开发工作，加快产品市场化的速度。

为了准确把握顾客需求，戴尔对顾客群进行了细分，向不同顾客提供不同的增值服务。戴尔对个人计算机进行配置，对重要用户提供额外的辅助服务。如根据顾客要求装载标准软件，在机器上贴上资产条形码，在销售现场配有专业技术人员，协助顾客采购计算机并提供服务。为了快速、有效地对市场变化作出反应，戴尔公司通过各种方式，如上门访问、网上调查等，与用户交流，跟踪技术趋势，尽量超前于变化，甚至创造变化，改变变化。

为了快速服务顾客，戴尔公司致力于高效物流运行系统的建设。为了提高物流配送效率，它和50家材料配件供应商保持密切、忠实的联系，庞大的跨国集团戴尔所需材料配件的95%都由这样50家供应商提供。戴尔与这些供应商每天都要通过网络进行协调沟通：戴尔监控每个零部件的发展情况，并把自己新的要求随时发布在网络上，供所有的供应商参考，提高透明度和信息流通效率，并刺激供应商之间的相互竞争；供应商则随时向戴尔通报自己的产品发展、价格变化、存量等方面信息。

在库存方面，戴尔制定了严格的库存速度，即每个产品平均花在库存上的时间，其库存平均时间为5天，而其竞争对手则保存30天、45天，甚至60天，为了保证极短的库存周期，在每个部件上都印有日期章，以控制其在库时间。在某些情况下，如索尼显示器，戴尔并没有库存，而是让联邦快递或空中快递从索尼的墨西哥工厂装运，在戴尔的得州奥斯汀工厂装配计算机，然后把它们发送给顾客。在库存成本方面戴尔具备一定优势，据戴尔公司自己推测，在材料配件方面的支出与竞争对手相比保持着3%的优势。当产品最终投放市场时，物流配送优势就可转变成2%～3%的产品优势，竞争力的优劣不言而喻。戴尔公司分管物流配送的副总裁迪克·阿尔里德在分析公司成功的诀窍时说：“戴尔总支出的74%用在材料配件购买方面，2000年这方面的总支出高达210亿美元，如果我们能在物流配送方面降低0.1%，就等于我们的生产效率提高了10%。通过高效的物流系统，使我们的过期零部件比例保持在材料开支总额的0.05%～0.1%，2000年戴尔全年在这方面的损失为2100万美元。而这一比例在我们的对手企业都高达2%～3%，在其他工业部门更高达4%～5%。”

独特的顾客服务和高效的物流运行系统有效的结合，使戴尔公司取得了巨大的商业成功，在不到20年的时间内，迈克尔·戴尔白手起家，把公司发展到250亿美元的规模。即使美国经济处于低迷时，惠普等超大型竞争对手纷纷裁员减产的情况下，戴尔仍以两位数的发展速度飞快前进。

（资料来源：无忧网 http：//www.5ucom.com/downyx/693570.shtml）

讨论题：

1. 戴尔公司的顾客服务要素组成有哪些？通过什么方式来确定顾客服务要素？

2. 戴尔公司通过什么物流措施来实现顾客服务？效果如何？这些物流举措与公司的发展战略是如何结合的？

3. 运用你所学的知识，能否为戴尔公司出谋划策，改进其顾客服务途径。

第三章

物流系统规划

导入案例

德尔菲公司的现代物流

总部设在美国阿拉斯加的德尔菲公司，生产深海鱼油和各种保健品。虽然它在产品设计和开发方面始终保持优势，但德尔菲公司由于其复杂、昂贵和无效率的物流系统面临着利润下降。德尔菲公司发现，由于过多的承运人和过多的系统，公司正全面失去管理控制。为了重新获得控制，德尔菲公司不得不重新组织其物流作业，构建新的物流系统。首先德尔菲公司将其全部物流作业外包给联邦速递的一分支机构——商业物流公司。商业物流公司的任务是重新构造、改善和管理在德尔菲公司供应链上的货物和信息流动。

在重新组织之前，公司有6个大型仓库、8家最重要的承运人和12个相互独立的管理系统。其结果是从顾客订货到交货之间存在漫长的时间、巨大的存货以及太多的缺货。如果一位顾客向德国一家仓库寻求一种销售很快的商品，他会被告知该商品已经脱销，新的供应品要等几个月才能运到。与此同时，该商品却在威尔士的一家仓库中积压着。按平均计算，所有的生产线中16%的产品在零售店脱销。

德尔菲公司认识到它需要重新分析其现有设施的地点位置。最后它除了保存一家配送中心外，关闭其他在美国的仓库。此配送中心位于靠近美国的制造工厂现场，成为一个世界性的“处理中心”，充当着德尔菲公司产品的物流交换所。虽然这种单一中心有可能引发较高的运输成本，但是德尔菲公司认为，增加的效率会补偿这种成本的增加。在过去，意想不到的需求问题导致更高的存货，以弥补不确定性和维持顾客服务。

公司知道，单一的服务地点与若干小型的服务地点相比，也许会带来更多的物流，现在随机的需求会在整个市场领域内普遍分享，使得某个领域的水平提高就会降低另一个领域的需求水平。

通过存货周转率的加快弥补运输成本的上升。事实上，德尔菲公司发现，由于减少了交叉装运的总量，单一中心系统实际降低了运输成本。从美国仓库立即装运到零售店，虽然从订货到送达的前置时间大致相同，但是产品只需一次装运，而不是在许多不同的地点进行装运和搬运。

德尔菲公司认识到新的物流系统不仅降低成本，还增加服务和灵活性，它计划在24～48小时之内，向世界上位于任何地点的商店进行再供货。先进的系统和通信将被用于监督和控制世界范围的存货。联邦速递的全球化承运人网络将确保货物及时抵达目的地。德尔菲公司还在计划发动一项邮购业务，其特色是48小时内将货物递送到世界上任何地点的最终顾客的家门口。

（资料来源：http：//www. 56135. com/56135/info/infoview/19204. html）

企业的物流活动组成复杂，具体的有运输、储存、装卸、搬运、包装、流通加工、配送、信息处理等，而且活动功能要素之间常常还存在着“效益背反”规律，也就是说一种功能活动的效益增加会带来另一种功能活动效益降低，两项相抵。典型的有运输与储存的背反特性，物料储存量越多，储存费用越高，但可以使每次运输量增大，满载率提高，运输费用减少。如果不认真分析这些活动的逻辑关系，将它们构建成相互联系、能发挥综合功效的有机整体，即物流系统，那么企业物流运行的目标很难达成。物流系统就是由内部相互作用和相互依赖的若干部分结合而成的具有特定功能的有机整体，任何部分功能的发挥都要有利于系统整体目标的达成。在物流系统中，各个功能要素之间虽然仍存在效益背反特性，但是如果我们确定了具体的物流运作环境和物流总体目标，可以制定出物流系统的成本，并分解出各子系统的目标和费用，进行控制和运作，以在合理的成本条件下达到企业物流的目的。因此，物流系统的规划，包括物流系统的分析、预测、构建、控制、评价及相关方法的确定，是物流管理的首要工作，必须先于物流日常运作，并在具体的物流活动过程中，不断调整和优化，以适应企业总体经营变化的要求。

第一节 物流系统

一、物流系统的定义

（一）系统的概念

系统的思想是现代管理学重要的组成部分。系统思想把具有不同结构、不同性质、不同功能，但又能协调统一到一起，有联系、有区分、有结构层次区别的，能构成互相转换互相循环的东西，称之为系统。

一个系统是由许多相互关联又相互作用的部分所组成的不可分割的整体，较复杂的系统可进一步划分成更小、更简单的次系统，许多系统可组织成更复杂的超系统。

系统是由若干要素（部分）组成的。这些要素可能是一些个体、元件、零件，也可能其本身就是一个系统（或称之为子系统）。如运算器、控制器、存储器、输入/输出设备组成了计算机的硬件系统，而硬件系统又是计算机系统的一个子系统。

系统有一定的结构。一个系统是其构成要素的集合，这些要素相互联系、相互制约。系统内部各要素之间相对稳定的联系方式、组织秩序及相互关系的内在表现形式，就是系统的结构。如：钟表是由齿轮、发条、指针等零部件按一定的方式装配而成的，但一堆齿轮、发条、指针随意放在一起却不能构成钟表；人体由各个器官组成，单个各器官简单拼凑在一起不能称其为一个有行为能力的人。

系统有一定的功能，或者说系统要有一定的目的性。系统的功能是指系统与外部环境相互联系和相互作用中表现出来的性质、能力和功能。例如信息系统的功能是进行信息的收集、传递、储存、加工、维护和使用，辅助决策者进行决策，帮助企业实现目标。

系统由部件组成，部件处于运动之中。系统各部件和的贡献大于各部件贡献的和，即常说的 1 +1 >2。

作为系统应当具备以下四个基本特征。

（1）整体性。系统是由两个以上有一定区别且又相关的要素所组成，系统的整体性主要表现为系统具有总体功能。系统的总体功能不是各组成要素的简单叠加，而是呈现出各组成要素所没有的新功能。

（2）相关性。各要素能组成系统，其根本原因是它们之间存在相互联系、相互作用、相互影响的关系。这种关系可能是各要素之间功能互相增强，也可能互相减弱。在有效的系统中，各要素之间互补增强，使系统保持稳定，使之具备比各要素分别发挥作用时更强的能力。而要达到这样的效果，系统内部结构必须有序合理。

（3）目的性。将各种要素组合在一起，其根本目的就是要完成某种工作或具有某种功能，这种完成工作或任务的能力就是系统的目的。一般而言，每个系统都为一个目标而运动，系统的好坏要看它运行后对目标的贡献，系统的目的明确合适是评价系统的第一指标。

（4）环境适应性。环境指的是系统以外的事物总称。相对系统，环境是一个更高级的复杂系统，系统所处的环境对其也有信息交流、相互影响的关系，外部环境变化会影响系统的运行，同时系统运行的结果也会影响外部环境。因此，有效的系统应该具有一定的稳定性，能滤除外部环境轻微变化带来的影响，对外部环境的重大变化又要有预防并能主动适应，才能得以存在。

（二）物流系统的概念

1. 物流系统

我们用系统的观念去定义物流运作的整体，能清楚说明物流系统的概念。所谓物流系统是指在一定的时间和空间里，由所需位移的物资、设备、装卸搬运机械、运输工具、仓储设施、人员、信息处理等若干相互制约的动态要素所构成的具有特定功能的有机整体。物流系统的目的是实现空间效益和时间效益，实现各种物流环节的合理衔接并取得最佳的经济效益。

2. 物流系统分类

物流系统可分成广义和狭义两大类。从广义角度来看，可称为社会物流系统，它指的是为了保证社会再生产顺利进行，在社会经济大环境中由所需位移的物资和包装设备、搬运装卸设备、运输工具、仓储设施、人员和通信联系等若干相互制约的动态要素所构成的具有特定功能的有机整体。狭义的物流系统也可称为企业物流系统，它指的是为了经营目的的实现，企业生产所需的原材料、零配件及最终产品等物资的各种移动过程、涉及的各种设备、器具、设施、人员和信息等若干要素所构成的具有特定功能的统一体。

3. 物流系统的目标

物流系统是社会经济系统的一个部分，其目标便是获得宏观和微观两个效益。

物流的宏观经济效益是指一个物流系统的建立对社会经济效益的影响，其直接表现形式是这一物流系统如果作为一个子系统来看待，就是其对整个社会流通及全部国民经济效益的影响。物流系统的微观经济效益是指该系统本身在运行后所获得的企业效益。其直接表现形式是这一物流系统通过组织“物”的流动，实现本身所耗与所得之比。当这一系统基本稳定运行，投入的劳动基本稳定之后，这一效益主要表现在利润上。具体来讲，物流系统要实现以下目标。

（1）服务。物流系统直接连接着生产与再生产、生产与消费，因此要求有很强的服务性。这种服务性表现在本身有一定从属性，要以用户为中心，树立“用户第一”观念，不一定以利润为中心。物流系统采取送货、配送等形式，就是其服务性的体现。在技术方面，近年来出现的“准时供应方式”、“柔性供货方式”等，也是其服务性的表现。

（2）快速、及时。及时性是服务性的延伸，是用户的要求，也是社会发展进步的要求。整个社会再生产的循环，取决于每一个环节，社会再生产不断循环进步推动社会的进步。物资流通时间越短，速度越快，社会再生产的周期越短，社会进步的速度越快。快速、及时是物流的既定目标，在现代经营环境中，这种特性更是物流活动必备的特性。在物流领域采取的诸如直达物流、联合一贯运输、高速公路等技术和设施，就是这一目标的体现。

（3）节约。节约是经济领域的重要规律，在物流流域中除流通时间的节约外，由于流通过程消耗大而又基本上不增加或不提高商品的使用价值，所以依靠节约来降低投入，是提高相对产出的重要手段。物流过程作为“第三利润源泉”而言，这一利润的挖掘主要是依靠节约。达到这一目标，可以通过推行的集约化方式，提高物流的能力，采取的各种节约、省力、降耗措施来实现。

（4）规模优化。以物流规模作为物流系统的目标，是以此来追求规模效益。生产领域的规模生产是早已为社会所承认的。物流领域也存在规模效益，只是由于物流系统比生产系统的稳定性差，因而难以形成标准的规模化模式。在物流领域以分散或集中等不同方式建立物流系统，研究物流集约化的程度，目的就是获得规模化效益。

（5）库存调节。库存调节性是及时性的延伸，也是物流系统本身的要求，涉及物流系统的效益。物流系统是通过本身的库存，起到对千百家生产企业和消费者的需求保证作用，从而创造一个良好的社会外部环境。同时，物流系统又是国家进行资源配置的一环，系统的建立必须考虑国家进行资源配置、宏观调控的需要。在物流领域中正确确定库存方式、库存数量、库存结构、库存分布都是库存调节的具体问题。

（三）物流系统的要素

物流系统和一般管理系统一样，都是由人、财、物、设备、信息和目标等要素组成的有机整体。具体可以从以下几个方面说明。

（1）物流系统的一般要素。人是物流的主要因素，是物流系统的运行的实施者。人是保证物流得以顺利进行和提高管理水平的最关键的因素。财是物流活动中不可缺少的资金，物流活动必须引起资金的变动，离开资金，物流不可能实现。物是物流中的原材料、成品、半成品、能源、动力等物质条件，是物流活动的对象。

（2）物流系统的功能要素。物流系统的功能要素指的是物流系统所具有的基本能力，这些基本能力有效地组合、连接在一起，便成了物流的总功能，便能合理、有效地实现物流系统的目标。一般认为物流系统的功能要素有：运输、储存保管、包装、装卸搬运、流通加工、配送、物流信息等。

（3）物流系统的支撑要素。物流系统的建立需要有许多支撑手段，尤其是它处于复杂的社会经济系统中，要确定物流系统的地位，要协调与其他系统的关系，这些要素都必不可少。主要包括：体制、法律、法规、标准化系统等。物流系统的体制、制度决定物流系统的结构、组织、领导、管理方式，宏观的物流系统更是由国家对其的控制、指挥及管理方式所决定。物流系统的运行不可避免会涉及企业或人的权益问题，法律、法规一方面限制和规范物流系统的活动，使之与更大系统协调，另一方面又给予保障，合同的执行、权益的划分都可依靠法律、法规维系。标准是保证物流环节协调进行，是物流系统统一化及与其他系统在技术实现连接的重要支撑条件。

（4）物流系统的物质基础要素。物流系统的建立和运行，需要有大量技术装备手段，这些手段的有机联系对物流系统的运行有决定意义，这些要素包括：设施、装备、工具、信息技术及网络、组织及管理。设施是组织物流系统运行的基础物质条件，包括物流站、货场、物流中心、仓库、物流线路、建筑、公路、铁路、港口等。装备是保证物流系统开工的条件，包括仓库货架、进出库设备、加工设备、运输设备、装卸机械等。工具是物流系统运行的物质条件，包括包装工具、维护保养工具、办公设备等。信息技术及网络是掌握和传递物流信息的手段，根据所需信息水平不同，包括通信设备及线路、传真设备、计算机及网络设备等。组织及管理是物流网络的"软件"，起着连接、调运、运筹、协调、指挥各要素的作用，以保障物流系统目的的实现。

二、企业物流系统

企业物流系统属于社会物流系统的一个分支，它具有社会物流系统的特性，其目的也与社会物流系统大致相同。但是作为微观的物流系统，它又有其独特之处。

（一）企业物流系统的输入

企业物流系统是一个与外界环境有相互作用或交换，具有输入-转换-输出功能的体系。企业物流系统的输入是各种资源，具体体现是生产所需的物资。输入生产物资或供应物流是企业物流过程的起始阶段。供应物流是企业生产经营活动正常进行的前提条件。现代企业生产具有规模大、品种多、技术复杂等特点，再加上专业化、协作化、共同化的发展，生产社会化程度提高，企业间的生产技术活动愈加密切。企业的生产活动要素的投入，首先是生产资料的投入。因此，能否适时、适量、齐备、成套地完成供应活动是保证企业顺利进行生产经营活动的基础。供应物流具体包括一切生产资料的采购、采购运输、库存管理、用料管理和供应输送等。

采购是供应物流与社会物流的衔接点，是根据生产厂家、企业生产计划所要求的供应计划制订采购计划并进行原材料外购的作业。在完成将采购物资输送到企业内的物流活动的同时，它还承担市场资源、供应厂家、市场变化、供求信息的采集和反馈任务。

供应是供应物流与生产物流的衔接点。它是根据材料供应计划、物资消耗定额、生产作业计划进行生产作业的活动组织。供应方式一般有两种基本形式：一是领料制，即用料单位根据生产计划到供应部门领取生产资料；二是供应部门根据生产作业信息和作业安排，按生产中材料需要的物料数量、时间、次序、生产进度进行配送供应的方式。

库存管理是供应物流的核心。库存管理的功能主要有两个方面：一方面，它要依据企业生产计划的要求和库存的控制情况，制定物资采购计划，实现对库存数量和结构的控制，并指导供应物流的合理运行；另一方面，库存管理又是供应物流的转折点，它要完成生产资料的接货、验收、保管、保养等具体功能。

（二）企业物流系统的转换

企业物流系统的转换是指企业生产物流，也称厂区物流、车间物流等，它是企业物流的核心部分。生产物流包括：各专业工厂或车间的半成品或成品流转的微观物流；各专业厂或车间之间以及它们与总厂之间的半成品、成品流转。工厂物流的外沿部分，指厂外运输衔接部分，它包括：原材料、部件、半成品的流转和存放；产成品的包装、存放、发运和回收。生产物流系统的边界条件起于原材料、配件、设备的投入，经过制造过程转换为成品，止于从成品库再运到中转部门或直接配送给用户或出口。生产物流并不是一个孤立的系统，而是一个与周围环境紧密相关，并且不时从外界环境吸进“营养”，并向社会输送产品和劳务的开放系统。

生产物流的影响因素主要有生产类型、生产规模、企业的专业化和协作化水平。不同的生产类型，其产品结构、结构的复杂程度、工艺要求以及原材料的准备特点都影响着生产物流的构成以及相互间的比例关系。生产规模是指单位时间内产品的数量，生产规模越大，生产过程构成越齐备，生产物流量越大；反之，生产规模越小，生产构成越简单，生产物流量越小。企业的专业化越高，分工越细化，则生产物流量越大；反之，企业专业化程度较小，则生产转接物流量就小。企业协作能力强，协作化水平高，生产物流的转接就快，生产物流的时间较短，能提高生产物流效率。

生产物流是与企业生产紧密联系在一起的。只有合理组织生产物流过程，才有可能使生产过程处于最佳的状态。如果物流活动组织水平低，达不到生产要求，即便生产条件、设备条件再好，也不可能顺利完成生产过程。在生产物流过程中，应注意以下方面。

（1）物流过程的连续性。企业生产是一道一道工序连接往下进行的。因此，要求物料顺畅地、最快、最省地走完各个工序，直到产品形成。每一道工序的不正常停滞都会造成不同程度的物流阻塞，从而影响整个生产的进行。

（2）物流过程的平行性。一个企业通常生产多种产品，每种产品又需要多种原材料和零部件。在组织生产时，将各种原材料、零部件分配到各个车间的各个工序进行生产。因此，要求各个生产支流平行流动，如果一个支流发生问题，整个物流都会受影响。

（3）物流过程的节奏性。物流过程的节奏性是指产品在生产的各个阶段，从投料到最后完成入库，都能保证按计划有节奏、均衡地进行，要求在相同的时间间隔内生产数量大致相同，均衡地完成生产任务。

（4）物流过程的比例性。组成产品的物流量是不同的，存在一定的比例关系，因此形成了物流过程的比例性。

（5）物流过程的适应性。当企业产品改型换代或品种结构发生变化时，生产物流应有较强的应变能力。也就是说生产物流过程应具备在较短的时间内可以由一种产品迅速转移为另一种产品的适应能力。

企业物流从原材料采购开始，必须经过生产过程的转换活动，才能形成具有一定使用价值的产成品，运至用户。物流系统中的转换过程是决定物流系统输出的重要环节，因为涉及技术、设备、人力、物力等因素，是最难控制的环节。

（三）企业物流系统的输出

销售物流是企业物流系统的输出环节，承担着完成企业产品的输出任务，并形成对生产经营活动的反馈活动。销售物流是企业物流的终点，同时又是企业物流与宏观物流的衔接点。宏观物流接受它所传递的企业产品、信息以及辐射的经济能量，进行社会经济范围的信息、交易、实物流通活动，把一个个相对独立的企业系统联系起来，形成社会再生产系统。如果不能很好地组成企业的销售物流，企业生产的产品滞销或脱销，系统的功能则无法实现，经济能量辐射被破坏，产品的劳动价值将无法得以补偿和实现，产品也不能最终成为现实有用的产品。

销售物流是服务于客户的企业物流，其运行的优劣不仅直接影响到客户的生产经营活动，也会给自己造成经济损失。销售物流主要考虑的要素有以下几点。

1. 时间要素

时间要素通常指订货周期时间，即客户确定对某种产品有需求与被满足之间的时间间隔。时间要素主要受订单传送时间、订单处理时间、订货准备、订货装运时间等影响。订单传送时间指从客户发出订单到卖方收到订单的时间间隔。订单处理时间指处理客户订单准备装运的时间。订货准备涉及挑选订货并进行必要的包装，以备装运。从简单的人工系统到高度的自动化系统，不同的物料搬运系统对于订货准备有不同的影响，准备时间会有较大差别。订货装运时间是从订货装上运输工具直到买方所在目的地收到订货的时间间隔，它与装运规模、运输方式、运输距离等密切相关。

2. 可靠性要素

可靠性指根据客户订单的要求，按照预订的提前期，安全地将订货送达客户指定的地方。

提前期的可靠性对于客户的库存水平和缺货损失有直接影响，可靠的提前期可以减少客户面临的不确定性。如果能向客户保证预订的提前期，加上少许偏差，那么卖方就能使它的产品与竞争者的产品明显区别开来。卖方提供可靠的提前期能使客户的库存、缺货、订单处理和生产计划的总成本最小化。

可靠性还包括安全交货和正确供货，安全交货是销售物流的最终目的，即产品安全无误，不出现破损丢失的现象。正确供货即指客户收到的物品必须与订单相符。否则不但会给客户造成巨大的不利影响，也会使销售部门失去市场。

3. 方便性要素

方便性是指销售物流方法必须灵活。客户在产品包装、运输方式、运输路线、交货时间等的要求各不相同。为了更好地满足客户要求，就必须确认客户的不同要求，为不同客户设计适宜的服务方法。提高和降低服务水平的决策不能平等地建立在所有客户基础上或包括所有服务要素。不同客户服务需求的差异性，提供了降低客户服务成本和提高服务水平的巨大潜力。

综上所述，企业的物流系统是一个充满生机和变数的过程集合体，若从宏观角度来看，各种企业物流系统的联系和相互作用，形成了社会物流系统的运动。

三、企业物流系统的特点

企业物流系统除了具备宏观物流系统的一些性质外，由于它要通过生产转换过程将输入变成输出，它又有自己的特性。

（一）企业物流系统的网络结构

企业的生产活动不但充实、完善了企业生产过程中的作业活动，而且把整个生产企业的所有孤立的作业点、作业区域有机地联系在一起，构成了一个连续不断的企业内部生产物流。企业内部生产物流是由静态和动态相结合的结点连接在一起的网络结构。静态的“点”表示物料处在空间位置不变的状态，如装卸、搬运、运输等企业的厂区配置、运输条件、生产布局等，而生产物流动态运动的方向、流量、流速等正是使企业生产处于有节奏、有次序地连续不断运行的基础。进行企业物流系统规划时，必须要协调静态的物流设施和动态的物流运动，各种设施在厂区的配置或布局有利于物料的运转。

（二）企业物流系统运行的节奏性

物料流转始终贯穿在企业物流活动的全过程中，无论是供应商和企业之间，还是厂区、库区、车间与车间之间、工序与工序之间、机台之间，以及成品库与销售地之间，都存在大量、频繁的原材料、零部件、半成品和成品的流转运输。这些物流的移动应该是有序地进行，随着生产销售的节奏而定。因此，企业物流系统运行必须具备适当的速度和节拍，这就要求相关的物流活动也应该是有节奏地进行。

由于供应厂家的位置、客户的接货点是企业无法规定的，在进行企业物流系统规划的时候，我们大多数情况下只对企业内部物流流转进行分析研究，以明确对物料搬运的要求。通过物料流转分析可以确定需要搬运物料的种类、数量、频繁连续性、机动性等方面的要求，以及搬运作业的起、讫地点，空间限制，次序等。对于大多数企业，生产供货次序是：下一道工序生产过程需要的零部件由前一道工序供给，需要什么、需要多少、何时需要等都由下一道工序所决定。这种供货方式改变了过去前一道工序的产品全部流入后道工序而形成后道工序半成品和配件大量积压的情况。采用“看板管理”运用于工厂内和工厂之间，使需求信息恰当地统一管理物流，使物流的活动随着生产节拍运行，可以提高企业物流系统的效率。同时要注意消灭相向、迂回搬运，使搬运作业与生产、供应、分发等形成流水作业，保持节奏。

（三）企业物流系统的二律背反性

所谓“二律背反”指的是各种物流功能之间存在着效益相背的特点。如要使保管费用较小，则平均库存物资量应小，这样可能会引起小批量运输，降低运输的满载率，使运输费用上升；追求包装费用的节省，会影响其在运输、保管过程中的保护功能和方便功能，而造成经济损失。这样一方成本降低，另一方成本增大，即生成了成本或效益的“二律背反”状态。

在进行物流系统规划的时候，不能单独考虑某一过程或某个功能的效益最大，而要追求系统整体目标，企业物流管理的整体目标是降低企业物流成本和提高服务水平，这就是一对相互矛盾的对立关系。我们可能通过这种对立关系，确定出大致合理的服务水平要求下的总成本，作为设计和评价企业物流系统的指标。

第二节　物流系统分析

所谓系统分析就是利用科学的分析工具和方法，分析和确定系统的目的、功能、环境、费用与效益等问题，抓住系统中需要决策的若干关键问题，根据其性质和要求，在充分准确的信息基础上，确定系统目标，提出为实现目标的若干可行方案，通过模型进行仿真试验，优化分析和综合评价，最后整理出完整、正确、可行的综合资料，从而为决策提供充分依据。系统分析是一种有目的、有步骤的探索过程，通过它可以找到解决问题的方法和途径。由于物流系统是一个复杂的整体，在进行物流系统规划、物流系统评价和物流系统优化过程中，都离不开物流系统分析。

一、物流系统分析的实质及内容

（一）物流系统分析的实质

物流系统分析作为一种决策的工具，其主要目的在于为决策者提供直接判断和决定最优方案的信息和资料。在进行分析的时候，要把任何研究对象均视为系统（如在分析物流系统中的运输问题时，就需要将运输设施、运输管理方法、运输资源、运输目的等综合成一个整体进行研究，即运输系统，而运输系统又是物流系统的一个子系统），以系统的整体最优化为工作目标，并力求建立数量化的目标函数。并且应用数学的基本知识和优化理论，从而使各种替代方案的比较，不仅有定性的描述，而且基本上都能以数字显示其差异。对无法计量的问题或有关因素，则运用直觉、判断及经验加以考虑和衡量。但在进行这种经验、直觉等判断时也要注意按照科学的推理步骤，力求分析均能符合逻辑的原则和事物的发展规律，而不是凭主观臆断和单纯经验。这样的物流系统分析才能使人们科学地寻求到物流系统的潜力，使之得到优化和最佳效益的体现。

（二）物流系统分析的要点

物流系统分析是一种仍在不断发展中的现代科学方法，虽然已在很多领域采用并取得显著成效，但在实际情况下，并不是任何物流系统都可以用系统分析的方法来研究，因为要考虑到经济与时效等因素。为此，在采用物流系统分析前，要注意以下几个方面。

（1）物流系统分析是一个长期的工作，它贯穿在物流系统规划、运行评价、优化改善的全过程中。因为物流系统分析的总目标就是寻找物流系统的最优途径，而物流系统运行过程中，它所处的外界环境及其内部构成都在不断地变化和运动，系统分析就要抓住这些变化的信息，总结和归纳出这些变化的特征，找到系统达到效益最优的途径和方法。可以说，只要有物流系统存在，物流系统分析工作就要时时刻刻地进行。总之，物流系统分析需要有很强能力的分析人员，辛勤而漫长的工作。

（2）物流系统分析虽然对制定决策有很大的帮助，但是它不能完全代替想象力、经验和判断力。物流系统分析只能是将所研究的问题运用数学的方法或模型，推解出相对优化的备选方案。在将现实问题归纳成数学模型的过程中，必然舍去了一些无法运用数学方法进行分析的因素，而这些因素可能对系统的实际运行产生影响，因此当管理者进行选择或决策时，必然要运用自己的经验、想象或直觉进行综合判断。

（3）物流系统分析基本上是考虑经济、效益等目标，或者说是以经济学的方法来解决问题。对任何问题，通常均有不同的解决方案，应用物流系统分析研究问题，应对各种解决问题的方案，计算出全部费用，然后再进行比较。但在决策时又要注意费用最少的方案，不一定是最佳选择，因为选择最佳方案的着眼点，不在“省钱”，而是“有效”。

（三）物流系统分析的内容

物流系统分析的内容广泛，它研究的主要问题是如何使物流系统的整体效应达到最优化。一般而论，越是重大而复杂的问题，运用物流系统分析就越合算。在经济管理中，主要有以下几个方面的应用。

（1）制定经济发展规划、计划。对于各种资源条件、统计资料、生产经营目标等方面，运用规划论的分析方法寻求优化方案，然后综合其他相关因素，在保证物流系统协调一致的前提下，对物流系统的输入和输出进行权衡，从这些优化方案中选择一个比较满意的规划和计划方案。对企业而言，此类分析工作常见于在企业初期规划时，根据企业的发展计划分析与之相适应的物流系统，比如，扩建后企业的物流系统整体规划分析，企业5～10年物流系统的长期规划与分析等。

（2）重大物流工程项目的组织管理。对于工程项目的各个部分，运用网络分析的方法，进行全面的计划协调和安排，以保证工程项目的各个环节密切配合，保质保量地如期完成。在企业物流系统分析中最常见的是仓库、配送中心等物流设施的选址和规划。

（3）厂址选择和建厂规划。新建一个工厂应对各种原材料的来源、技术条件、交通运输、市场状况、能源供应、生活设施等客观条件与环境因素，运用物流系统分析的方法论证技术上的先进性、经济上的合理性、建设上的可行性，以选择最佳的建设方案。

（4）新产品的开发。设计新产品时，应对新产品的使用目的、技术结构、原材料、销售市场、价格、质量等进行价值分析，以确定该产品最适宜的设计性能、技术结构、用料选择、市场接受的价格水平及原材料供应商等。

（5）资金成果管理。对生产费用进行预算控制，对生产活动采取的技术手段和革新措施进行成本盈亏分析，然后再决定采取一种经济合理的措施或方案。

（6）组织企业的生产布局和生产线。在生产组织方面为求得人员、物资、设备等各种生产设施所需要的空间，进行最佳的分配和安排，并使相互间能有效地组合和安全地运行，从而使工厂获得较高的生产率和经济效益。企业生产布局和生产线的规划和分析是企业物流系统分析的重要组成部分，一旦确定了生产布局和生产线，企业内部的物流结构就大致固定。

（7）生产调度。可以运用投入产出分析法，搞好各种零部件的投入产出平衡与生产能力平衡，确定最合理的生产周期、批量标准和在制品的储备周期，并运用调度管理安排好加工顺序和装配线平衡，实现准时生产和均衡生产。特别是物流系统运行中的库存管理问题一直是物流系统分析的重点，如何以经济合理的库存量来确保生产正常进行、提高库存效率是近期物流管理的重点，也是我国企业物流管理亟待解决的问题之一。

物流系统分析在解决上述经济发展方面的问题上是很有成效的，同时在解决区域性甚至全球性的经济社会发展问题上，也取得了一定的成效。

二、物流系统分析的要素和准则

（一）物流系统分析的要素

物流系统分析的要素很多，一般而言，应该注意：明确期望达到的目的和目标；确定达到预期目的和目标所需要的设备、技术条件和相应的资源条件；计算和估计达到各种可行方案所需要的资源、费用和生产的效益；建立各种替代方案所需要的模型，模型中标明目的、技术条件、环境条件、资源条件、时间、费用、元素间的关系；为选择最优化方案，建立一定的判断准则。因此，物流系统分析的五个基本要素有目的、替代方案、模型、费用和效益、评价基准。

1. 目的

目的是决策的出发点，为了正确获得决定最优化物流系统方案所需的各种有关信息，物流系统分析人员的首要任务就是要充分了解建立物流系统的目的和要求，同时还应确定物流系统的构成和范围。

2. 替代方案

一般情况下，为实现某一目的，总会有几种可采取的方案或手段。这些方案彼此之间可以替换。比如仓库的位置，可以选 A 地，也可选 B 地、C 地。而这些方案各有利弊，选择一种最合理方案是物流系统分析研究和解决的问题。

3. 模型

模型是对实体物流系统抽象的描述。它可以将复杂的问题化成易于处理的形式。即便在尚未建立实体物流系统的情况下，可以借助一定的模型来有效地求得物流系统设计所需要的参数，并据此确定各种制约条件。同时我们还可以利用模型来预测各替代方案的性能、费用和效益，有利于各种替代方案的分析和比较。

4. 费用和效益

费用和效益是分析和选择方案的重要指标，用于方案实施的实际支出就是费用，达到目的所取得的成果就是效益。如果能把费用和效益都折合成货币形式来比较，一般说来效益大于费用的设计方案是可取的，反之则不可取。

5. 评价基准

评价基准是物流系统分析中确定各种替代方案优先顺序的标准。通过评价基准对各方案进行综合评价，确定出各方案的优先顺序。评价基准一般根据物流系统的具体情况而定，费用与效益的比较是评价各方案的基本手段。

（二）物流系统分析的准则

一个物流系统由许多要素组成，要素之间相互作用，物流系统与环境互相影响，这些问题涉及面广而又错综复杂，因此进行物流系统分析时，应认真考虑以下一些准则。

1. 物流系统内部与物流系统环境相结合

一个企业的经营管理物流系统，不仅受到企业内部各种因素，如企业生产规模、产品技术特征、职工素质、管理制度与管理组织等的作用，而且还受到社会经济动向及市场状况等环境因素的影响。

2. 局部效益与整体效益相结合

在分析物流系统时常常会出现这种情况，局部效益与整体效益并不一致。其原因就在于物流系统的“二律背反”规律，即某一局部效益的增长可能带来另一局部效益的减少。因此，在选择方案的时候，我们不仅要考虑物流系统的局部效益，更加重要的是要考虑物流系统的整体效益。如果从局部效益来看是经济的，但整体效益并不理想，则这种方案不可取；反之，局部效益并不经济，但整体效益是好的，这种方案则可取。

3. 当前利益与长远利益相结合

在进行方案的优选时，既要考虑当前利益，又要考虑长远利益。如果所采用的方案对当前和长远都有利，当然最为理想。但如果方案对当前不利，而对长远有利，此时要通过全面分析后再作结论。一般来说，只有兼顾当前利益和长远利益的物流系统才是好的物流系统。

4. 定量分析与定性分析相结合

物流系统分析不仅要进行定性分析，而且要进行定量分析。物流系统分析总是遵循“定性-定量-定性”这一循环往复的过程，不了解物流系统各个方面的性质，就不可能建立起探讨物流系统定量关系的数学模型。定性和定量二者结合起来综合分析，才能达到优化的目的。

三、物流系统分析的要点和步骤

（一）物流系统分析的要点

系统分析过程就是根据目的步步推解的过程，在分析过程中我们往往通过解决一系列的“为什么”而得到最终的答案。这些“为什么”归纳起来就是“5W1H”，即：What、Why、When、Who、Where、How。其意义就是：

（1）系统分析的对象是什么，即要干什么？（What）

（2）系统的目的是什么，即为什么要建立这个系统？（Why）

（3）在什么时候系统能达到目的，系统的内部何时作用？（When）

（4）在什么地方和什么情况下系统能达到目的？（Where）

（5）哪些部分、构成、因素发生作用，即谁来干？（Who）

（6）如何做才能解决问题，即如何干？（How）

以某企业建配送中心为例，在进行物流系统分析的时候就要回答这些问题：

（1）要干什么？要用物流系统分析方法研究建立配送中心的可行性，经济可行性和技术可行性。

（2）为什么要建配送中心？是为了向产品目的地——销售市场输送商品的方便，还是因为目前仓库库容不足，需要外设配送中心解决部分库容问题，或者是为了企业未来的生产规模扩大所建。

（3）何时建立？根据上述目的确定建立配送中心的开工时间、完工时间、使用时间等。

（4）何处建立？如果是为了向销售市场输送商品的方便建立配送中心，那么配送中心应建在靠近市场的位置；如果是为了解决库容问题，一般配送中心应建在靠近生产中心的位置；如果是为了企业未来的发展而建，就要根据企业的长远发展整体规划来选定配送中心的位置。

（5）由谁承建，谁来管理？选择合适的建筑承担单位很重要，因为配送中心不仅是建筑物的建设问题，还要涉及内部设施的配置问题（如自动拣选系统、立体货架、信息系统等），应该选择条件合适，既能负责建筑物建设又能进行内部配置的专业施工单位承担建设。在建设后，为了使配送中心达到其保管、转送商品的目的，要选择好管理人员进行日常的运行管理。

（6）如何进行整个项目？整体工程的进度规划，具体技术细节如何安排和处理。

（二）物流系统分析的步骤

任何问题的研究与分析，均有一定的逻辑推理步骤，这个步骤是由一系列的环节组成的，并形成循环往复上升趋势。物流系统分析的步骤如图 3-1 所示。

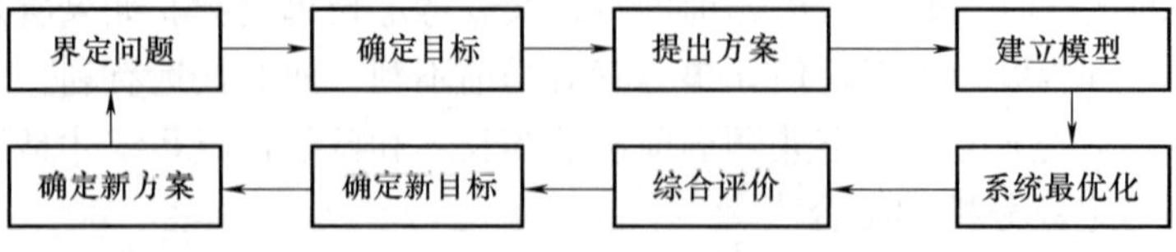

图 3-1　系统分析步骤

1. 界定问题

进行系统分析首先要明确问题的性质，界定问题的范围。通常，问题是由一定的外部环境作用和系统内部发展的需要产生的，这不可避免地带有一定的本质属性并限定了其存在范围。只有明确了问题的性质范围后，系统分析才能有可靠的起点。其次，还要研究问题要素、要素间的相互关系以及环境的关系等，把问题界限进一步划清。

2. 确定目标

为了解决问题，要确定出具体的目标。目标通过某些指标来表达，而标准则是衡量目标达到的尺度。系统分析是针对所提出的具体目标而展开的，由于实现系统功能的目的是靠多方面因素来保证的，因此系统目标也必然有若干个。如物流系统的目标包括物料费用、服务水平，即以低的物料费用获得好的服务水平，以确保物流系统整体效益最大。总目标是通过各子系统的功能活动来实现的。在多目标情况下，要考虑各项目标的协调，注意目标的整体性、可行性和经济性。

3. 提出方案

建立模型或拟定方案，都必须有资料作为依据，方案的可行性论证更需要有精确可靠的数据，为系统分析作好准备。收集资料通常多借助于调查、试验、观察、记录以及引用国内外资料等方式。

4. 建立模型

所谓建立模型就是找出说明系统功能的主要因素及相互关系。通过模型的建立可确认影响系统功能和目标的主要因素及其影响程度。确认这些因素的相关程度、总目标和分目标的实现途径及其约束条件。

5. 系统最优化

系统的最优化是运用最优化的理论和方法，对若干可行方案的模型进行仿真和优化计算，求出各个方案下的最优解。

6. 综合评价

根据最优化所得到的有关解答，在考虑前提条件、假定条件和约束条件后，在结合经验和知识的基础上决定最优解，从而为选择系统方案提供足够的信息。

7. 确定新目标

当物流系统运行到一定时候，又面临新的环境与新的发展趋势，这时我们应该重新确定物流系统的目标，以便对物流系统进行改进。

8. 确定新方案

在确定新目标的基础上，又要进行新一轮物流系统的分析。正是这种循环，使物流系统的功能不断完善，使其与环境相适应，与企业整体发展的方向相适应。

第三节 物流系统模型

在物流系统的规划、设计和分析中，离不开定量化工作和数学模型。模型是系统分析的有效工具，也是开展系统分析的前提和基础，有些因素无法看出其变化的特征，但运用模型可以很快抓住其本质，这样，可以把现实复杂的问题简洁化、数量化，迅速求解，得出答案。

一、物流系统模型的概念

模型是对系统的特征及其变化规律的一种表示或抽象。模型可以表现实际系统的各组成因素及其相互间的因果关系，反映实际系统特征，但又不同于实际系统，而且具有同类系统的共性，有助于解决被抽象的实际系统。物流系统模型化就是把系统中各个组成部分的特征、组成部分之间的关系及变化规律数量化。为了实现物流系统合理化，需要在物流系统的规划与运行过程中不断作出科学的决策。由于物流系统结构与行为过程的复杂性，只有综合运用定性、半定量与定量分析方法，才能建立恰当的物流系统模型，进而求得最佳的决策结果。因此，物流系统模型化是物流合理化的重要前提。

物流系统模型化的作用如下。

（1）物流系统中物流过程非常复杂，难以或根本无法做实验，模型化提供了一种科学的方法，通过建立易于操作的模型，能帮助设计者对物流过程有深刻的认识。

（2）把需要解决的系统问题，通过系统分析，明确其内部构成、系统特性和形式，针对系统的规律和目标，用数学表达式，从整体上说明它们之间的结构关系和动态情况。

（3）模型化能把非常复杂的物流系统的内部和外部关系，经过恰当的抽象、加工、逻辑整理，变成可以进行准确分析和处理的结构形式，从而能得到较为合理的结论。采用模型化技术可以大大简化现实物流系统或新的物流系统的分析过程。物流系统模型化为应用计算机进行分析和管理提供条件，从而可加速系统分析的有效性。

二、常见的物流系统模型

在企业物流系统分析和规划中，许多地方都需要模型化，比如生产布局和物料搬运系统流程分析、库存控制、运输路线规划、物资调运、排队服务、物流量预测等。针对物流系统的具体问题，我们可以选择合适的数学模型。常见的物流系统模型有如下几种。

（一）线性规划问题模型

线性规划问题的特征是：

（1）每一个问题可用一组决策变量（x_1，x_2，…，x_n）表示某一方案，这组决策变量的值就代表一个具体方案，一般这些变量取值是非负的；

（2）存在一定的约束条件，这些约束条件可以用一组线性等式或不等式来表示；

（3）有一个要求达到的目标，它可用决策变量的线性函数（目标函数）求表示，按问题的不同，要求目标函数实现最大化或最小化。

线性规划的数学模型形式为：

目标函数

$$\max(\min) z = c_1 x_1 + c_2 x_2 + \cdots + c_n x_n$$

约束条件

$$\begin{cases} a_{11}x_1 + a_{12}x_2 + \cdots + a_{1n}x_n \leqslant (=, \geqslant) b_1 \\ a_{21}x_1 + a_{22}x_2 + \cdots + a_{2n}x_n \leqslant (=, \geqslant) b_2 \\ \qquad \cdots \\ a_{m1}x_1 + a_{m2}x_2 + \cdots + a_{mn}x_n \leqslant (=, \geqslant) b_m \\ x_1 x_2, \cdots, x_n \geqslant 0 \end{cases}$$

物流系统中的运输问题、装卸任务分配问题都可用线性规划模型来求解。运输问题一般是将物品从 m 个起运站运到 n 个目的地。已知由 i 站运到 j 地的单位运费是 c_{ij}，并假定运费与两地间的运量成正比。设 a_i 表示 i 站的供应量，b_j 表示 j 地的需求量。若用 x_{ij} 表示从 i 站到 j 地的运量，运输问题可表述为：

目标函数

$$Z = \min \sum_{i=1}^{m} \sum_{j=1}^{n} c_{ij} x_j$$

约束条件

$$\begin{cases} \sum_{j=1}^{n} x_{ij} = a_i, i = 1,2,\cdots,m \\ \sum_{i=1}^{m} x_{ij} = b_j, j = 1,2,\cdots,n \\ x_{ij} \geqslant 0, i = 1,2,\cdots,m, j = 1,2,\cdots,n \end{cases}$$

如果 $\sum_{i=1}^{m} a_i = \sum_{j=1}^{n} b_j$，即总供应量等于总需求量，则为平衡运输问题，否则称为不平衡运输问题。对于不平衡运输问题，可通过一定处理后，使之变为平衡运输问题。

（二）整数规划问题

整数规划是线性规划的特殊问题，对于某些实际问题，要求答案必须是整数，如安排工作人员的数量、选址问题、设备的台数等。

选址问题是物流系统规划的重要问题，无论是新厂房还是仓库的建设都首先要解决在哪里修建的问题，根据选址情况的复杂程度可分为单一地址选择问题、多地址选择问题和指派问题。

1. 单一地址选择问题

建立一个新工厂或仓库，应合理选择厂址或库址。假设地址候选地点有 s 个，分别用 D_1，D_2，…，D_s 表示：原材料、燃料、零配件的供应地有 m 个，分别用 A_1，A_2，…，A_m 表示，其供应量分别用 P_1，P_2，…，P_m 表示；产品销售地有 n 个，分别用 B_1，B_2，…，B_n 表示，其销售量用 Q_1，Q_2，…，Q_n 表示，所谓选址问题就是从 s 个候选地址中选取一个最优地址，使物流费用达到最低。设 c_{ij} 表示从 A_i 到 D_j 的每单位量的运输成本，d_{jk} 表示从 D_j 到 B_k 的每单位量的运输成本。引进变量：

$$X = [x_1, x_2, \cdots, x_n]$$

其中

$$x_j = \begin{cases} 1，表示在 D_j 建厂 \\ 0，表示不在 D_j 建厂 \end{cases}$$

则选址问题可表述为：

目标函数 $$z = \min \sum_{j=1}^{s} \left(\sum_{i=1}^{m} c_{ij} P_i + \sum_{k=1}^{n} d_{jk} Q_k \right) x_j$$

约束条件

$$\sum_{j=1}^{s} x_j = 1$$

这是一个线性规划问题，只需求解出 Z 的最小值，即可得出 s 算式值的最小值对应的下标为 r，那么可取 $x_r=1$，其他 $x_j=0$，便是最优解，D_r是最优厂址。但是，计算目标函数还需要许多参数，包括原材料、燃料、半成品供应地及供应量，产品销售地点及销售量，运输条件及费用等，这些参数必须准确确定，才可得出正确的目标函数解值。

2. 多址选择问题

有 m 个工厂的产品，经仓库发售给 n 个地区，拟建立若干个仓库。候选地点有 s 个，问题是如何从 s 个候选地点中选择若干个地点修建仓库，使物流费用达到极小。

设 a_i 表示工厂 i 的供应量，b_k 表示用户 k 的需求量，c_{ij}表示从工厂 i 到仓库 j 的单位运输成本，d_{jk}表示从仓库 j 到用户 k 的单位运输成本，w_j 表示仓库 j 的变动费系数。在考虑变动费时，引进指数 p，满足条件 $0<p\leqslant 1$，以便考虑规模的经济性，仓库 j 的变动费为 $w_jZ_j^p$，其中 Z_j表示仓库 j 的产品通过量。如果不考虑规模的经济性，可令 $p=1$。引进变量：

x_{ij}表示工厂 i 到仓库 j 的运量，y_{jk}表示仓库 j 到用户 k 的运量，对于平衡的选址问题，每个仓库的总进货量等于总出库量，则有：

$$Z_j = \sum_{i=1}^{n} x_{ij} = \sum_{k=1}^{m} y_{jk}$$

总物流成本函数可表示为：

目标函数

$$Z = \min \sum_{j=1}^{s} \left(\sum_{i=1}^{m} c_{ij}x_{ij} + \sum_{k=1}^{n} d_{jk}y_{jk} + w_jZ_j^p \right)$$

约束条件

$$\begin{cases} \sum_{j=1}^{n} x_{ij} = a_i, i = 1,2,\cdots,m \\ \sum_{j=1}^{m} y_{jk} = b_k, i = 1,2,\cdots,n \\ x_{ij} \geqslant 0, y_{jk} \geqslant 0 \end{cases}$$

3. 指派问题

在物流过程中，如何将有限的资源（人力、物力、财力等）指派给多项任务或工作，以达到降低成本或提高效益的目的。指派问题是运输问题的特例，它的条件是运出的地点数和运量等于运入地点数和运量，而且一个运出点的物料只允许运到一个运入点。例如一个工厂有 m 个车间生产 m 种不同的产品，由 m 个仓库来分别储存这些产品。设 c_{ij}是把第 i 个车间的全部产品运往第 j 个仓库的运费，则以总运费最低的数学模型为：

目标函数

$$z = \min \sum_{i=1}^{m} \sum_{j=1}^{n} c_{ij}x_j$$

约束条件

$$\begin{cases} \sum_{j=1}^{m} x_{ij} = 1, i = 1,2,\cdots,m \\ \sum_{i=1}^{m} x_{ij} = 1, j = 1,2,\cdots,m \end{cases}$$

其中 $x_{ij}=1$ 或 0，即当第 i 个车间的产品指派到第 j 个仓库时 $x_{ij}=1$，否则 $x_{ij}=0$。

（三）动态规划问题

在管理活动中往往需要对过程进行综合决策，将过程分为若干个互相联系的阶段，在每个阶段都作出决策，目的是使整个过程达到最好的活动效果。但是各个阶段决策的选取不是任意确定的，它依赖于当前面临的状态，又影响以后的发展，由于前一阶段的决策会影响后面的状态，因此，这一序列的决策过程是在变化的状态中产生出来的，因此称为“动态”含义，处理这种动态决策的方法是动态规划方法。用动态规划可以解决物流系统中最短路径问题、装卸问题、库存问题、资源分配问题等。

（四）库存控制模型

库存指的是为了将来使用而暂时处于闲置的物资。库存的目的是为了保证生产过程的连续性，快速满足用户订货需求。但是库存又是闲置的物资，库存过多就意味着闲置资金过多，对物流系统的经济性造成不利影响，因此，库存控制是物流系统中的重要问题。根据物料需求的特性，我们可以把库存控制分成独立需求库存控制和相关需求库存控制。相关需求库存控制可以通过 MRP 求得，而独立需求库存控制可分为确定型库存模型和随机库存模型。不管独立需求库存控制还是相关需求库存控制，都要达到以下目的：优化库存成本，平衡生产与销售计划并满足一定的交货要求，避免浪费，避免不必要的库存，避免需求损失和利润损失。因此，库存控制要解决三个主要问题：确定库存检查周期、确定订货量、确定订货点（何时订货）。经过多年的研究和总结，库存控制模型已非常丰富，可以根据实际情况选择使用。

（五）图与网络分析模型

图与网络分析模型广泛应用于管理科学、计算机科学、控制论、信息论、物理、化学等各个领域。物流系统中的最小线路网能完成所有物流点的配送并使所走的线路最短。最短路径、通信网络的合理架设、交通网络的合理分布、最大流和最小费用最大流问题等都可以通过网络分析方法得以解决。

（六）预测模型

预测是编制各种计划的基础，物流系统中的存储、运输等各项业务活动的计划都是以预测资料为基础制定的，预测的准确与否直接影响到计划的可行性。同时，预测也是决策的依据，正确的决策取决于可靠的预测。物流系统预测的内容很多，凡是影响物流系统活动的诸因素都是预测对象，例如有关物流系统的人力、物力、财力以及资源、销售、交通等的状况都是预测的内容。

已经有很多复杂的预测技术，可归结为三大类，即定性预测技术、时间序列预测技术和因果关系预测技术。定性预测技术使用专家意见和特殊的信息来预测未来，定性预测技术可以考虑也可以不考虑过去。时间序列预测技术通过信息的历史模式和模式的变化来推测未来。因果关系预测技术，诸如回归方法等，使用明确而又特定的有关变量的信息，来展开主导事件与预测活动之间的关系。

物流系统可用的模型还有许多，比如决策模型、投入产出模型等，系统总体优化是一个综合性的复杂问题，需要多种模型综合使用。

三、物流系统建模的注意事项

建立物流系统模型，应该注意以下几点。

（1）明确目的，确定构成要素。即便针对同一个系统，由于建模的目的不同，构造出来的模型也不同。根据物流系统的物流信息和研究目的，可以决定模型的大小，同时构造模型的目的还决定了模型的最小构成要素。

（2）模型的简单化和高精度模型。如果简单的模型包含实际系统的信息少，那么模型的精度就差。模型的简单化和高精度要求之间是相互矛盾的。高精度的模型一般比较复杂，如果某种复杂的模型，成本很高，对于实际应用必要性不大，则这种模型就值得简化。当然，模型的简化也要注意过分简化的模型精度不够，就失去了应用的意义。

（3）没有固定不变的建模方法。作为建立模型的一个特征，就是无法确定哪一种模型是最好的。建立模型的方法根据目的不同而不同。因为在建模时，假定条件、前提、理论都是技术研究人员根据其知识结构、研究经验决定的。

（4）模型的验证。为了确认模型的准确，必须进行验证，这在建立模型的时候非常重要。如果能将试验与经验进行比较时，验证比较容易。但是，利用预测模型推测未来值时，除了利用过去的数据进行验证外，还必须采取其他各种方法。

（5）模型验证应该注意两种情况。一种是模型本身就不适当；另一种是模型本身适当，但是参数不合适。在参数过多的情况下，确定不合适的参数就非常复杂。在这种情况下，就应该首先应用尽量简单的、能表现系统本质的模型，然后再把具有各种功能的子系统加进去。在此过程中，逐次对参数值进行检验。在模型整体建成后，再改变参数值对于整个模型影响也不大。在此情况下，对于不进行变换的数学模型中的参数更容易发现其中的错误。

第四节　企业物流系统的规划

每个企业都承担一种产品或多种产品的生产，从原材料入厂，经过一定的生产工艺流程，进行加工、检验、储存、装配等步骤，最后形成产品出厂。各车间、各工序在地理位置上是相互独立的，但在生产流程上又是相互联系。生产是按照一定顺序、一定的节奏进行，企业生产是一个系统。而其中的物流组织必须按照整个生产系统的特点和要求去组织，才能使各车间、各工序按照预定的步骤和节奏进行工作，协调生产。因此，企业物流系统是否恰当，是否能与生产要求相一致，决定了企业生产的效率和效益。企业物流系统的构架是由各种设施的地理位置所决定的，因此，企业物流系统规划的主要内容包括以下几点。

（1）物流系统的网络布点问题，指企业各种大型设施如工厂、仓库、车间、销售点、物料供应地等的相互位置布局或选址，它是企业物流系统的整体构架。

（2）物流系统的局部设施布置问题，主要指具体的某个区域里的各种设施的布局，如仓库中分拣区、储存区、加工区、运输区的相互平面位置分布以及相关设备的选用，如生产区域内各种工位的配置及物料的搬运路线，也可称为局部设施布置设计。

一、物流系统的网络布点——选址

（一）场址的影响因素

场址选择或规划设计是物流系统规划的主要问题，它的任务是对建设项目的各类设施、人员、投资进行系统规划与设计，用以优化人流、物流和信息流，从而有效、经济、安全地实现建设项目的预期目标。场址选择是一个非常复杂的过程，影响场址规划的因素很多，我们可根据它们与成本的关系与否分为成本因素和非成本因素。与成本有直接关系，可以用货币单位来表示各种因素的称为成本因素；与成本无直接关系，但能间接影响产品成本和未来企业发展的因素，称为非成本因素。

1. 主要的成本因素

（1）运输成本。对企业而言，运输成本占有较大的比重，进行网络规划时应注意缩短运输距离，减少运输环节中装卸次数，并尽量靠近码头、公路、铁路等交通设施，且考虑铁路、公路、水路三者的均衡问题。

（2）原材料供应。某些产品对原料的质量有严格要求，如钢铁类产品，这样生产地必须主要分布在原料产地附近以降低运费，保证生产所需物料量的供应。但是，有些产品又可根据实际情况进行全球采购，比如大多数家电产品的生产均是全球采购、全球销售。所以，进行网络规划的时候要根据企业生产的特点，选择与原材料供应恰当的位置。

（3）动力、能源的供应量和成本。动力、能源的供应也是决定企业生产经营能否正常进行的重要因素，一般而言，动力、能源供应充足的位置有利于企业的经营和发展。

（4）劳工成本。在技术密集型和劳动密集型企业中，劳工数量和质量都直接影响劳动力成本。同样，人口状况，如劳动力总体素质也是企业选址的重要因素。

（5）建筑成本。土地的征用、赔偿、拆迁、平整的费用。

（6）其他成本。税率、保险和利率等财务因素影响了企业的收入；贷款及其他资本获得的机会往往左右企业的选择；其他服务费用，如政府的各种收费规定也会极大地影响企业的运营收入。

2. 主要的非成本因素

（1）社区情况。服务行业、商业及其他设施的状况等。

（2）气候和地理环境。气温对于产品和作业人员均会产生影响，气温过冷或过热都将增加气温调节的费用，而且对于物料的搬运影响极大。

（3）环境保护。生产系统直接形成的污染包括空气污染、水污染、噪声污染等，各国和地区都制定了保护当地居民和生态环境的各种法规，对于会造成污染的各种生产加以限制。

（4）当地政府的政策。有些地区为了鼓励投资，划出工业区及各种经济开发区，低价出租或出售土地、厂房、仓库，并在税收、资金等方面提供优惠政策。

（5）其他因素。包括政治稳定性、经济状态、文化习俗、当地竞争者这些对企业发展有着影响的因素，都是选址时必须考虑的问题。

（二）选址的方法

除了上节所述的线性规划方法，还有其他方法可以在选址问题上提供帮助。

1. 重心法

在选址中我们常遇到的问题是将一新设施布置到一固定的空间中去，为了简化计算，我们可选用一个重要的、关键的因素，比如运输费用作为决策依据，则可运用重心法确定新址位置。其主要根据是力求新场址距离各原材料供应点或销售点的距离、供应量或销售量、运输费率之积的总和为最小。

设 $P_0(x_0, y_0)$ 表示新设施的位置 $P_i(x_i, y_i)$ 表示现有设施的位置（$i=1, 2, \cdots, n$）。其中 w_i 表示第 i 个设施的运量，若 c_i 表示各设施的运输费，c_0 表示新址的运输费率，根据重心法，有

$$\begin{cases} \sum_{i=1}^{n} x_i w_i c_i = x_0 \sum_{i=1}^{n} w_i c_0 \\ \sum_{i=1}^{n} y_i w_i c_i = y_0 \sum_{i=1}^{n} w_i c_0 \end{cases}$$

得

$$\begin{cases} x_0 = \dfrac{\sum_{i=1}^{n} x_i w_i c_i}{\sum_{i=1}^{n} w_i c_0} \\ y_0 = \dfrac{\sum_{i=1}^{n} y_i w_i c_i}{\sum_{i=1}^{n} w_i c_0} \end{cases}$$

2. 多因素评价法

重心法只考虑了费用，而实际选址工作中还要受到许多环境因素的影响，因此选址是一项系统性工作。一般场址选择是根据各种因素及其内在要求，提出若干选择的具体要求和原则，并采用定性和定量相结合的方法辅助进行工厂区位和具体位置的选择，常用的方法有以下几种。

（1）费用-效果分析法。这是对技术方案的经济效果进行分析评价的一种方法。实质是要求系统给社会提供效益，必须超出支出费用，可采用会计核算中的量本利平衡方法来计算。

（2）关联矩阵法。找出选址的评价指标，主要是费用、效益、对社会的作用等，并根据这些评价指标的重要性赋予不同的权重，然后对各种备选方案进行评分，最后得出综合评分。

（3）层次分析法。该方法是一种定性和定量相结合的评价与决策方法。它是将评价主体或决策主体对评价对象进行的思维过程数量化。应用这种方法首先将评价对象的各种评价要素分解成若干层次，并按同一层次的各个要素以上一层次要素为准则，进行两两的比较、判断和计算，以求得这些要素的权重，从而为选择最优替代方案提供依据。

二、设施布置规划

（一）设施布置规划的内容

从企业物流系统中来看，生产过程中的物流规划最为复杂，也极为重要。生产物流由于与生产过程紧密相连，有其独特之处，在进行规划时，一定要体现和注意。首先，生产物流是按照加工的工艺过程在流动，其路线是由加工的工艺流程决定的，不能任意变动；其次，零件的生产是连续地、有节奏地进行的，其物流系统也必须是连续地、有节奏地进行，否则，生产就不能正常进行，物流系统的混乱必然造成生产混乱；最后，物流搬运装卸过程要求安全可靠，要按照一定的要求搬运、储存，否则将造成零件精度损坏，降低产品质量，因此必须选择合适的搬运设备和容器。

从企业生产作业的角度来看，企业内部的物流系统规划必须按照生产特点进行。企业内部物流系统规划主要就是各种设施相互位置布置和具体区域内的设备、各种作业区域的布置问题。包括以下几点。

（1）厂区设施布置规划，根据厂外交通运输情况，厂区的地形面积、产品种类及工艺过程，合理布置各车间、各仓库以及非生产设施之间的位置，使物流合理，便于生产，降低运输费用。

（2）工位配置，在车间内合理布置各工位的位置，使工件搬运的工作量最小。

（3）库存空间确定，集中仓库的大小，车间内暂存区的大小和位置都是这一阶段要解决的问题。

（4）搬运设备的选择，搬运设备和器具应适应被搬运物料的性质、重量、形状、尺寸及物流量。既要使设备的投资少，又要使其保养使用费用小。

（二）设施布置分析与规划的步骤

物流系统的设施规划，可能有两种情况：①对现有的物流系统进行分析并进行优化；②进行新的区域物流设施的布置设计。对现有物流系统进行分析优化时，要针对物流系统的环境、输入输出情况、物料性质、流动路线、系统状态、搬运设备与器具、库存等进行全面、系统的调查与分析，求得最佳设计方案。其步骤如图 3-2 所示。

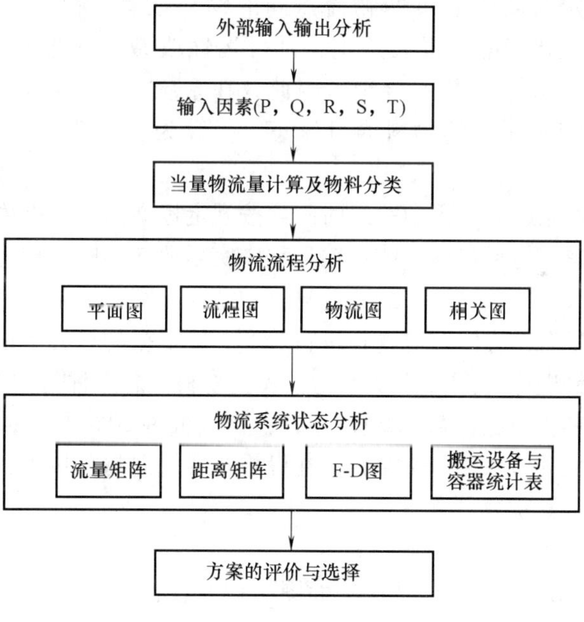

图 3-2 设施布置规划步骤

1. 外部输入输出分析

外部是指对已确定系统边界的物流系统的外部环境，我们要研究这些外部环境与物流系统的相互交换物料、信息的情况，包括输入输出系统的方式（运输车辆、装载容器、路线入口等）、频率及输入输出的条件。

2. 输入因素（P、Q、R、S、T）

布置设施要考虑众多因素，影响布置设计的基本要素我们可归结为 P（产品或服务）、Q（产量或数量）、R（工艺过程、生产路线及物料路线）、S（服务部门）和 T（时间）。

（1）P（产品或材料服务），指系统中涉及原材料、加工的零件、成品或提供服务的项目，这些资料由生产纲领和产品设计提供，包括项目、种类、型号、零件号、材料等。P影响着设施的组成及其相互关系、设备的类型、物料的搬运方式等。

（2）Q（数量），指所生产、供应或使用的商品量或服务的工作量。其资料由生产统计和产品设计提供，用件数、重量、体积或销售的价值表示。数量这一要素影响着设施规模、设备数量、运输量、建筑面积等因素。

（3）R（路线），指工艺过程设计的成果，可用设备表、工艺路线卡、工艺过程图等表示。它影响着各作业单位之间的关系、物料搬运路线、仓库及堆放地的位置等。

（4）S（辅助服务），指公用、辅助、服务部门，包括工具、维修、动力、收货、发运、铁路专用线等，由有关专业设计人员提供。这些部门是企业生产运营必不可少的支持系统，必须给予足够重视。

（5）T（时间），指在什么时候、用多长时间生产出产品，包括各工序的操作时间、更换批量的次数。在工艺过程设计中，根据时间因素可以求出设备的数量、需要的面积和人员，平衡各工序的生产能力。

3. 当量物流量计算及物料分类

物流量是指在一定时间内通过两物流点间的物料数量。在一个给定的物流系统中，物料从几何形状到物化状态都有很大差别，其可运性或搬运的难易程度相差很大，简单地用重量作为物流量计算单位并不合理，因此，在系统分析、规划、设计过程中，必须指出一个标准，把系统中所有的物料通过修正、折算为一个统一量，即当量物流量，才能进行比较。

当量物流量是指物流运动过程中一定时间内按规定标准修正、折算的搬运和运输量。这种修正与折算充分考虑了物料在搬运或运输过程中实际消耗的搬运和运输能量等因素。当量物流量的计算尚无统一标准，一般根据企业自己的情况和实际经验确定。

在核定当量物流量后，我们要对物料进行分类，即根据物料的当量物流量的大小将系统分析所涉及的各种物料进行A、B、C类划分。A类物料占总品种数的5% ~10%，而物流量占70%以上；B类物料占总品种数的20%左右，物流量占20%左右；C类物料占总品种数的70%以上，而物流量占5% ~10%左右。在设施布置规划与分析中，物料管理为A、B类物料，必要时，可忽略C类物料。

4. 物流流程分析

（1）平面图。我们用特定的符号在平面图上标明各种设施、设备、储存地、固定运输设备，就能清楚地看出物料运动的轨迹。常用的符号见图3-3。

⬭ 表示操作，既可是操作过程，也可以是机床、机组、加工区、车间、部门等；

▽ 表示储存，指储存地、仓库、工位储存地等；

⇨ 表示搬运或运输；

□ 表示检验，包括加工过程检验和最终检验。

（2）流程图。我们可以在平面图的基础上，运用编码方法表现物流路径及其物流量，物流路径也可称为物流流程路线。将系统所有物流流程用表的形式表达出来，就是流程表，如表3-1所示。

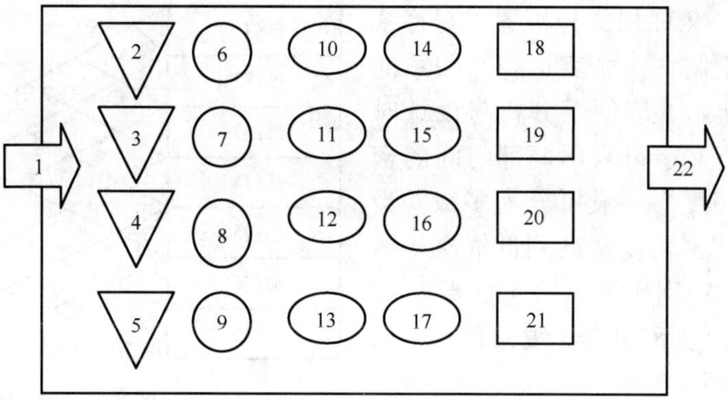

图 3-3　平面图

表 3-1　流程表

序　　号	零件名称	物流流程	物流量/t
1	轴 1	1 – 4 – 8 – 15 – 16 – 17 – 18	51.7
2	轴 2	1 3 7 16 – 18	60.3
3	轴 3	2 – 3 – 7 – 16 – 18	38.6
4	轴 4	2 – 6 – 9 – 16 – 14 – 18	15.3
5	齿轮 1	2 – 5 – 10 – 16 – 17 – 18	47.6
6	齿轮 2	1 – 5 – 10 – 16 – 17 – 18	8.4
7	齿轮 3	2 – 6 – 11 – 12 – 13 – 19	3
8	齿轮 4	2 – 6 – 11 – 17 – 19	39.6
9	齿轮 5	2 – 6 – 11 – 17 – 18	22
10	连杆	2 – 5 – 9 – 16 – 17 – 19	11.2

（3）物流图。将各条物流的物流量大小和经过的物流点绘制在编码后的平面图上，即为物流图，如图 3-4 所示，它可以形象地表达系统物流情况，清楚地看出哪条物流合理，哪条不合理，有利于分析与设计。

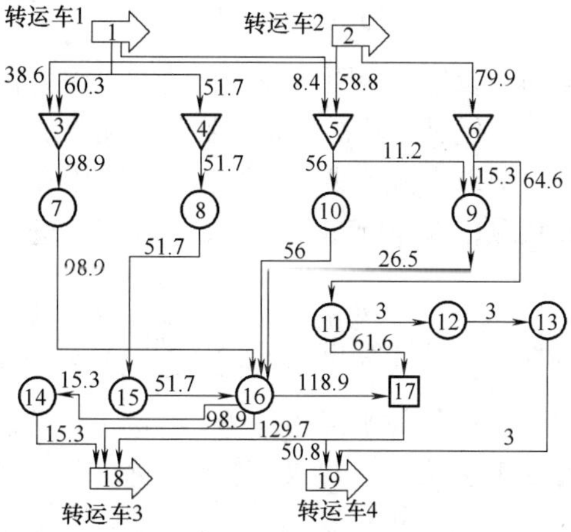

图 3-4　物流图

（4）相关图，又称相关分析图。它将系统中的所有部门绘制在一张表达相互关系的图上，如图3-5所示，以便于分析与设计时用。相关图中的英文字母表示两部门间的密切关系，称为密切度，一般可分为多级。当分为5个等级时，密切度从高到低依次为A（显著重要）、E（特别重要）、I（重要）、O（一般）、U（无关）。密切度等级只是一个相对概念，无绝对标准。

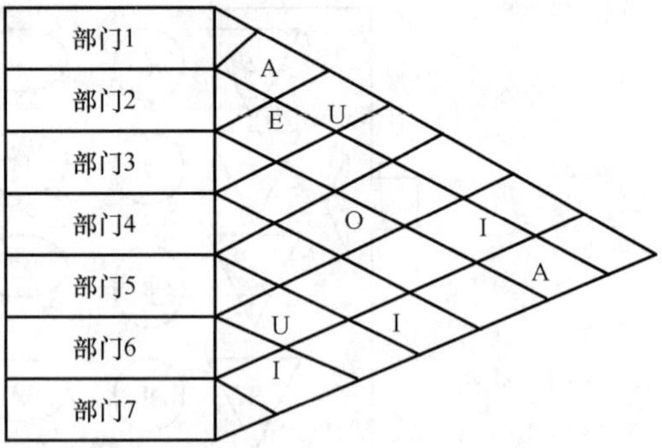

图3-5　相关图

5. 物流系统状态分析

可使用流量矩阵、距离矩阵、*F-D*图及搬运设备与容器统计表对物流系统的现有流量进行分析。所谓流量矩阵图指的是物流流量关联矩阵F，$F=[f_{ij}]_{n\times n}$，f_{ij}表示从i点到j的物流量，i，$j\in n$，n为系统平面图编码的数量。当i点到j点无物流量关系时，$f_{ij}=0$。距离矩阵$D=[d_{ij}]_{n\times n}$，单位可以用米、公里等表示。有了流量矩阵和距离矩阵，可以计算系统量矩阵，也称系统搬运工作量。$S=\sum_{i=1}^{n}\sum_{j=1}^{n}f_{ij}d_{ij}$，其单位为当量吨米或当量吨公里。*F-D*图是将两点间的物流按流量大小和距离大小绘制在一直角坐标图上，如图3-6所示，可将此图分为若干部分，如划分为Ⅰ、Ⅱ、Ⅲ、Ⅳ、Ⅴ、Ⅵ6个部分。

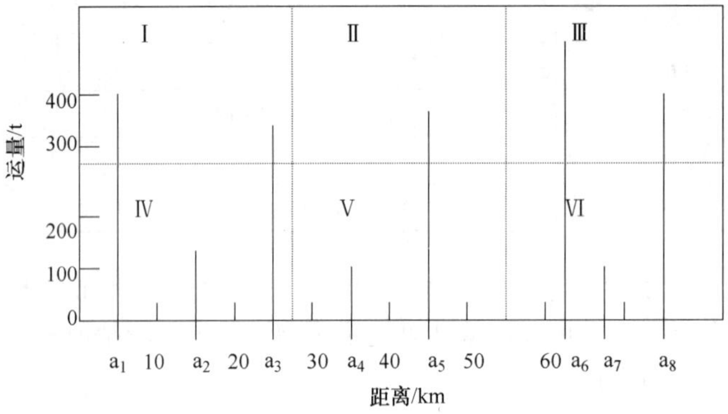

图3-6　*F-D*图

显然Ⅱ、Ⅲ部分的物流和两设施间的距离是不合理的，因为物流量大且距离远，这样该图可作为平面布置调整的根据。经过调整，第Ⅱ、Ⅲ部分无物流量时，该方案为可行方案。

搬运设备与容器统计表，即以表格形式记录下任意方案中在各设施、设备之间从事物料搬运的储备、装载容器等的状况，以分析其合理与否，提出改进意见。

6. 方案的评价与选择

根据上述分析，对于每方案均可计算出$S=\sum_{i=1}^{n}\sum_{j=1}^{n}f_{ij}d_{ij}$。如果根据*F-D*图调整系统中设施或设备的所在位置，则可得到新的距离矩阵$D'=[d'_{ij}]_{n\times n}$。假设工艺路线未发生变化，则F无变化。有时需要改变工艺方法，则F也会变化。只要D变为D'，则必有$S'=\sum_{i=1}^{n}\sum_{j=1}^{n}f_{ij}d'_{ij}$或$S'=\sum_{i=1}^{n}\sum_{j=1}^{n}f'_{ij}d'_{ij}$。如果$S'<S$，则新方案的物流设计优于原方案$S$。如果在条

件与环境允许时，进行了 l 次调整，就可得到 l 个系统搬运工作量值。其中搬运工作量最小的方案，即为最优物流系统方案。但是在选择恰当方案时，不仅要考虑物流量的大小及费用等问题，还要考虑非物流部门、工艺水平要求以及管理、人员、工作条件、环境保护等多种因素。评价方法可采用前述的关联矩阵、层次分析法。

基本练习

1. 什么是系统？系统的特性是什么？
2. 什么是物流系统？
3. 什么是企业物流系统？其组成是什么？
4. 社会物流系统的特性是什么？
5. 什么是企业物流系统的二律背反规律？
6. 什么是系统分析？
7. 物流系统分析内容有哪些？
8. 什么是物流系统分析要素？什么是物流系统分析准则？
9. 物流系统分析的步骤是什么？
10. 典型的物流系统分析的模型有哪些？
11. 物流系统的选址分析要注意的因素有哪些？有哪些方法可以辅助选址？

应用练习

一、物料资源约束下的产品决策（线性规划）

红光家具生产厂制造两种课桌（变量），每种课桌的利润如下：A 课桌 115 元/张，B 课桌 90 元/张。用于生产课桌的木板单位为 dm（分米），可用木材如下：松木 200dm^2、雪松 128dm^2、枫木 220dm^2。木材必须符合课桌的尺寸：A 课桌使用松木 10dm^2、雪松 4dm^2、枫木 15dm^2，B 课桌使用松木 20dm^2、雪松 16dm^2、枫木 10dm^2。在可得的资源上生产不同课桌的数量为多少可使利润最大化？

二、选址核算（重心法）

某汽车厂每年需从 A 地运来钢材，从 B 地运来铸铁，从 C 地运来焦炭，从 D 地运来各种造型材料，各地与某中心城市的距离和每年的材料运量如表 3-2 所示：

表 3-2　某汽车厂运输材料的距离和每年的运量

原材料供应地及其坐标	A		B		C		D	
	X1	Y1	X2	Y2	X3	Y3	X4	Y4
距中心城市的距离/km	20	70	60	60	20	20	50	20
年运输量/t	2000		1200		1000		2500	

求该企业应在何处设定工厂？

三、案例分析

案例 3-1

速度＋规模＝家乐福模式

“每次家乐福进入一个新的地方，都只派 1 个人来开拓市场。进入中国台湾家乐福只派了 1 个人，到中国大陆也只派了 1 个人。”9 月 11 日，家乐福的企划行销部总监罗定中用这句令记者吃惊不已的话做他的开场白。

罗定中解释说，这第一个人就是这个地区的总经理，他所做的第一件事就是招一位本地人做他的助理。然后，这位空投到市场上的光杆总经理，和他唯一的员工做的第一件事，就是开始市场调查。他们会仔细地去调查当时其他商店里的有哪些本地的商品出售，哪些产品的流通量很大，然后再去与各类供应商谈判，决定哪些商品会在将来家乐福店里出现。一个庞大无比的采购链，完完全全从零开始搭建。

这种进入市场的方式粗看难以理解，但却是家乐福在世界各地开店的标准操作手法。这样做背后的逻辑是，一个国家的生活形态与另一个国家的生活形态经常是大大不同的。在法国超市到处可见的奶酪，在中国很难找到供应商；在中国台湾十分热销的槟榔，可能在上海一个都卖不掉。所以，国外家乐福成熟有效的供应链，对于以食品为主的本地家乐福来说其实意义不大。最简单有效的方法，就是了解当地，从当地组织采购本地人熟悉的产品。

1995 年进入中国市场后，短时间内家乐福便在相距甚远的北京、上海和深圳三地开出了大卖场，就是因为他们各自独立地发展出自己的供应商网络。根据家乐福自己的统计，从中国本地购买的商品占了商场里所有商品的95%以上，仅2000 年采购金额就达 15 亿美元。除了已有的上海、广东、浙江、福建及胶东半岛等各地的采购网络，家乐福还会分别在中国的北京、天津、大连、青岛、武汉、宁波、厦门、广州及深圳开设区域化采购网络。

这个“空降兵”的落点注定是十字路口，因为 Carrefour 的法文意思就是十字路口，而家乐福的选址也不折不扣地体现这一个标准：所有的店都开在了路口，巨大的招牌500 米开外都可以看得一清二楚。而一个投资几千万的店，当然不会是拍脑袋想出的店址，其背后精密和复杂的计算，常令行业外的人士大吃一惊。

根据经典的零售学理论，一个大卖场的选址需要经过几个方面的详细测算：

第一，就是商圈内的人口消费能力。中国目前并没有现有的资料（GIS 人口地理系统）可资利用，所以店家不得不借助市场调研公司的力量来收集这方面的数据。有一种做法是以某个原点出发，测算 5 分钟的步行距离会到什么地方，然后是 10 分钟步行会到什么地方，最后是 15 分钟会到什么地方。根据中国的本地特色，还需要测算以自行车出发的小片、中片和大片半径，最后是以车行速度来测算小片、中片和大片各覆盖了什么区域。如果有自然的分隔线，如一条铁路线，或是另一个街区有一个竞争对手，商圈的覆盖就需要依据这种边界进行调整。

然后，需要对这些区域进行进一步的细化，计算这片区域内各个居住小区的详尽的人口规模和特征的调查，计算不同区域内人口的数量和密度、年龄分布、文化水平、职业分布、人均可支配收入等许多指标。家乐福的做法还会更细致一些，根据这些小区的远近程度和居民可支配收入，再划定重要销售区域和普通销售区域。

第二，就是需要研究这片区域内的城市交通和周边的商圈的竞争情况。如果一个未来的店址周围有许多的公交车，或是道路宽敞，交通方便，那么销售辐射的半径就可以大为放大。上海的大卖场都非常聪明，例如家乐福古北店周围的公交线路不多，家乐福就干脆自己租用公交车定点在一些固定的小区间穿行，方便这些离得较远的小区居民上门一次性购齐一周的生活用品。

当然未来潜在销售区域会受到很多竞争对手的挤压，所以家乐福也会将未来所有的竞争对手计算进去。传统的商圈分析中，需要计算所有竞争对手的销售情况，产品线组成和单位面积销售额等情况，然后将这些估计的数字从总的区域潜力中减去，未来的销售潜力就产生了。但是这样做并没有考虑到不同对手的竞争实力，所以有些商店在开业前索性把其他商店的短板摸个透彻，以打分的方法发现他们的不足之处，比如环境是否清洁，哪类产品的价格比较高，生鲜产品的新鲜程度如何等，然后依据这种精确制导的调研结果进行具有杀伤力的打击。

当然一个商圈的调查并不会随着一个门店的开张大吉而结束。家乐福自己的一份资料指出，顾客中有60%的顾客在34岁以下，70%是女性，然后有28%的人走路，45%通过公共汽车而来。所以很明显，大卖场可以依据这些目标顾客的信息来微调自己的商品线。能体现家乐福用心的是，家乐福在上海的每家店都有小小的不同。在虹桥门店，因为周围的高收入群体和外国侨民比较多，其中外国侨民占到了家乐福消费群体的40%，所以虹桥店里的外国商品特别多，如各类葡萄酒、奶酪和橄榄油等，而这都是家乐福为了这些特殊的消费群体特意从国外进口的。南方商场的家乐福因为周围的居住小区比较分散，干脆开了一个迷你Shopping Mall，在商场里开了一家电影院和麦当劳，增加自己吸引较远处的人群的力度。青岛的家乐福做得更到位，因为有15%的顾客是韩国人，干脆就做了许多韩文招牌。

高流转率与大采购超市零售业的一个误区是，总以为大批量采购压低成本是大卖场修理其他小超市的法宝，但是这其实只是“果”而非“因”。商品的高流通性才是大卖场真正的法宝。相对而言，大卖场的净利率非常低，一般来说只有2%～4%，但是大卖场获利不是靠毛利高而是靠周转快。而大批量采购只是所有商品高速流转的集中体现而已。而体现高流转率的具体支撑手段，就是实行品类管理（Category Management），优化商品结构。根据沃尔玛与宝洁的一次合作，品类管理的效果使销售额上升32.5%，库存下降46%，周转速度提高11%。

而家乐福也完全有同样的管理哲学。据罗定中介绍，家乐福选择商品的第一项要求就是要有高流转性。比如，如果一个商品上了货架卖得不好，家乐福就会把它30cm的货架展示缩小到20cm。如果销售数字还是上不去，陈列空间再缩小10cm。如果没有任何起色，那么宝贵的货架就会让出来给其他的商品。家乐福这些方面的管理工作全部由计算机来完成，由POS机实时收集上来的数据进行统一的汇总和分析，对每一个产品的实际销售情况，单位销售量和毛利率进行严密的监控。这样做，使得家乐福的商品结构得到充分的优化，完全面向顾客的需求，减少了很多资金的搁置和占用。

这个从一个空降兵开始出发的事业，现在已经变成了15个城市里27个商场，转眼间将家乐福的旗帜插上中国各个消费中心城市的制高点。

（资料来源：http：//www.51test.net）

讨论题：

1. 根据以上的资料，总结家乐福选址考虑的因素有哪些？

2. 根据你所学的知识，总结物流设施选址应考虑的因素或信息有哪些？从哪些渠道收集这些信息？

3. 有哪些模型可以辅助选址决策？

四、案例分析

案例 3-2

EDC 的疑难之处

安·瑞尔顿思索着从拥挤的贸易展览会上穿过，对周围喧闹的人群置若罔闻。她担任艾尔德拉公司（Eldora Company, EDC）的首席执行官已经有 13 年了，带动公司职员取得了辉煌的成就。尽管更大一些的自行车制造商都已向海外发展以利用当地廉价的劳动力，艾尔德拉仍然坚持在国内生产的战略，在位于科罗拉多州的博尔德市的公司办公处仍设有公司的厂房。安感到她的这种将公司的所有部分都集中在同一个地方的战略，不是传统型的，已大大促进不同部门之间的协作，并且最终促进了公司的发展，EDC 已经成为美国最大和最赚钱的自行车公司了。然而主管生产的副总裁辛·安德鲁斯现在正极力说服她到中国建厂。

"看看这里公司的数量。"那天早晨他说。当时他们正帮其他的 EDC 工作人员在展台上排列小册子，并将公司的最新样品排列在四周。生产主管很少参加贸易展览会，实际上这是辛第一次参加，但他早就想参加这种会了，安很支持他来。"这个市场上参加者太多了。"他说道，"这两个月来我一直在说这些，预测家们显示的数字也表明我的意见是对的。但如果这些还不足以把你说服，看看我们周围吧。在我们这儿自行车工业已达到饱和点了，我们必须移到亚洲去。"

"不要再说了，辛。"安回答说，"我知道你的意思。过去你已经说过了，不过我们应当找一个时间详谈，这里不是说话的地方，此外现在也不是时候。"

3 个小时后，展览会开得正起劲，这时安明白了辛为什么要再说一遍。在同一时间与所有竞争者待在一间屋子里，可以有力地提醒人知道自行车行业是如何变化的。她思索着辛所说的有关美国市场的话。1992 年，EDC 公司的销售和利润达到了破纪录的水平，公司现在生产的自行车在美国市场上约占 30%。美国的大众型自行车销售量每年仅以 2% 的速度增长，而在亚洲市场上，同一类型自行车销售量每年正在翻番地增长。世界上最大的两家自行车制造企业都在亚洲设厂，享受着人力成本和物流成本的优势。

她在一个山地车展台前停下来，该展台是由一家迅速崛起的年轻的自行车公司布置的。带有悬挂装置的山地车是最新的样式——增加的支持物和垫层使骑车者更好地吸收在小路上骑行受到的震动而不必减速，也不会失去平衡。这些车中的大多数价格高得简直让人买不起，但艾尔德拉公司就进入了山地车的市场，且零售价为 190 美元，安对此深感自豪。几年来，公司一起致力于生产中低档车，零售价在 100 ~ 200 美元之间。艾尔德拉公司的价格比那些生产廉价车的竞争者的价格稍高，但大的零售商仍然愿支付高出的费用，因为 EDC 公司总是可以提供出精巧美观的车型，并能快速按时交货，所有这些海外竞争者根本做不到。

公司成功的一个原因是科罗拉多的博尔德是众多自行车爱好者向往的地方。艾尔德拉公司的所有员工都热爱自行车运动，他们热心关注着行业的最新动态和最新车型，总会有人建议用一种新方式安装手闸或安装一种新型脚踏板使摩擦力加大，并使上下自行车更加容易。而且，艾尔德拉从来也不缺乏志愿者去试骑新车。

另外一个原因是所有的市场销售人员、工程师、设计者和制造工人都在同一厂区里工作，彼此之间 10 分钟之内即可走到。安在这项策略上大赌了一笔，最终还是成功了。因为彼此之间可以方便地进行信息沟通，所以车型的改变、生产计划的调整以及其他有关方面的变化都能迅速作出响应。例如山地车，从 1988 年以来，数量已从零增长到占市场总数的

50%，艾尔德拉很容易地就能满足不断增长的需求。当购买两用自行车（一种曾经流行一时的山地公路两用车）的订单减少时，艾尔德拉及时地调整了生产，将损失减少到最小。

早在12年前，EDC公司就从打入高档市场（自行车零售价为400~700美元）中收获颇多。安当上首席执行官之后的第一个举措就是和瑞纳蒂联合，组建了一家合资公司，瑞纳蒂是意大利的一家生产高档车的制造商，当时在赛车方面是专家。作为合同的一部分以萨米特的品牌名进口瑞纳蒂自行车，并通过自行车专卖行销售产品。同时瑞纳蒂也在欧洲市场开始销售EDC的自行车。这种做法最终取得了回报，尽管赛车不再流行，EDC公司的自行车销售量仍在上升。现在通过这样或那样的合同，EDC20%的销售额是在美国以外的地方实现的（多数是在欧洲和加拿大）。

同瑞纳蒂公司以及自行车专卖店之间的良好关系，还有助于使EDC的管理者了解近年来本行业的发展趋势。最近，这种趋势表现为倾向于使用特殊结构材料，如铝、碳纤维和其他更为先进的材料，也包括新式的前叉悬挂装置。安仔细翻看了另一竞争者的推销手册，这本小册子展示了该公司即将推出的一种使用上述先进技术的快速启动的高档车型。在这方面，EDC的工程师们明显地站在了行业的前列。

一想到公司的海外销售业绩，安满意的心情又缓和了下来。从1987年到1991年之间，EDC的海外销售额以每年超过80%的速度增长。但在过去2年里，增长的速度放慢了。

辛来到她的身边，将她从深思中拉回现实。“戴尔已经结束了与零售商的第一轮会谈。”他说道，“我们想回到饭店吃午饭，同时讨论一下我们的意见。”戴尔·斯德霍特是艾尔德拉主管市场的副总裁，他的观点经常与辛不同，但他们有着亲密友好的工作关系，并且两人都喜欢时不时地进行一下这种活泼的争论。

“你们不能不管这事，对吧?”安说道，把双手举起背在脑后。“好吧，我们谈一下。不过我不会作出任何决定。下月我们在博尔德举行一个正式讨论会，那里我再说出我的决定。”

吃完三明治，辛开始进入正题，“我们的产品在北美和西欧市场还不到世界总需求的1/4。去年全世界总生产了2亿辆自行车，在中国卖了4000万辆，印度3000万辆，日本90万辆。过去在亚洲市场卖的都是低档产品，主要是作为交通工具。但是现在经济形势正在变化，中产阶级的数量正在扩大，人们手里一下子有了可支配的收入，那些地方的许多消费者正在寻求更高质量和更新款式的车。带悬挂装置的山地车正符合要求，两用车也将保持自己的地位。实际上，这些市场上对于我们产品的需求量每年都以两倍速度增长，并且这种增长的速度很稳定。”

“如果我们想要在亚洲竞争，就得在当地建厂。我的人已对那儿许多地方进行了评价。我们观察了工资增长速度、去市场的方便程度和材料成本，我们觉得中国是最佳选择，希望可以尽快在中国建厂。”

戴尔插了进来，“我们的两大竞争者，一个来自中国大陆，另一个则来自中国台湾，目前他们正在满足自身的需求。1990年，这些公司产量的大部分用于出口，而在1994年，他们将产量的45%用于内销。我们的产品成本20%来源于劳动力成本，这些国家的制造业的小时工资是我们的5%~15%，并且我们还多花20%的费用用于运输以保证自行车运送到市场上，在这一点上我们无法与之竞争。”

他飞快地瞄了辛一眼，接着说：“我在这一点上与辛意见不同。我认为我们需要的是一个短期的解决办法。这些公司已经领先了我们许多，对于这点我考虑得越多，就越是觉得我们应当首先在亚洲进行直接销售。”

“戴尔，你疯了，”辛说道。他给自己倒了一杯冰水。“没有制造厂的话，在亚洲销售会有什么好的结果？我知道我们的零配件要从亚洲进口，但如果在那建厂的话，我们会节省费用的10%。我们真正的目标是要把艾尔德拉推向亚洲。如果我们想要在那里竞争，我们就得发挥自己最大的长处——质量。要是照你的办法去做，你不是在卖艾尔德拉自行车，而在卖贴着我们标签的产品，不能确保质量。你不会树立起我们已有的名望，那不是真正的艾尔德拉，会倒闭的。”

“我们是在生产自行车，而不是宇宙飞船。”戴尔反驳说，“在亚洲有许多这样的公司，只要我们提供给他们设计图，并在生产过程中协助他们，很快就能生产出产品。我们可以在短期内进行生产，然后作出更长期的安排。”他转向安说：“虽然辛说我们甚至可以长期地生产产品，但我们怎知道在中国建厂后运转如何呢？我知道的只是我们坐在这儿正在失去潜在的市场份额，贸易公司并没给予我们的产品足够的重视，而且也没为我们提供所需的关于市场消费的信息。当我们将来进入市场时，一项销售活动会帮助我们更好地了解市场。先建厂花费的时间太长了，我们需要现在就进入，在当地开展销售活动是最快捷的方式。”

安插话道：“戴尔说得对，辛。我们之所以能在这里取得很大的成功，是因为我们所有的活动都在博尔德一个地方完成的。我们已经完全掌握了柔性生产，这也是我们能够迅速满足本地市场的一切原因。对于位于地球另一端的工厂，我们怎样应付其在制造上固有的挑战呢？你考虑在那里办厂吗？你想维持多长时间呢？”

“此外，想一想是否还有其他的选择。如果将我们排除在上述市场之外的最大问题是成本，那你们两个都忽略了其他一些明显的备选方案。目前只有我们的主架生产过程实现了自动化。我们可以采用更多的自动化来降低劳动力成本。为什么你们都倾向于向中国发展呢？坦白地讲，上个月我去中国考察过了，我所看到的许多现象都令我担忧。你们知道，那天我原定考察一家生产工厂，然而却发生了供电问题。第二天我通过工厂员工了解到，这种情况经常发生。而且通向工厂的道路修得很不好，废水和清洁剂不加处理就排进了下水道。如果我们在那儿的话，我们同他们的做法将不同，但这会给成本带来什么样的影响？”

“中国台湾的基础产业要比中国大陆发展得好，把中国台湾作为我们的亚洲基地如何，而且我听说新加坡也制定了具有吸引力的税收政策来吸引新企业；还有墨西哥，离总部最近，除了运输费以外，工资水平与亚洲接近，其他风险也降到最低。我知道你俩的信念都很坚定，但这不是一个仅凭热情就能作出的决定。”安把三明治的包装纸团起来，然后把苏打水喝光，“我们再回到展览会去吧，1:30我要参加工厂讨论会。关于这件事情我们很快就会进行第二次正式会谈的。下个月我再作我的决定，再过这两周如何？”

在同戴尔和辛一起到会议中心去的时候，安意识到她的观点并不很明确，因为她还不知道EDC应向哪个方向发展。她真的不知道哪些方面是重要的，哪些方面是无关紧要的？她应该在中国建个分厂吗？如果应该的话，她应先从哪个职能部门开始呢？生产部还是市场部？或是工程部？也许她应另选一个地方？中国廉价的劳动力所带来的成本减少是否能补偿不良基础设施带来的损失？

发展对于艾尔德拉是极为重要的，不仅要为股东创造价值，而且还要提供一个良好的工作环境，能吸引和留住那些有才华的人。现在看来，安必须作出决定，是到国外办厂以持续发展，还是继续维持在国内生产的战略——这个战略曾经给它们带来了成功。安觉得前几年她作出的关于厂址的决策是公司取得成功的关键，而公司的下一个举措依然至关重要。

（资料来源：《物流工程》，齐二石，机械工业出版社）

讨论题：

1. EDC 面临的竞争环境是怎样的？它在生产方面的优势有哪些？
2. 为什么安无法进行决策？
3. 你能否运用学过的决策方法为安优选一个方案？

第四章

库存管理及其技术

导入案例

宝洁公司全球优化库存

总部位于美国俄亥俄州辛辛那提市的美国宝洁公司（P&G）是世界最大的日用消费品公司之一，全球雇员近10万，在全球80多个国家设有工厂及分公司，所经营的300多个品牌的产品畅销160多个国家和地区，其中包括洗发、护发、护肤用品、化妆品、婴儿护理产品、妇女卫生用品、医药、食品、饮料、织物、家居护理及个人清洁用品。在中国，宝洁的飘柔、海飞丝、潘婷、舒肤佳、玉兰油、护舒宝、碧浪、汰渍和佳洁士等已经成为家喻户晓的品牌。宝洁公司在其日常经营活动中坚持把降低存货水平作为其降低供应链成本的主要手段。

宝洁公司供应链研究和开发部总经理泰尔顿（Tarlton）表示，想方设法把宝洁公司的产品不断地补充到世界各地零售商货架上，其本身与一场持久战没有什么两样，尤其是要把宝洁公司生产的“封面女郎”（Cover Girl）牌美容霜（Cosmetics）等热销产品在规定时间内运送到规定地点零售商店的货架上，更像是一场激烈战斗。

泰尔顿面临的严峻挑战是，世界各地消费者对美容产品的需求常常变化多端，零售需求量瞬息万变，市场季节需求波动大，同样一种美容产品今天热销，明天可能被冷落到无人过问，产品研制、产品供应和存货水平必须高度灵敏，紧跟着市场需求走，坚持以市场为导向，不断突出宝洁公司的品牌优势，因此宝洁公司从美国延伸到世界各地的供应链必须拥有反应快、效率高和持续性革新的特点。于是泰尔顿领导其团队首先把重点放在持续优化供应链全程存货水平方面：一方面降低世界各地存货水平的3%～7%；另一方面，又确保世界各地产品供应满意度保持在99%以上。泰尔顿表示，宝洁公司今天的辉煌，在很大程度上取决于其供应链的经营管理，尤其是其存货水平的最优化控制。泰尔顿在存货水平优化控制方面有非常丰富的经验。

像美国宝洁公司那样的全球性企业在供应链管理中发现，随时削减貌不惊人的多余存货必将为企业带来巨大的意外利润，就如同发现金矿一样，这绝对不是偶然，而是经过了一番调查研究。多年来，与其他企业一样，集制造商、供货商和批发零售商为一身的美国宝洁公司在经营管理方面坚持创新，其中包括积极推行准时货物递交、卖售管理存货活动、增加精确市场预报、市场营销积极应对、制定销售经营规划合作原则等；尽管这些措施卓有成效，甚至促成产品市场营销成绩非凡，却无法从根本上保证存货水平与产品市场供销业绩保持同步，常常发生产品供过于求或者供不应求，甚至出现企业家最不喜欢看到的产品在市场内积压或者脱销等极端情况。

问题出在传统存货管理的具体操作规范往往十分教条，总是落后于时代发展步伐，尤其是宝洁公司那样的跨国跨洲的全球性企业的供应链几乎每周和每月都在向世界各地延伸和扩大，承包和外包制造商、供应商、批发零售商与日俱增，产品的有效期和多重配送渠道各有不同，因此宝洁公司必须以不断创新的精神，着力重新评估其存货管理程序和操作技术，也就是说，按照市场规律坚持创新改革的存货管理系统，根据需要加大投资，引进物流供应链专业人才和存货管理科学技术设备，其重中之重就是运用电子软件等科学手段最大程度地优化存货。宝洁公司大力削减其全球存货水平不是普通的算术式减法，而是本身结构错综复杂的存货的最大优化，减法和最大化优化两者有天壤之别。例如你有总额为 1 亿美元的存货，使用减法还是最大优化经营管理这批存货会给你带来截然不同的业绩。

宝洁公司擅长强化供应链管理和持续优化存货，其奥秘在于宝洁公司客户服务水平必须始终保持在 99% 的水平，产品订购准确率必须超过 99%，宝洁公司经营管理成本、现金流和货物交纳时间必须 99% 达标，于是宝洁公司在这个基础上，不断趁热打铁，建立卓有成效的高科技信息系统和采用多种软件工具预防供应链风险升级，实施制造商、营销商、供应商和批发零售商一体化的经营管理机制，不断优化物资供应和产品配送系统、创新生产和营销规划，达到减少库存的目的。宝洁公司与客户合作，及时掌握市场信息，降低零售存货，经济效益显著。2006 ~ 2007 财政年度宝洁公司仅仅全球美容品市场部纯收入与上年同比增长就有 13%，达到 230 亿美元。在发展中国家，宝洁公司的美容产品尤其受到当地消费者欢迎。于是宝洁公司面临的供应链挑战更加严峻，其中包括市场需求和交纳周期各异、甚至变幻莫测的口红、人工眉毛等美容品和其他产品必须精准送达市场，因此必须提高产品制造、营销、配送和批发零售一条龙的精准服务，同时要严格控制各类产品的存货水平和密切关注美容产品市场发展动态。

宝洁公司除了注重分布在美国和世界各地的贸易伙伴外，还有富有才干的市场分析专家、规划专家、开发投资商、律师和中间商等。注重寻找合适伙伴所产生的直接好处是宝洁公司的各位股东均得到实惠。看似平凡的这项措施卓有成效地促使宝洁公司最大化精炼其整体供应链存货，优化供应链全程中的存货战略，促使其中占到较大部分的成品存货的存货水平精准度超过 99% 的水准，和不断优化供应链网络的重整，由此获得的成果是，持续降低供应链成本、强化市场信息预测和帮助合伙人提升市场态势评估精准度和完善存货经营管理应急安全机制。

宝洁公司毫不犹豫地把优化存货视为企业生存发展和提升业绩的基础工作，积极投资和持续扩大信息技术基础设施功能，招聘优秀经营管理人才充实企业机构各个层面，全面汇集、更新、充实和分析供应链存货信息以及市场动态，及时作出反映并正确解决有关存货的各种问题。为此必须做到以下几点。

突出重点。凡是企业内部和跨企业项目的经营管理均必须集中落实到供应链网络优化。

强调清晰。凡是需要解决的存货问题必须首先搞清楚是什么类型，是原材料、零部件、成品、半成品还是其他？或者各有参半？各个项目存货水平的准确数据是什么？应该保持的存货水平是什么？正在处理的存货是否属于存货战略一部分？存货问题属于个案、战略性、战术性、结构性还是政策性问题等，均必须搞清楚。

确保深度，杜绝肤浅。凡是需要优化经营管理的企业必须确保优化达到一定的深度，因此必要的信息技术，调查分析和抽样检验等操作规程必须跟上，达到必要的标准高度，绝对不可拍脑袋乱猜。

坚持产业化和规模化。不仅自己企业内部职工全部知道最优化存货的重大意义，与企业关系密切的销售人员也必须完全理解宝洁公司整体产业，做到不同层次经营相互融会贯通、信息透明、持续更新、不断完善和全方位共享，自觉成为企业团队一分子，促使成品配送最优化，不同规格成品网络流通高科技管理，而且销售人员坚持学习，持续提高存货管理技术。

（资料来源：企博网 http：//www. bokee. net/dailymodule/blog_ view. do? id = 1155046）

库存管理是物流管理的核心内容。库存水平和库存周转速度的高低会直接影响到物流成本的高低和企业经济效益的好坏。库存水平过高，不仅会占用大量资金，增加商品保管费用支出，而且还会加大市场风险；相反，库存量过少，会影响到生产经营活动的顺利进行，并且失去市场机会。因此，在物流管理中，必须采用科学的方法管理和控制库存，在满足生产经营活动正常需要的情况下，将库存数量控制在最低的水平上，以达到降低物流成本，提高企业经济效益的目的。

第一节　库存概述

一、库存的概念

所谓库存（Inventory）是指处于储存状态的物品，主要是作为今后按预定的目的使用而处于闲置或非生产状态的物料。传统意义上的库存是指放在仓库中的物品，是像蓄水池中的水一样暂时派不上用场的备用品。但如果从物流的角度来看，由于物料在各个状态的转化之间不可避免地存在着时间差，在这个时间差中，处于闲置的物料即为库存。从更广泛的意义上说，一切闲置的用于未来的资源，都是库存。

库存是一种闲置资源，不仅不会在生产经营中创造价值，反而还会掩盖企业管理中的各种内外矛盾，麻痹各级管理人员思想。但是，在实际的生产经营过程中，库存又是不可避免的，有时还是十分必要的。库存管理的核心内容就是如何在满足需要的前提下，保持合理的库存水平。库存管理不当会造成大量资金的沉淀，影响到资金的正常周转，同时还会因库存过多增加市场风险，给企业经营带来负面影响。因此，必须对库存进行有效的管理，消除不必要的库存，提高库存周转率。

二、库存的类型

（一）按库存的作用分类

（1）周转库存。是指为满足日常生产经营需要而保有的库存。周转库存的大小与采购批量直接有关。企业为了降低物流成本或生产成本，需要批量采购、批量运输和批量生产，这样便形成了周期性的周转库存，这种库存随着每天的消耗而减少，当降低到一定水平时需要补充库存。

（2）安全库存。是指为了防止不确定因素的发生（如供货时间延迟、库存消耗速度突然加快等）而设置的库存。安全库存的大小与库存安全系数或者说与库存服务水平有关。从经济性的角度看，安全系数应确定在一个合适的水平上。例如国家为了预防灾荒、战争等不确定因素的发生而进行的粮食储备、钢材储备、麻袋储备等，就是一种安全库存。

（3）调节库存。是指用于调节需求与供应的不均衡、生产速度与供应的不均衡以及各个生产阶段产出的不均衡而设置的库存。

（4）在途库存。是指处于运输以及停放在相邻两个工作地之间或相邻两个组织之间的库存，在途库存的大小取决于运输时间以及该期间内平均需求。

（二）按生产过程分类

（1）原材料库存。是指企业通过采购和其他方式取得的用于制造产品并构成产品实体的物品，以及供生产耗用但不构成产品实体的辅助材料、修理用备件、燃料以及外购半成品等，是用于支持企业内制造或装配过程的库存。

（2）在制品库存。是指已经经过一定生产过程，但尚未全部完工，在销售以前还要进一步加工的中间产品和正在加工的产品。

（3）产成品库存。就是已经制造完成并等待装运，可以对外销售的制成产品的库存。

（三）按用户对库存的需求特性分类

（1）独立需求库存。指用户对某种库存物品的需求与其他种类的库存无关，表现出这种库存需求的独立性。消耗品、维修零部件和最终产品的库存属于独立需求库存。

（2）相关需求库存。是指与其他需求有内在相关性的需求，根据这种相关性，企业可以精确地计算出它的需求量和需求时间，是一种确定型需求。

对相关需求库存的管理实际上是对完成品生产的物料需求，与完成品的需求之间有确定的对应关系。对于独立需求库存，由于其需求时间和数量都不是由企业本身所能控制的，所以不能像相关需求那样来处理，只能采用“补充库存”的控制机制，将不确定的外部需求问题转化为对内部库存水平的动态监视与补充的问题。

三、库存的作用

在企业内持有库存主要有以下五方面的作用。

（1）使企业获得规模经济。一个组织要想实现采购、运输和制造等物流过程的规模经济，拥有一个适当的库存是必要的。大批量的订货能够使企业在众多方面获得优势：降低原材料的采购价格和运输费用，降低单位产品的制造成本，减少因缺货而形成的订单损失和信誉下降等。

（2）保持生产活动的连续性和稳定性。在生产经营活动中，制订生产经营计划，提出物料申请单，供应商发运货物，运输、检验、进行生产，把物资运到消费者等环节都需要一定的时间。如果备有存货，就能满足在购买期间的物料供应。同时，某些产品的生产和需求具有很强的季节性，使供应和需求不同步，如果没有一定的库存，企业就无法保证生产经营活动的连续进行。例如，电风扇的购买时间主要集中在夏季，但是，生产却分散在一年中；棉花、粮食的收获期集中在一年的某个时期，但消费却分散在一年当中。企业内部的原材料、零部件的生产和消费也存在这种现象。有了库存，就可以降低生产活动的波动性，保持生产的连续性和稳定性。

（3）应对不确定性的、随机的需求变动。由于市场需求情况的瞬息万变以及订货周期的不确定性，常常使库存不足，从而导致缺货损失，这时库存就显得十分重要。存贮生产所需要的原材料不仅能够保持正常生产的连续性，而且常常会在未来原材料价格的上涨或原材料的短缺时通过价格投机，获取利润。例如当黄金在涨价征兆时，有些珠宝制造商就会提前购买和存储黄金，从而在一定时期的竞争中处于优势。

（4）降低制造成本，提高作业效率。通过在生产作业之间储存的制品，使原本顺序相关的工序相互独立，从而达到提高作业效率的目的。此外，通过设置产成品库存，企业可以按大于当时的市场需求的经济批量进行制造和配送，不同时间制造的产品可以按一个门类进行出售。这种所谓"分离"的功能带来的是制造成本的降低和作业效率的提高。

（5）实现区域专业化生产。考虑产品生产对原材料、能源、水资源以及劳动力资源的需求，为节约制造成本，有些产品需要在靠近原材料或能源的地方生产，有些需要在劳动力丰富的地方生产等。这样，作为一个组装产品，它的不同部件可能会分散在不同地区生产，然后通过内部的存货转移，将各种零部件集中到最终的装配中去。

第二节　库存管理

一、库存管理的定义

库存管理就是根据外界对库存的要求，企业订购的特点，预测、计划和执行一种补充库存的行为，并对这种行为进行控制，重点在于确定如何订货，订购多少，何时订货。

库存管理系统是生产、计划和控制的基础。本系统通过对仓库、货位等账务管理及入/出库类型、入/出库单据的管理，及时反映各种物资的仓储、流向情况，为生产管理和成本核算提供依据。通过库存分析，为管理及决策人员提供库存资金占用情况、物资积压情况、短缺与超储情况、ABC 分类情况等不同的统计分析信息。通过对批号的跟踪，实现专批专管，保证质量跟踪的贯通。

一般而言，库存管理主要解决下面三个问题。

（1）存货中应该包括哪些物品？由于存货的代价很高，因此，企业要在客户服务水平保持在可以接受的水平的基础上，使存货水平实现最小化。即：①把现有物品的存货控制在合理水平上；②杜绝向库存中加入不必要的产品；③把那些不再使用的物品从库存中清除出去。

（2）什么时候对供应商下订单？对于这个问题，有三种不同方法。

1）进行阶段性回顾，在固定的时间间隔，发布批量规模不一的订单。改变订单批量，企业就可以应对任何需求的变化。

2）采取固定订单批量的方法。企业对存货水平进行持续的监控，一旦存货下降到一定水平，企业立即实施固定数量的订货。需求的变化可以通过改变发布订单的间隔时间来应付。

3）直接把供给与需求相联系，进行较大量的订货，以满足一定时间段内的已知需求。

（3）订购多少？每一次的订货，都会产生相应的管理成本和送货成本。订购数量的确定原则是实现总成本最小化。

二、库存管理的重要性

1. 库存管理是物流管理的核心内容

库存管理之所以重要，首先在于库存领域存在着降低成本的广阔空间，对于我国的大多数企业尤其如此。对于我国的企业来说，物流管理的首要任务是通过物流活动的合理化降低物流成本。如通过改善物资采购方式和库存控制方法，降低采购费用和保管费用，减少资金占用；通过合理组织仓库内作业活动提高搬运装卸效率，减少保管装卸费用支出等。因此说，采用科学的方法管理和控制库存是企业降低物流成本的需要。

2. 库存管理是回避风险的需要

随着科学技术的发展，新产品不断出现，产品的更新换代速度加快。在电子产品领域，平均每三个月更新换代一次。如果库存过多，就会因新产品的出现使其价值缩水，严重的情况可能会一钱不值。从另一个角度看，消费者的需求在朝着个性化、多样化方向发展，对商品的挑剔程度在增大，从而导致商品的花色品种越来越多，这给库存管理带来一定难度，也使库存的风险加大。一旦消费者的需求发生变化，过多的库存就会成为陷入经营困境的直接原因。因此，在多品种小批量的商品流通时代，更需要运用现代库存管理技术科学地管理库存。

3. 库存管理是提高顾客满意度的需要

从单个企业的角度看，在激烈的市场竞争中，企业不仅要有提供优质产品的能力，而且还要有提供优质物流服务的能力，这就要求企业保持适当的库存量。再好的产品如果不能供应到顾客手中，同样会降低企业对顾客的服务水平。如果把视野从单个企业扩大到由供应商、制造商、批发商和零售商组成的供应链范围来考虑库存问题的话，就会发现有问题的库存数量将会大大增加。组成供应链的各企业之间的关系大部分是相互买卖交易关系，企业并不习惯在它们之间交流信息，也不习惯相互协调进行库存管理，更不用说在整个供应链水平上分享交流信息和共同协调进行库存管理。因而，它们的存储往往超过实际需要库存量，以防万一出现供应商延期交货或不能交货的情况，这种超过实际需要量的库存常常被称为"缓冲库存"。据有关资料统计，这种缓冲库存差不多占整个零售业库存的三分之一。因此，从供应链整体来看，这种交易习惯导致的不必要库存给企业增加了成本，而这些成本最终将反映在销售给顾客的产品价格上，从而减少顾客的满意度。因而在供应链范围进行库存管理不仅可以降低库存水平，从而减少资金占用和库存维持成本，而且还可以提高顾客的满意度。因此，必须通过有效的库存控制，在满足物流服务需求的情况下，保持合理的库存量。

三、库存管理的任务

（一）库存增加的原因

（1）营业部门对于订货的预测出现误差。对于未来的经济变动预测不准确造成的订货变更、延期或中止等。

（2）设计部门的计划不周全。由于技术不成熟、不完善造成的对物料所需数量的把握上出现误差。

（3）库存管理方法拙劣。由于管理人员的管理水平低下造成库存增加。

（4）制造工程延迟。由于制造管理者的计划出现偏差等原因造成搬运等待、加工等待等现象的发生，使生产制造工程延迟，半成品增加。

(5) 采购部门的业务技术不成熟造成订货期间过长。

从以上列举的原因可以看出，库存增加不仅仅是由库存管理部门带来的，与其他部门也有密切关系，有很大部分是由其他部门的工作差错带来的。因此，降低库存需要各个部门的协调配合。

阅读资料

在中国的出版业，图书库存居高不下现象普遍存在。中国的图书库存到底有多大？这恐怕是一个迄今为止谁也说不清、道不准的天文数字。即便从公开披露的数据看也是大得惊人："九五"末（2000 年），全国图书库存为 272.68 亿，为当年图书销售金额 376.86 亿的 72.36%。"十五"末（2005 年），全国图书库存约为 500 亿，比"九五"末增加了 83.37%。2004 年图书库存 449.13 亿，为当年图书销售金额 486.02 亿的 92.41%，比"九五"末增加了 20.05%。全国现有出版社 500 余家，这意味着每家出版社的平均库存近一个亿，而在这 500 余家出版社中，究竟又有多少年发货码洋是过亿的呢？由此可见，现在出版社的造货与库存之比已基本上达到了 1:1，再简单点说，就是出版社每生产两本书，通常只有一本有可能实现销售，而另一本则多半要躺在库房。中国出版业高库存原因，主要有以下几点。

图书造货决策的非科学化。在中国，任何一家出版社在决策某本图书的一版开机印数时大概都是十分尴尬与为难的：印多了，怕销不了，形成库存；印少了，又怕不够，被盗版乘虚而入。至于市场需求究竟是多少，哪怕大致是多少，没有任何可供决策参考的数据，决策者只能全凭主观的感觉与经验去拍板。如此决策的风险究竟有多大可想而知。

当前，中国书业流通渠道的现状是，供货商与销售商之间关系不平等、信息严重不畅，以及区域市场间不平衡。这些情况不管是否合理，供货商与销售商之间所实行的零合同、全寄销、包退货的供销模式，供货商承担所有退货损失，直接导致了供货商库存增长的可能性。同时由于双方的信息渠道不畅通，产品在销售商那里的销售情况，供货商基本不掌握，且中国图书市场区域分布广泛，销售不均衡又同时存在，于是就出现了东边断货西边囤积，或西边断货东边囤积的现象。

（资料来源：《库存为何居高不下》，马也，《新观察》，2006 年 7 月）

（二）库存管理的目的

库存管理有两个目标：一是降低库存成本，二是提高客户服务水平。这两个目标像其他物流活动一样也存在着背反关系，库存控制就是要在这两个目标之间寻求平衡，使得企业效益最大化。传统的库存控制方法往往更注重成本目标的实现，而随着买方市场的形成和竞争的日趋激烈，越来越多的企业开始重视客户服务水平的提高。

四、库存管理的指标

（一）服务水平

服务水平是库存管理的重要目标，也是库存管理的主要绩效指标。服务水平从库存管理的角度来看，可以用以下指标来测定，如订货周期、订单完成率、数量满足率等。订货周期指的是顾客下订单直到收到商品的时间。订单完成率指订单完成比率，常用被满足的订单数除以总订单数的百分比表示。数量满足率按照订购要求，实际发放的数量占所有订购产品数量的比例。

库存管理作为供应链物流管理的基本功能，当采用某种库存管理方法提高服务水平时，如加大订购量，可能会带来平均库存的增加，加大库存成本。供应链物流管理提倡通过与顾客、物流服务商等组织协作，减少需求不确定性，保证较好的服务水平。

（二）平均库存

平均存货通常是由物流设施中储备的材料、零部件、在制品和制成品构成。从存货政策的观点来看，每一个物流设施都必须确定其适当的存货水平。平均存货由周期存货、安全储备存货以及中转存货组成。

1. 周期存货

周期存货（Cycle Inventory），又称基本储备（Base Stock），是补给过程中产生的平均存货的组成部分。在完成周期之初，存货储备处于最高水平，日常的顾客需求不断地“抽取”存货，直至该储备水平降低为零。在存货储备还没有降低为零之前，补给订货就会启动，于是，在还没有发生缺货之前将会完成储备。在完成周期的时间之内，当可得存货大于或等于顾客需求时，就必须启动该项补给订货。补给订货总计称做订货批量（Order Quantity）。在订货过程中必须持有的平均存货被称做基本储备。另一个常用的术语被用来标识这方面存货的是批量储备（Lot Size Stock）。如果仅考虑订货批量，那么，平均周期存货或基本储备就等于订货批量的一半。

2. 安全储备存货

平均存货的第二个组成部分是存货储备，以防止不确定因素对每个物流设施的影响。这部分存货被称做安全储备（Safety Stock）。安全储备存货仅被用于在补给周期末，当不确定因素已导致更高的预期需求或导致完成周期更长的预期时间的时候，作为安全储备的基本前提，这部分的平均存货应致力于弥补存货需求和存货补给中的短期变量。在给定安全储备的条件下，平均存货等于订货批量的一半加上安全储备。

3. 中转存货

中转存货（Transit Inventory）代表着正在转移或等待转移的、储备在运输工具中的存货。这部分的存货总计被称做中转存货或供应线存货（Pipeline Inventory）。中转存货是实现补给订货所必需的。从物流管理的角度来看，中转存货给供给链增添了两种复杂性：第一，中转存货代表了真正的资产，必须予以偿还，即使它并不存取或使用；第二，存在着与中转存货相关联的高度不确定因素，因为托运人无法确定运输工具位于何处，或者它何时有可能到达。目前，在中转存货中已经越来越重视更小的订货批量、更频繁的订货周期、准时化战略等，它们逐渐在存货总资产中占有更大的百分比。结果，存货战略把更大的注意力集中到如何减少中转存货的数量以及与此相关的不确定因素上。

一家具体的厂商也许不会合法地拥有中转存货的所有权，这主要取决于购买条件。如果该存货的所有权是在运输的目的地转移的话，那么，收货人不拥有运输中的存货物权。与此相反，当商品的所有权在原产地就已经转移，则收货人将拥有运输中的存货物权。在原产地转移物权的条件下，中转存货应被看做是平均存货的一个组成部分。

（三）库存周转率

库存周转率是衡量库存管理水平的重要指标，从一定意义上讲，企业的利益由库存周转率所左右。之所以这样说是因为企业的生产经营过程实际上就是由资金变为存货，通过销售又由存货变为资金，从中获得利益的过程。在这个循环当中，库存的周转率高，意味着同样的资金可以获得更高的利润率；库存周转率高，意味着可以减少资金占用，提高资金的利用效果。库存周转率可用以下两种方式表示：

$$\text{库存周转率}=\frac{\text{年销售额}}{\text{年平均库存额}}=\frac{\text{年销售额}\times 2}{\text{年初库存额}+\text{年末库存额}} \tag{4-1}$$

$$\text{库存周转率}=\frac{\text{一定期间内出库金额}}{\text{一定期间内平均库存金额}}=\frac{\text{一定期间内库存金额}\times 2}{\text{期初库存额}+\text{期末库存额}} \tag{4-2}$$

式（4-1）的周转率是产品年销售额与当期平均库存金额的比值，这个比值表明一年内存货周转的次数。

式（4-2）的周转率是一定期间内出库金额与当期内平均库存金额的比值，用以表示一定期间内库存周转的次数。

一般来说，提高库存周转率对于加快资金周转，提高资金利用率具有积极的作用。提高资金的库存周转率可以通过控制年耗用金额高的物品、及时处理过剩物料、合理确定进货批量和削减滞销存货等措施来实现。但是，也应该注意到，库存周转率并不是越高越好。库存周转率过高给经营带来的消极影响是：发生缺货的机会增加以及由于采购次数增加导致采购费用上升等。因此，必须在全面考虑了各种因素的基础上，保持一个适当的库存周转率。这也说明仅仅以库存周转率一个指标，或者只站在库存周转率的角度去评价库存管理是不全面的。加快库存周转，提高库存周转率要在保证库存功能的正常发挥，维持适当的库存服务水平的基础上来实现。

第三节　传统库存控制方法

库存通常是为了达到一定的目的而采取的手段。为了达到不同的目的，存货的类型也不同，因而要求采用不同的方法对库存进行管理。进行库存控制的方法很多，但无论哪一种方法，都要以何时订货和订货多少这两个问题为中心进行分析。我们这里主要讨论 ABC 重点管理法、订货点法、定期订货法、单周期库存控制、多周期库存控制和安全库存等方法。

一、ABC 重点管理法

对单一的品种库存管理，不存在资金分配和管理资源分配问题，因此不需要进行物品重点管理分析。但是对于企业的库存而言，为了生产制造的需要，要组织多种物资品种，数量大小不一，所占资金大小也不相同；而且在实际管理过程中，也不可能对所有的物资进行同一标准的严格管理，因此，要找出对企业的经济效益有重要影响的物品，对之进行重点控制，以保证生产经营的正常进行。ABC 重点管理法又称 ABC 分类法，它是一种从名目众多、错综复杂的客观事物或经济现象中，通过分析，找出主次，分类排队，并根据其不同情况分别加以管理的方法。在现实世界中，许多社会现象和经济现象当中存在着“80/20”法则，如 80% 的结果是由 20% 的原因带来的，20% 的投入可以带来 80% 的产出等。于是，如果控制好了 20% 的部分，就可以收到 80% 的效果。在库存管理领域同样存在着“80/20”法则。

一般来说，库存与资金占用之间也存在这种规律：即少数库存价值昂贵，占用大部分的库存资金；相反，大多数库存价格便宜，仅占用很小部分的库存资金。因此，可根据库存种类数量与所占用资金比重之间的关系，将库存分为 ABC 三类。如图 4-1 所示。

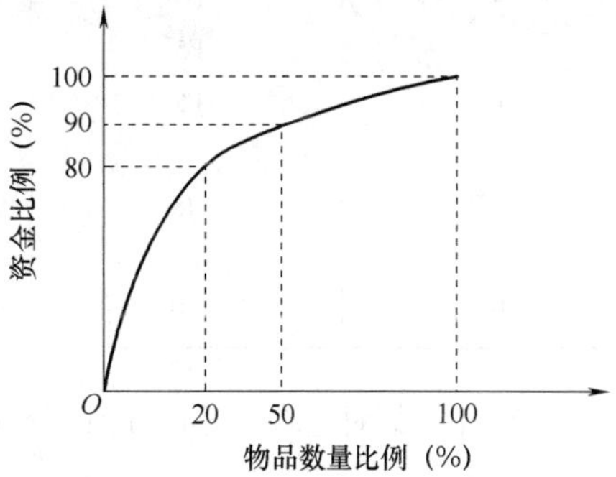

图 4-1　库存物品 ABC 分类

A 类物品：库存品种占总数的 10% ~20%，价值占 80% 左右；B 类物品：库存品种数占总数的 20% ~30%，价值占 10% ~20% 左右；C 类物品：库存品种数占总数的 50% ~70%，价值仅占 5% ~10% 左右。除了上述分类指标外，企业还可以按照销售量、销售额、订货提前期、缺货成本等指标将库存进行分类。通过分类，管理者就能为每一类的库存品种制定不同的管理策略，实施不同的控制。具体做法如下。

A 类：尽可能进行严密控制，包括最精确、完整的作业记录，最高的作业优先权，高层次管理人员经常检查，精确计算，制定订货点和订货批量，将安全库存降到最小，实行严密的用户跟踪措施，采取一定的技术性措施进行保管等，尽量将库存控制在最低水平。

B 类：正常控制，即按正常的企业经营方式来调节库存数量，包括作业记录，按固定时间检查，按经常批量订货等，在力所能及的范围内，适度降低库存，在保管上，可按购销情况、出入库频度，适当码堆摆放。

C 类：尽可能简单控制，减少管理工作量。如进行简单的作业记录，检查次数减少，降低优先作业次序，保持较大的安全库存量，加长订货时间间隔，进行集中大量订货（如通过半年一次的盘存来补充库存）等。

ABC 控制法操作简单，能够对库存控制做到重点与一般相结合，有利于降低库存，减少安全库存和库存投资，加速资金周转。ABC 重点管理法并不局限于分成三类，可以增加。但经验表明，最多不要超过五类，过多的种类反而会增加成本。

上述的 ABC 重点管理法，主要依据的是物品占用资金的大小来对物品进行划分，物品分类标准简单，对实施库存管理只有一定程度的指导作用。实际上，对保管物品进行重要性划分时，除了经济性指标外，还要考虑其他因素。如生产的需要，采购周期或难易度等。在实际操作中，常出现这样的情况，有些物品从资金方面考虑属于 C 类物资，但是从产品制造考虑，却是重要的零配件，不可缺少，否则会造成整个装配线的停工。因此，有些企业在进行物品划分时还按照关键性、采购难易程度等指标，与 ABC 重点管理法结合使用，使库存管理更有目的性。为了方便说明物品分类过程，我们仍用资金指标作为物品重要性分类标准，并举例进行说明。

例 4-1：某仓库产品共有 10 个类别，它们的需求预测数量和单价情况如表 4-1 所示。根据库存种类数量与所占用资金比重之间的关系，进行 ABC 分类。

表 4-1 库存种类数量原始表

序 号	产品代码	年需求/件	单价/元	年费用/元
1	A1	10 000	0.12	25 200
2	B2	5000	0.09	24 000
3	C3	7000	0.18	7200
4	D4	12 000	0.05	5600
5	E5	9000	0.15	4000
6	F6	2000	0.20	1350
7	G7	21 000	0.22	1050
8	H8	1900	0.36	840
9	I9	2500	0.08	600
10	J10	6000	0.16	220

（1）计算累计总费用和累计百分比，结果见表 4-2。

表 4-2 累计总费用和百分比表

序 号	产品代码	年费用/元	年费用累计/元	累计百分比
1	A1	25 200	25 200	36.0%
2	B2	24 000	49 200	70.2%
3	C3	7200	56 400	80.5%
4	D4	5600	62 000	88.5%
5	E5	4000	66 000	94.2%
6	F6	1350	67 350	96.1%
7	G7	1050	68 400	97.6%
8	H8	840	69 240	98.8%
9	I9	600	69 840	99.7%
10	J10	220	70 060	100%

（2）根据分类标准，划分、确定各种物品的 A、B、C 类别；画出 ABC 分类汇总表，供管理控制使用，如表 4-3 所示。

表 4-3 ABC 分类表

类 别	产品代码	种类百分比（%）	每类费用/元	费用百分比（%）
A	A1、B2	20	49 200	70
B	C3、D4、E5	30	16 800	24
C	F6、G7、H8、I9、J10	50	4060	6

二、订货点法

（一）订货点法的模型和计算公式

所谓订货点法即库存量降到一定水平（订货点）时，按固定的订货数量进行订货的方式。这种方法在制造业已经得到普遍采用。

订货点法是建立在以下假设条件上的。

（1）库存物品的消费速度是稳定的，不会出现消费急剧增加或减少的情况，或者说，市场的需求情况是稳定的。

（2）订货提前期也是稳定的，不会出现因供应不及而影响库存补充的延误，进而影响生产供料。

在上述假设条件下，库存量的增加和减少才遵循如图4-2所示的变化趋势。在物料进库时间点，库存量最高，随着库存的发放使用，库存按照需求的稳定速率而减少，当减少到警戒点时，就必须发出订货指令，组织物料采购。当物料到达最低点时，也是所购物料再入库的时间点，库存量又回到最高点，又开始物料逐渐减少的另一个周期过程。订货点法的关键在于计算出订货时机和订货数量，订货时机也称订货点，就是指在库存物品的库存量下降到必须再次订货的时点时，仓库所具有的库存量。订货数量指的是每次订货的数量。对于某种物品来说，当订货点和订货量确定后，就可以实现库存的自动管理。

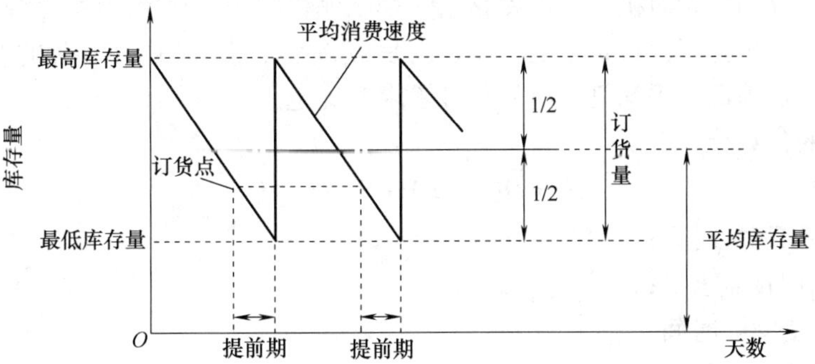

图4-2 订货点法模型

订货点的计算公式

$$订货点 = 平均消费速度 \times 订货提前期 + 保险储备量$$

公式当中的“平均消费速度”，是根据过去的实际消费值计算出平均值后，通过修正后得到的。“订货提前期”是指库存下降到订货点以下开始，经过订货、送货、接货、检验以及入库为止的全部时间。这里，不仅指送货时间，而且包括送货之前的订货事务以及货送达后的检验等时间。“订货提前期”的单位与计算“平均消费速度”的单位应该一致。订货量一般根据经济订货批量来确定。

（二）订货点法的优点

（1）管理简便，订货时间和订货量不受人为判断的影响，保证库存管理的准确性。

（2）由于订货量一定，便于安排库内的作业活动，节省理货费用。

（3）便于按经济订货批量订货，节约库存总成本。

（三）订货点法的缺点

（1）不便于对库存进行严格的管理。

（2）订货之前的各项计划比较复杂。

（四）订货点法的适用范围

（1）单价比较便宜，而且不便于少量订购的物品，如螺栓、螺母等。

（2）需求预测比较困难的维修物料。

（3）品种数量繁多，库存管理事务量大的物品。

（4）消费量计算复杂的物品。

（5）通用性强，需求总量比较稳定的物品等。

三、定期订货法

（一）定期订货法的模型和计算公式

订货点法是从数量上控制库存量，操作简单，但需要时常检查库存量，费时费力。特别是在仓库大、品种多的情况下，无论是检查实物，还是检查账本，工作量都很大，定期订货法就是为了解决这个问题的。

定期订货法是一种基于时间控制的订货方法，又称定期盘点法订货方式，是指每隔一段时间即进行订货，订货时间固定，每次订货量不定。该模式的关键在于确定订货周期和最高库存量。订货周期指从提出订货，发出订货通知到收到货物为止的时间间隔。这个订货周期，就是控制库存的订货时机。最高库存量是控制库存的一个给定的库存水准。每隔一个周期，就检查库存发出订货，订货量的大小，就是最高库存量与当时库存量的差。有时，最高库存量是根据订货周期、平均订货时间与日需求量确定。

每次订量的计算公式

$$Q=\overline{D}(T+\overline{L})+S-Q_0-Q_1 \tag{4-3}$$

式中 $\overline{L}$——平均订货时间；

$\overline{D}$——平均日需求量；

T——订货间隔时间；

S——保险储备量；

Q_0——现有库存量；

Q_1——已订未达量。

（二）定期订货法的适用范围

（1）消费金额高，需要实施严密管理的重要物品，如A类物品。

（2）根据市场的状况和经营方针，需要经常调整生产或采购数量的物品。

（3）需求量变动幅度大，而且变动具有周期性，可以正确判断的物品。

（4）建筑工程、出口等时限可以确定的物品。

（5）设计变更风险大，短期流行的物品。

（6）受交易习惯的影响，需要定期采购的物品。

（7）多种商品一起采购可以节省运输费用的情况下。

（8）同一品种物品分散保管、同一品种物品向多家供货商订货、批量订货分期入库等订货、保管和入库不规则的物品。

（9）物品取得时间很长的物品、定期生产的物品。

（10）制造之前人员和物料的准备，只能定期制造的物品等。

四、单周期库存控制

在库存控制中，有时会遇到需求是单周期或单次的，即企业对物品的需求在较长或一定的周期内只有一次或较少次，或企业的此类经营活动在较长或一定周期内只有一次或较少次，因此需要进行订购或库存控制决策只有一次或较少次。这种情况常发生在经营季节性产品的企业经营活动中，如挂历生产商或销售商、圣诞节礼品生产商或销售商。对于这种需求或库存控制而言，控制的关键在于确定订货批量，订货量就等于预测的需求量。

由于预测误差的存在，根据预测确定的订货量和实际需求量不可能一致。如果需求量大于订货量，就会失去潜在的销售机会，导致机会损失，即订货的机会（欠储）成本。另一方面，假如需求量小于订货量，所有未销售出去的物品将可能以低于成本的价格出售，甚至可能报废还要另外支付一笔处理费。这种由于供过于求导致的费用称为陈旧（超储）成本。显然，最理想的情况是订货量恰恰等于需求量。

为了确定最佳订货量，需要考虑各种由订货引起的费用。由于只发出一次订货和只发生一次订购费用，所以订货费用为一种沉没成本，它与决策无关。库存费用也可视为一种沉没成本，因为单周期物品的现实需求无法准确预计，而且只通过一次订货满足，所以即使有库存，其费用的变化也不会很大。因此，只有机会成本和陈旧成本对最佳订货量的确定起决定性的作用。确定最佳订货量可采用期望损失最小法、期望利润最大法或边际分析法。

（一）期望损失最小法

期望损失最小法就是比较不同订货量下的期望损失，取期望损失最小的订货量作为最佳订货量。已知库存物品的单位成本为 C，单位售价为 P。若在预定的时间内卖不出去，则单价只能降为 S（$S<C$）卖出，单位超储损失为 $C_o=C-S$；若需求超过存货，则单位缺货损失（机会损失）$C_u=P-C$。设订货量为 Q 时的期望损失为 EL（Q），则取使 EL（Q）最小的 Q 作为最佳订货量。$EL(Q)$ 为

$$EL(Q) = \sum_{d>Q} C_u(d-Q)P(d) + \sum_{d<Q} C_o(Q-d)P(d) \qquad (4\text{-}4)$$

其中：Q 为订货量，d 为需求量，$P(d)$ 为需求量为 d 时的概率。

例 4-2：按过去的记录，计算新年期间商店挂历的最佳订货量。商店挂历需求分布率如表 4-4 所示。

表 4-4 商店挂历需求表

需求 d/份	0	10	20	30	40	50
概率 p（d）	0.05	0.15	0.20	0.25	0.20	0.15

已知：每份挂历的进价为 $C=50$ 元，售价 $P=80$ 元。若在 1 个月内卖不出去，则每份挂历只能按 $S=30$ 元卖出。求：该商店应该进多少挂历为好。

解：设该商店买进 Q 份挂历。当实际需求 $d<Q$ 时，将有一部分挂历卖不出去，每份超储损失为 $C_o=C-S=50-30=20$ 元；当实际需求 $d>Q$ 时，将有机会损失，每份欠储损失为 $C_u=P-C=80-50=30$ 元。

当 $Q=30$ 时，则

$$\begin{aligned}EL(Q) &= [30\times(40-30)\times0.20+30\times(50-30)\times0.15]\text{元}\\ &\quad +[20\times(30-0)\times0.05+20\times(30-10)\times0.15+20\times(30-20)\times0.20]\text{元}\\ &=280\text{元}\end{aligned}$$

当 Q 取其他值时，可按同样方法算出 EL（Q），结果如表 4-5 所示，由表 4-5 可以得出最佳订货量为 30 份。

表 4-5　商店挂历期望缺失计算表

订货量	实际需求						期望损失 $EL(Q)$/元
	0	10	20	30	40	50	
	$P(D=d)$						
	0.05	0.15	0.20	0.25	0.20	0.15	
0	0	300	600	900	1200	1500	855
10	200	0	300	600	900	1200	580
20	400	200	0	300	600	900	380
30	600	400	200	0	300	600	280
40	800	600	400	200	0	300	305
50	1000	800	600	400	200	0	430

（二）期望利润最大法

比较不同订货量下的期望利润，$E_p(Q)$ 为取期望利润最大的订货量作为最佳订货量，设订货量为 Q 时的期望利润为 $E_p(Q)$。

$$E_p(Q) = \sum_{d<Q}[C_u d - C_o(Q-d)]P(d) + \sum_{d>Q} C_u Q P(d) \tag{4-5}$$

例 4-3：按照例 4-2 的数据，运用期望利润法求最佳订货量。

当 $Q=30$ 时，则

$$\begin{aligned} E_p(Q) &= [30\times0-20\times(30-0)]\text{元}\times0.05+[30\times10-20\times(30-10)]\text{元}\times0.15 \\ &\quad+[30\times20-20\times(30-20)]\text{元}\times0.20+(30\times30\times0.25)\text{元}+ \\ &\quad(30\times30\times0.20)\text{元}+(30\times30\times0.15)\text{元} \\ &=575\text{元} \end{aligned}$$

当 Q 取其他值时，可按同样方法算出 $E_p(Q)$，结果如表 4-6 所示。

表 4-6　期望利润计算表

订货量	实际需求						期望利润 $E_p(Q)$/元
	0	10	20	30	40	50	
	$P(D=d)$						
	0.05	0.15	0.20	0.25	0.20	0.15	
0	0	0	0	0	0	0	0
10	-200	300	300	300	300	300	275
20	-400	100	600	600	600	600	475
30	-600	100	400	900	900	900	575
40	-800	-300	200	700	1200	1200	550
50	-1000	-500	0	500	1000	1500	425

（三）边际分析法

假定原计划订货量为 D，考虑追加一个单位订货的情况。追加 1 个单位的订货，使得期望损失变化，如果 Q 为最佳订货量，则无论增加或减少都应使损失加大。

$$EL(Q)+EL(Q+1)-EL(Q)=$$
$$\left[\sum_{d>Q}C_u(d-Q-1)P(d)+\sum_{d<Q}C_o(Q+1-d)P(d)\right]$$
$$-\left[\sum_{d>Q}C_u(d-Q)P(d)+\sum_{d<Q}C_o(Q-d)P(d)\right]$$
$$=(C_u+C_o)\sum_{d=0}^{Q}P(d)-C_u=0$$

则临界缺货概率

$$P(D^*)=\frac{C_o}{C_o+C_u}$$

含义：当实际需求大于订货量 D 的概率 $P(D)$ 等于 $P(D^*)$ 时，D 就是最佳的订货量。若不存在一个 D，使得 $P(D)=P(D^*)$ 成立，则满足条件 $P(D)>P(D^*)$ 且 $P(D)-P(D^*)$ 最小的 D 就是 D^*。确定了 D^*，然后再根据经验分布就可以找出最佳订货量。

例 4-4：某批发商准备订购一批圣诞树供圣诞节期间销售。该批发商对包括订货费在内的每棵圣诞树要支付 2 美元，树的售价为 6 美元。未售出的树只能按 1 美元出售。节日期间圣诞树需求量的概率分布如表 4-7 所示（批发商的订货量必须是 10 的倍数）。试求该批发商的最佳订货量。

表 4-7 圣诞树需求量概率分布

需求量	10	20	30	40	50	60
概率	0.10	0.10	0.20	0.35	0.15	0.10
$P(D)$	1.00	0.90	0.80	0.60	0.35	0.10

$$P(D^*)=\frac{C_o}{C_o+C_u}=\frac{2-1}{(2-1)+(6-2)}=0.20$$

查表可知，实际需求大于 50 棵的概率为 0.25，再结合求 D^* 的条件可以求出最佳订货量为 50 棵。

五、多周期库存控制

多数情况下，企业面对的是多周期库存控制。如制造型企业连续生产所需的原材料、零部件库存，销售型企业商品库存控制。多周期的库存控制所需要考虑的因素较为复杂，其库存控制方法或模型也因实际企业的运营方式、特点有所差别，但其基本出发点都一样，即在最合理的成本下保证服务，如果通过订货量来控制的话，常用的模型就是经济订货批量。所谓经济订货批量就是建立在库存成本最低临界点的订货数量。

（一）库存成本分析

库存控制的目标之一就是对库存成本进行控制，因此，库存成本是决策的主要考虑因素。库存成本的构成有以下几项。

（1）库存保管费用。是指为保管存储物资而发生的费用，包括存储设施的成本、搬运费、保险费、折旧费、税金以及资金的机会成本等。每次订货量越大，库存量也越大，保管费用就越多。显然，这些费用随库存量的增加而增加。

（2）订货成本。是指每进行一次订货时所发生的费用，主要包括差旅费、通信费、运输费以及有关跟踪订单系统的成本。订货成本与每次订货量的多少无关，在需求量一定的情况下，订货次数越多，则每次订货量越少，而全年订货成本越大，分摊每次订货费也大。

（3）缺货成本。是指由于缺货，不能为顾客服务所发生的费用，或由于紧急订货等而支付的特别费用，或由于失去了对顾客的销售而没有得到预定的利益以及由于一些难以把握的因素，而造成信誉丢失所产生的不良后果等。增大库存量，可减少缺货，但存储保管费用会大大增加。

确定向供应商订货的数量或要求生产部门生产的批量时，应该尽量使由以上三种成本综合引起的总成本达到最小。

（二）经济订货批量模型

经济订货批量（Economic Order Quantity，EOQ）是指库存总成本最小时的订货量。研究经济订货量的方法，用年库存管理的总费用和订货量的公式来表示，根据该公式确定最佳订货量。

（1）经济订货指标模型是基于一定的条件运行的，我们可称之为模型假设或模型成立条件，这些条件包括：每次订货的订货量相同、订货提前期固定、需求率固定不变，没有采购价格折扣、没有运输价格折扣等。

（2）最佳订货批量的确定：通过使某项库存物资的年费用达到最小来确定相应的订货批量。如图4-3所示。

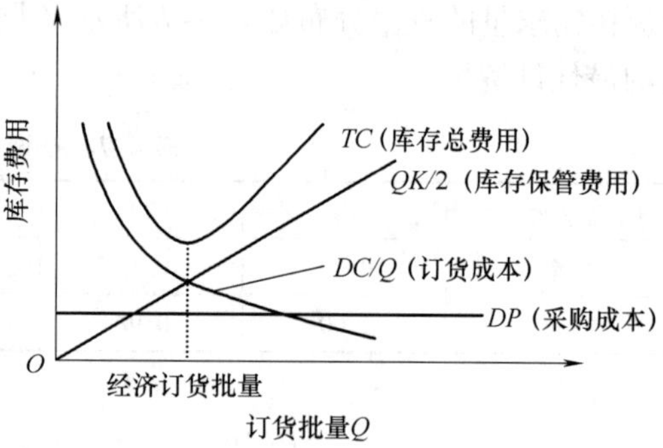

图4-3　经济订货批量模型

经济订货批量的概念就是，库存总费用 TC 是由采购成本 DP、库存保管费用 $QK/2$ 和订货成本 DC/Q 三部分组成的。采购成本指的是订购数量和价格之积，一般是一个常量。库存保管费用则指物品存放在仓库中所需要的各种费用，它是平均库存量和平均每件物品的保管费用之积，订货量 Q 增加，则平均库存量增加，库存保管升高，因此，库存保管费用是跟订货批量同向变化的指标。订货成本指的是发生订货业务所需要的费用，如差旅费、洽谈费、信息处理费等，订货量增大，则一定核算期内订货次数减少，订货业务量减少，则订货成本降低，因此，订货成本是随订货量反向变化的指标。由于库存保管费用和订货成本之间有相反的变化规律，因此我们可以找到库存总费用最小的点，与此点对应的订货批量就是经济订货批量，可以说，以这个数量去订货，可以使库存总费用最低。

从图中可见，保管费用（$QK/2$）随订购量增大而增大，订货成本（DC/Q）随订货量增大而减少，当两者费用相等或总费用（TC）曲线最低时为经济订货批量。

（三）理想的经济订货批量

理想的经济订货批量指不考虑缺货，也不考虑数量折扣以及其他问题的经济订货批量。在不允许缺货，也没有数量折扣等影响的情况下，库存物品的总费用 = 采购成本 + 订货成本 + 库存费用，即：

$$TC = DP + \frac{DC}{Q} + \frac{QK}{2}$$

若使 TC 最小，将上式对 Q 求导后令其等于0，得到经济订货批量EOQ的计算公式为

$$EOQ=\sqrt{\frac{2CD}{K}}或\sqrt{\frac{2CD}{PF}} \tag{4-6}$$

式中　D——某库存物品的年需求量（件/年）；

P——单位采购成本（元/件）；

C——单位订货成本（元/次）；

Q——每次订货批量（件）；

K，PF——单件库存平均年库存保管费用（元/（件·年））；

F——单件库存保管费用与单件库存采购成本之比。

例 4-5：设某企业年需某物资 1800 单位，单价为 20 元/单位，年保管费率为 10%，每次订货成本为 200 元，求经济订购批量 EOQ。代入式（4-6），得

$$EOQ=\sqrt{\frac{2\times1800\times200}{20\times10\%}}单位=600\ 单位$$

$$TC=(1800\times20)元+\frac{1800\times200}{600}元+\frac{600\times20\times10\%}{2}元=37200\ 元$$

即在每次订货数量为 600 单位时，库存总费用最小，为 37200 元。

（四）有数量折扣的经济订货批量

在实际应用 EOQ 公式时，除了考虑缺货费用以外，一般还必须考虑其他一些因素对总成本的影响，最常见的是，由于批量不同而带来的在采购价格和运输价格上的差异。

1. 考虑采购数量折扣的经济批量

为鼓励大批量购买，供应商往往在订购数量超过一定量时提供优惠的价格。在这种情况下，买方就要进行计算，以确定是否需要增加订货量去获得折扣。若接受折扣所产生的总成本小于订购 EOQ 所产生的总成本，则应按折扣数量采购。反之，则按不考虑数量折扣计算的 EOQ 进行订购。

例 4-6：在例 4-5 中，供应商给出的数量折扣条件是：若物资订货量小于 650 单位时，每单位为 20 元，订货量大于或等于 650 单位时，每单位为 18 元。若其他条件不变，最佳采购批量为多少？

根据供应商给出的上述条件，具体分析如下：

（1）按享受折扣价格时的批量（650 单位）采购时的总成本：

$$\begin{aligned}TC&=DP+\frac{DC}{Q}+\frac{QK}{2}\\&=\left(1800\times18+\frac{1800\times200}{650}+\frac{650\times18\times10\%}{2}\right)元\\&=33539\ 元\end{aligned}$$

（2）按折扣单价计算的 EOQ

$$Q_{18}=\sqrt{\frac{2\times1800\times200}{18\times10\%}}单位=632\ 单位$$

（3）分析判断：由于按折扣单价（18 元/单位）计算的经济批量小于可以享受批量折扣的 650 单位，说明此经济批量计算无效。也就是说，632 单位的批量不可能享受 18 元的优惠单价。又由于按 650 单位采购的总成本要低于按每单位 20 元采购时的经济批量 600 单位的总成本（37200 元），因此，应该以 650 单位作为最佳批量采购。若按折扣单价计

算的经济批量大于可以享受批量折扣的650单位，则应按经济批量采购。如折扣单价为16元时，经济批量为670单位，大于可以享受批量折扣的650单位，故应按670单位的批量采购。

2. 考虑运输数量折扣的经济批量

当运输费用由卖方支付的情况下，一般不大考虑运输费用对库存总成本的影响。但如果由买方支付，则会对库存总成本产生较大影响。当增大批量可以得到运价上的折扣时，就要考虑是否要加大购买批量。简单的方法是将有无运价折扣的两种情况进行对比，选择总成本低的方案。

例4-7：在例4-5中，若定购批量小于800单位时，运输费率为1元/单位，当订购批量大于等于800单位时，运输费率为0.75元/单位。若其他条件不变，最佳定购批量为多少？

根据以上条件，分析如下：

（1）按EOQ计算的库存总成本

$$\begin{aligned}\text{库存总成本} &= \text{存储成本} + \text{订货成本} + \text{运输成本}\\ &= \left(\frac{600 \times 20 \times 10\%}{2} + \frac{1800}{600} \times 200 + 1 \times 1800\right)\text{元}\\ &= 3000\ \text{元}\end{aligned}$$

（2）按折扣运价批量计算的库存总成本

$$\begin{aligned}\text{库存总成本} &= \text{存储成本} + \text{订货成本} + \text{运输成本}\\ &= \left(\frac{800 \times 20 \times 10\%}{2} + \frac{1800}{800} \times 200 + 0.75 \times 1800\right)\text{元}\\ &= 2600\ \text{元}\end{aligned}$$

（3）分析判断：由计算结果可知，按照800单位批量采购可以节省库存费用400元，因此，应该将采购批量扩大到800单位。

六、安全库存

（一）安全库存的必要性

安全库存又称保险库存，是指为防止和减少由于不确定因素（订货期间需求率增长、到货期延误等）引起的缺货而设置的储备。如果某一时间的需求是一定的，不会出现变动，则没有设置安全库存的需要。但是，市场需求和生产现场的消费大多数情况下是要发生波动的，补充库存的交货期也会出现提前或延迟的现象。此外，生产过程中出现的破损、仓库台账上出现的记账误差以及物料计算差错等都会导致库存与需求发生偏差。例如零售业保持安全库存可以在用户的需求率不规律或不可预测的情况下，有能力供应他们。生产企业保持产成品安全库存可以在零售和中转仓库的需求量超过平均值时有能力补充他们的库存，半成品的安全库存可以在工作负荷不平衡的情况下，使各制造部门间的生产正常化。准备这些安全库存是为满足客户及内部需要对库存进行适当管理的需要而设置的，以保证企业的长期效益。

安全库存量是一项以备不时之需的存货，在一般情况下不动用，若一经动用，则必须在下批订货到达时进行补充。安全库存的数量除了受需求和供应的不确定性影响外，还与企业希望达到的顾客服务水平（或订货满足率）有关，这些是制定安全库存决策时主要考虑的因素。

许多企业都会考虑保持一定数量的安全库存，即缓冲库存以防在需求或提前期方面的不确定性。但是困难在于确定需要保持多少安全库存，而安全库存不足则意味着缺货或失销。为了避免出现这种情况，需要在库存降低到订货点之前，提前发出订单。高于订货点的部分就相当于安全库存，安全库存越大，出现缺货的可能性就会越小。而安全库存太多意味着多余的库存，作为库存的一部分，安全库存与库存量的大小有直接关系。安全库存过高，会导致剩余库存的出现，而且从经济性的角度看，保持100%的库存服务率付出的成本代价也越大。

表4-8是美国贝尔电话研究所统计的缺货率与安全库存量之间的关系。

表4-8　缺货率与安全库存量的关系

发生缺货的允许概率	安全库存量/美元
1年1次	76 000
2年1次	100 000
5年1次	134 000
10年1次	167 000
不发生缺货	276 000

由上表可以看出，保证绝对不发生缺货付出的代价是非常高昂的。从经济性的角度考虑，应根据不同物品的用途以及客户的要求，将缺货率保持在适当的水平上，允许一定程度缺货现象的存在。

（二）安全库存量的计算

对于安全库存量的计算，我们将借助于数理统计方面的知识，对顾客需求量的变化情况和提前期的变化作一些基本的假设，从而在顾客需求量发生变化、提前期固定，提前期发生变化、顾客需求量固定以及两者同时发生变化情况下，分别求出安全库存量。

1. 需求量变化，提前期固定

假设需求的变化情况服从正态分布，由于提前期是固定的数值，因而可以根据正态分布图，直接求出在提前期内的需求分布的均值和标准差，或通过直接的期望预测，以过去提前期内的需求情况为依据，确定需求的期望均值和标准差。在这种情况下，安全库存量的计算公式为

$$S = z\sigma_d\sqrt{L} \tag{4-7}$$

式中　S——安全库存；

σ_d——提前期内的需求量的标准差；

L——提前期的长短；

z——一定顾客服务水平下需求量变化的安全系数，它可根据预定的服务水平，由正态分布表查出。

表4-9是顾客服务水平与安全系数对应关系的常用数据。

表4-9　服务水平与安全系数的对应关系

服务水平	0.9988	0.99	0.98	0.95	0.90	0.80	0.70
安全系数	3.5	2.33	2.05	1.65	1.29	0.84	0.53

例 4-8：某企业的某种原料平均日需求量为 100t，并且这种原料的需求情况服从标准差为 10t/天的正态分布，如果提前期是固定常数 5 天，如要求顾客服务水平不低于 98%，试确定安全库存的大小。

根据题意可知：将 $\sigma_d=10$t/天，$L=5$ 天，且由服务水平为 98%，查表得 $z=2.05$，代入式（4-7）得：

$$S=2.05\times10\times\sqrt{5}\text{t}=46\text{t}$$

即在满足 98% 的顾客满意度的情况下，安全库存量为 46t。

2. 需求量固定，提前期发生变化

当提前期内的顾客需求情况固定不变，提前期的长短随机变化时，安全库存量的计算类似需求量变化、提前期固定的情况，不同的是提前期内需求量是通过不变需求量与提前期的频数（提前期的标准差）相乘求出的。此时，安全库存量计算公式为

$$S=zd\sigma_L \tag{4-8}$$

式中 z——一定顾客服务水平下的安全系数；

σ_L——提前期的标准差；

d——提前期内的日需求量。

例 4-9：在例 4-8 中，如果原料的日需求量为固定常数 100t，提前期是随机变化的，而且服从均值为 5 天、标准差为 1 天的正态分布，求 98% 的顾客满意度下的安全库存量。

根据题意：将 $\sigma_L=1$ 天，d = 100t/天，服务水平 = 98%，$z=2.05$ 代入式（4-8）得

$$S=2.05\times100\times1\text{t}=205\text{t} \tag{4-9}$$

即在满足 98% 的顾客满意度的情况下，安全库存量为 205t。

3. 需求量和提前期都随机变化

在现实中，多数情况下提前期和需求都是变化的，此时，问题就比较复杂了，要通过建立联合概率分布求出需求量水准和提前期延时的不同组合的联合概率（联合概率分布值域为从以最小需求量和最短提前期的乘积表示的水准，到以最大需求量和最长提前期的乘积表示的水准），然后把联合概率分布同上面导出的两个公式结合起来运用。因此，在这种情况下，如果我们假设顾客的需求和提前期是相互独立的，那么安全库存量的计算公式为

$$S=z\sqrt{\sigma_d^2\overline{L}+\overline{d}^2\sigma_L^2} \tag{4-10}$$

式中 σ_L、σ_d含义同上；

z——一定顾客服务水平下的安全系数；

$\overline{d}$——提前期内平均日需求量；

$\overline{L}$——平均提前期长度。

例 4-10：在上面的例子中，假设日需求量和提前期是相互独立的，而且它们的变化均严格服从正态分布，日需求量满足均值为 100t、标准差为 10t/天的正态分布，提前期满足均值为 5 天、标准差 1 天的正态分布，求 98% 的顾客满意度下的安全库存量。

根据题意：将 $\sigma_d=10$t/天，$\sigma_L=1$ 天，$d=100$/天，服务水平 = 98%，$z=2.05$ 代入式（4-9）得

$$S=2.05\times\sqrt{10^2\times5+100^2\times1^2}\ \text{t}=210\text{t}$$

即在满足 98% 的顾客满意度的情况下，安全库存量是 210t。

第四节　现代库存控制方法

一、物料需求计划（MRP）

物料需求计划（Material Requirements Planning，MRP）把原料和零部件的需求看成是最终产品需求量的派生需求。其出发点是要根据成品的需求，自动地计算部件、零件，以至原材料的相关需求量；根据成品的交货期计算出各部件、零件生产进度日程与外购件的采购日程。MRP 的思想很早就产生了，但直到计算机产生、信息系统实施以后，MRP 才真正得以广泛应用。MRP 系统依据主生产计划、产品结构、库存状态来计算每种材料的净需求量，并把需求量分配到每个时期。

（一）MRP 系统的目标

（1）保证客户需要或生产需要时，能够立即提供足量的材料、零部件、产成品。

（2）保持尽可能低的库存水平。

（3）合理安排采购、运输、生产等活动，使各车间生产的零部件、外购件与装配的要求在时间与数量上精确衔接。

因此，MRP 系统可以指明现在、未来某时的材料、零部件、产成品的库存水平。MRP 系统的起点是需要多少最终产品，何时需要。然后再分解到每一种材料、零部件，并确定需求时间。

（二）MRP 的输入信息

MRP 有三种输入信息，即主生产计划、产品结构和库存状态。

我们都知道，按需求的来源不同，企业内部的物料可分为独立需求和相关需求两种类型。独立需求是指需求量和需求时间由企业外部的需求来决定，例如，客户订购的产品、科研试制需要的样品、售后维修需要的备品备件等；相关需求是指根据物料之间的结构组成关系由独立需求的物料所产生的需求，例如，半成品、零部件、原材料等的需求。

1. 主生产计划（Master Production Schedule，MPS）

主生产计划是确定每一具体的最终产品在每一具体时间段内生产数量的计划。这里的最终产品是指对于企业来说最终完成、要出厂的完成品，它要具体到产品的品种、型号。这里的具体时间段，通常是以周为单位，在有些情况下，也可以是日、旬、月。主生产计划详细规定生产什么、什么时段应该产出，它是独立需求计划。主生产计划根据客户合同和市场预测，把经营计划或生产大纲中的产品系列具体化，使之成为展开物料需求计划的主要依据，起到了从综合计划向具体计划过渡的承上启下作用。但它并不等于市场预测，因为市场预测未考虑企业的生产能力，而计划则要进行生产能力平衡后才能确定；预测的需求量可能随时间起伏变化，而计划可通过提高或降低库存水平作为缓冲，使实际各周期生产量趋于一致，以达到均衡稳定生产。

2. 产品结构（Bill of Material，BOM）

MRP 系统要正确计算出物料需求的时间和数量，特别是相关需求物料的数量和时间，首先要使系统能够知道企业所制造的产品结构和所有要使用到的物料。产品结构列出构成成品或装配件的所有部件、组件、零件等的组成、装配关系和数量要求。它是 MRP 产品拆零的基础。举例来说，图4-4是一个大大简化了的自行车的产品结构图，它大体反映了自行车的构成。

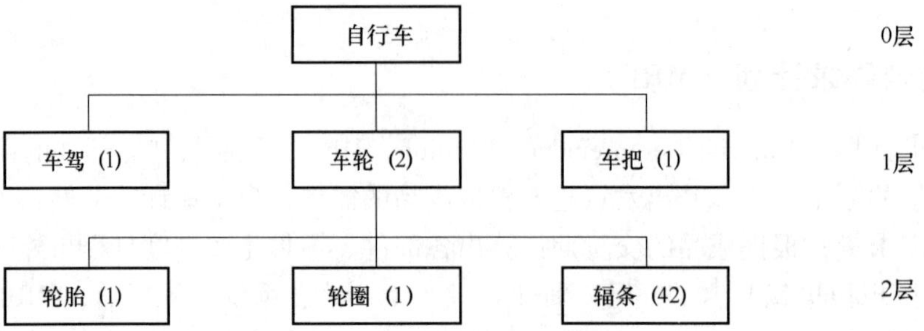

图4-4　自行车产品结构图

当然，这并不是我们最终所要的BOM。为了便于计算机识别，必须把产品结构图转换成规范的数据格式，这种用规范的数据格式来描述产品结构的文件就是物料清单。它必须说明组件（部件）中各种物料需求的数量和相互之间的组成结构关系。表4-10就是一张简单的与自行车产品结构相对应的物料清单。

表4-10　自行车产品物料清单

层次	物料号	物料名称	单位	数量	类型	成品率	ABC码	生效日期	失效日期	提前期/天
0	GB950	自行车	辆	1	M	1	A	950101	971231	2
1	GB120	车架	件	1	M	1	A	950101	971231	3
1	GL120	车轮	个	2	M	1	A	0	999999	2
2	LG300	轮圈	件	1	B	1	B	950101	971231	5
2	GB890	轮胎	套	1	B	1	B	0	999999	7
2	GBA30	辐条	根	42	B	0.9	B	950101	971231	4
1	113000	车把	套	1	B	1	B	0	999999	4

注：类型中“M”为自制件，“B”为外购件。

3. 库存状态

库存状态是保存企业所有产品、零部件、在制品、原材料等存在状态的数据库。在MRP系统中，将产品、零部件、在制品、原材料甚至工装工具等统称为“物料”或“项目”。为便于计算机识别，必须对物料进行编码。物料编码是MRP系统识别物料的唯一标识。

（1）现有库存量。是指在企业仓库中实际存放的物料的可用库存数量。

（2）计划收到量（在途量）。是指根据正在执行中的采购订单或生产订单，在未来某个时段物料将要入库或将要完成的数量。

（3）已分配量。是指尚保存在仓库中但已被分配掉的物料数量。

（4）提前期。是指执行某项任务由开始到完成所消耗的时间。

（5）订购（生产）批量。是指在某个时段内向供应商订购或要求生产部门生产某种物料的数量。

（6）安全库存量。是指为了预防需求或供应方面的不可预测的波动，在仓库中经常应保持最低库存数量作为安全库存量。

根据以上的各个数值，可以计算出某项物料的净需求量

净需求量 = 毛需求量 + 已分配量 - 计划收到量 - 现有库存量

MRP 的基本任务是：①从最终产品的生产计划（独立需求）导出相关物料（原材料、零部件等）的需求量和需求时间（相关需求）；②根据物料的需求时间和生产（订货）周期来确定其开始生产（订货）的时间。

MRP 的基本内容是编制零件的生产计划和采购计划。然而，要正确编制零件计划，首先必须落实产品的出产进度计划，这是 MRP 展开的依据。MRP 还需要知道产品的零件结构，即物料清单，才能把主生产计划展开成零件计划；同时，必须知道库存数量才能准确计算出零件的采购数量。因此，MRP 的基本依据是：①主生产计划；②产品结构；③库存状态。它们之间的逻辑流程关系见图 4-5。

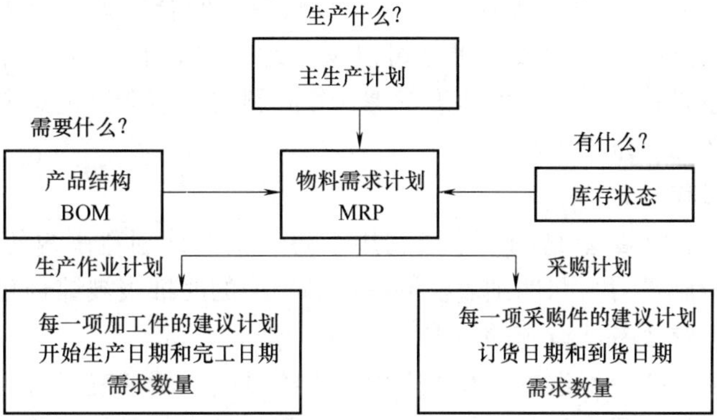

图 4-5　MRP 的运行逻辑

（三）MRP 的输出信息

MRP 程序可以为管理者提供的信息主要有：订货数量和时间，是否需要改变所需产品的数量和时间，是否需要取消产品的需求，MRP 系统自身的状态等。

（四）对 MRP 系统的评价

只要建立了主生产计划，MRP 系统就可以确定不同的库存计划。MRP 产生材料需求计划以满足装配或制造特定数量产成品的要求，因此，它是一种推动方式的系统。当对材料、零部件的需求是最终产品的派生需求时，MRP 比较适用。MRP 是从系统的角度来解决材料供应的。

1. MRP 系统的主要优点

（1）维持合理的安全库存，尽可能地降低库存水平。

（2）能够较早地发现问题和可能发生的供应中断，及早采取预防措施。

（3）它的生产计划是基于现实需求和对最终产品的预测。

（4）它并不是孤立地考虑某一个设施，而是编造考虑整个系统的订货量。

（5）它适合于批量生产或间歇生产或装配过程。

2. MRP 系统的不足

（1）在使用中，它是高度计算机化的，难以调整。

（2）降低库存导致的小批量购买使订货成本和运输成本增大。

（3）它对短期的需求变动不如再订货点法敏感。

（4）系统很复杂，有时不像预想的那样有效。

二、分销资源计划（DRP）

分销资源计划（Distribution Requirements Planning，DRP）是把 MRP 的原则和技术推广到最终产品的存储和运输领域。MRP 包含一个主生产计划，然后分解成零部件的毛需求量和净需求量；相应地，DRP 从最终用户的需求量开始（这是一种独立需求），向生产企业倒推，建立一个经济的、可行的系统化计划，来满足用户需求。利用准确可靠的需求预测，DRP 制定一个分阶段的产品从工厂或仓库到最终用户的分销计划。事实上，DRP 通过对存货的分配来达到服务用户的目的，因此，它是一种推动方式。

DRP 的真正意义在于，它对于现实需求非常敏感，使合适的产品及时到达用户手中。它是替代传统订货点法的一种手段。DRP 可以反复地调整它的订货方式，使之能够满足变化不定的环境。它也是从整个系统的角度考虑存货问题的，不会出现减少一个仓库的库存水平却使另一个仓库的库存水平大幅上升。

（一）DRP 的过程

DRP 计划最基本的工具就是明细表，它用于协调整个计划范围内的需求。每一个产品类型和每一个配送设施都有一张明细表。同一产品类型的明细表被综合起来，即可用于确定诸如工厂仓库之类的整个补给设施的需求。

图 4-6 举例说明了 2 个配送中心和 1 个中央供给设施的明细表。这些明细表用每周的时间增量展开，虽然每周增量是最常见的，但也可使用每日或每月的周期时间。对于每一个地点和每一种产品类型，明细表报告当前现有存货剩余、安全储备、完成周期长度以及订货批量等。此外，对于每一个计划期，明细表报告总需求数、已定时数，以及预计现有存货数和已计划订货数。总需求数反映了来自顾客和其他配送设施的需求，这些配送设施由中心仓库供给。已定时接收数是指已计划何时到达配送中心的补给装运。预计现有存货数是指预期的周末存货水平，它等于上一周的现有存货数减去本周总需求，加上任何已定时的接收数。已计划订货数是指已建议向供给源提出的补给需求数。

DRP 和 MRP 的主要区别在于，DRP 是对应于由顾客需求引起的独立性库存计划，企业无法控制，而 MRP 则是企业可以控制的相关性需求计划，是由企业制订和控制的生产计划所确定的。MRP 的构成需要协调从材料到制成品之间的计划和综合，因此，MRP 在制造或装配完成之前就一直控制着存货。图 4-7 说明了 DRP/MRP 联合系统的概念设计，它综合了制成品、在制品和材料计划。DRP 协调存货水平、计划存货运输，并且（如有必要）重新计划各层次之间的存货。

（二）DRP 的好处与局限性

1. DRP 的好处

DRP 综合库存计划系统为管理部门提供了一系列的好处。在物流上的好处如下。

（1）由于协调装运，降低了配送中心的运输费用。

（2）因为 DRP 能够准确地确定何时需要何种产品，降低了库存水平。

（3）因库存减少，使仓库的空间需求也减少了。

配送中心A

现有库存剩余:325　前置时间:2周　安全库存:70　订货批量:300

	过期数	周						
		1	2	3	4	5	6	7
总需求数		70	70	60	70	80	70	70
已定期接收数					300			
预计现有存货	325	255	185	125	355	275	205	135
已计划订货数			300					

配送中心B

现有库存剩余:150　前置时间:1周　安全库存:95 订货批量:500

	过期数	周						
		1	2	3	4	5	6	7
总需求数		90	95	95	100	90	85	95
已定期接收数		500						500
预计现有存货	150	560	465	370	270	180	95	500
已计划订货数							500	

中央供给设施

现有库存剩余:1000　前置时间:3周　安全库存:350　订货批量:1500

	过期数	周						
		1	2	3	4	5	6	7
总需求数		0	0	300	0	0	500	0
已定期接收数								
预计现有存货	1000	1000	1000	700	700	700	1700	1700
主计划接收数							1500	
主计划订货点				1500				

至MRP

图4-6　DRP计划过程

（4）由于延交订货现象的减少，降低了顾客的运输成本。

（5）改善了物流与制造之间的库存可视性和协调性。

（6）提高了预算能力，因为DRP能够在多计划远景下有效地模拟库存和运输要求。

制造性企业利用DRP改善物流效率，对我国企业而言还是一个新领域，而在美国，由于DRP特有的优越性，许多公司都采用了这项技术，并取得了很好的效益。

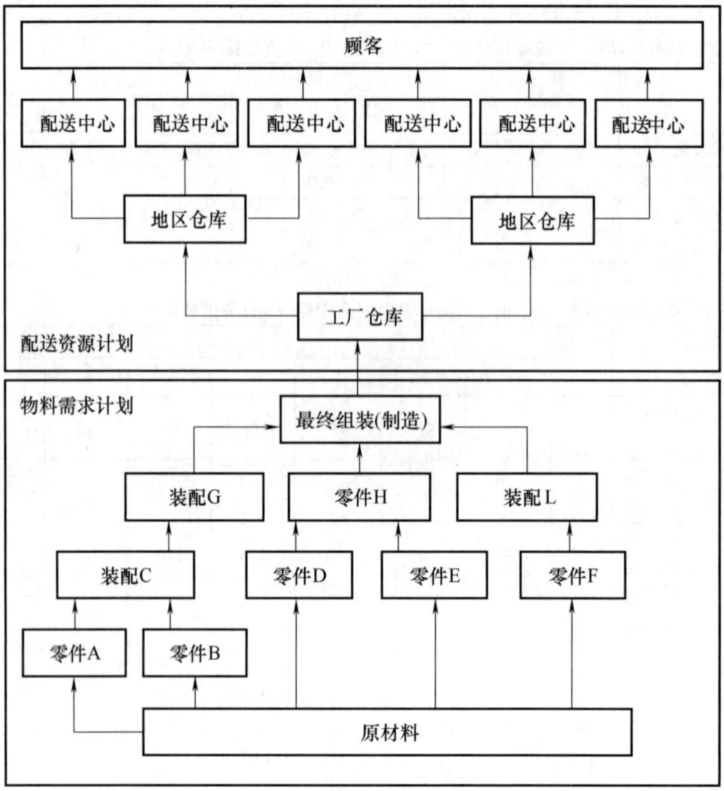

图 4-7　DRP/MRP 联合系统

案例 4-1

美国道尔公司利用 DRP 改善配送[㊀]

美国著名化学品生产商道尔公司在 1985 年启动了一项 MRP/DRP 联合方案，旨在减少存货对缓冲需求和制造不确定性的利用。该方案最初在单一的业务单位进行试验，并通过其配送中心网络在产品的库存管理中大量地实施。在开发这一方案之前，道尔公司所使用的各种手工系统和自动化系统是按功能品种分开的，不是建立在综合基础上的。道尔公司的化工和金属制品部门的爱德华 H. 赫勒解释道："运行我们所熟悉的综合软件系统，我们就能够把数据库和所有不同的功能领域结合起来。它使每一个领域都能够更好地了解到它们的决策是如何影响整个部门的业务。"为此，道尔公司决定要建立这样一种系统，即能够完成从销售量预测和生产计划到库存管理和配送计划的一切事务，并增加其系统的网络化管理。

道尔公司对它的 DRP 系统及其随着公司的发展所表现出来的灵活性和适应能力感到十分满意。尤其是，道尔公司已确认该系统有 6 个主要好处。第一，在内部通信传输能力方面已有了极大提高。负责企业作业计划的方案经理肯尼思 E. 斯蒂尔评价说，"这是第一次人人都能使用同一套数字。这改善了通信传输的质量，因为人们用不着花时间去弄清楚其他人在何处及如何得到数字。"第二，该系统帮助道尔公司降低了库存，更好地识别需要库存的

㊀ 唐纳德 J. 鲍尔索克斯．物流管理——供应链过程一体化．林国龙，沙梅译

地方，以及在有些地区增加储备水平以满足不同程度的服务承诺。第三，系统的分析和建模功能使制造部门减少了生产成本。第四，由于可以更好地计划生产，允许不间断地生产运行，使生产质量控制有了改善。第五，由于减少使用溢价运输，降低了运输费用。费用的节省直接归因于计划能力的提升。第六，该系统使道尔公司能够更有效地把产品的利润率控制在单一产品水平上，并能更好地处理公司的流动资金。

柯达公司在80年代末在产品国际配送网络方面也遇到了类似问题。柯达公司原来是通过两三个分隔的系统来传输信息的，有关人员之间不公开分享信息。其结果导致预测不精确、库存过剩、浪费开支和运输费用。在实施DRP后，柯达公司发现DRP能提供一个综合系统，计划者可以利用它全面而清晰地了解和掌握其配送网络中各销售点上所发生的情况。如同控制和监督能力一样，预测质量也有了改善。总之，DRP具有强大的响应能力，能帮助厂商控制库存和配送。

2. DRP的缺陷

尽管以DRP库存管理的计划方法提供的好处很可观，但是对它的有效性仍存在着诸多的限制。

(1) 库存计划系统需要每一个配送中心精确的、经过协调的预测数。该预测数对于指导货物在整个配送渠道的流动是必需的。然而，预测本身也许有错误，在任何情况下，使用预测去指导库存计划系统时，预测误差就有可能成为应用DRP方法的瓶颈。

(2) 库存计划要求配送设施之间的运输具有固定而又可行的完成周期。虽然完成周期的变化可以通过各种安全的前置时间加以调整，但是完成周期的不确定因素则会降低计划系统的效力。

(3) 由于生产故障或递送延迟，综合计划常易遭受系统紧张的影响或频繁改动时间表的影响。系统紧张容易导致生产能力利用的波动、更改时间表的费用以及递送方面的混乱。由于配送的作业环境具有反复无常的特点，从而更加剧了系统的紧张程度。而在补给运输完成周期和递送可行性方面的不确定因素则会使DRP系统极度紧张。

三、零库存

零库存是一种特殊的库存概念，它的含义是以仓库储存形式的某种或某些种物品的储存数量为“零”，即不保持库存。不以库存形式存在就可以免去仓库存货的一系列问题，如仓库建设、管理费用，存货维护、保管、装卸、搬运等费用，存货占用流动资金及库存物的老化、损失、变质等问题。

(一) 准时制库存（Just-in-time Inventory）

1. 准时制库存管理

企业生产和销售系统中的库存通常是为避免某种差错的出现而设立的，因而库存也常常会掩盖许多不应该发生的差错，如工人或供应商未按标准生产，或者未能按时生产，或者生产数量规格不对等错误。做到完全意义上的“零库存”是非常困难的，而且在许多情况下也是不必要的，企业只要建立一个准时制的库存系统就可以了。准时制库存是维持系统完整运行所需的最小库存。有了准时制库存，所需商品应能按时按量到位，分秒不差。

目前人们越来越重视准时制库存管理制度，许多专家将这种管理制度称为“看板”管理。看板管理就是利用卡片作为传递作业指示的一种控制工具，使生产、存储的各个环节按照卡片作业的指示，相互协调一致地进行无缝配合，有效地组织输入、输出物流，满足用户的需要，从而使整个物流过程实现准时化和库存储备最小化，即所谓零库存。

看板管理使用的卡片有两种基本形式：一种是领料（传递）卡片，填明需要领用的原材料或者部件的名称和数量，用以向上道工序取货；另一种是生产卡片，填明需要生产的零部件的名称和数量，各道工序据此进行加工生产，供下道工序领用。这两种卡片随同存放材料或零部件的存料箱一起在上下两道工序之间往返传送，在每一道工序的加工中心设置有A和B两个存料箱，A箱存储上道工序为本工序加工使用的零部件，B箱存储本工序为下一道工序使用的已加工完成的零部件。在取用A箱零部件进行加工时，取出放置在该箱中的领料卡片，待A箱中的零部件全部用完之后，根据本工序生产卡片的指示，用A箱中的领料卡片和装满已经加工完成零部件的B箱，提交相关的管理人员，管理人员将生产卡片随同B箱送往存放地点，供下一道工序领用。如此通过看板，依次从后道工序向前道工序拉动，将整个物流环节协调运转起来。

2. 准时制库存的优点

（1）降低了库存水平。随着库存存储费用的上升，减少库存就成为降低成本的重要方面，看板管理由后续环节向上一个环节提出供需要求，这样，可以实现根据客户的需求量来完成库存调度，从而实现了零库存，大大地降低了库存成本。

（2）强化了质量控制。看板管理要求所有的环节按照看板的要求提供服务，因此看板管理不仅局限在企业内部的管理上，还要求整个供应链上的所有供货商、服务商按照看板的要求及时提供产品和服务，因此，看板管理提高了对外部供应商的管理水平，加强了供应链的一体化，从而保证整个流程的质量，达到客户满意。

（二）寄售（Consignment）

寄售是企业实现“零库存”资金占用的一种有效的方式。

寄售即供应商将产品存入需求方的仓库，并拥有库存商品的所有权，需求方在领用这些产品才与供应商进行货款的结算。

寄售式对供应商的优点：这种方式有利于供应商节省其在产品库存方面的仓库建设投资和日常仓储管理方面的投入，大大降低产品的仓储成本。

从需求方来看，寄售式的优点有：这种方式既可保证原材料、零部件等的及时供应，又大大减少原材料、零部件的库存资金占用，保证其JIT采购的实施。

四、供应链环境下的库存管理

（一）供应商管理库存

1. 供应商管理库存的概念

20世纪90年代出现的供应商管理库存（Vendor Managed Inventory，VMI）模式打破了传统的各自为政的库存管理模式，体现了供应链的集成化管理思想，适应市场变化的要求，是一种新的有代表性的库存管理思想。

供应商管理库存模式也即VMI管理模式，就是指由供应厂商管理用户库存，该模式以通过双方密切合作形成的交付货物方式为基础。对于供应链第一层供应商、分销商（零售商）之间特别有效率。

VMI是一种在顾客和供应商之间的合作性策略，在一个双方协定的目标框架下由供应商来管理库存，以通过双方密切合作形成的交付货物的方式为基础，体现了供应链集成化管理思想，有助于突破传统的条块分割的库存管理模式，以系统的、集成的管理思想进行库存控制，使供应链系统能够获得同步化的运作，实现整个供应链的库存控制目标最优化。

2. 供应商管理库存的基本思想

VMI 的主要思想是供应商在客户的允许下设立库存，确定库存水平和补给策略，拥有库存控制权，由供应商管理客户的库存，或者代表客户持有库存，当客户需要就送过去。

供应商管理库存以对双方来说都是最低的成本优化产品的可获得性，在一个相互同意的目标框架下由供应商管理库存，这样的目标框架被经常性监督和修正，以产生一种连续改进的环境。

供应商管理库存的关键措施体现在如下几个原则中。

（1）合作性原则（合作精神）。在实施该策略时，合作双方相互信任与信息透明是很重要的，供应商与用户（零售商）都要有较好的合作精神，才能够相互保持较好的合作。

（2）互惠“双赢”原则（使双方成本最小）。供应商管理库存不是关于成本如何分配或谁来支付的问题，而是关于减少成本的问题。通过该策略使双方的成本都获得减少。

（3）目标一致性原则（框架协议）。双方明确各自的责任，观念上达成一致的目标，并具休休现在协议中。

（4）连续改进原则。使供需双方能共享利益和消除浪费。精心设计与开发的 VMI 系统，不仅可以降低供应链的库存水平、降低成本，还可使用户获得高水平的服务，改善资金流，与供应商共享需求变化的透明性和获得更高的用户信任度。

3. 供应商管理库存模型

VMI 在供应链管理中具有集成化管理和营销的功能，如图 4-8 所示。

VMI 集成结构表明 VMI 是供应商和企业之间相互联系和沟通的直接纽带，是提高供应链节点企业之间共同利益的汇集点。借助于 VMI，供应链上企业的价值联系在一起，形成一个资源和利益互动的体系。

企业与供应商交换的信息不仅仅是库存信息，还包括企业的生产计划、需求计划和采购计划，以及供应商的补库计划和运输计划。采用 VMI 管理策略要求建立企业战略联盟，从组织上促进企业间的信息共享，在信息、库存和物流方面进行系统管理。

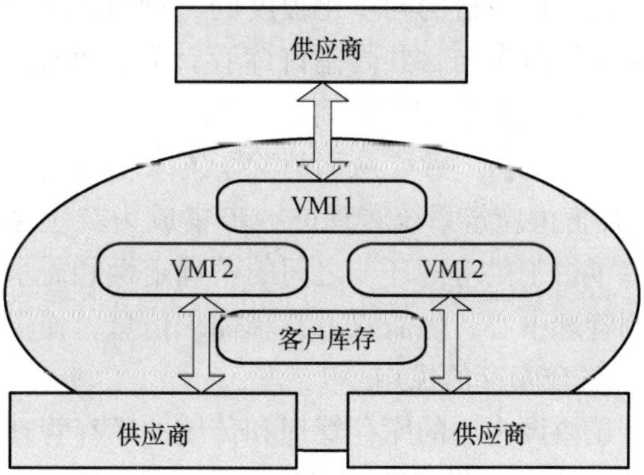

图 4-8 供应商管理库存模型

4. 供应商管理库存的优点

通过国内外十几年的实施，VMI 被证明是比较先进的库存管理模式，其优点有以下几点。

（1）由供应商掌握库存，把客户从库存陷阱中解放出来，客户不需要占用库存资金，不需要增加采购、进货、入库、出库、保管等一系列工作，能够集中更多的资金、人力、物力用于提高其核心竞争力，从而使整个供应链，包括供应链企业营造一个更加有利的局面。

（2）供应商掌握客户的库存具有很大的主动性和灵活性，能够提高资源的利用率，减少浪费和非增值活动，提高生产、运输的效率。

(3) 供应商管理库存，就是掌握市场。客户的库存消耗是市场需求的组成部分，它直接反映了客户的消费水平和消费倾向，这对于供应商改进产品结构和设计、开发销售对路的新产品，对于企业的生产决策和经营决策起着有利的信息支持作用。

(4) 供应商通过 IT 共享客户的需求信息，削弱了供应链的需求波动逐级放大效应——“牛鞭效应”，从而减少安全库存。

(5) 降低交易成本。在 VMI 模式下，供需双方是基于互信的合作伙伴关系，客户将其库存的补货决策权完全交给了供应商，从而减少了传统补货模式下协商、谈判等事务性工作，大大节约了交易费用。

(6) 提高服务水平。VMI 通过供应商将供需双方的信息及职能活动集成，使得企业间的界面更加友好，业务活动同步运作，从而提高供需双方的柔性及顾客响应能力。如当需求异常波动时，供应商能够及时获得需求信息，并快速调整补货策略。同时，生产、运输部门也同步作出快速反应，调整作业计划。

(二) 联合库存

1. 联合库存概念

联合库存管理（Jointly Managed Inventory，JMI）不同于 VMI 集成化运作的决策代理模式，联合库存管理是一种风险分担的库存管理模式。联合库存管理体现了战略供应商联盟的新型企业合作关系。适合实施联合库存的核心企业是零售业以及连锁经营企业中的地区分销中心（或在供应链上占据核心位置的大型企业）。

JMI 旨在解决供应链系统中由于各节点企业的相互独立库存运作模式导致的需求放大现象，是提高供应链的同步化程度的一种有效方法。跟 VMI 不同的是 JMI 强调供应链中各个节点企业同时参与，共同制订库存计划，使供应过程中的每个库存管理者（供应商、制造商、分销商）都从相互之间的协调性考虑，使供应链相邻的两个节点之间的库存管理者对需求的预期保持一致，从而消除了需求变异放大现象。

JMI 把供应链系统管理进一步集成为“上游”和“下游”两个协调管理中心，从而部分消除了由于供应链环节之间的不确定性和需求信息扭曲现象导致的供应链的库存波动。通过协调管理中心，供需双方共享需求信息，使供应链的运作更加稳定。

2. 联合库存的优点

基于协调中心的库存管理和传统的库存管理模式相比，有以下几个方面的优点。

(1) 为实现供应链同步化运作提供了条件和保证。

(2) 减少了供应链中的需求扭曲现象，降低了库存的不确定性，提高了供应链的稳定性。

(3) 库存作为供需双方的信息交流和协调的纽带，可以暴露供应链管理中的缺陷，为改进供应链管理水平提供依据。

(4) 为实现零库存管理、准时采购及精细供应链管理创造了条件。

(5) 进一步体现了供应链管理的资源共享和风险分担的原则。

3. JMI 的实施策略

企业实施联合库存管理可分为以下几个步骤。

(1) 构建供需协调机制。为了发挥联合库存管理的作用，供需双方应从合作的精神出发，建立供需双方协调管理的机制，明确各自的目标和责任，建立合作沟通的渠道，为供应链的联合库存管理提供有效的机制。没有一个协调的管理机制，就不可能进行有效的联合库存管理。建立供需协调管理机制，应从以下几个方面着手。第一，建立共同合作目标。要建立联合库存管理模式，供需双方必须本着互惠互利的原则，建立共同的合作目标。为此，要了解供需双方在市场中的共同之处和冲突点，通过协商形成共同的目标，如使用户满意、利润的共同增长和风险的减少等。第二，建立联合库存的协调控制方法。联合库存管理中心担当着协调供需双方利益的角色，起着协调控制的作用。因此，要确定库存优化的方法。这包括库存如何在多个需求商之间调节与分配，库存的最大量和最低库存水平、安全库存的确定，需求的预测等。第三，建立信息沟通的渠道或系统。信息共享是供应链管理的特点之一。为了提高整个供应链需求信息的一致性和稳定性，减少由于多重预测导致的需求信息扭曲，应增加供应链各方对需求信息获得的及时性和透明性。为此应建立一种信息沟通的渠道或系统，以保证需求信息在供应链中的畅通和准确性。要将条码技术、扫描技术、POS 系统和 EDI 集成起来，并充分利用 Internet 优势，在供需双方之间建立一条畅通的信息高速公路。第四，建立利益的分配、激励机制。要有效进行基于协调中心的库存管理，必须建立一种公平的利益分配制度，将通过供应链管理实现的利益在供应链各节点企业间进行合理分配。另外，建立有效的激励机制，对参与协调库存管理中心的各个企业（供应商、制造商、分销商和批发商）进行有效的激励，增加合作性和协调。

（2）发挥两种资源计划系统的作用。为了发挥联合库存管理的作用，在供应链库存管理中可以利用目前较成熟的两种资源管理系统：MRPII 和 DRP。原材料库存协调管理中心可采用制造资源计划系统 MRPII，在产品联合库存协调管理中心则采用物资资源配送计划 DRP。这样在供应链系统中把两种资源计划系统很好地结合起来。

（3）建立快速响应系统。快速响应系统（QR 系统）是在 20 世纪 80 年代末由美国服装业发展起来的一种供应链管理策略，目的在于减少供应链中从原材料到用户的时间和库存，最大限度的提高供应链的运作效率。

（4）发挥第三方物流的作用。第三方物流系统是供应链集成的一种技术手段。将库存管理的部分功能代理给第三方物流系统管理，可以使企业集中精力于自己的核心业务，第三方物流系统起到了供应商和用户之间联系的桥梁作用，为企业提供诸多好处。

第五节　案例演示：啤酒游戏

本节是让学生了解供应链上库存变化及管理模式设置的游戏环节，教学时根据实际情况选择。

一、游戏简介

该游戏针对的是单一品牌产品，可以是日常消费品，如：情人啤酒，或其他消费品，如汽车，各组在进行游戏时可自定产品。为方便起见，本书将产品定义为啤酒。参加游戏的学员各自扮演不同的角色：零售商、批发商和制造商。他们只需每周作一个决定，那便是订购多少啤酒，唯一的目标是尽量扮演好自己的角色，使利润最大。三者间的联系知识由卡车司机通过一张纸上的核对数字（订货单、发货单）来沟通信息。

二、目的

此游戏是在出货时间延迟、信息不足的产销模拟系统中进行的。在该游戏中，由于消费者需求的小幅变动，其信息在通过整个系统的传递过程中，出现牛鞭效应而逐级递增将产生很大的危机，如大量缺货，整个系统订单都不断增加，库存逐渐枯竭，欠货也不断增加，随后好不容易达到订货单大批交货，但新收到订货数量却开始骤降。

通过该游戏使学员们认识到以下几点。

（1）时间滞延、信息不足对库存管理带来的影响。

（2）信息沟通、人际沟通的必要性。

（3）扩大思考的范围，了解不同角色之间的互动关系，认识到供应链中库存管理的联动作用，并思考如何运用管理技术或方法有效控制供应链中的库存。

（4）突破单一或习惯性思维管理方式，运用系统性分析技术查找问题根源并寻找改善方向。

三、角色设置

游戏中教官担任司机，消费者角色，并负责适时发布一定的信息。其他角色成员可参照图 4 –9 所示结构按比例设定。

零售商由 12 组学员扮演，每组 2 人；批发商由 3 组学员扮演，每组 3 人；制造商由 1 组学员扮演，为 3 人。他们之间的结构如图 4-9 所示。

演示场地布置示意图如图 4-10 所示。

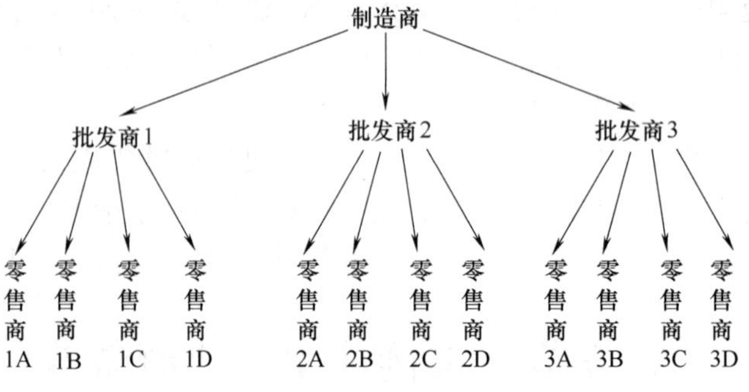

图 4-9　啤酒游戏角色结构示意图

（备注：分组方案 1——全班分为 2 队，每 1 队 15 人。每 1 队中制造商 1 组，每组 3 人；批发商 2 组，每组 2 人；零售商 8 组，每组 1 人。每 1 批发商下有 4 组零售商。）

四、时间安排

角色分工：3 ~ 5 分钟，分发道具：3 ~ 5 分钟，明确角色任务：10 ~ 15 分钟，进行模拟：90 ~ 110 分钟，进行 20 ~ 30 回合（第 1 ~ 10 回合最高时限 5 分钟，第 11 ~ 30 回合最高时限 3 分钟），利润统计：15 ~ 20 分钟、分析探讨：小组反思——20 ~ 30 分钟、各组讨论发言——20 ~ 30 分钟，合计 180 分钟

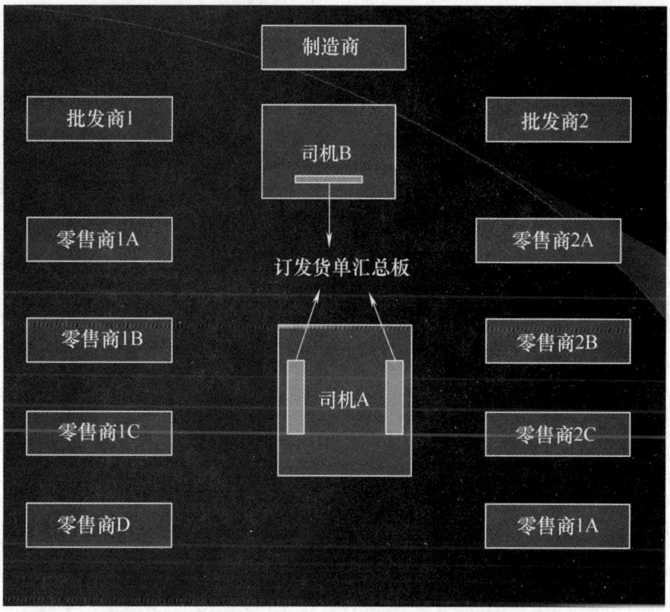

图 4-10　场地布置示意图

五、道具

每个零售商：零售商角色资料卡 1 张、零售商订货单 30 张。

每个批发商：批发商角色资料卡 1 张、各零售商订发货统计表 1 张。

批发商订货单 30 张、批发商发货单 30 张 ×4 =120 张。

每个制造商：制造商角色资料卡 1 张、各批发商订发货统计表 1 张、制造商发货单 30 张 ×3 =90 张。

订发货单均可用自备纸条代替，订单汇总板 8 个（每 1 个批发商要配 1 个，每 1 个制造商要配 1 个）。

六、程序

（1）角色分工。

（2）分发道具。

（3）明确各角色任务。阅读各角色资料卡，教官说明有关注意事项，教官在黑板上画出操作流程示意图。前两周，担任司机角色的教官要进行指导，监督制造商、批发商的工作情况，以免出现计算错误。

（4）进行模拟。各角色分工详见角色资料卡。

（5）发放信息条。发放时间：制造商——第 7 周，零售商——第 8 周，批发商——第 10 周。

（6）游戏结束后，统计各自存货、欠货、销量及利润情况，上交各自表格及统计数据。

（7）分析探讨（略）。

角色资料卡 A：司机

（1）司机分为 A、B 两人，其中 A 负责传递零售商与批发商间的订单与发货单，并扮作消费者提供啤酒市场需求量；B 负责传递批发商与制造商间的订货与发货单。

（2）司机需在一定的时间以信息条形式发布一定的信息：啤酒需求增加的原因。信息发布时间：制造商——第 7 周，零售商——第 8 周，批发商——第 10 周。

（3）时滞的实现：司机接到订单后，由于多家用户及一定的运输距离，在两周后送到批发商或制造商出处，批发商或制造商立即发货，司机在 2 周后送到货。

时滞的实现是利用订发货单汇总板来实现的（见图 4－11 和图 4－12），事先在板上挂好前 2 周的订（发）货单（事先准备好的），然后根据操作流程示意图 4－13 的步骤完成第 1 周的 2 步。注意订发货单必须从上面插，从最底下取。所有订货、销货和发货均在期初进行。司机 A、B 确认第 1 周结束，开始第 2 周，游戏将在第 5 周时进入正轨。

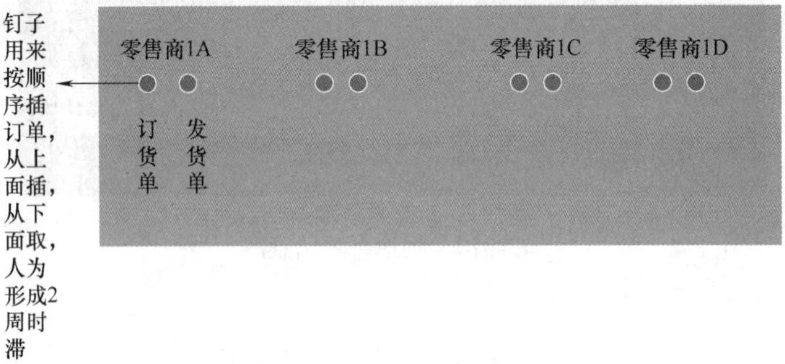

图 4-11　订发货单汇总板示意图

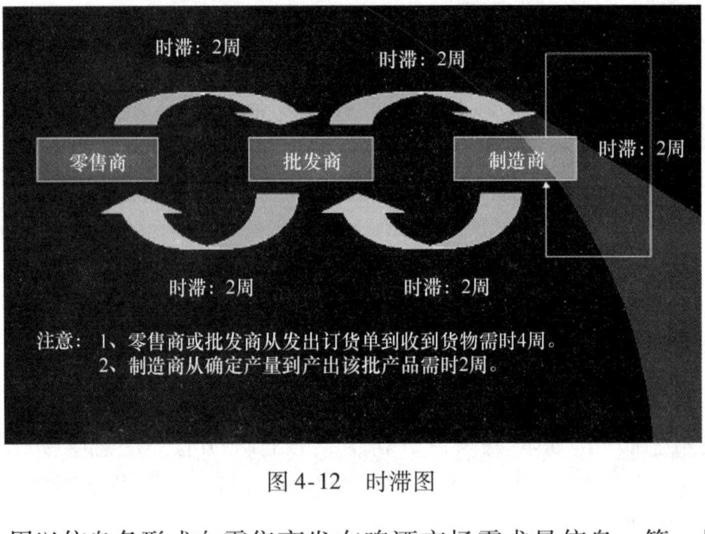

图 4-12　时滞图

司机 A 每一周以信息条形式向零售商发布啤酒市场需求量信息：第 × 周，你的顾客向你要货 × × 箱，具体箱数由司机 A 填写。

角色资料卡 B：零售商

（1）啤酒是你的主营项目，以箱为单位，每周订货一次，到货一次，所有订发货业务均在期初完成。

（2）发订单到收到该批货物需时 4 周（如：你在第 3 周发的订单，将会在第 7 周送到。）

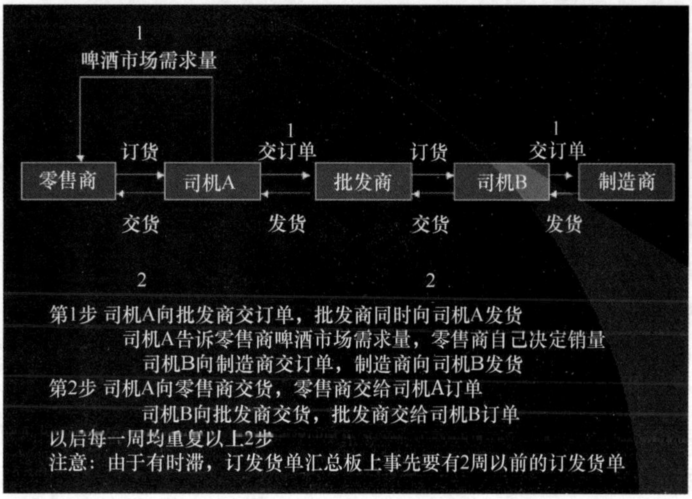

图 4-13　操作流程示意图

（3）标准库存为 12 箱，第 1 周期初，零售商为标准库存。

（4）与批发商的联系只是通过订发货单由司机 A 来完成。

（5）每周由教官告诉你啤酒需求量，同时扮演司机 A 接受你的本周订单，并给你送货（先给货，再接订单）。

（6）零售商在此游戏中除填写订货单外，还需填写零售商情况表，如表 4-11 所示。

表 4-11　零售商情况表

周次 t	市场需求量 A	销量 B	本期欠货数量（顾客）C	期初库存量 D	批发商送货量 E	本期欠货量（批发商）F	累计欠货量（批发商）G	期末库存量 H	订货量（批发商）I	本期利润 J
1										
2										
…										
29										
30										

演练成绩：第________组，零售商________，总利润额________。

表格说明：

（1）第 t 周的欠货量（顾客）＝第 t 周的啤酒市场需求量－第 t 周的销量

$$C(t)=A(t)-B(t)$$

（2）第 t 周的累计欠货量（批发商）＝第 t-1 周的累计欠货量（批发商）＋第 t 周的本期欠货量（批发商）

$$G(t)=G(t-1)+F(t)$$

（3）第 t 周的期初库存量＝第 t-1 周的期末库存量

$$D(t)=H(t-1)$$

（4）第 t 周的期末库存量＝第 t 周的期初库存量＋第 t 周的批发商送货量－第 t 周的本期销量

$$H(t)=D(t)+E(t)-B(t)$$

（5）第 t 周的利润额 = 第 t 周销量 ×5 − 第 t 周欠货量 ×2 − 第 t 周期末库存量 ×1$K(t)$

$$=B(t)\times5-C(t)\times2-H(t)\times1$$

角色资料卡 C：批发商

（1）啤酒是其主营项目。

（2）你有固定的 3 个零售商。

（3）以箱为单位。

（4）标准库存为 24 箱（8×3=48）。

（5）每周零售商们向你订货一次，订购后大约 4 周货才可送到。比如，零售商们第 3 周订的货，将会在第 7 周送到。

（6）每周向制造商订货一次，订单平均需时 4 周，即在你订购后大约 4 周货才可送到。

（7）与零售商、制造商间联系仅仅是通过订单、送货单，分别由卡车司机 A 和 B 完成。

（8）卡车司机 A 给你带来各零售商的订单，同时你给零售商们发货；卡车司机 B 给你送货，并接受你的本周订单。

（9）每次发货量不得大于订单量加累计欠货量。

（10）每周结束后，批发商计算本期利润额，游戏结束后，各批发商计算总利润额并将结果上报给教官。

批发商在此游戏模拟中需填写批发商发货单（如表 4-12 所示）、批发商订货单（如表 4-13 所示）和批发商情况总表（如表 4-14 所示）。

表 4-12　批发商发货单

零售商（如 1A）	
发货时间（第几周）	
发货数量/箱	

表 4-13　批发商订货单

批发商（1、2、3、4）	
订货时间（第几周）	
订货数量/箱	

表 4-14　批发商情况总表

周次 t	零售商订单总量 A	发货总量（零售商） B	本期总欠货量（零售商） C	本期累计欠货量（零售商） D	期初库存量 E	制造商送货量 F	本期欠货量（制造商） G	累计欠货量（制造商） H	期末库存量 I	订货量（制造商） J	本期利润 K
1					24						
2											
…											
29											
30											

演练成绩：第________组，　批发商________，总利润额________。

表格说明：

（1）第 t 周的总欠货量（零售商）= 第 t 周的零售商订单总量 - 第 t 周的本期发货总量

$$C(t)=A(t)-B(t)$$

（2）第 t 周的累计欠货量（制造商）= 第 $t-1$ 周的累计欠货量（制造商）+ 第 t 周的本期欠货量（制造商）

$$H(t)=H(t-1)+G(t)$$

（3）第 t 周的累计欠货量（零售商）= 第 $t-1$ 周的累计欠货量（零售商）+ 第 t 周的本期欠货量（零售商）

$$D(t)=D(t-1)+C(t)$$

（4）第 t 周的期初库存量 = 第 $t-1$ 周的期末库存量

$$E(t)=I(t-1)$$

（5）第 t 周的期末库存量 = 第 t 周的期初库存量 + 第 t 周的制造商送货量 - 第 t 周的本期发货总量

$$I(t)=E(t)+F(t)-B(t)$$

（6）第 t 周的利润额 = 第 t 周送货总量 ×5 - 第 t 周累计欠货量 ×2 - 第 t 周期末库存量 ×1

$$K(t)=B(t)\times5-D(t)\times2-I(t)\times1$$

（7）每一周批发商均在周初向零售商发货，周末制造商发来的货物才能到达批发商处。

（8）批发商对零售商订发货进行统计，见表 4-15。

表 4-15　各零售商订发货统计表

周次	零售商 A				零售商 B				零售商 C				零售商 D			
	订货量	发货量	欠货量	累计欠货	订货量	发货量	欠货量	累计欠货	订货量	发货量	欠货量	累计欠货	订货量	发货量	欠货量	累计欠货
1																
2																
…																
29																
30																

角色资料卡 D：制造商

（1）在某地区由 4 家批发商独家代理。

（2）以箱为单位。

（3）与制造商间联系仅仅是通过订单、送货单，由卡车司机 B（教官）完成。他给你带来各批发商订单，在此同时你给批发商们发货。

（4）每周批发商们向你订货一次，订单平均需时 4 周，即订购后大约 4 周货才可送到。比如，批发商们第 3 周发出的订单，将会在第 7 周收到货。

（5）每周制造商都可以对自己生产的啤酒量作一次决定，但注意从决定啤酒生产量到啤酒产出至少需要 2 周。

（6）保持一定的库存，标准库存为96箱。

（7）在扩大规模前，最低生产水平为30箱，最高生产水平为60箱，在扩大规模后，最低生产水平为60箱，最高生产水平为120箱（注意：扩大生产后，生产量不得低于相应的最低生产能力）。

（8）每次发货量不得大于订单量加累计欠货量。

（9）每周结束后，制造商计算本期利润额，游戏结束后，制造商计算总利润额并将结果上报给教官。

制造商在此游戏模拟中需填写制造商发货单（如表4-16所示）和制造商情况总表（如表4-17所示）。

表4-16　制造商发货单

批发商（1、2、3、4）	
发货时间（第几周）	
发货数量/箱	

表4-17　制造商情况总表　（单位：箱）

周次 t	批发商订单量 A	本期发货量 B	本期发货欠货量 C	累计欠货量 D	期初库存量 E	制造出产量 F	期末库存量 G	计划生产量 H	本期利润 J
1					96	48			
2						48			
…									
29									
30									

演练成绩：第________组的制造商，总利润额________。

表格说明：

（1）第t周的本期发货欠货量＝第t周的批发商订单量-第t周的本期发货量

$$C(t)=A(t)-B(t)$$

（2）第t周的累计欠货量＝第$t-1$周的累计欠货量＋第t周的本期发货欠货量

$$D(t)=D(t-1)+C(t)$$

（3）第t周的制造产出量＝第$t-2$周的计划生产量

$$F(t)=H(t-2)$$

（4）第t周的期初库存量＝第$t-1$周的期末库存量

$$E(t)=G(t-1)$$

（5）第t周的期末库存量＝第t周的期初库存量＋第t周的制造产出量－第t周的本期发货量

$$G(t)=E(t)+F(t)-B(t)$$

（6）生产能力限额分为基本生产能力和扩大生产后生产能力两种状态。基本生产能力状态每周最低和最高生产力分别为：30和60，扩大生产能力后生产能力状态每周最低和最高生产量分别为 60 和 120。

注意：扩大生产后，生产量不得低于相应的最低生产能力。

（7）欠货与库存均有成本。

第 t 周的利润额 = 第 t 周发货量 ×5 − 第 t 周累计欠货量 ×2 − 第 t 周期末库存量 ×1

$$J(t) = B(t) \times 5 - D(t) \times 2 - G(t) \times 1$$

（8）每一周制造商均在周初向批发商发货，制造商两周前生产的货物在周末时才能进入仓库。各批发商订发货统计见表 4-18。

表 4-18 各批发商订发货统计表（制造商） （单位：箱）

周次	批发商 1				批发商 2				批发商 3				批发商 4			
	订货量	发货量	欠货量	累计欠货	订货量	发货量	欠货量	累计欠货	订货量	发货量	欠货量	累计欠货	订货量	发货量	欠货量	累计欠货
1																
2																
…																
29																
30																

基本练习

1. 什么是库存？库存的分类有哪些？

2. 库存的作用是什么？为什么必须有库存又要控制库存？

3. 阐述服务水平、不确定性、安全订货和订货量之间的关系，并解释如何对这些要素进行取舍？

4. 阐述经济订货批量法的假定条件有哪些？这些假定条件可能与实际运营的状态有哪些不同？如何在实际商业环境中运用经济订货批量法？

5. ABC 库存管理法能解决什么问题？

6. 订货点法（定量订货法）和定期订货法有何异同？说明其不同的适用范围。

7. 阐述 MRP 的基本原理及其优缺点。

8. 阐述 DRP 的原理。

9. 零库存的作用是什么？准时制库存管理能保证零库存吗？

应用练习

1. 王鹏是美娜床上用品公司的物流经理。物流配送中心每天需配送某四件套床上用品 100 套，此商品的完成周期平均为 10 天。配送中心需要保留 200 套作为安全库存，以防不确定需求。目前配送中心的订货量为 1600 套，采用定点订货方式进行库存管理。

（1）运用库存管理订货的相关知识帮助王鹏核算此配送中心的订货时点。

（2）核算该配送中心的平均库存。

（3）探讨减少平均库存的方法。

（4）如果配送中心改为定期订货方式，每周四检查存货一次，并进行订货，再订货点可能发生什么变化？如果进行数量分析，还需要哪些数据？

（5）自行设定（4）所需数据，核算定期订货方式下某个月的订货量及平均库存。

2. 宏华公司是茶具销售商，目前正在进行年度库存预算工作。根据前两年的需求数据分析，今年的年需求可能在500 000套，茶具平均采购价为800元，售价为1200元，每笔订购需花费80元，库存费率为12%（库存成本/售价）。

（1）运用EOQ计算宏华公司的订货量（保留整数）。

（2）如果运输费用由宏华公司承担，宏华公司委托第三方物流公司进行运输，运输公司的运输费用有如下优惠，低于1 000套茶具运输，则运费为1元/套，高于1 000套茶具运输，则运费为0.8元/套。试在此条件下，核算宏华公司的最佳订货量。

（3）核算宏华公司的订货次数及订货间隔。

3. 案例分析

案例4-2

鸿飞公司的供应难题

鸿飞印刷机械有限公司是一家具有40多年经营历史的印刷装订机械制造企业，原是国有企业，是我国机械行业生产印刷装订机械的重点企业之一，主要产品有系列切纸机、系列胶订包本机和自动模切压痕机。为了适应企业的发展，近年来多次进行技术改造，因此，向银行借贷大量资金。前后贷款多达三千万元人民币，每年需付利息约四百多万元人民币。几年累积各种贷款多达六千万，欠息及滞纳金达两千万元，大量不良资产和过度的负债严重制约了企业的发展。尽管该企业产品市场稳定，但因流动资金欠缺，无法进行充足生产、发挥生产能力，销售额徘徊不前。为了完全解决上述问题，使企业长远发展得到保障，该企业进行产权制度改革，将之从国有企业转变为职工持股的民营有限责任公司。

在企业产权变革后，企业的经营机制也随之发生了重大变化：①企业的组织结构发生了变化，现在企业最高决策机构为董事会，在其下面是总经理及各职能部门；②向现代经营制度靠近，表现在用人制度、激励机制的公平、公正和竞争性；③加强企业管理，除了建立规范化的管理制度，还采用一些现代管理思想和技术指导和进行企业的运作。

公司改制后，为了节省成本，控制物流，成立了物流中心，负责物资的采购、保管和发放。任命方明为物流中心的主管。由于全公司实行了成本管理，对仓储中心也设定了一定的成本指标，并规定达不到成本标准，仓储中心将会受惩。方明曾经在生产部门、技术部门工作过，后来转到原来的仓管科，对生产的情况比较熟悉。他知道以前企业实行的是领料制，由生产部门根据生产计划到仓储领取原材料或零配件，实际上，却出现许多物资滞留在车间，造成浪费。因此就任之初，他就把领料制改成发料制，即仓储中心根据生产指令的数量和进度按时发料，以避免过多的物资存放在生产现场造成丢失和超额使用，以此减少成本。

为了加强自己对物流管理理论和知识的学习，特别是掌握库存成本控制方面的技术，方明还利用空闲时间去大学进修。经过学习，他了解了仓储管理的多种理论，比如订货点法、经济订货模型等，对两种方法进行了比较后，他认为从库存管理成本方面出发，采用经济订货方法可以达到更大的效益，因此，回厂后，他试图用此方法来控制库存量。经济订货模型的基本公式是

$$EOQ=\sqrt{\frac{2CD}{K}}或\sqrt{\frac{2CD}{PF}}$$

式中：D——某库存物品的年需求量（件/年）；

P——单位采购成本（元/件）；

C——单位订货成本（元/次）；

Q——每次订货批量（件）；

K，PF——单件库存平均年库存保管费用［元/（件·年）］

F——单件库存保管费用与单件库存采购成本之比。

公式虽然简单，但使用起来却困难重重。首先现在的市场不由供方决定，而是根据用户的需要而定。由于印刷机械属于生产设备，单价高，需求量小，不同型号的产品年需求量往往只有几台或十几台，特别是现在的用户需求变异较大，因此年需求量难以确定。比如，企业改制后的第二年（1999 年），企业销售量最多的产品是 QZHK-1 切纸机，销售量为 30 台，但 2000 年，此型号的切纸机只卖 5 台，大大低于销售科的预测。由于无法正确预测年销售量，相关物资的需求量也无法确定。同样，公式中的单位订货成本 C 和各种物资的库存保管费用 F 也很难得到准确的数据。主要原因是以前公司是国营企业，对成本管理方面抓得不紧，许多成本或费用数据都无资料可循，如果按经验估计，计算出来的订货批量都不适用，无法实施。因此在实际使用中，经济订货批量公式并不适用于鸿飞公司。

此时，企业为了提高管理水平，加快了信息化建设，先在销售部门试行计算机管理，取得了初步成效，公司决定在其他部门进行推广，计划在物流中心推行 MRP（物料需求计划）。方明知道 MRP 的主旨是根据产品销售计划，制订产成品计划，根据产品物料清单，将产成品计划分解出零件、原材料的需求计划，再根据采购和生产的实际，分解出零件、原材料的采购和生产计划。由于零件、原材料的需求是根据产品计划制定，能避免多发料、多采购的情况，实现对零件、物料的精细管理。方明和技术部门协调后，先以产品结构和生产工艺流程简单的胶订机 JBB-40 为典型，试行 MRP。但不久，方明发现 MRP 也存在问题，由于市场变化快，产品销售计划变动很大，有时物料采购计划已发出给供应商，销售计划又发生了变动，采购工作很被动。有些低值易耗品如果完全依靠 MRP 来进行采购或生产，在总成本上并不划算。所以，MRP 的实施对完全控制库存成本也不是万能的。

2001 年 12 月 11 日，随着中国加入了世界贸易组织，公司更加注意到国内市场竞争日益激烈，针对这种国内国际的条件，公司决定开始逐步走向国际市场。为了适应国际市场的要求，必须加速新产品的开发，改进了 QZKA7、QXKB10 切纸机，形成了 QXK 完整系列产品，开发 JBBS40、JBB40/3 等胶订机，由于产品系列化、多样化，使产品销售又上了一个台阶。但是由于产品多样化，使物资组织和管理的难度又加大了。一年中大多数产品销售量只有几台，而且必须按照用户的需求时间点及时供货，否则会失去订单，甚至赔偿。为了在成本指标范围内，及时地组织物料，方明提出实行 JIT（准时生产制）。虽然 JIT 可能使物料库存管理费用降低，但是由于 JIT 对销售信息的确定和生产计划的制订不是降低要求，反而是更加严格，特别是在销售计划发生变化时，生产计划是否得马上进行改变，如果改变得太频繁，生产作业部门很难执行。在公司进行讨论的会议上，销售部门经理和生产部门经理就为JIT的具体实施办法和协调争执起来。同时技术部门也提出，由于许多产品是新开发和改进的，技术也不完善，可能会在生产过程中进行更改，如果完全实施JIT，无法保证按照既定的时间完成。这次会议之后，虽然大家对是否实施JIT没有统一思想，但方明深深明白了合理控制库存、合理组织物料供应不是物流中心单独所能决定。同时，他也产生了一个疑问，为什么JIT在别的企业能实行，自己的企业就不行吗？

讨论题：

1. 为什么经济订货点模型合理，但在实际应用中会出现问题？

2. 实行MRP需要什么条件，在库存方面实行信息管理应注意哪些问题？

3. 你能解决方明的疑问吗？如果你是鸿飞印刷机械有限公司的物流中心主管，如何解决库存问题？

第五章

采购与外包战略

导入案例

国际采购新趋势

国际采购是指运用全球资源，在全球范围内去寻找供应商，寻找质量最好、价格合理的产品或服务。经济全球化，使企业在一个快速变化的新世界和新秩序中生存与发展，采购行为作为供应链的重要组成，已成为企业的战略之一。采购是供应链的重要一环，采购商、供应商不再是单纯的供应买卖关系，而是一种战略合作伙伴关系。目前国际采购呈现以下趋势。

趋势一：从为库存采购到为订单采购。

在商品短缺时，为了保证生产或销售，必须为库存采购。但如今全球生产能力过剩，产出大于需求，为订单采购已成为主流行为。库存积压占用流动资金，减少库存甚至零库存成为企业的选择。制造订单是在用户需求订单的驱动下产生的，然后，制造订单驱动采购订单，采购订单再驱动供应商。这种准时化的订单驱动模式可以准时响应用户需求，从而降低了库存成本，提高了物流的速度与库存周转率。

趋势二：从采购商品的管理到供应商外部资源的管理。

由于供需双方建立了一种长期的、互利的战略合作伙伴关系，因此，供需双方可以及时共享生产、质量、服务、交易期等信息，使供方严格地按照要求提供产品和服务，并根据生产需求协调供应商的计划，以实现准时化采购。最终使供应商进入生产和销售环节，实现双赢。零缺陷供应商是目前跨国公司采购与供应链管理中的共同战略，是指追求尽量完美的供应商，这个供应商可以是生产商，也可以是分销商。在选择供应商时也要考虑供应商所在地的环境，即常说的跨国采购中的四个基本要素：价值流、服务流、信息流与资金流。

趋势三：传统采购到电子商务采购。

传统采购方式重点是放在如何和供应商进行商业交易的活动上，特点是比较重视交易过程中供应商的价格比较，通过供应商的多头竞争，从中选择价格最低者进行交易。电子商务采购主要通过最为便利及广泛的平台，即电子平台，将交易信息公开发布或在一定范围内发布，信息相对公开，交易相对透明与公正，使买卖双方可以在更广阔的范围进行交易。

趋势四：采购方式从单元化到多元化。

传统采购渠道与模式比较单一，但现在迅速向多元化发展，首先表现在本土化与全球化相结合。跨国公司生产活动的区域布局更加符合各个国家的区位比较优势，其采购活动也表现为全球化的采购，即企业以全球市场为选择范围，寻找最合适的供应商，而不是局限于某一个区域。其次表现为集中采购与分散采购相结合。总体趋势为：采购职能趋向于更大程度的集中，服务性企业采用集中采购比制造性企业多。三是多供应商与单一供应商相结合，一般情况下，跨国企业多采用多源供应商。

趋势五：普遍重视采购商品的社会责任环境。

据统计，全球超过200家跨国公司已经制定并推行公司责任守则，要求供应商和合约工厂遵守劳工标准，安排公司职员或委托独立审核机构对其合约工厂定期进行现场评估。目前欧美国家正在探讨要求中国轻工产品生产企业通过SA8000（社会责任国际标准）认证，SA8000社会责任国际标准是全球第一个关于企业道德规范的国际标准。

（资料来源：http：//www. doc88. com/p-704872361678. html）

第一节 采购概述

采购是一门科学。现代企业面临一个需求多样化与个性化相结合的市场时代，于是生产过程对物料的多样化和质量需求首先体现在物料采购与供应环节中。企业采购环节，是企业生产和销售的前提条件，是企业物流过程的第一个环节，离开了采购，什么事也干不成，进行企业物流管理首先要管好采购过程。在长期的研究和实践过程中，人们发现，企业采购环节确实存在着很大的利润空间，一般来说，采购的零部件和辅助材料占最终产成品的成本达到40%～60%，如果采用科学采购方法，使采购成本降低，如购买费用的降低、订货费用的降低、进货费用的降低等，将给企业成本降低带来巨大的空间，给企业带来很大的经济效益和利润。

一、采购

（一）采购的概念

广义来看，从多个对象中选择、购买自己所需要的物品就是采购。采购是选择和购买物品的过程，包括了解需要、选择供应商、协议价格、签订合同、选择运输方案、催促交货、保证供应等事项。因此，采购既是一个商流过程，又是一个物流过程。采购包含两个基本意思：一是“采”，二是“购”。“采”，即采集、采摘，是从众多的对象中选择若干个之意。“购”，即购买，是通过商品交易手段把所选定的对象从对方手中转移到自己手中之意。

从企业运营角度来看，采购是指企业在一定的条件下从供应市场获取产品或服务作为企业资源，以保证企业生产及经营活动正常开展的一项企业经营活动。

（二）采购对企业运营的影响

采购对企业经营的重要性主要是其能够影响企业的成本结构、备货周期和新产品上市时间、经营的灵活性、质量、盈利能力等。

1. 对成本结构的影响

竞争日益激烈的市场环境迫使企业越来越关注降低总成本的新方法。采购可以通过几种方式降低产品成本。一方面是通过维持基本的供应商数量，并增强平衡采购量的能力来获得较低的价格和更好的服务；另一方面，采购过程中对供应商的选择将影响许多成本，比如，检验成本、返工成本、质量保证成本、缺货成本、迟延订货成本。采购企业同样可以通过减少采购订单等采购政策的选择来影响交易成本。

2. 对备货周期和新产品上市时间的影响

在供应链和供应链之间的竞争，对市场变化响应最快的供应链将是竞争的胜利者。因为采购能力将影响与时间相关的过程和活动，它在以时间为衡量标准的竞争中发挥着非常重要的作用。采购可以通过以下几个方面影响原材料订购周期：供应商需要的通信费用、供应商订购和制造的周期、供应商的交货、未来的接货和检验。根据相关调查，产品的平均开发周期从1990年的3.2年减少到1997年的2.5年。企业将继续缩短开发周期，特别是在新产品和服务方面。企业希望在未来几年内将产品开发周期缩短40%～45%。实现目标的方法之一是供应商早期参与产品开发。

3. 对经营的灵活性的影响

灵活性是企业快速响应环境变化的能力。采购对灵活性的影响，主要是通过积极响应变化的供应商和推动采购方和供应商早期参与设计过程来实现的。

4. 对质量的影响

人们逐渐意识到，现在越来越多的售出商品的成本来源于所采购的物品。这意味着采购对企业的产成品的质量有非常大的影响。产品或服务的质量来源于工作的规范和说明。采购活动包含供应商选择过程，因此采购就有了附加输入。不良的规范和供应商选择会造成接收成本、质量控制、返工、停工和废料的增加，甚至会导致市场份额的损失。

5. 对盈利能力的影响

在许多企业中，采购的商品和服务在企业的商品和服务的成本中占相当大的比重。在一些行业里，货物成本中的70%～80%是采购成本。如果采购成本占销售额的60%，劳动力成本占12%，一般成本和管理成本占18%，税前利润为10%，采购成本下降10%则会使企业的净收益增加6%。要做到这一点，劳动力成本需要减少50%（6%/12%＝50%），一般成本和管理成本需要减少33%（6%/18%＝33%），为了取得同样的净收益，销售需要增加60%（6%/10%＝60%）。显然，将原材料和服务的采购减少10%，要比将销售增加60%或者劳动力成本减少50%容易得多。

（三）采购类别

企业的采购按照不同的划分标准，可以分成各种类型。

1. 按采购物品分类

企业的采购物品可以分为有形物品和无形物品，下面将主要的采购物品罗列如下。

（1）原材料采购。原材料是指未经转化或转化程度很低的材料，在生产流程中作为基本的材料存在，如矿物原料（如铁矿石、铜矿石、煤等）、天然原料（如谷物、大豆和咖啡）。原材料采购的方式包括现货采购、合约采购和期货采购等不同方式。现货采购是指采购方通过市场充分自主地向供货方协商定价，即时进行银货交换的一种采购方式。合约采购常指由买方承诺在某一段时间内，向卖方采购一定数量的物品，并签立合约以为双方信守的采购方式。期货采购简而言之就是以一个确定的价格来锁定未来某个时间段内的货物的价格和数量。

（2）零部件采购。零部件是产品的组成部分，一般会通过与其他部件相连接而组成产成品。零部件通常是为连续生产采购的，其质量决定着产品的质量，因此，要对零部件采购的质量问题给予特别的重视。目前，常用的方法是对供方的质量体系和生产流程进行检查，以防止其供应的零部件质量产生重大异常。

（3）MRO采购。MRO是英文Maintenance、Repair和Operations的缩写。即：维护、维修和运行。通常是指在实际的生产过程不直接构成产品，只用于维护、维修、运行设备的物料和服务。进行MRO采购时，可以以采购总合同方式，通常包括一个工厂或部门对于MRO用品的全部需求，可以将总合同提供给供应商，以确保定期、及时交货。

（4）服务采购。服务是在合同基础上由第三方完成的活动，是指为了用于服务、维护、保养等目的的采购。服务的范围很广，包括物流服务、安装服务、雇用临时服务、培训服务等。服务采购最常遇到的问题就是"自己做"和外购的取舍问题。一般情况下，企业内部能力不足，可能导致无法完成计划的工作，或者由于缺乏经验或技术无法以可接受的质量或合理的成本水平在内部完成计划的工作，适宜采用外部采购，也称外包。

（5）技术采购。技术是根据生产实践经验和自然科学原理而发展成的各种工艺操作方法与技能。在现在的商业环境，技术全球化给予企业更大的技术选择范围，可使企业在全球范围内进行技术选择与采购，更有利于企业的技术更新与发展。

2. 按采购方法分类

物资采购按采购方法分类，可以分成传统计划采购、订货点采购、招标采购、MRP采购、准时制采购、供应链采购和电子商务采购等。

（1）传统计划采购。传统计划采购的一般模式是，每个月的月末，企业各个单位报下个月的采购申请表，报下个月需要采购的物资的品种数量，然后采购科把这些表汇总，制订出统一的采购计划，并于下个月实行采购实施。采购回来的物资存放于企业的仓库中，满足企业对于各个单位的物资供应。这种采购，以各个单位的采购申请单为依据，以填充库存为目的，管理比较简单、粗糙，市场响应不灵敏，库存量大，资金积压多，库存风险大。这种采购方式容易导致库存积压和缺货并存，不利于企业的生产和对顾客的服务水平的提高。

（2）订货点采购。订货点采购是紧密根据需求的变化和订货提前期的大小，精确确定订货点、订货批量或订货周期、最高库存水平等，建立连续的订货启动、操作机制和库存控制机制，达到既满足需求又使得库存总成本最小的目的。从20世纪20年代末到60年代，订货点技术作为唯一的物资资源配置技术得到广泛深入的研究和应用，已经形成了一套完整的理论体系和应用方法体系。这种采购模式以预测出来的客户未来需求为依据，制定订货策略，筹集物资资源，以预测性储备来等待日后客户的需求，以库存填充为目的，采用一些科学方法、兼顾满足需求和库存成本控制，原理比较科学，操作比较简单。订货点法是至今能够应用于独立需求物资进行物资资源配置的主要方法，主要适用于未来需求不确定的情况。特别适用于客户未来需求量连续且均匀稳定的情况，在这种情况下，它不但可以做到100%保证客户需要，而且可以实现零库存。但是订货点法也有其不足之处，它的最大缺点是它使库存量太高，库存费用太大，库存浪费的风险也大，这主要是由于需求的不确定性或不均匀性造成的。订货点法的另一个缺点是它不适用于相关需求，即它在满足某种物资的需求时，不考虑它和别的需求的相关关系。

（3）招标采购。招标采购将物品采购的所有条件（如物品名称、规格、品质要求、数量、交货期、付款条件、处罚规则、投标押金、投标资格等）详细列明，刊登公告。投标厂商按公告的条件，在规定的时间内，交纳投标押金，参加投标。按规定，必须至少三家以上厂商从事报价。投标方的开标，开标后原则上以报价最低的厂商得标，但得标报价仍高于标底时，采购人员有权宣布废标，或征得监办人员的同意，以议价方式处理。招标采购体现了公开、公正、公平的原则，但并不是适用于所有的情况，一般适用于比较重大的项目中，或者影响比较深远的项目中，对于小批量物资采购，或者比较小的建设工程，一般较少采用招标方式，因为招标采购成本太高，这样做不合算。

（4）MRP 采购。MRP 采购主要应用于生产企业。它是生产企业根据主生产计划和主产品结构以及库存状态逐步推导出生产主产品所需要的零部件、原材料等的生产计划和采购计划的过程。这个采购计划规定了采购的品种、数量、下单时间和采购提前期。实施 MRP 采购必须有两个基本条件：①企业实施了 MRP 管理系统；②企业有良好的供应商管理。如果企业没有实施 MRP 系统；就谈不上进行 MRP 采购。不运行 MRP 系统，物料的需求计划就不可能由相关需求转换成独立性需求，没有 MRP 系统生成的计划订货量，MRP 采购就失去了依据，如果手工计算，那计算量是可想而知的，对于复杂产品的物料相关性需求靠手工计算根本就是不可能的。实施 MRP 采购管理必须要有良好的供应商管理作为基础。在 MRP 采购中，购货的时间性要求比较严格，如果没有良好的供应商管理，不能与供应商建立起稳定的客户关系，则供货的时间性要求很难保证。同订货点法相比，MRP 具有需求的确定性、需求的相关性、计划的精确性和计算的复杂性等特点。

（5）准时制（JIT）采购。准时制采购是一种完全以满足需求为依据的采购方法。它对采购的要求，就是要供应商恰好在用户需要的时候，将合适的品种、合适的数量送到用户需求的地点。它以需求为依据，改造采购过程和采购方式，使他们完全适合于需求的品种、需求的时间和需求的数量，做到既响应需求的变化，又使得库存向零库存趋近。它设置了一个最高标准，一种极限目标，及原材料和外购件的库存为零，缺陷为零。同时，为了尽可能地实现这样的目标，准时制采购提供了一个不断改进的有效途径，即：降低原材料和外购件库存——暴露物资采购问题——采取措施解决问题——降低原材料和外购件库存。准时制采购模式精简了采购作业流程，减少了浪费，极大地提高了工作效率，是一种比较科学、比较理想的物资采购方式。

（6）供应链采购。准确地说，供应链采购是一种供应链机制下的采购模式，在供应链机制下，采购不再由采购者操作，而是由供应商操作了。采购者只需把自己的需求规律信息即库存信息向供应商连续及时传递，供应商自己根据产品的消耗情况不断及时连续小批量补充库存，保证采购者既满足需要又使总库存量最小。供应链采购对信息系统、供应商操作要求都比较高。供应链采购是指供应链内部企业之间的采购，供应链内部的需求企业向供应商企业采购订货，供应商企业将货物供应给需求企业。与传统的采购相比，物资供需关系没有改变，采购的概念没变，改变的是供需双方的关系，由对抗转为合作，双方信息互通、信息共享，更好的节省了采购成本，提高了工作效率。另外一个显著特点就是供应链采购是供应商的主动性采购。供应链采购也是一种科学的、理想的采购模式。

（7）电子商务采购。电子商务采购也就是网上采购，是在电子商务环境下的采购模式。它的基本特点，是在网上寻找供应商、寻找品种、网上洽谈贸易、网上订货甚至在网上支付货款，但是在网下送货进货。这种模式扩大了采购市场的范围，缩短了供需距离，简化了采购手续，减少了采购时间，减少了采购成本，提高了工作效率，是一种很有前途的采购模式。但它要依赖于电子商务的发展和物流配送水平的提高。而这两者要取决于整个国民经济水平和科技进步的水平。我国现在已有不少企业以及政府采购采用了网上采购的方式，但是要把网上采购真正搞好，还需要一些时日。

二、采购过程

一般来说，一个完整的采购过程大体上应该包括以下几个步骤。

第一步，接受采购任务，制定采购单。这是采购工作的任务来源，通常是企业各个部门把任务报到采购科来，采购科给各个采购员下采购任务单。也有很多是采购科主动根据企业的生产销售的任务情况，自己主动安排各种物资的采购计划，给每个采购员下采购任务单。

第二步，制订采购计划。采购员在接受采购计划单后，要制订具体的采购工作计划。首先是进行资源市场调查，包括对商品、价格、供应商的调查分析，选定供应商，确定采购方法、采购日程计划及运输方法、货款支付方法等。

第三步，根据既定的计划联系供应商。有的可能要出差去联系，有的要用电话、电子邮件方式进行联系等。

第四步，与供应商洽谈、成交、最后签订订货合同。这是采购工作的核心步骤。要和供应商反复进行磋商谈判、讨价还价、讨论价格、质量、送货、服务及风险赔偿等各种限制条件，最后把这些条件用订货合同的形式规定下来，形成订货合同。订货合同签订以后，才意味着已经成交。

第五步，运输进货及进货控制。订货成交以后，就是履行合同，就要开始运输进货，运输进货可以由供应商负责，也可以由运输公司负责，或者自己提货。采购员要督促、监督进货过程，确保按时进货。

第六步，到货验收、入库。到货后，采购员要督促有关人员进行检验、验收和入库，包括数量和质量的检验和入库。

第七步，支付货款。货物到达后按合同规定支付货款。

第八步，善后处理。一次采购完成后，要进行采购总结评估，并妥善处理好一些未尽事宜。

但是不同类型的企业，在采购时又有不同的特点，具体实施起来还要与企业的实际情况相结合。

三、采购管理

（一）采购管理的概念

定义：为维护企业利益、实现企业目标而对企业采购工作所进行的计划、组织、协调和控制活动。

采购管理是站在采购方的立场上，追求采购工作的顺利进行和整体效益，既包括对采购活动的管理，也包括对采购人员和采购资金的管理。采购管理和采购是有区别的。采购管理是对整个企业采购活动的计划、组织、协调和控制活动，是管理活动，是面向整个企业的，不但面向企业全体采购员，而且也面向企业组织其他人员（进行有关采购的协调配合工作），一般由企业的采购科长来承担。其使命，就是要保证整个企业的物资供应。其权利，是可以调用整个企业的资源。相对来说，采购只是其具体的采购业务活动，是作业活动，一般是由采购人员承担的工作，只涉及采购人员个人。其使命，就是完成采购科长布置的具体采购任务。其权利，只能调动采购科长分配的有限资源。采购管理本身，可以直接管到具体的采购业务的每一个步骤、每一个环节、每一个采购员，所以采购和采购管理之间也是有联系的。

采购管理的作用在于它实现了整个企业的物资供应，而且它是企业联系整个资源市场的纽带。可以说，与销售市场一样，资源市场也是企业的生命线。它不仅是企业的物料来源，也是资源市场信息的来源。作为物料来源，它是通过企业的采购人员的采购活动为企业生产适时地提供原材料、设备、工具，保障企业生产得以顺利进行；作为信息来源，也是通过物资采购人员的采购活动，与资源市场广泛接触，了解资源市场的产品信息、技术水平信息、发展动态信息、运输信息等，这些信息对企业非常重要。

（二）采购管理的内容

企业采购管理的基本任务主要有三个：①要保证企业所需的各种物资的供应；②要从资源市场获取各种信息，为企业物资采购和生产决策提供信息支持；③要与资源市场供应商建立起友好且有效的关系，为企业营造一个宽松有效的资源环境。

为了实现采购管理的基本职能，采购管理需要有一系列的业务内容和业务模式。采购管理的流程如图 5-1 所示。

1. 采购管理组织

采购管理组织，是采购管理最基本的组成部分，为了搞好企业的复杂繁多的采购管理工作，需要有一个合理的管理机制和一个精干的管理组织机构，要有一些能干的管理人员和操作人员。采购管理组织结构的确定，将明确采购管理的权限、职权范围、审批权限、工作内容等，有利于采购管理工作的顺利开展。完善的企业采购管理组织机制将有利于深入研究企业采购管理工作的规律，逐渐形成采购管理工作的标准规范和一系列的规章制度，指导企业日常采购管理工作和业务工作的正常进行，以及探索发展更加科学先进的采购管理工作方法和工作手段，使企业采购管理工作走向正规化和健康发展的道路，为企业的生产需求提供更准确的服务。建立一个采购管理组织，要结合企业的具体情况，深入分析企业采购管理职能、任务与内容，根据精简和高效的原则，设立职能、岗位、责任和权利，选择配备合适的人，建立他们之间的关系，组成一个采购管理组织。

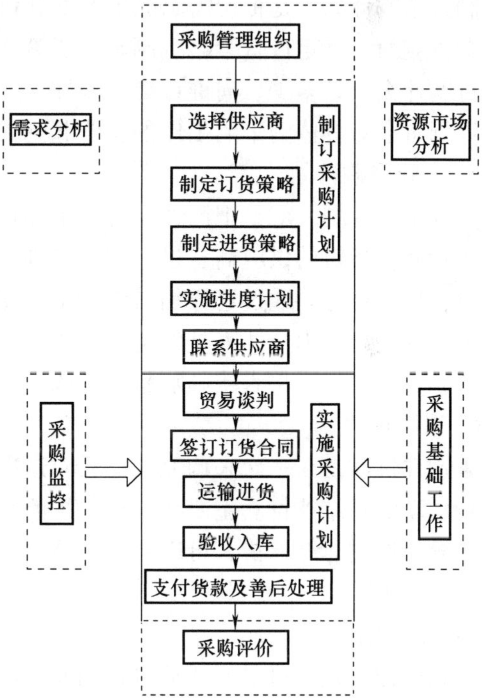

图 5-1 采购管理流程图

2. 需求分析

需求分析，就是要弄清楚企业需要采购什么品种、需要采购多少、需要什么时候采购等问题。可以根据客户的需求历史或者生产计划等确定需求规律，根据需求规律预测客户下一个月的需求品种和需求量，以便主动地订货、安排采购计划。需求分析涉及全厂各个部门、各道工序、各种材料、设备和工具以及办公用品等各种物资，其中最重要的是生产所需的原材料，因为企业对原材料的需求量大、持续性和时间性强，最直接影响生产的正常进行。需求分析是采购工作的第一步，是制订订货计划的基础和前提。作为全企业的物资采购供应部门，应当掌握全企业的物资需求情况，制订物料需求计划，从而为制订科学合理的采购订货计划作准备。需求分析有一定的方法，如 ABC 分析法、统计分析、推导分析以及传统的物资消耗定额管理方法等。

3. 资源市场分析

资源市场分析，就是根据企业所需求的物资品种，分析资源市场的情况，包括资源分布情况、供应商情况、品种数量、价格情况、交通运输情况等，资源市场分析的重点是供应商分析和品种分析。在对资源市场进行分析时，要尽量全面地了解资源情况，努力发掘所有可能的供应商作为进一步选择的对象，对供应商的自然状况进行全面细致的调查，结合自身需求调查市场中存在的所有物资状况，为制订物资采购计划做好准备。

4. 制订采购计划

制订采购计划，是根据需求品种情况和供应商的情况，制订出切实可行的采购计划，包括选择供应商、制定订货策略、制定进货策略以及实施进度计划等，具体地解决什么时候订货、订购什么、订多少、向谁订货、怎样订、怎样进货、怎样支付等计划问题。一个周全的采购计划将会对具体的采购工作的实施起到很好的指导作用。

5. 实施采购计划

实施采购计划，就是把已经制订的采购订货计划分配落实到人，根据既定的进度实施。具体包括联系指定的供应商、进行贸易谈判、签订订货合同、运输进货、验收入库、支付货款以及善后处理等。通过这样的具体活动，完成一次完整的采购活动。采购计划的实施需要整个采购管理组织内全体人员的配合，采购人员需要有较好的沟通能力，具有较高的专业知识，计划实施的好坏将直接影响整个采购工作的成效。

6. 采购评价

采购评价就是在一次采购完成以后对这次采购的评估，或月末、季末、年末对一定时期的采购活动的总结评价。主要在于评估采购活动的效果、总结经验教训、找出问题、提出改进方法等，通过总结评估，可以肯定成绩、发现问题、制定措施、改进工作，使企业不断提高采购管理水平。

7. 采购监控

采购监控，是指对采购活动进行的监控活动，包括对采购的有关人员、采购资金、采购事物活动的监控。采购活动涉及方方面面，存在着很多风险，为保证采购活动的顺利进行，需要制定许多防范措施，降低采购风险，实施采购控制和监督。为了搞好采购控制，首先要创造一个良好的采购控制基础条件，加强采购人员的素质管理，适当提高采购人员的工资待遇，建立健全采购规章制度，健全奖惩机制；其次还要建立采购控制制度，包括采购计划制度、采购请示汇报制度、采购评价制度、资金使用制度、到货付款制度以及保险制度等。

8. 采购基础工作

采购基础工作，是指为建立科学的有效的采购系统，需要建立的一些基础建设工作，包括管理基础工作、软件基础工作和硬件基础工作。

四、新型采购模式

（一）统一采购

1. 统一采购的趋势

统一采购并不是新产生的采购方法，但新型的统一采购模式是建立在网络技术、共享信息基础上的，其采购的地理范围广泛化，触及到世界范围内可提供原材料、零配件的供应商资源市场。因为随着世界经济的发展及信息技术的应用，整个采购过程打破和淡化了时间、空间的限制，跨国的咨询、报价、样品传送到订单下达、关税上报等环节变得越来越简单和易操作，从而使整个世界日益成为一个紧密联系的经济体。在这个共同经济体中，企业间相互依赖、相互影响、相互制约的特征日益明显，近年来世界上著名的全球经营企业基本上都采取了全球化战略。从当今全球化物流的实践看，也出现了三种发展趋势：①作为全球化的生产企业，在世界范围内寻找原材料、零部件来源，并选择一个适应全球分销的物流中心以及关键供应物资的集散仓库，在获得原材料以及分配新产品时使用当地现有的物流网络，并推广其先进的物流技术与方法。②生产企业与专业第三方物流企业的同步全球化，即随着生产企业全球化的进程，将以前所形成的完善的第三方物流网络也带入到全球市场。例如，日资背景的伊藤洋华堂在打入中国市场后，其在日本的物流配送伙伴伊藤忠株式会社也跟随而至，并承担了其配送活动。③为了充分应对全球化的经营，国际运输企业之间开始形成了一种覆盖多种航线，相互之间以资源、经营的互补为纽带，面向长远利益的战略联盟，这不仅使全球物流能更便捷地进行，而且使全球范围内的物流设施得到了极大的利用，有效地降低了运输成本。

2. 统一采购的效果

企业在全球范围内采用统一采购流程、统一的采购评审标准、在线采购技术来进行采购运作。可以在世界范围内寻找最经济、质量适应的资源，这种以全球化战略为基础的采购模式，将有助于企业降低采购成本，提高整体竞争力，同时，也可以避免传统的分散采购中存在的物料灰色价格和交易回扣等现象。在这方面，惠普公司和中国一汽集团都取得了不错的收益。

案例 5-1

惠普公司与中国一汽公司统一采购的效果

惠普公司在采购方面一贯是放权给各制造单位的，公司内部 50 多个制造单位在采购上完全自主，因为他们最清楚自己需要什么，这种安排具有较强的灵活性，对于变化着的市场需求具有较快的反应速度。但是对于总公司来说，这样可能损失采购时的数量折扣优惠。现在运用信息技术，惠普公司重建其采购流程，总公司与各制造单位使用一个共同的采购软件系统，各部门依然是订自己的货，但必须使用标准采购系统。总部据此掌握全公司的需求状况，并派出采购部与供应商谈判，签订总合同。在执行合同时，各单位根据数据库，向供应商发出各自订单。这一流程重建的结果是惊人的，公司的发货及时率提高 150%，交货期缩短 50%，潜在顾客丢失率降低 75%，并且由于折扣，使所购商品的成本也大为降低。

中国一汽集团在 2000 年以原一汽协作配套处和供应处为基础合并组建了一汽采购部，建立了全球采购的网络体系，取得了很好的效果。一汽成立采购部的目的是为了加强集中采购管理，统一管理采购网络，统一制定采购物资的政策、标准、程序。充分利用一汽商誉优势，优化、培育、规划采购资源，统一组织签订采购合同，实现全集团采购物资的统一订购，得到较高的价格折扣，又可实现根据各需求部门的要求分批交货，降低采购成本，提高采购管理水平。一汽希望通过采购部门和采购方法的变革来提高整体竞争力，全公司每年的采购费用超过200亿元，每降低一个百分点，就可以降低采购成本2亿元。

在成立采购部之前，一汽已经开始探索采购管理改革的方法，加大了集团采购的力度，加强集团采购的集中管理和采购网络的建设。引入竞争机制，采用招标比价等方式，规范采购行为，取得了一定的经济效益和良好的社会声誉。负责采购的供应处和协作配套处全面推行了集中招标方法，仅此一项，从1998年到2000年6月就节约采购成本7.1亿元。同时，为了确保集中采购政策、标准的实施，一汽还成立了集团公司采购决策委员会，它是采购部的决策组织，对采购部的采购行为进行监控、指导和决策，协调采购部与其他业务的横向关系。

（资料来源：http://www.zh09.com/Article/scyx/200609/74234.html、http://www.9che.com/topic/gouchecanmou/）

案例5-2

GE公司的在线统一采购方式

2001年8月中旬，GE（通用电气公司）宣布GE家电集团已把中国作为重要采购基地。2001年GE在中国的成品采购量将达到其全球成品采购总额的1/3，并计划将在今后的一到两年内将这个采购额翻一番，GE立志要将中国变成其重要的采购基地。

GE家电集团于20世纪80年代开始在中国采购，采购活动涉及原材料、零部件及成品，成品包括空调、冰箱、微波炉、冷柜和洗衣机等产品。中国家电领域的王牌军，如海尔、长虹、新飞、澳柯玛都曾是GE的供应商。经过对中国市场长期考察之后，GE宣布在中国成立通用电器中国采购和出口有限公司，专为GE和GE在全球的附属公司从中国采购和出口产品，同时还为中国供应商提供质量、技术、程序改进和技术咨询服务。采购和出口公司的成立为GE在中国采购业务的发展做好了铺垫。

为了提高采购效率，方便与中国众多的供应商接触，GE家电集团专门设立了网站，利用网络工具使筛选供应商程序及时向供应商提供信息的渠道变得便捷，这其中包括产品的详细信息、图片，一个全新的电子版“供应商概况调查”和重新修订的“供应商预筛选鉴定”。“供应商概况调查”用于收集供应商公司情况，然后按照GE家电的“关键质量（标准）”进行严格的筛选，该调查一旦生效，筛选合格的公司会收到电子版的通知和进入供应商网络的密码，并被邀请参加展览会。

除了展示会外，GE工业系统集团也于2001年5月在上海召开采购招商大会，旨在通过GE工业系统采购产品和技术要求，向中国工业系统产品供应商介绍工业系统全球采购、供应商选择标准、采购流程和合作方式等，从而为GE工业系统集团在美国、欧洲和亚洲的工厂及销售机构寻求有关的零部件、配件和成品供应商。其间，共有80多家铸件、电机、工程塑料、绝缘材料及其他产品厂商参加了大会。招商会之后，工业系统集团采购部门已与其中的许多厂商建立起联系，并开始从中筛选合格的供应商。

GE在采购环节大力推行电子商务，从1999年初电子商务开始进入GE的营运系统到2000年底，电子商务的实施已为GE带来了不可估量的效益。截至2000年底，GE通过网上竞价的方式所采购的原材料和服务为64亿美元，而GE只是从2000年下半年才开始用这种方式来进行采购，网上成交的销售额在1998年为零，1999年达到近10亿美元，到2000年已达到70亿美元。

GE电子商务发展过程中最明显的变化是，电子商务早已不再仅仅是销售手段，采购流程的e化也成为GE的发展重点。这种e化是网络技术、统一采购流程、统一采购标准等管理方法的统一体，GE借助电子商务使其在采购领域获得飞速发展。

（资料来源：http：//money. 163. com/editor）

（二）准时采购

准时采购是一种很理想的采购模式，它的基本思想是制造商与供应商签订“在需要的时间，向需要的地点，提供能保证质量的所需要数量的物料”的协议。这意味着供应商可能随时（必须是需要的准时）向制造商提供采购物料，与传统的早在生产之前就把采购物料大批量送到企业仓库的采购与供应方法相比，准时采购的核心要素有：减小批量、频繁而可靠的交货、提前期压缩并且可靠、一贯地保持采购物料的高质量。

准时采购与传统采购的区别主要表现在如表5-1所示的几个方面。

表5-1　准时采购与传统采购的对比

比较因素	准时采购	传统采购
采购批量	小批量，送货频率高	大批量，送货频率低
供应商选择	较少供应商，合作关系稳固、物料质量较稳定	较多供应商，合作关系松散、物料质量不易稳定
供应商评价	合同履行能力，生产设计能力，物料配送能力，产品研发能力等	合同履行能力
检查工作	逐渐减少，最后消除	收货、点货、质量验收
协商内容	长期合作关系、质量、合理价格	获得最低价格
运输	准时送货，买方负责安排	较低成本，卖方安排
交货方式	由供应商安排，确保交货准时性	由采购商安排，按合同交货
文书工作	文书工作少，改变交货时间和质量的采购单少	文书量大，改变交货期和质量的采购单多
产品说明	供应商革新，强调性能	买方关心设计，供应商没有创新
包装	小，标准化容器包装	普通包装，无特别说明
信息交流	快速、可靠	一般要求

分析表5-1可知，准时采购的特点主要有以下几个方面。

1. 采用较少的供应商，甚至单源供应

单源供应指的是对某一种原材料或外购件只从一个供应商那里采购，或者说，对某一种原材料或外购件的需求，仅由一个供应商供货。从理论上讲，采取单源供应比多头供应有以下几点好处。一方面，对供应商的管理较方便，而且可以使供应商获得内部规模效益和长期订货，从而可使购买的原材料和外购件的价格降低，有利于降低采购成本；另一方面，单源供应可以使制造商成为供应商的重要客户，因而加强了制造商与供应商之间的相互依赖关系，有利于供需之间建立长期稳定的合作关系，质量上比较容易保证。但是，采取单源供应也有风险，比如供应商有可能因意外原因中断交货，另外，采取单源供应，使企业不能得到竞争性的采购价格，会对供应商的依赖性过大等。因此，必须与供应商建立长期互利合作的新型伙伴关系。在日本，98%以上的准时化企业采取单源供应。但实际上，一些企业常采用同一原材料或外购件由两个供应商供货的方法，其中一个供应商为主，另一个为辅。

从实际工作中看，很多企业也不是很愿意成为单一供应商。原因很简单，一方面供应商是具有独立性较强的商业竞争者，不愿意把自己的成本数据披露给客户；另一方面是供应商不愿意成为用户的一个产品库存点。作为采购企业，必须意识到供应商的这种忧虑。

2. 采取小批量采购的策略

小批量采购是准时采购的一个基本特征。准时采购与传统采购的一个重要不同之处在于，准时生产需要减少生产批量，直至实现“一个流生产”，因此采购的物资也应采用小批量方法。由于企业生产对原材料和外购件的需求是不确定的，而准时采购又旨在消除原材料和外购件库存，采购必然是小批量的。但是小批量采购必然增加运输次数和运输成本，增加了供应商的工作难度。解决这一问题的方法有四种：①使供应商在地理位置上靠近制造商，如日本汽车制造商扩张到哪里，其供应商就跟到哪里；②供应商在制造商附近建立临时仓库，实质上这只是将负担转嫁给了供应商，而未从根本上解决问题；③由一个专门的承包运输商或第三方物流企业负责送货，按照事先达成的协议，收集分布在不同地方的供应商的小批量物料，准时按量送到制造商的生产线上；④让一个供应商负责供应多种原材料和外购件。

3. 选择供应商的标准发生了变化

能否选择到合格的供应商是准时采购能否成功的关键。合格的供应商应具有较好的技术、设备条件和较高的管理水平，可以保障采购的原材料和外购件的质量，保证按时按量送货。在传统的采购模式中，供应商是通过价格竞争选择的，供应商与制造商之间的关系是短期合作关系，当发现供应商不合格时，可以通过市场竞标方式重新选择供应商。但在准时采购中，由于供应商与制造商之间是长期合作关系，供应商的能力将影响企业的长期经济效益，因此，对供应商的要求就比较高。在选择供应商时，需要对供应商进行综合的评价。在准时采购中对供应商的评价标准主要包括产品质量、交货期、价格、技术能力、应变能力、批量柔性、交货期与价格的均衡、价格与批量的均衡、地理位置等，而不像传统采购那样主要依靠价格标准。在大多数情况下，其他标准较好的供应商，其价格可能也是较低的，即使不是这样，双方建立起互利合作关系以后，制造商可以帮助供应商找出减少成本的方法，从而使价格降低。更进一步，当双方建立了良好的关系以后，很多工作可以简化或消除，如订货、修改订货、点数统计、品质检验等，从而减少浪费。

4. 要求更严格的交货时间

准时采购的 ·个重要特点是要求交货准时，这是实施准时生产的前提条件，因为供应商交货的失误和送货的延迟必将导致企业生产线的停工待料。交货准时取决于供应商的生产能力和运输条件。作为供应商来说，可以从以下几个方面入手：①不断改进企业的生产条件，提高生产的可靠性和稳定性，减少由于生产过程的不稳定导致延迟交货或误点现象。②要进行有效的运输规划与管理，运输问题是一个很重要的问题，它决定准时交货的可能性。特别是全球的供应链系统，运输过程长，而且可能要先后采用不同的交通工具，需要中转运输等，所以是一个重要的可改进之处。

5. 从根源上保证产品质量

实施准时采购以后，企业的原材料和外购件库存很少甚至为零。因此，为了保障企业生产经营的顺利进行，采购物资的质量必须从根源上抓起。也就是说，购买的原材料和外购件的质量保证应由供应商负责，而不是企业的物资采购部门。为此，供应商必须参加制造商的产品设计过程，制造商也应帮助供应商提高技术能力和管理水平。在现阶段，我国主要是由制造商来负责监督购买物资的质量，验收部门负责购买物资的接收、确认、点数统计，并将不合格的物资退回给供应商，因而增加了采购成本。实施准时采购以后，从根源上保证了采购质量，购买的原材料和外购件就能够实行免检，直接由供应商送货到生产线，从而大大减少了采购环节，降低了采购成本。

6. 充分的信息交流

准时采购要求供需双方信息高度共享，保证供应与需求信息的准确性和实时性。由于双方的战略合作关系，在生产计划、库存、质量等方面的信息都可以进行交流，以便出现问题时能够及时处理。只有供需双方进行可靠而快速的双向信息交流，才能保证所需的原材料和外购件的准时按量供应。同时充分的信息交换能增强供应商的应变能力。信息交换的内容包括生产作业计划、产品设计、工程数据、质量、成本、交货期等，信息交换的手段包括电报、电传、电话、信函、卫星通信等。现代信息技术的发展，如 EDI、E-mail 等，为有效的信息交换提供了强有力的技术支持。

7. 特定的包装要求

准时采购对原材料和外购件的包装也提出了特定的要求，良好的包装不仅可以减少装货、卸货对人力的需求，而且使运输和接收更为便利。最理想的情况是，对每一种原材料和外购件，采用标准规格且可重复使用的容器，如托盘包装和运输，既可提高运输效率，又能保证交货的准确性。

第二节 供应商管理

现在的市场竞争使得单个企业自身的盈利空间越来越小，要依靠自身去赢得优势已变得越来越困难，因此，作为生产厂商，与供应商良好、长期稳定的战略合作关系将会使企业在激烈的竞争中有稳定可靠的物资来源，有利于企业的生存和发展。供应商，是指可以为企业提供原材料、设备、工具及其他资源的企业。供应商，可以是生产企业，也可以是流通企业。企业要维持正常生产，就必须有可靠的供应商为企业提供各种各样的物资供应。供应商对企业的物资供应起着非常重要的作用，采购管理就是直接和供应商打交道而从供应商那里获得各种物资，因此采购管理的一个重要工作，就是供应商管理。

一、供应商管理的概念

所谓供应商管理，就是对供应商的了解、选择、开发、使用和控制等综合性的管理工作的总称。其中，了解是基础，选择、开发、控制等是手段，使用是目的。供应商管理的目的就在于为企业建立一个稳定可靠的供应商队伍，为企业生产提供稳定可靠的物资供应。

从传统的供应商管理发展到现代的供应商管理，企业在供应商管理方面有了很大的创新。两种管理方式的比较如表 5-2 所示。

表 5-2　传统的供应商管理与现代的供应商管理比较表

	传统的供应商管理	现代的供应商管理
供应商数目	多数	少数
与供应商的关系	短期、买卖关系	长期合作、伙伴关系
企业与供应商的沟通	仅限于采购部与供应商销售部之间	双方多个部门沟通
信息交流	仅限于订货收货信息	多项信息共享
价格谈判	尽可能低的价格	互惠的价格，双赢
供应商选择	凭采购员经验	完善的程序
供应商对企业的支持	无	提出建议
企业对供应商的支持	无	技术支持

二、供应商管理的基本环节

供应商管理的基本环节如图 5-2 所示。

（一）供应商调查

供应商调查的目的就是要了解企业有哪些可能的供应商，各个供应商的基本情况如何，为企业了解资源市场以及选择企业的正式供应商作准备。供应商调查，是对供应商的基本情况的调查，主要是了解供应商的名称、地址、生产能力、能提供什么产品、能提供多少、价格如何、质量如何、市场份额有多大、运输进货条件如何等。供应商调查包括供应商初步调查和资源市场调查。

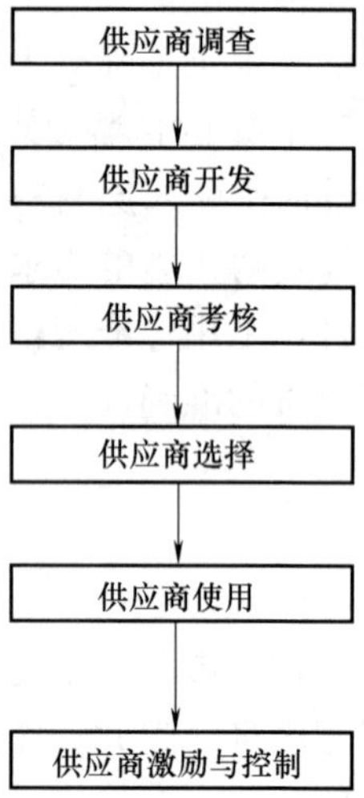

图 5-2　供应商管理环节

1. 供应商初步调查与分析

供应商初步调查的基本方法是访问调查法，通过访问有关人员获得信息，可以访问供应商单位市场部有关人员，或者访问有关市场主管人员，或者其他的知情人士。通过访问建立供应商卡片，存储供应商的相关信息，作为采购管理的基础工作。在实行了计算机信息管理的企业中，供应商管理应当纳入计算机管理中去，利用数据库进行操作、维护和利用。计算机管理有很多优越性，它不但可以很方便地存储、增添、修改、查询和删除，而且可以很方便地统计、汇总和分析，可以实现不同子系统之间的数据共享。在对供应商进行调查的基础上，要利用供应商初步调查的资料进行供应商分析，比较各个供应商的优势和劣势，选择适合于企业需要的供应商。

供应商分析的主要内容包括：①产品的品种、规格和质量水平是否符合企业需要，价格水平如何，只有产品的品种、规格、质量水平都适合于企业，才能算上企业的可能的供应商；②企业的实力、规模如何，产品的生产能力如何，技术水平如何，管理水平如何，企业的信用度如何，其中信用度是指企业对客户、对银行等的诚信程度，表现为供应商对自己的承诺和义务履行的程度，特别是像产品质量保证、按时交货、往来账目等方面能够以诚相待、一丝不苟的履行自己的责任和义务；③产品是竞争性商品还是垄断性商品，如果是竞争性商品，那么供应商的竞争态势如何，产品的销售情况如何，市场份额如何，产品的价格水平是否合适；④供应商相对于本企业的地理交通情况如何，进行运输方式分析、运输时间分析、运输费用分析，看运输成本是否合适。

2. 资源市场调查

在对供应商进行初步调查的基础上，还要进行资源市场调查。资源市场调查包括以下内容。

（1）资源市场的规模、容量、性质。例如资源市场究竟有多大范围，有多少资源量，多少需求量，是买方市场还是卖方市场，是完全竞争市场还是垄断竞争市场或是垄断市场，是一个新兴的成长的市场还是一个陈旧的没落的市场。

（2）资源市场的环境。例如市场的管理制度、法制建设、市场的规范化程度、市场的经济环境、政治环境等外部条件如何，市场的发展前景如何。

（3）资源市场中的供应商情况，也就是指前面进行的初步供应商调查的结果。把众多的供应商的调查资料进行分析，就可以得出资源市场自身的基本情况，例如资源市场的生产能力、技术水平、管理水平、可供资源量、质量水平、价格水平、需求状况以及竞争性质等。

（二）供应商开发

供应商管理的一个重要任务就是要开发供应商。所谓开发供应商就是从无到有地寻找新的供应商，建立起适合于企业需要的供应商队伍。供应商开发是一个很重要的工作，同时也是一个庞大复杂的系统工程，需要精心策划、认真组织。开发一个供应商，大致要经过以下的几个步骤。

1. 产品 ABC 分类

首先将采购物料分类，确定关键的重要的零部件、原材料及其资源市场。

（1）将主生产物料和辅助生产物料等按采购金额比重分成 ABC 三类，求出关键物资、重点物资，进行重点管理。根据物资重要程度决定供应商关系的紧密程度。对于关键物资、重点物资，我们要建立比较紧密的供应商关系，对于非重点物资，我们可以建立起一般的供应商关系，甚至不必建立起固定的供应商关系。

（2）按材料成分或性能分类，如塑胶类、五金类、电子类、化工类、包装类等，确定资源市场的类型性质。

2. 分析评估

在供应商与资源市场调查的基础上，成立供应商评估小组，由副总经理任组长，采购、品质管理、技术部门经理、主管、工程师组成评估小组，进行供应商分析与资源市场分析。

（1）供应商分析。把反馈回来的供应商调查表进行整理核实，如实填写供应商资料卡。将合格厂商分类按顺序统计记录，然后由评估小组进行分析比较和综合评估，按 ABC 物料采购金额的大小，按供应商规模、生产能力等基本指标进行分类，对每个关键物资、重点物资初步确定 1 ~3 家供应商，准备进行深入调查。

（2）资源市场分析。在供应商分析的基础上，结合资源市场调查的有关资料分析资源市场的基本情况，包括资源能力情况、供需平衡情况、竞争情况、管理水平、规范化程度、发展趋势等。并根据资源市场的性质确定相应的采购策略、产品策略和供应商关系策略。例如对于垄断性市场，采用合作和据理谈判策略；对于竞争性市场，采用招标竞争策略等。

3. 深入调查供应商

对初步调查分析合格、被选定为备选供应商的 1 ~ 3 家供应商，要采取深入调查。深入调查分为三个阶段。

第一阶段：送样检查。通知供应商生产一批样品，随即抽样检查。检查合格则进入第二阶段。检查不合格，允许再改进生产一批送检，抽检合格也可进入第二阶段，抽检不合格，供应商落选，到此结束。

第二阶段：考察生产工艺、质量保证体系和管理体系等生产条件是否合格。合格者中选供应商，到此结束。不合格者进入第三阶段。

第三阶段：生产条件改进考察。愿意改进并限期达到了改进效果者中选，不愿意改进、或愿意改进但在限期内没有达到改进效果者落选。深入调查阶段结束。

4. 价格谈判

对送样或小批量合格的产品、材料，要评定品质等级，并进行比价和议价，确定一个最优的价格性能比。进行价格谈判的指导思想就是要合理，要“双赢”，自己不要吃亏，也不要让供应商吃亏，要考虑长远合作。大家都不吃亏，才能得到共同发展，才会有共同的长远合作和长远利益。要实事求是地进行计算，求出一个合理的价格。价格谈判成功后，就可以签订试运作协议，进入物资采购供应试运作阶段，基本上以一种供需合作关系运行起来。试运行阶段根据情况可以是 3 个月至 1 年不等。

5. 供应商辅导

价格谈好以后的试运行供应商，将与企业建立起一种紧密关系参与试运作。这时企业要积极参与辅导、合作。企业应当根据生产的需要，也要根据供应商的可能，来共同设计规范相互之间的作业协调关系，制定一定的作业手册和规章制度。并且为使供应商适应企业的需要，要在管理、技术、质量保证等方面进行辅导和协助。

（三）供应商考核

供应商考核是一个贯穿于企业供应商管理全过程的工作，在供应商开发过程中需要考核，在供应商选择阶段也需要考核，在供应商使用阶段也需要考核。虽然考核的阶段不同，考核的目的略有差异，但考核的内容大同小异，主要从以下几个方面进行考核。

（1）检查产品质量是否合格。可以采用抽检或全检的方式，求出质量合格率。质量合格率用质量合格的次数占总次数的比率来表示。

（2）交货是否准时。检查供应商交货是否准时？用误时的次数占总次数的比率来描述。

（3）交货数量是否满足。用物资供应满足程度或缺货程度来描述。

（4）信用度的考核。主要考察在试运作期间，供应商是否认真履行自己承诺的义务，是否对合作事业高度负责，在往来账目中是否不欠账，不拖账。信用度一般可以用失信次数与总次数的比率来描述。失信包含多种含义，例如没有履行事先的承诺，没有按约定按时交款或还款等，都是失信。

（四）供应商的选择

在供应商开发阶段，考核供应商的目的是为了选定合适的供应商。选择一批好的供应商，不但对企业的正常生产起着决定作用，而且对企业的发展也非常重要。实际上供应商选择融合在供应商开发的全过程中。供应商开发的过程包括了几次供应商的选择过程：在众多的供应商中，每个品种要选择5~10个供应商进行初步调查；初步调查以后，要选择1~3个供应商进行深入调查；深入调查之后又要作一次选择，初步确定1~2个供应商；初步确定的供应商进入试运行，又要进行试运行的考核和选择，确定最后的供应商结果。供应商选择方法一般有两种，即考核选择和招标选择。

以上指标每个月考核一次，一个季度或半年综合考核评分一次，各个指标加权评分综合，按评分等级分成优秀、良好、一般、较差几个等级。优秀者可以通过试运行，结束考核期，签订正式供需关系合同，成为企业正式的供应商，建立一个比较稳定的供需关系。其他的则不能通过试运行，应当结束考核，终止供需关系。

（五）供应商的使用

当选定供应商以后，应当结束试运行期，签订正式的供应商关系合同，开始正常的物资供应业务运作，建立起比较稳定的物资供需关系。在业务运作的开始阶段，要加强指导与配合，要对供应商的操作提出明确的要求，有些大的工作原则、守则、规章制度、作业要求等应当以书面条文的形式规定下来，有些甚至可以写到合作协议中去。起初还要加强评估与考核，不断改进工作和配合关系，直到比较成熟为止。在比较成熟以后，还要不定期地检查、合作和协商，以保持业务运行的健康、有序。

（六）供应商的激励与控制

在供应商的整个使用过程中，要加强激励与控制，既要充分鼓励供应商积极主动地搞好物资供应业务关系，又要采取各种措施，约束防范供应商的不正当行为给企业造成损失，从而保证与供应商的合作关系和物资供应业务健康正常进行。

三、供应商管理的重要性

供应商管理是采购管理的一个重要部分，就在于供应商是一种客观存在，是企业外部环境的组成部分，它必然直接或间接与企业产生联系，是资源市场的组成部分，资源市场中物资的供应总量、供应价格、竞争态势、技术水平等，都是由资源市场的所有成员共同形成的。而企业的采购，就是从资源市场中获得所需资源的过程。在这个过程中，企业本身要寻求最优，找到最适合的供应商，来支持企业的生产。

在传统的采购中，供应商与采购方是利益互相冲突的矛盾对立体，供应商希望从采购方手中多得一点，采购方希望向供应商少付一点，为此常斤斤计较。供应商甚至在物资商品的质量、数量上做文章，以劣充优、降低质量标准、减少数量，甚至制造假冒伪劣产品坑害采购方；采购方为了防止伪劣质次产品入库，需要花费很多人力物力加强物资检验，大大增加了物资采购检验的成本。因此，采购方与供应商之间，既互相依赖，又互相对立，彼此相处总是一种互相提防的紧张关系。这种紧张关系，对双方都不利，对采购企业来说，产品供应没有可靠的保证、产品的质量没有保障、采购成本太高，这些都直接影响企业的生产和成本效益。

相反，如果我们找到了一个好的供应商，它的产品质量好、价格低，而且服务态度好、保证供应、按时交货，这样企业就可以保证物资供应的稳定可靠、质优价廉、准时供货，而且企业与供应商之间关系融洽，互相支持、互相协调，对企业的生产和成本效益都会有好处。为了创造这样一种供应商关系局面，克服传统的供应商关系观念，企业有必要加强供应商管理工作，通过多方面的努力，去了解、选择、开发供应商，建立一支可靠的供应商队伍。为企业的生产提供稳定可靠的物资供应保障，同时，搞好供应商管理也是做好企业采购管理工作的基础。

第三节　供应商的选择与使用

任何一个企业进行供应商管理时，大部分工作就是供应商的选择、使用和监督。供应商的选择是否合适、使用是否得当、监督是否有力，是保证采购工作质量的重点问题。供应商的选择、使用和绩效评估，需要供应商考核工作的支持。

一、供应商考核的指标体系

这里的供应商考核主要是指供应商签订正式合同以后正式运作期间对供应商整个运作活动的全面考核。这种考核应当比试运作期间更全面。一般来说，应当从以下几个方面来考核供应商。

（一）产品质量

产品质量是最重要的因素，在开始运作的一段时间内，主要加强对产品质量的检查。检查可以分为两种：一种是全检，另一种是抽检。全检工作量太大，成本太高，一般采用抽检的方法。质量的好坏可以用质量合格率来描述，如果在一次交货中一共抽检了 n 件，其中有 m 件是合格的，则质量合格率 p 的计算公式为

$$p=\frac{m}{n}\times 100\%$$

显然，质量合格率 p 越高越好。

如果在 N 次的交货中，每次的产品合格率 p 都不一样，则可以用平均合格率来描述

$$\bar{p}=\frac{\sum_{i=1}^{N}p_i}{N}$$

有些情况下，企业采取对不合格产品退货的措施，这时质量合格率也可以用退货率来描述。所谓退货率，是指退货量占采购进货量的比率。如果采购进货 n 次（或件、个），其中退货 r 次（或件、个），则退货率可以用公式表示为

$$\text{退货率}=\frac{r}{n}\times 100\%$$

显然，退货率越高，表明其产品质量越差。

（二）交货期

交货期也是一个很重要的考核指标参数。考察交货期主要是考察供应商的准时交货率。准时交货率可以用准时交货的次数与总交货次数之比来衡量，即

$$\text{交货准时率}=\frac{\text{准时的次数}}{\text{总交货次数}}\times 100\%$$

（三）交货量

考察交货量主要是考核按时交货量，按时交货量可以用按时交货率来评价。按时交货率是指给定交货期内的实际交货量与当期内应当完成交货量的比率，即

$$按时交货量率=\frac{期内实际完成交货量}{期内应当完成交货量}\times100\%$$

也可以用未按时交货量率来衡量，即

$$未按时交货量率=\frac{期内实际未完成交货量}{期内应当完成交货量}\times100\%=1-按时交货量率$$

如果每期的交货量率不同，则可以求出各个交货期的平均交货量率，即

$$平均按时交货量率=\frac{\sum 按时交货量率}{N}\times100\%$$

考核总的供货满足率可以用总供货满足率或总缺货率来描述，即

$$总供货满足率=\frac{期内实际完成供货量}{期内应当完成供货总量}\times100\%$$

$$总缺货率=\frac{期内实际未完成供货率}{期内应当完成供货总量}\times100\%=1-总供货满足率$$

（四）工作质量

考核工作质量，可以用交货差错率和交货破损率来描述，即

$$交货差错率=\frac{期内交货差错量}{期内交货总量}\times100\%$$

$$交货破损率=\frac{期内交货破损量}{期内交货总量}\times100\%$$

（五）价格

价格就是指供货的价格水平。考核供应商的价格水平，可以和市场同档次产品的平均价和最低价相比较，分别用市场平均价格比率和市场最低价格比率来表示，即

$$平均价格比率=\frac{供应商的供货价格-市场平均价}{市场平均价}\times100\%$$

$$最低价格比率=\frac{供应商的供货价格-市场最低价}{市场最低价}\times100\%$$

（六）进货费用水平

考核供应商的进货费用水平，可以用进货费用节约率来考核，即

$$进货费用节约率=\frac{本期进货费用-上期进货费用}{上期进货费用}\times100\%$$

（七）信用度

信用度主要考核供应商履行自己的承诺、以诚待人、不故意拖账、欠账的程度。信用度可以用公式来描述，即

$$信用度=\frac{期内失信的次数}{期内交往总次数}\times100\%$$

（八）配合度

主要考核供应商的协调精神。在和供应商相处过程中，常常因为环境的变化或具体情况的变化，需要把工作任务进行调整变更，这种变更可能导致供应商的工作方式的变更，甚至导致供应商可能要作出一些牺牲。这时可以考察供应商在这些方面积极配合的程度。另外如工作中出现了困难，或者发生了问题，可能有时也需要供应商配合才能解决。在这样的时候，可以看出供应商的配合程度。

考核供应商的配合程度，主要靠人们的主观评分来考核，主要找与供应商相处的有关人员，让他们根据这个方面的体验为供应商评分。特别典型的是，可能会有上报或投诉的情况。这时可以把上报或投诉的情况也作为评分依据之一。

除了上述因素外，还要考虑供应商的售后服务、是否愿意为企业建立库存等条件。

二、供应商的评估考核程序

以某企业考核供应商的程序为例，供应商评估考核程序主要有以下几点。

（一）供应商的资料收集及初评

（1）采购部经理开发且收集具有合作潜力的厂商的相关资料，并记录于《厂商资料卡》里。

（2）由相关评估人员根据《厂商资料卡》之内容评估其加工或接单能力，并参考以往业绩及业界风范等判定是否可列为开发或交易对象，不合格者予以淘汰。

（二）送样及试作订单

经初评合格后，由采购部经理通知供应商送样或开列试作《订购单》呈经理核准后，通知送样或试样，以利确定其接单能力，同时知会 TQC 主管。

（三）品质认证

（1）试作加工后产品均由 TQC 按《进货检验与试验控制程序》及《来料检验规范》之规定进一步确认产品品质，并做成记录。

（2）无形劳务由需求部门主管确认。

（3）品质不合格者由 TQC 部门通知采购部，再通知供应商送样，重新确认其品质，若仍不合格者予以淘汰。

（四）品质保证能力及生产能力鉴定

样品确认合格后，由采购评估小组到供应商生产工厂进行现场调查其品质保证能力，并记录于《供应商评估表》上，同时对其生产能力进行调查，并记录于《生产能力调查表》中，以利确定其接单能力。

（五）询议价

评估人员征询供应商之报价，采购部经理同时搜集有关同类产品价格资料，进行比价。有条件者可对供应商产品进行估价，掌握了一定资料后，由采购评估小组召集供应商进行议价，使企业接受的是一个较合理的产品价格。

（六）签订采购协议

评估及价格合理者，由采购部经理与供应商拟定《采购协议书》，再由经理签名。

（七）登录列管

经供应商评估小组评估合格者，由副总核准并列入合格供应商名单。

（八）供应商的供货考核与定期复核

（1）所有合格供应商每半年复核一次，复核时应由采购部经理填写《供应商考核表》会同采购评估小组进行价格、品质、交期、交量及配合度之考核，且评定等级呈副总核定。

（2）经核定评定不合格者应由评估人员决定暂停或减少外包数量，并通知该供应商进行改善，或由公司派人进行辅导。

（3）采购部门人员追踪评估供应商改善成效，成效不佳者视情况要求该供应商于展延期内改善，否则予以淘汰。

(4) 复核合格者，可继续登录于合格供应商名册内。

(九) 记录维护

复核或评估供应商之记录均由采购经办部门按《品质记录控制程序》之规定加以保存与维护。

在供应商的评估考核程序中，涉及的一些支持性的文件，主要有：来料检验规范、采购协议书、厂商资料卡、供应商评估表、生产能力调查表、供应商考核表、合格供应商名册等。

三、供应商的选择过程

供应商选择是企业的一个重要决策，一个好的供应商应拥有制造高质量产品的加工技术，拥有足够的生产能力以及能够在获得利润的同时提供有竞争力的产品。同一产品在市场上的供应商数目越来越多，供应商的多样性更使得选择变得复杂，需要一个规范的程序来操作。

供应商选择的一般步骤如下。

(一) 成立供应商评估和选择小组

供应商的选择绝不是采购员个人的事，而是一个集体的决策，需要各部门有关的人员共同参与讨论、共同决定，获得各个部门的认可，包括采购部的决策者和其他部门的决策影响者。

供应商的选择涉及企业的生产、技术、计划、财务、物流、市场部门等。对于技术要求高，重要的采购项目来说特别需要设立跨职能部门的供应商选择工作小组。供应商选择工作小组应由各部门的有关人员组成，包括研究与开发部、技术支持部、采购部、物流管理部、市场部、计划部等。

(二) 确定全部的供应商名单

通过供应商信息数据库，以及采购人员，销售人员或行业杂志、网站等媒介渠道，了解市场上能提供所需物品的供应商。

(三) 列出评估指标并确定权重

确定代表供应商服务水平的有关因素，据此提出评估指标。

(四) 逐项评估每个供应商的履行能力

为了确保评估的可靠，应该对供应商进行调查。在调查时一方面听取供应商提供的情况，另一方面应尽量对供应商进行实地考察。考察小组由各部门有关人员组成，技术部门进行技术考察，对企业的设备、技术人员进行分析，考虑将来是否能够保证质量，以及是否能够跟上企业所需技术的发展，满足企业变动的要求；生产部门考察生产制造系统，了解人员素质水平、设备配置水平、生产能力、生产稳定性等；财务部门进行财务考核，了解供应商的历史背景和发展前景，审计供应商并购、被收购的可能，了解供应商的经营状况，信用状况，分析价格是否合理，以及能否获得优先权。

(五) 综合评分并确定供应商

在综合考虑各方面的重要因素之后，就可以给每个供应商打出综合评分，选择出合格的供应商。

现在一些企业为了制造供应商之间的竞争机制，创造了一些做法，就是故意选 2～3 个供应商，称为 AB 角或 ABC 角。将 A 角作为主供应商，分配较大的供应量；B 角（或再加上 C 角）作为副供应商，分配较小的供应量。综合成绩为优的中选供应商担任 A 角，候补供应商担任 B 角。在运行了一段时间后，如果 A 角的表现有所退步而 B 角的表现有所进步的话，则可以把 B 角提升为 A 角，而把原来的 A 角降为 B 角。这样无形中就造成了 A 角和 B 角之间的竞争，促使他们竞相改进产品和服务，使得采购企业受益。

四、供应商的使用与激励

（一）供应商的使用

供应商经过考核成为企业的正式供应商之后，就要开始进入日常的物资供应运作程序。

进入供应商使用的第一个工作，就是要签订一份与供应商的正式合同。这份合同既是宣告双方合作关系的开始，也是一份双方承担责任与义务的责任状，也是将来双方合作关系的规范书。所以双方应当认真把这份合同书的合同条款协商好，然后双方签字盖章。协议生效后，它就成为直接约束双方的法律性文件，双方都必须遵守。

在供应商使用的初期，采购企业的采购部门，应当与供应商协调，建立起供应商运作的机制，相互在业务衔接、作业规范等方面建立起一个合作框架。在这个框架的基础上，各自按时按质按量完成自己应当承担的工作。采购企业的采购管理部门应当按合同的规定，严格考核检查供应商的合同执行情况，既充分使用、发挥供应商的积极性，又进行科学的激励和控制，保证供应商的物资供应工作顺利健康地进行。

采购企业在供应商使用的管理上，应建立“双赢”思想。供应商也是一个企业，也要生存和发展，因此也要适当赢利。作为采购企业，不能只顾自己降低成本、获取利润，应尽量使双方都能获得好处，共存共荣。从合作角度出发，处理合作期间的各种事务，建立起一种相互信任、相互支持、友好合作的关系。

（二）供应商的激励与控制

为了保证供应商使用期间日常物资供应工作的正常进行，要采取一系列的措施对供应商进行激励与控制。供应商激励与控制的目的，一是要努力充分发挥供应商的积极性与主动性，努力搞好自己所承担的物资供应工作，保证企业的生产正常进行；二是要防止供应商的不轨行为，预防一切对企业可能产生的不确定性损失。

对供应商的激励与控制应当注意以下一些方面的工作。

1. 逐步建立起一种稳定可靠的关系

企业应当和供应商签订一个较长时间的业务合同关系，例如 1～3 年。时间不宜太短，太短了让供应商不放心，从而总是对本企业留一手，不可能全心全意地为搞好企业的物资供应工作而倾注全力。只有合同时间长，供应商才会放心，才会全力搞好物资供应工作。特别是业务量大时，供应商会把本企业看做是它自己生存和发展的依靠和希望，就会更好地与企业合作，形成一种休戚与共的关系。但是合同时间也不能太长。这一方面是因为将来可能发生变化，例如市场变化导致产量变化、甚至产品变化、组织机构变化等；另一方面，也是为了防止供应商产生一劳永逸的思想而放松对业务的竞争进取精神。所以合同时间一般以一年比较合适，如果合适，第二年可以再续签。不合适，则合同终止。这样签合同，就是要让供应商感到放心，可以有一段较长时间的稳定工作，又要让供应商感到有危机感，不要放松竞争进取精神，才能保住明年的工作。

2. 有意识地引入竞争机制

有意识地引入竞争机制，促使供应商在产品质量、服务质量和价格水平方面不断优化。例如前面提到过的 AB 制或 ABC 制。

3. 与供应商建立相互信任的关系

当供应商经过考核成为正式供应商后，一个重要的措施就是将验货收货逐渐转为免检收货。免检是对供应商的最高荣誉，可以显示出企业对供应商的高度信任。免检，当然不是随便地给出，而应当稳妥进行。既要积极的推进免检考核的进程，又要确保产品质量。一般免检考核进程要经历三个月左右，在免检考核初期，要进行严格的全检或抽检，如果检查结果，不合格率很小，则可以降低抽检的频次，直到不合格率几乎降到零。这个时候要组织供应商有关方面的人员，稳定生产工艺和管理条件，保持住零不合格率。如果真能保住一段时间，就可以实行免检了。

当然，免检期间也不是绝对的免检。还要不时的随机抽查一下，以防供应商的质量滑坡，影响本企业产品的质量。抽检的结果如果满意，就继续免检。一旦发现问题，就要加大抽检频次，进一步加大抽检的力度，甚至取消免检。此外，建立信任关系，还包括很多其他方面。例如不定期的开一些企业领导的碰头会，交换意见，研究问题，协调工作，甚至开展一些互助合作。特别是涉及企业之间的一些共同的业务、利益等有关问题，一定要开诚布公地谈清楚。

4. 建立相应的监督控制措施

在互相信任的基础上，也要建立起比较有效的监督控制机制。特别是一旦供应商出现了一些问题或者一些可能发生问题的苗头之后，一定要建立起相应的监督控制措施。根据情况的不同，可以分别采用以下一些措施。

（1）对一些非常重要的供应商，或是当问题比较严重时，可以向供应商单位派常驻代表。常驻代表应当深入到生产线各个工序、各个管理环节，帮助发现问题，提出改进措施，确实保证把有关问题彻底解决。对于那些不太重要的供应商，或者问题不那么严重的单位，则视情况分别采用定期或不定期到工厂进行监督检查，或者设监督点对关键工序或特殊工序进行监督检查，或者要求供应商自己报告生产条件情况、提供检验记录，让大家进行分析评议等办法进行监督实施。

（2）加强成品检验和进货检验，做好检验记录，退还不合格品，甚至追究赔款或罚款，督促供应商改进。

（3）组织本企业管理技术人员对供应商进行辅导，提出产品技术规范要求，使其提高产品质量水平或企业服务水平。

第四节 企业业务外包

一、企业业务外包的概念

业务外包（Outsourcing）是指企业为了获得比单纯利用内部资源更多的竞争优势，将其非核心的业务交由合作企业完成。传统企业是通过“纵向一体化”实现对资源的直接控制，而外包是对企业“五脏俱全”的传统组织模式的一种突破。自从20世纪80年代以来，外包已成为商业领域中的一大趋势。企业越来越重视集中自己的主要资源与主业，而把辅助性功能外包给其他企业。

案例5-3

耐克的外包

耐克是全球最大的体育用品提供商，但耐克公司从来不生产一双耐克鞋，在美国俄勒冈州的比弗顿市，四层楼高的耐克总部里看不见一双鞋。全球畅销的耐克鞋均通过生产外包的形式制造。耐克的创始人菲尔·奈特进行生产外包，最早是从日本开始。1981年10月，耐克和日本岩井联营公司开办耐克日本公司，耐克公司控制了这家公司50%的股权，并把日本橡胶公司原有的耐克公司产品配销权转移到新公司名下。同时，耐克公司与日本橡胶公司签约，让其负责耐克鞋的生产工作，而成品则交给耐克日本公司销售。用这种方法，耐克避免了高关税，打开了贸易壁垒，轻松进入了一向封闭的日本市场。用同样的方法，耐克公司通过在爱尔兰设厂也成功地避开了高关税进入欧洲市场。随着各地区生产成本的变化，耐克公司的合作对象不断变化：先是日本、西欧，其后是韩国、中国台湾，接着是中国大陆、印度，到20世纪90年代，耐克开始看好越南等劳动力更为廉价的东南亚国家。

从20世纪70年代开始，耐克便把制造环节外包给很多亚洲国家。外包使耐克获得了廉价的劳动力，并从供应商那里拿到了大量的折扣。此外，外包能够使顾客更快地从市场获得最新的产品，减少资本投入的风险。另一方面，在销售上，这种“期货”下单计划允许和零售商提前5~6个月预先订下运输保证书，保证90%的订货会以确定的价格在确定的时间运到。耐克公司虽然没有工人没有厂房，但是为公司制造产品的工人和厂房却遍及全球。耐克公司的高级职员只需要坐飞机来往于世界各地，把公司设计好的样品与图纸送到已经与公司签订合约的厂家，最后验收产品，贴上“耐克”的标签就可以了。

耐克公司从1999年开始使用电子数据交换（EDI）方式与其供应商联系，直接将成衣的款式颜色和数量等条件以EDI方式下单，并将交货期缩短3~4个月。它同时要求供应布料的织布厂先到美国总部上报新开发的布样，由设计师选择合适的布料设计为成衣款式后，再下单给成衣制造商，而且成衣制造商生产的布料也必须是耐克认可的布料商生产的。这样一来，织布厂必须提早规划新产品供耐克公司选购。由于布料是发包方指定，接包商订布的时间就会缩短，成衣商的交货期也就越来越短，从以往的180天缩短为90天。显然，耐克公司的库存压力就减轻了。

此外，耐克公司还投资5亿美元构建起一个具有快速反应能力的供应链系统。在耐克全球600家以上的接包方的库房里，都安装有耐克的信息控制系统，各家接包厂商的品种和存货，耐克总部同步获悉，没有时间差，没有中间信息传递过程的失真和消耗。快速反应系统创造了超越其他企业的附加价值，供应链在日积月累的系统构建和不断增值中逐步转化为价值链。

现在，耐克公司的全球产品信息网络能使身处世界各地的员工得到各种各样的关于耐克公司鞋类产品的信息。无论是最老式的设计图样还是最新的销售情况都可以在这个庞大的全球网络中找到，它实现了从设计到销售之间信息无缝、持续的流动。同时，互动的交流将全球协作提升到一个新的高度。就像耐克人说的那样：耐克是一个全球性的公司，而不是一个总部设在美国的跨国公司。

在研发方面，耐克公司通过持续大规模的投入和研发流程的精细化，保持着在运动服装领域世界领先的地位。耐克1980年就建立了运动研究实验室（Sport Research Lab），1984年设立先进产品工程部门（Advance Product Engineering）。这两个部门的运作，保证了耐克在运动服装领域的技术领先，确保其不断研发出新的产品。

耐克自身在生物力学、运动生理学、工程学、工业设计及相关领域不断投入，还与研究委员会和顾问机构保持密切联系。这些外部组织由运动员、教练员、行业的经营管理人员、整形外科医生及其他专家组成。在研发阶段，耐克还雇佣专业运动员测试和评估产品性能，充气鞋、减震器等运动鞋领域的重要创新技术都来自于耐克。

在营销方面，耐克始终注重品牌的强化与控制。耐克的主要顾客群是年轻一代，对于年轻人来说最大的价值是自我实现的价值，耐克通过强烈的心理暗示、树立意见领袖帮助消费者，尤其是年轻一代，获得了张扬自我个性的机会，这为耐克带来了庞大的忠诚消费群体。

耐克极其重视商标和专利的保护。耐克在几乎所有产品上都运用商标，耐克相信：商标是公司与竞争对手区分、公司产品与竞争对手产品区分的一个重要因素。耐克认为商标是其最有价值的资产，并已经在100多个国家和地区注册。此外，耐克还拥有很多用于产品营销的其他商标。

（资料来源：http：//wenku. baidu. com/view）

二、企业业务外包的原因

业务外包推崇的理念是，如果在企业经营的某一环节不是最好的，如果这又不是我们的核心竞争优势，如果这种活动不至于与客户分开，那么可以把它外包给专业的公司去做。也就是说，首先确定企业的核心竞争力，并把企业内部的资源集中在那些有核心竞争优势的活动上，然后将剩余的其他企业活动外包出去。供应链环境下的资源配置决策是一个增值的决策过程，如果企业能以更低的成本获得比自制更高价值的资源，那么企业选择业务外包。以下是促使企业实施业务外包的原因。

1. 集中精力发展核心业务

在供应链管理环境下，企业成功与否不再由“纵向一体化”的程度高低来衡量，而是由企业积聚和使用的知识为产品或服务增值的程度来衡量。任何企业的资源都是有限的，很难成为业务上面面俱到的专家。为此，企业欲获得竞争优势，必须从企业与环境特点出发，把自己的主要资源集中于自己擅长的主业，企业只掌握核心功能，即把企业知识和技术依赖性强的高增值部分掌握在自己手里，而把其他低增值部门虚拟化。通过借助外部力量进行组合，其目的就是在竞争中最大效率地利用企业资源。如可口可乐，长盛不衰的饮料品牌，公司却不从事饮料生产，只掌握可口可乐原液配方以及品牌的营销工作。耐克，世界著名的运动产品品牌，没有自己的工厂，只专攻附加值最高的设计和营销。

2. 分担风险

企业可以通过外向资源配置分散由政府、经济、市场、财务等因素产生的风险。因为企业本身的资源是有限的，通过资源外向配置，与外部合作伙伴分担风险，企业可以变得更有柔性，更能适应外部变化的环境。

3. 加速企业重组

企业重组需要花费很长的时间，而且获得效益也需要很长的时间，而业务外包是企业重构的重要策略，可以帮助企业很快解决业务方面的重构问题。

4. 使用企业不拥有的资源

如果企业没有有效完成业务所需的资源（包括所需现金、技术、设备），而且不能盈利时，企业也会将业务外包。这是业务临时外包的原因之一，但是企业必须同时进行成本/利润分析，确认在长期情况下这种外包是否有利，由此决定是否应该采取外包策略。

5. 降低和控制成本

外部资源配置服务提供者都拥有比本企业更有效、更便宜的完成业务的技术和知识，因而他们可以实现规模效益，并且愿意通过这种方式获利。企业可以通过外向资源配置避免在设备、技术开发上的大额投资。

外包是社会生产进一步细化、竞争加剧的产物。外包的实质是资源的外部引用，其核心是提高企业整体生产效率，以达到增加企业赢利和实现资源的最佳配置的目的。这种发展模式使公司在成本控制、资源配置、量化管理等方面更具有弹性与可操作性，尤其在经济迅速发展的今天，以外包的形式可以变相引入我们急需的人才和技术。由于物流业务物流管理对于大多数企业，特别是对于那些财力、物力有限的小企业而言，在资源和管理能力上都有欠缺之处，通过将物流外包，更容易获得企业所需要的能力。

三、企业业务外包易出现的问题

成功的物流业务外包可以帮助企业降低成本、提高业务能力、提高利润率和生产率，可以使企业集中精力做好自己的核心业务，但也存在一系列问题。

（1）业务外包一般可以减少企业对业务的监控，但同时可使企业责任外移，令企业对货物控制具有潜在风险。企业不能直接控制外包业务具体的运行，可能导致服务水平和顾客的要求之间存在差异，有时不能保证顾客服务的质量和维护与顾客的长期关系。

（2）另一个问题来自企业职工本身，随着业务的外包，他们会担心失去工作。如果他们知道自己的工作外包只是时间问题的话，就可能会使剩下职工的职业道德和业绩下降，因为他们会对企业失去信心，失去努力工作的动力，从而导致更低的业绩水平和生产率。

许多业务外包的失败是因为忽略了以上问题，再一个原因就是没有选择好合作伙伴，遇到不可预知情况，过分强调短期效益。因此，企业在选择合作伙伴时，要对其进行全面的评价，确保建立稳定长期的合作关系。选择好合作伙伴后，必须不断监控其行为。

由于物流一般被工商企业视为支持与辅助功能，所以它常被认为是企业候选的外部化业务。多年来，欧美发达国家的物流已不再作为工商企业直接管理活动，而常常从外部物流专业公司中采购物流服务。有些公司还保留着物流作业功能，但越来越多地开始由外部合同服务来补充，这就带来了第三方物流运作方式的盛行。

第五节　第三方物流与第三方物流选择

一、第三方物流的概念

（一）第三方物流的定义

中国国家标准《物流术语》中对第三方物流（Third Party Logistics，TPL或3PL）的表述是：“由供方与需方以外的物流企业提供物流服务的业务模式”。第三方物流的概念源自于管理学中的业务外包，意指企业动态地配置自身和其他企业的功能和服务，利用外部的资源为企业内部的生产经营服务。将业务外包引入物流管理领域，就产生了第三方物流的概念。

1. 广义的第三方物流

广义的第三方物流是相对于自营物流而言的，凡是由社会化的专业物流企业按照货主要求，所从事的物流活动都可以包含在第三方物流范围内。至于第三方物流是从事的哪一个阶段的物流，物流服务的深度和服务的水平，这要看货主的要求。

2. 狭义的第三方物流

狭义的第三方物流主要是指能够提供现代的、系统的物流服务的第三方物流活动。其具体标志有以下几点。

（1）有提供现代化的、系统物流服务的企业素质。

（2）可以向货主提供包括供应链物流在内的全程物流服务和特定的、定制化服务的物流活动。

（3）不是货主向物流服务商偶然的、一次性的物流服务购销活动，而是采取委托—承包形式的业务外包的长期活动。

（4）不是向货主提供的一般性服务，而是提供增值物流服务的现代物流活动。

一般而言，我们在研究和建立现代物流系统时，第三方物流不是按照自营物流与否来进行区分，尤其在我国，小生产式的物流服务活动还相当多，并且还不能在很短的时间内解决这个问题，如果把这些企业都包括在第三方物流企业之中，显然会混淆人们对第三方物流的认识。所以，我们在讲第三方物流时，应当从狭义的角度来理解，把它看成是一种高水平、现代化的物流服务方式，看成是网络经济时代社会物流服务的发展方向。

（二）第三方物流的功能

第三方物流的功能即是企业所需的物流业务活动功能，包括以下16项内容。

（1）客户服务管理。掌握客户的需求动态，根据客户的要求和企业营销战略，确定顾客服务水准，及时提供物流服务。

（2）需求预测。需求预测是对生产、装运、销售等方面有可能产生的流量的一种预示或估计。

（3）物流信息交换。物流信息在相关部门及物流承运方和物流委托方之间的流动传递，是提高物流作业效率，实现物流系统化的关键环节。

（4）库存控制。库存控制是在保障供应的前提下，使库存物品的数量最少所进行的有效管理的技术经济措施。库存控制是建立在对市场的科学预测基础之上的。库存控制是物流管理的核心。

（5）物料装卸搬运。物料装卸搬运是指在物流的过程中，在保管和运输两端场所对物料进行的装车、卸车、移动、取货、分拣等作业活动。

（6）订单处理。订单处理是指接受订货信息，按照订单组织进货。

（7）售后服务。售后服务是指为已售出产品提供配件服务以及维修服务。

（8）工厂和仓库布局。工厂和仓库布局是指根据物流合理化的要求，确定物流节点的数量和位置。工厂（包括商店等）和仓库（包括配送中心等）的位置及其数量直接关系到物流网络的基本格局，影响到物流的走向，物流的流量等。

（9）物资采购。物资采购主要是指根据生产经营计划和库存状况，向供应商下单补充库存。

（10）工业包装。工业包装是指为保证物流过程中货物不发生损坏，便于运输和保管进行的包装活动，也称为运输包装和物流包装。

（11）退货处理。退货处理是指将不合格货物和多余货物退还给供货部门的活动。

（12）废弃物处理。废弃物处理是指物流过程中的废弃物的回收活动。

（13）运输。运输是物流的主要功能，是实现物资空间位移。合理安排运输，充分利用各种运输方式的优势，实现门到门的多式联运，对运输过程进行实时控制（GPS、货物跟踪系统、往返货物配载系统等），开展集装运输等是现代物流在运输领域的重要特征。

（14）仓库管理和保管。仓库管理和保管是指对仓库内的入出库、装卸等作业活动实施的管理活动以及对库内物料进行妥善保管的相关作业活动。

（15）流通加工。流通加工是在流通领域从事的简单生产活动，流通加工不改变商品的基本形态和功能，只是完善商品的使用功能，提高商品的附加价值。

（16）配送。配送属于由末端物流节点向最终用户进行的货物运输活动，具有小批量、多品种特点。

从对欧洲制造企业第三方物流采用情况调查可知，最常采用的第三方物流服务和采用比例如表5-3所示。

表5-3　欧洲制造企业第三方物流服务需求内容

业务种类	百分比（%）
联运	60
仓库管理	52
车队管理	52
产品回收	44
搬运选择	43
再包装/贴标签	39
物流信息系统	30
订单履行	24
产品装配/安装	23
估价谈判	19
库存补充	15
订单处理	13
客户备用零件	12
其他	9

对美国51家领先的第三方物流服务者的调查，最常见的第三方物流服务内容如表5-4所示。

表5-4 美国第三方物流服务内容

业务种类	百分比(%)
开发物流系统	97.3
电子数据交换能力	91.9
管理表现汇报	89.2
货物集运	86.5
选择承运人、货物代理、海关代理	86.5
信息管理	81.1
仓储	81.1
咨询	78.4

从以上的数据可以看出，无论是第三方物流服务的需求方还是供应方，服务的主要内容比较集中于传统意义上的运输服务和仓储服务。物流公司对单项服务的内容都有一定的经验，如何将这种单项服务的内容有机地组合起来，提供物流服务的整体方案，这是第三方物流发展的关键。

作为国际物流领域上新兴的产业，第三方物流业指向货主提供物流代理服务的各种行业。过去很少能由一个企业代理货主的全部环节的物流服务，往往局限于仓库存货代理、运输代理、托运代办、通关代理等局部业务，而完善的第三方物流则是全部物流活动系统的全程代理。

（三）第三方物流的特点

由于现代物流管理的需要，能承担企业外包物流业务的物流服务提供者，其提供的物流服务应具备以下特点。

1. 信息网络化

信息流服务于物流，信息技术是第三方物流发展的基础，现代信息技术实现了数据的快速、准确传递和信息实时共享，促进了物流管理的科学化，只有具备信息的优势，在物流服务过程中，第三方物流才可以比货主（外包物流服务人和收货人）在了解市场、了解物流平台的情况、了解灵活运用物流资源、了解价格、了解制度和政策方面更有优势。

2. 关系合同化

首先，第三方物流是通过合同的形式来规范物流经营和物流消费者之间的关系的。物流经营者根据合同的要求，提供多功能全方位一体化的物流服务，并以合同来管理所有提供的物流服务活动及其过程。其次，第三方发展物流联盟也是通过合同形式来明确各物流联盟参与者之间的关系。

3. 功能专业化

当企业的核心业务迅猛发展时，也需要企业的物流系统跟上核心业务发展的步伐，但这时企业原来的自理物流系统往往因为技术和信息系统的局限而相对滞后。第三方物流的核心竞争力，除了信息之外，就是物流领域的专业化运作，专业化运作是降低成本、提高物流水平的运作方式。第三方物流公司所提供的服务是专业化的服务，对于专门从事物流服务的企业，它的物流设计、物流操作过程、物流管理都应该是专业化的，物流设备和设施都应该是标准化的。

4. 服务个性化

在社会化大生产更加扩大，专业化分工愈加细化的今天，服务成为企业竞争的关键因素。服务水平的提高会提高顾客满意度，增强企业信誉，促进企业的销售，提高利润率，进而提高企业市场占有率。第三方物流在帮助企业提高自身顾客服务水平上有其独到之处，根据不同的物流消费者的要求，第三方物流企业从消费者的角度考虑，通过“量体裁衣”式的设计，制定出以顾客为导向、低成本高效率的物流方案，为企业在竞争中取胜创造有利条件。

二、企业选择第三方物流的原因

在专业化分工越来越细的时代，再有实力的企业也不可能面面俱到，什么都做得很好。把自己较不擅长的部分，或者说不是自己核心能力的部分给第三方来承担，扬长避短，实际上就使得企业和第三方物流各自的优势得到强化，既能促使企业专注于提高自身核心竞争力，有助于企业的长远发展，又有利于带动物流行业整体的发展。

第三方物流企业具有如下优势。

1. 具有专业水平和相应物流网络

通过专业化的发展，第三方物流公司已经开发了信息网络并且积累了针对不同物流市场的专业知识，包括运输、仓储和其他增值服务。许多关键信息，如卡车运量、国际通关文件、空运报价和其他信息等，通常是由第三方物流公司收集和处理。对于第三方物流公司来说，获得这些信息更为经济，因为他们的投资可以分摊到很多的客户头上。对于非物流专业公司来讲，获得这些专长的费用就会非常昂贵。

2. 拥有规模经济效益

由于拥有较强大的购买力和货物配载能力，一家第三方物流公司可以从运输公司或者其他物流服务商那里得到比他的客户更为低廉的运输报价，可以从运输商那里大批量购买运输能力，然后集中配载很多客户的货物，大幅度地降低单位运输成本。

3. 有助于减少资本投入

通过物流外包，制造企业可以降低因拥有运输设备、仓库和其他物流过程中所必需的投资，从而改善公司的赢利状况，把更多的资金投在公司的核心业务上。许多第三方物流公司在国内外都有良好的分销网络。希望拓展国际市场或其他地区市场以寻求发展的公司，可以借助这些网络进入新的市场。

4. 资源优化配置

第三方物流企业还能使企业实现资源优化配置，将有限的人力、财力集中于核心业务，进行重点研究，发展基本技术，努力开发出新产品参与世界竞争；节省费用，减少资本积压，减少库存，提升企业形象；第三方物流提供者与顾客，不是竞争对手，而是战略伙伴，他们为顾客着想，通过全球性的信息网络使顾客的供应链完全透明化，顾客随时可通过 Internet 了解供应链的情况；第三方物流提供者是物流专家，他们利用完备的设施和训练有素的员工对整个供应链实现完全的控制，减少物流的复杂性；他们通过遍布全球的运送网络和服务提供者（分承包方）大大缩短了交货期，帮助顾客改进服务，树立自己的品牌形象；

第三方物流提供者通过“量体裁衣”式的设计，制定出以顾客为导向、低成本高效率的物流方案，为企业在竞争中取胜创造有利备件条件。

5. 第三方物流公司的信息技术优势

许多第三方物流公司与独立的软件供应商结盟或者开发了内部的信息系统，这使得他们能够最大限度地利用运输和分销网络，有效地进行货物追踪，进行电子交易，生成提高供应链管理效率所必需的报表，并进行其他相关的增值服务。因为许多第三方物流已在信息技术方面进行了大量的投入，可以做到帮助他们的客户搞清楚哪种技术最有用处，如何实施，如何跟得上日新月异的物流管理技术发展。与合适的第三方物流公司合作可以使得企业以最低的投入充分分享更好的信息技术。

三、第三方物流的评价、选择与实施

我国企业由于受诸多因素的制约，对第三方物流的选择还比较谨慎，短期内还不会普遍采用第三方物流。根据中国仓储协会的第三次调查，生产企业和商业企业选择新型第三方物流的标准如表5-5所示。

表5-5 我国企业选择第三方物流的标准

考虑因素	生产企业	商业企业
综合物流满足能力	13%	13%
作业质量	40%	25%
没有考虑	47%	62%

从表5-5来看，大部分企业（47%的生产企业和62%的商业企业）还没有考虑过以什么样的标准来选择第三方物流服务商。对于很多企业来说，成本还是首先要考虑的因素。从表中也可以看到，不少企业对第三方物流供应商选择的标准已发生了变化，对服务质量的要求越来越重视了。考虑过选择第三方物流服务商的标准的企业中，作业质量和提供综合物流服务的能力成为了衡量第三方物流企业的首要标准。这说明，企业已经意识到物流效率的重要性，对物流能力开始重视，物流企业在进行服务策略的定位时，要有针对性。企业在进行物流决策时，应根据自己的需要和资源条件，综合考虑各种因素，慎重选择物流模式，以提高企业的市场竞争力。对第三方物流的评价与选择，要经过以下几个步骤。

（一）分析企业的物流系统

首先看企业是否有自营物流的能力，如果没有，就将物流外包，如果有自营物流的能力，就要考虑企业物流系统的战略地位、物流总成本和服务水平。

1. 企业物流系统的战略地位

企业的自营物流能力是指企业自己经营物流的能力，即企业具备的物流设施和技术。

企业物流系统的战略地位一般可以从以下几方面进行判断。

（1）它们是否高度影响企业业务流程?

（2）它们是否需要相对先进的技术，采用此种技术能否使公司在行业中领先?

（3）它们在短期内是否不能为其他企业所模仿?

如能得到肯定的回答，那么就可以断定物流子系统在战略上处于重要地位。一般来说，越是竞争激烈的产业，企业越是要强化对供应和分销渠道的控制，此时企业应该自营物流。

如主机厂或最终产品制造商对渠道或供应链过程的控制力比较强，往往选择自营物流，即作为龙头企业来组织全过程的物流活动和制定物流服务标准。

2. 企业物流系统的总成本

如果物流总成本用数学公式表示如下

$$D = T + S + L + F_w + V_w + P + C$$

式中 D——物流系统总成本；

T——该系统的总运输成本；

S——库存维持费用，包括库存管理费用、包装费用以及返工费；

L——批量成本，包括物料加工费和采购费；

F_w——该系统的总固定仓储费用；

V_w——该系统的总变动仓储费用；

P——订单处理和信息费用，指订单处理和物流活动中广泛交流问题等所发生的费用；

C——顾客服务费用，包括缺货损失费用、降价损失费用和丧失潜在顾客的机会成本。

这些成本之间存在着二律背反的现象。例如，在考虑减少仓库数量时，虽然是为了降低保管费用，但是在减少仓库数量的同时，就会带来运输距离变长、运输次数增加等后果，从而导致运输费用增大；如果运输费用的增加部分超过了保管费用的减少部分，总的物流成本反而增大了，这样减少仓库数量的措施就没有了意义。在选择和设计物流系统时，要对系统的总成本加以检验，最后选择成本最小的物流系统。

3. 企业物流系统的服务水平

物流服务水平是物流能力的综合体现，它指消费者对物流服务的满意度。工商企业重视物流不仅仅是为了节约成本，而是越来越认识到物流对提高顾客服务水平的重要性。

（二）对第三方物流企业进行评价

当企业不具备自营物流的能力时，就要将物流业务外包出去。企业可以将物流业务外包给一家第三方物流企业，也可以外包给多家第三方物流企业。要想选择好第三方物流企业，就必须对第三方物流企业进行合理的评价。

（1）第三方物流供应商的核心竞争力。在挑选第三方物流供应商时，应首先考虑第三方物流供应商的核心竞争力是什么，例如，美国联邦快递和联合包裹服务公司最擅长的服务是包裹的限时速递，中国储运总公司的核心竞争力在于其有大型的仓库。

（2）第三方物流供应商是自拥资产还是非自拥资产。使用一家自拥资产还是非自拥资产的第三方物流供应商都各有优缺点。自拥资产的公司具备较大的规模，丰富的人力资源，雄厚的客户基础和先进的系统，但是他们的工作倾向于自己决定，存在官僚作风，需要较长的决策周期；非自拥资产的公司在运作上更加灵活，对于企业所提出的服务内容可以自由组合，调配第三方物流供应商，但是因为其资源有限，物流服务价格会偏高。

（3）第三方物流供应商服务的地理范围。第三方物流供应商按照其服务的地理范围可分为全球性、国际性、地区性和地方性。选择第三方物流供应商时要与本企业的业务范围相一致。

（4）第三方物流服务的成本。在计算第三方物流服务的成本时，首先要弄清自营物流的成本，然后两者对应起来进行比较，对于物流服务的成本计算，与分析企业的物流系统的成本计算相同。

（5）第三方物流的服务水平。在评价第三方物流的服务水平时，评价方法与分析企业的物流系统中的评价方法相同。对于第三方物流评价的主要指标是物流服务水平和物流成本。这在前面均有阐述。

（三）第三方物流的实施

企业物流外包决策是一个复杂的过程，在选定了第三方物流供应商后，通过合同的形式双方达成协议。企业与第三方物流服务商的合作也是一个长期磨合的过程，企业与第三方物流供应商要想成功地合作，应该注意以下几个问题。

1. 处理好双方的关系

企业与第三方物流供应商之间的关系应该是合作伙伴关系。企业与第三方物流供应商合作时应就以下问题达成一致。

（1）企业与第三方物流供应商合作后，刚开始时，要投入足够的时间，无论对于哪一方来说，在最初的六个月至一年的时间内有效地开展合作是最困难的，也是最关键的。企业必须明确成功的关键需要什么，并能够向第三方物流供应商提供所需的信息和需求。第三方物流供应商必须彻底、认真地考虑和讨论这些需求，并制定出具体的解决方案。双方都必须投入足够的时间和精力确保合作成功。

（2）企业与第三方物流供应商之间的关系，不是竞争关系，而是合作关系，是共同利益的关系。双方应该牢记，这是一个长期的、战略的、相互渗透的、共担风险、共享收益的合作联盟。企业应该考虑如何将第三方物流供应商融入自己的物流战略规划。本质上说，就是通过"双赢"（Win-Win，即合作双方均受益），力图使作为整体的系统产生更高的效率。

2. 有效的沟通

有效的沟通对于任何一个外包项目走向成功都是非常必要的。首先，对于企业来说，各个部门的管理者之间、管理者与员工之间必须相互沟通，明确为什么进行物流业务外包，从外包中期望得到什么。这样，所有的相关部门才能与第三方物流供应商密切配合，员工也不会产生抵触的心理。其次，企业与第三方物流供应商也要进行有效的沟通，确保合作的顺利进行。

3. 其他

（1）第三方物流供应商必须为企业所提供的数据保密。

（2）对绩效衡量的方式必须一致。

（3）讨论附属合同的特定标准。

（4）在达成合同前要考虑争议仲裁问题。

（5）协商合同中的免责条款。

（6）确保通过物流供应商的定期报告来实现绩效目标。

四、新型的物流外包形式——第四方物流

（一）第四方物流的定义

信息技术以及电子商务的飞速发展，带来了物流模式的不断变革，当第三方物流刚刚被世界物流界普遍认同时，一种全新的物流理念——第四方物流又在物流界备受瞩目。第四方

物流（Fourth Party Logistics，FPL 或 4PL）的首要倡议者是安盛咨询公司，并定义其为“一个调配和管理组织自身的及具有互补性服务提供商的资源、能力与技术，来提供全面的供应链解决方案的供应链集成商”。

第四方物流作为供应链管理的一种新的模式，它的出现是市场对物流外包的必然产物。第四方物流在复杂的供应链管理中担负着主要的任务，是供应链外部协作的重要组成部分。它对供应链的物流进行整体上的计划和规划，并监督和评估物流的具体行为和活动的效果。对于供应链的管理来说，第四方物流是对包括第四方物流服务商及其客户在内的一切与交易有关的伙伴的资源和能力的统一。

随着科技的进步和市场的统一，供应链中很多供应商和大的企业为了满足市场需求，将物流业务外包给第三方物流服务商，以降低存货的成本，提高配送的效率和准确率。但是，由于第三方物流缺乏较综合的、系统性的技能和整合应用技术的局限性以及全球化网络和供应链战略的局部化，使得企业在将业务外包时不得不将业务外包给多个单独的第三方物流服务商，增加了供应链的复杂性和管理难度。市场的这些变化给物流和供应链管理提出了更高的期望，这在客观上要求将现代科技（如互联网技术）、电子商务和传统的商业运营模式结合起来，以在供应链中构造一个将供应链的外包行为联结的统一单位，而不是像以前的单独的行为。

从管理的效率和效益来看，对于将物流业务外包的企业来说，为获得整体效益的最大化，他们更愿意与一家公司合作，将业务统一交给能提供综合物流服务和供应链解决方案的企业。而且，由于在供应链中信息管理变得越来越重要，也有必要将物流管理活动统一起来，以充分提高信息的利用率和共享机制，提高外包的效率和效益。

供应链管理中外包行为的这些变化促使很多第三方物流服务商与咨询机构和技术开发商开展协作，以增强竞争能力，由此而产生了第四方物流。由于第四方物流服务商是供应链物流的一个统一的联结单位。它将供应链的资源和潜能以及所应用的技术组织起来外包给一个单位，进行统一的管理，并提供综合性的、能满足不同需要的有特色的供应链解决方案。所以，第四方物流在供应链中作为一个独立的机构代表业主（即将物流业务外包的单位）管理物流和供应链活动。

可以看出，按照统一的外包合同，通过总体的安排，第四方物流服务商能控制第三方物流服务商的竞争机制、管理业务流程，为服务对象提供一个供应链解决方案。

（二）第四方物流与第三方物流的区别

第三方物流和第四方物流都是物流社会化的产物。第三方物流供应商为客户提供所有的或一部分供应链物流服务，以获取一定的利润。然而，在实际的运作中，由于供应链的复杂性和多元性，第三方物流可以以自己的资源进入供应链，作为一个横向的构筑者，但是由于利益的冲突及缺乏对整个供应链进行运作的战略性专长和真正整合供应链流程的相关技术，第三方物流难以对复杂的供应链，尤其是对全球供应链提供可信的构筑方案。这样就要求有更为“中立”的服务形态，这就是第四方物流服务得以诞生和发展的原因。

第四方物流同第三方物流相比，是在第三方物流的基础上对管理和技术等物流资源进一步整合，为用户提供全面意义上的供应链物流解决方案，是涵养面更广的、能够克服第三方物流所产生的问题并使供应链得以改善的一种组织形态。第四方物流实际上是供应链的整合者、集成者和管理者，它集合、管理包括第三方物流在内的物流资源、物流技术和设施，依托现代信息技术和管理技术来提供完整的供应链解决方案。

一般认为，相对于第三方物流，第四方物流应具备的功能包括以下几点。

（1）供应链管理功能，即管理从货主、托运人到用户、顾客的供应全过程。

（2）运输一体化功能，即负责管理运输公司、物流公司之间在业务操作上的衔接与协调问题。

（3）供应链再造功能，即根据货主/托运人在供应链战略上的要求，及时改变或调整战略战术，使其经常高效率地运作。

（三）第四方物流的层次

第四方物流是在第三方物流的基础上对管理和技术等物流资源进一步整合，为用户提供全面意义上的供应链物流解决方案。第四方物流的供应链解决方案共有四个层次——执行、实施、变革和再造，如图5-3所示。

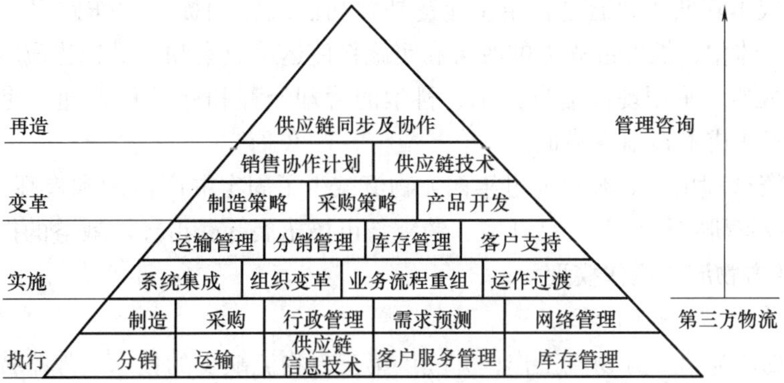

图5-3 第四方物流的层次

1. 执行

执行主要是指由第四方物流负责具体供应链职能和流程的正常运作，这一范畴超过了传统的第三方物流的运输管理和仓库管理，具体包括制造、采购、库存管理，供应链信息技术，需求预测，网络管理，客户服务管理和行政管理等职能。通常的第四方物流只是负责供应链中功能和流程的一些关键部分，也存在一家公司外包所有的供应链活动给第四方物流的情况。

2. 实施

第四方物流的实施包括了流程的一体化、系统的集成和运作的衔接。一个第四方物流服务商可以帮助客户实施新的业务方案，包括业务流程的优化、客户公司和服务供应商之间的系统集成。在这种模式下，客户通常可以将具体业务的运作转交给第四方物流的项目运作小组。在项目实施的过程中，要重视组织变革，因为“人”的因素往往是第四方物流管理具体业务成败的关键，一定要避免优秀方案实施时因为人的因素而失败。

3. 变革

通过新技术实现各个供应链职能的加强。变革主要是改善供应链中某一具体环节的职能，包括销售协作计划、分销管理、采购策略和客户支持等。在这一层次上，技术对方案的成败至关重要，技术和先进的战略思想、流程再造，再加上卓越的组织变革管理，共同组成第四方物流的最佳方案。

4. 再造

再造是指供应链过程的协作和供应链过程的再设计，第四方物流的最高层次的方案就是再造。供应链流程的真正改善要通过供应链中企业的通力合作，将各个环节的计划和运作协调一致来实现。再造过程就是基于传统的供应链管理咨询技巧，使得公司的业务策略和供应链策略协调一致；同时，技术在这一过程中又起到了催化剂的作用，整合和优化了供应链内部和与之交叉的供应链的运行。

第四方物流通过影响整个供应链来增加价值，即其能够为整条供应链的客户带来利益。为客户带来的利益包括。

（1）利润增长。第四方物流的利润增长将取决于服务质量的提高、实用性的增加和物流成本的降低。由于第四方物流关注的是整条供应链，而非仓储或运输单方面的效益，因此其为客户及自身带来的综合效益会出现惊人的进展。

（2）运营成本降低。即通过整条供应链外包功能过渡到提高运作效率、降低采购成本的目的。流程一体化、供应链规划的改善和实施将使运营成本和产品销售成本降低。

（3）工作成本。采用现代信息技术、科学的管理流程和标准化管理，使存货和现金流转次数减少，工作成本大幅度降低。

（4）提高资产利用率。客户通过第四方物流减少了固定资产占用和提高了资产利用率，使得客户通过投资研究设计、产品开发、销售与市场拓展等获得经济效益的提高。

（四）第四方物流的运作模型

1. 协同运作模型（1 +1 >2）

即第四方物流为第三方物流工作，并提供第三方物流缺少的技术与战略技能。第四方物流和第三方物流共同开发市场，第四方物流向第三方物流提供一系列的服务，包括：技术，供应链策略、进入市场的能力和项目管理的能力。第四方物流在第三方物流公司内部工作，其思想和策略通过第三方物流这样一个具体实施者来实现，以达到为客户服务的目的。第四方物流和第三方物流一般会采用商业合同的方式或者战略联盟的方式合作。

2. 方案集成商模型

即第四方物流为货主服务，是和所有第三方物流提供商及其他提供商联系的中心。在这种模式中，第四方物流为客户提供运作和管理整个供应链的解决方案。第四方物流对本身和第三方物流的资源、能力和技术进行综合管理，借助第三方物流为客户提供全面的、集成的供应链方案。第三方物流通过第四方物流的方案为客户提供服务，第四方物流作为一个枢纽，可以集成多个服务供应商的能力和客户的能力。

3. 行业创新者模型

第四方物流通过对同步与协作的关注，为众多的产业成员运作着供应链。在行业创新者模型中，第四方物流为多个行业的客户开发和提供供应链解决方案，以整合整个供应链的职能为重点，第四方物流将第三方物流加以集成，向下游的客户提供解决方案。在这里，第四方物流的责任非常重要，因为它是上游第三方物流的集群和下游客户集群的纽带。第四方物流会通过卓越的运作策略、技术和供应链运作实施来提高整个行业的效率。

基本练习

1. 什么是采购？采购的作用是什么？

2. 按采购物品分，采购的种类有哪些？按采购方式分，采购的种类又有哪些？

3. 什么是采购管理？阐述采购管理流程。

4. 准时制采购与传统采购的差异有哪些？

5. 什么是供应商管理？阐述传统供应商管理与现代供应商管理的差异。

6. 什么是业务外包？外包的优点和风险各是什么？

7. 什么是第三方物流？第三方物流的特征是什么？

8. 第三方物流的功能有哪些？

9. 什么是第四方物流？它的功能有哪些？

10. 第四方物流的供应链层次有哪些？

应用练习

一、选定一个企业，分析其某种业务外包的可能性，并确定业务外包方案。具体分析内容如下。

1. 分析该企业的核心竞争力或核心业务。

2. 分析该企业的辅助业务或辅助能力。

3. 分析其可能外包的范围，从满足顾客需求、成本构成、供应能力、资金能力、技术能力等方面分析。

4. 确定业务外包的要求及需要控制的要点。

5. 确定业务外包承接方的条件，并分析业务外包承接方可能的范围。

6. 确定寻找业务外包承接方的途径及接触的可能性。

7. 初步确定外包合同内容。

二、案例分析

案例 5-4

IBM 选择供应商

当前，OEM 和供应商之间的关系正发生着微妙的变化，二者之间已不再是买家和卖家的简单商务关系，它们更像是一种彼此支持、相互影响的战略伙伴关系。换言之，公司的大小和实力并不是 OEM 选择供应商的首要考虑因素，他们更加在意供应商是否符合自己的战略需要，是否能够为自己带来竞争能力，而 IBM 的全球统一采购管理经验应该是个不错的借鉴。

IBM 在选择供应商时如何考察其全球化能力？

首先，这些公司要具有国际化的战略目标，一般来说，他们至少需要能够在美洲、欧洲和亚洲三个地方为 IBM 供货；其次，坚持就近原则，由于 IBM 的工厂遍布全球，每个工厂都需要和供应商保持紧密的联系，以便能够共同面对困难和解决问题，所以 IBM 需要供应商在全球范围内提供同样的服务。

IBM 在全球各地加入或组织了许多采购专家协会，并通过协会活动加强和同行的交流。中国目前似乎还没有这样的组织实体，我们希望中国的业界也能组织起这样的采购专家协会，通过大家的定期交流得到共同的提高。IBM 坚信，为供应商做得越多，在面对困难的时候就越能够帮助供应商渡过难关。

IBM 如何选择供应商的？

IBM 对供应商的选择主要是由产品顾问委员会机构（Commodity Council Structure）来进行的。IBM 在全球范围内有着多个不同的产品委员会，他们控制着各个事业部对产品不同方面的需求。产品顾问委员会负责选择供应商，并与之进行业务洽谈。他们时刻关注市场动向并调查了解谁的产品质量最好、最符合产品技术要求、供货周期足够短以及是否能够满足其他相关条件等。为了适应市场价格的变动，委员会每隔一两个月就会更新相关的产品信息，以满足信息的时效性。另外，IBM 在选择供应商时，非常看重供应商的电子商务能力及其灵活的合作形式而不是其规模大小。虽然大型供应商本身就具有非常好的沟通技巧，但是，供应商是否能够提供 IBM 所需的增值服务才是最为关键的。现代商业的成功运行是建立在信息网络畅通的前提下的。通过电子手段，可以方便地实现在线预测、投标、采购管理、质量管理、技术支持以及沟通等工作。就 IBM 本身而言，目前已完全实现电子化采购，即从互联网上寻找合适的供应商，与之沟通并为其定位，甚至还可能在互联网上签订合同或者追踪订单，这样不仅能够不分时间和地域进行方便快捷的采购，而且通过数据库处理，能够看到产品线现有的采购数据并预测今后的采购。重要的是与供应商的电子化沟通能为 IBM 带来更强的竞争力。

IBM 如何处理与供应商之间的关系？

IBM 的战略中重要的一环是帮助供应商建立供应体系，以实现真正的本地化采购供应。这不仅对供应商有利，对 IBM 也很有帮助。为此，IBM 本身一直在致力于搭建一个开放的、兼容的平台，在此基础上，IBM 可以详细地了解供应商的生产流程，介入产品的设计、生产、质量控制等过程，为其产品线找出竞争优势，通过建立有效的电子业务系统，整合资源，以便能够方便的与其他公司进行合作。

在处理与供应商的关系方面，首先，IBM 非常注意与供应商之间的合作关系。以长城计算机集团为例，IBM 与长城之间既是合资公司的业务伙伴关系，同时也是供应商与客户的关系。通过帮助供应商提高技术水平，不仅使供应商的市场竞争能力增强了，也使他们能够更好地为 IBM 服务。其次，IBM 对供应商提供一种开放的技术标准作为对供应商的技术支持，供应商可以从中了解到 IBM 眼中的业界发展方向，以便更好地认识业界发展方向。由于 IBM 本身具有一流的技术能力，供应商与之保持同样的发展方向将会增加自身的竞争能力。

（资料来源：国际电子商情 http：//www. esmchina. com/ART_ 8800041615_ 1100_ 2401_ 0_ 4200_ cf282d3b. HTM？jumpto = view_ welcomead_ 1352255559319）

讨论题：

1. IBM 公司的采购模式是什么样的？
2. 你认为 IBM 公司从几个方面实现了对供应商的管理？

三、案例分析

案例 5-5

通用汽车转变其全球物流战略

世界上最大的汽车制造商——通用汽车公司准备在未来三年内将其主要的物流运作工作转交给新成立的专业物流公司——航道供应链管理公司（Vector SCM）。

Vector SCM 是由通用汽车和 CNF 公司的合资控股企业。CNF 公司是一家资产达到 6 亿美元的专业管理集团公司，其下设多个组织，包括 Con-Way 运输服务公司、金刚砂公司、

Menlo 物流公司。CNF 是 Vector SCM 的主要股东，但是通用汽车在主要的战略问题上有极大的发言权。

通用汽车和 CNF 认为 Vector SCM 是“第四方物流公司”，它将利用其全球供应链为通用汽车提供综合的、所有生产物料点到点的传送及最终汽车产品的运送服务，它将成为 GM 公司主要的物流服务商。开始阶段它承担北美地区往返的生产物料、汽车配送、运输优化和进出口运作等物流管理活动。为了实现这样的运作，通用汽车公司和 CNF 公司将共享统一的信息系统。通用汽车公司使用的是由 CNF 公司开发的基于 Web 的软件，包括供应链可视化和综合系统，称为 Vector Vision，此系统可让制造商能在其渠道上管理所有的物料和制成品汽车。

但是 Vector SCM 面临一个巨大的管理挑战，公司副总裁 Harold R. Kutner 说：“我们每天要处理 1 亿 8 千万磅的物料”。通用汽车公司是一个全球经营的企业，其采购网络、生产线和物流网遍布世界各地。根据所发布的交易协议，Vector SCM “与 12 000 位供应商打交道，我们将这些供应商的产品运输到 70 多个最终产品装配生产地，每天还要运送 35 000 辆汽车。综合地管理这样的活动是一项巨大的工作。”

而且 Vector SCM 的工作才刚刚开始，其长期计划是管理 GM 在全球范围内的业务。Kutner 介绍道：“公司将负责通用汽车公司在世界各地的物流业务。”同时通用汽车将保留部分物流活动，主要是规划和核定基准活动。通用汽车在北美有 300 名员工从事物流活动，在全球共有 800 名员工从事物流活动。通用汽车全球物流执行总裁说，他认为没有必要解雇员工，但提议通过正常的离职来缩减人员。

Vector SCM 既面临巨大的挑战又有远大的前景。当通用汽车进入急剧变化的时代，其供应链也承受考验。世界汽车巨人通用汽车已失去很大的市场份额，公司被迫削减成本，同时加快输送产品的过程以便更具竞争力。因此，通用汽车决定废除汽车行业最老的品牌之一的 Oldsmobile 生产线，同时它宣布将解雇 15 000 名员工并在欧洲削减 15% 的生产力。

因而 Vector SCM 当前最紧迫的问题是帮助通用汽车改进顾客服务并且减少库存，通用汽车需要减少至少 50% 的库存。分析家 Dominic D. Martilotti 认为，对 GM 而言，减少库存是最紧迫的问题，但这样的削减量难以想象。

通用汽车公司致力于客户订单生产，快速、可靠的物流过程对通用也是至关重要的。Martilotti 认为物流的可靠性比速度更为重要，他说：“目的是获得时间准确的网上传递的订单。”这里并不是指即时性。

但这并不意味时间不重要，通用汽车已启动了订单传送计划（OTD），其目的是提供准确和可靠的传送，将通用汽车的订单周期时间从目前的 60 多天减少到 15 ~ 20 天。作为这个计划的一部分，Vector SCM 将在 2 ~ 3 年内将汽车产品传送时间从目前的 11 天减少到 4 ~ 5 天。与此同时，福特公司基于同样的目的，去年已经将其产品配送外包给联邦快递公司。

Vector SCM 公司将逐步接管通用汽车的物流业务。目前 CNF 和通用汽车的管理人员正在进行各种物流活动的业务合作计划，一旦通用汽车批准这些计划，Vector SCM 将接管这些业务。Vector SCM 总裁 Gary D. Kowalski 认为目标有两个，一是任何影响供应链管理的 OTD 的设计都能被物流过程支持；二是紧跟通用汽车的步伐，研究和改进目前的物流过程使之更加有效。

CNF 和通用汽车公司都不会公布创办 Vector SCM 的财务细节，但估计通用汽车每年将花费近50亿美元在物流运作上。分析家 Edward W. Wolfe 估算这个交易将在第一年为 CNF 公司带来近10亿美元的收益。

（资料来源：《现代物流管理》，毕新华、顾穗珊，科学出版社）

讨论题：

1. 为什么通用汽车要考虑物流外包？试分析其可能存在的三个原因，并试查找相关的数据或资料进行佐证。

2. 考虑通用汽车如何控制物流外包业务的顺利进行，以达到自己运营的目的？

3. 情景模拟：如果你是通用公司的物流经理，专门控制物流外包业务，如果 Vector SCM 为了自己的运营效益，也为福特公司或丰田公司进行物流服务，你可以采取哪些方式或方法保证通用公司的利益？

第六章

仓储管理与现代配送中心作业模式

导入案例

Lenox 优化库存方法探究

Lenox 有限公司是一家陶瓷和厨房设备的制造商，在原有仓库无法满足其库存管理需要时，其通过对现有配送中心的设施、设备、系统和作业流程优化，使其业务处理能力提高了 17%，而且工作人员数量缩减了 5%，尤其在直接面向客户的运输业务效率提高超过 23%。

Lenox 公司快速增长的业务量，使企业无法处理即将到来的假期消费旺潮。为了解决此类问题，Lenox 与 Sedlak 公司通力合作并购买其解决方案，进而在其指导帮助下，大大提升了自身的业务能力。在以前的人工工作环境下，Lenox 采用分离式的、相互之间没有联系的捡货区来服务不同的输货通道，每天的单通道作业处理量只有 2 100 SKU。以前，Lenox 在进行一些复杂的操作时，不得不事先进行人工拼单和交叉作业。而在作业高峰时刻，需要两个班组才能处理每天大约 28 000 件包裹的业务量。现在，所有的输货通道均具单通道 4 500 SKU 的业务处理能力，一个班组的日处理能力就达 35 000 件包裹。Lenox 公司新的作业方式利用一套仓储管理系统、一套高效的自动化搬运设备和全程机械化的处理订单方式。Lenox 通过扫描条形码并把相应的信息发送给自动传输系统，使之能够自动地将订单传输到指定区域，甚至包括特殊的诸如礼品的包装区域。在 Lenox 内部，50% 的仓储活动是捡货/包装/发货。周转速度快的货物主要利用 10km 外的离站设备进行补货。现在利用高层立体货架、窄道式存储和离站设备，仓储成本较之以前得到了大大降低。

尽管效果显著，Lenox 仍然将支持业务增长作为最优先考虑的因素。如果不提高作业效率，即使是未来 75% 的日处理订单量，依照目前的情况也很难完成。现在，即使是在高峰季节，Lenox 的日处理订单量也达到了 95% ~99%。Sedlak 公司副总裁 Patrick Sedlak 认为，分析客户的需要和喜好是最基本的出发点。他将整个工作进行了分解，企业需要在现有的设施、设备的业务处理能力和所面对的业务总量之间作出权衡。例如，当需要处理 10 000 件包裹，但现有的设施设备却只有 7 000 件的业务处理能力时，企业就需要转变观念了。如何才能达到所需要的处理能力，减轻高峰阶段设备的作业压力将成为企业需要仔细思考的问题。Chicago 咨询公司供应链管理部的 Terry Harris 建议说，“在寻找这一类问题的解决方案时需要从整个交易的过程来考察，因为任何一个环节的改变都会影响到其他环节。”在为大公司设计的有关供应链的解决方案中，Harris 将重点放在了货源、仓库网络布局、仓储管理、运输、仓库操作流程和客户服务等方面。他强调，“所有的这些因素都是互动的，每一个因素都能影响仓储的能力。”

（资料来源：万联网 http：//info.10000link.com）

仓库是保管、存储物品的建筑物和场所的总称。企业仓库曾经被认为只具备仓储的职能，而现在库存的“流速”已成为评价仓库职能的重要指标，仓库是“河流”而不再是“水库”或“蓄水池”，是实现以时间抢空间的仓储目标优化的手段。对仓储管理的要求已从静态管理向动态管理发生了根本性的转变。从供应链管理的角度来看，仓储在企业的整个供应链中起着至关重要的作用，传统简单、静态的仓储管理已无法保证企业各种资源的高效利用，从而影响企业的竞争力。只有每一个环节全部流动起来，才能提高整个供应链的反应速度。企业仓储管理的现代化是提高供应链反应速度的重要前提。

第一节　仓　储

一、仓储在物流系统中的作用

所谓仓储是指通过仓库对物资进行储存和保管。仓储是商品流通的重要环节之一，也是物流活动的重要支柱，仓储系统是企业物流系统中不可缺少的子系统。物流系统的整体目标是以最低成本提供令客户满意的服务，而仓储系统在其中发挥着重要作用。由于仓储在时间上协调原材料、产成品的供需，起着缓冲和平衡的作用，企业可以为客户在需要的时间和地点提供适当的产品，实现产品的时间效用。因此仓储活动能够促进企业提高客户服务水平，增强企业的竞争力。仓储的这一功能随着市场竞争的日益激烈而更加显示出重要性。

仓储活动是物质产品在社会再生产过程中必然会出现的一种形态，这对整个社会再生产，对国民经济各部门、各行业的生产经营活动的顺利进行，都有着巨大的作用。但是，另一方面，仓库是企业物流系统中的一个固定结点，产品在仓库中保管表明物流的间断，从而增加产品的成本。因此，物流管理者必须以系统的观念考虑仓储管理，才能合理利用仓储。

仓储在企业物流系统中的重要作用主要体现在以下几个方面。

1. 加快资金周转，节约流通费用，降低物流成本

搞好物资的仓储活动，就可以减少物资在仓储过程中的物质耗损和劳动消耗，就可以加速物资的流通和资金的周转，从而节省费用支出，降低物流成本，开拓“第三利润源泉”，提高社会的、企业的经济效益。

2. 进行产品整合

如果考虑到颜色、大小、形状等因素，企业的一个产品线包括了数千种不同的产品，这些产品经常在不同工厂生产，企业可以根据客户要求，将产品在仓库中进行配套、组合、打包，然后运往各地客户。否则，从不同工厂满足订货将导致不同的交货期。仓库除了满足客户订货的产品整合需求外，对于使用原材料或零配件的企业来说，从供应仓库将不同来源的原材料或零配件配套组合在一起，整车运到工厂以满足需求也是很经济的。

单纯的存储和保管型仓库已远远不能适应生产和市场的需要，增加配送和流通加工的功能，向流通仓库的方向发展，已成为现代仓库的一个发展方向。

3. 支持企业的销售服务

仓库合理地靠近客户，使产品适时地到达客户手中，将提高客户的满意度并扩大企业销售，这一点对于企业产成品仓库来说尤为重要。

4. 调节供应和需求

由于生产和消费之间或多或少存在时间或空间上的差异，仓储可以提高产品的时间效用，调整均衡生产和集中消费或均衡消费和集中生产在时间上的矛盾。

二、企业仓库的类型

仓库作为物流服务的据点，在物流作业中发挥着重要的作用。不仅有存储、保管等传统功能，而且包括拣选、配货、检验、分类等作业并具有多品种小批量、多批次小批量等配送功能以及附加标签、重新包装等流通加工功能。

按照特定的分类标准，仓库有许多不同的类别，企业可根据自身条件进行选择。

（一）按使用范围的不同分类

1. 自有仓库

自有仓库是附属于企业，为企业储存自用物资的仓库，企业拥有仓库的所有权。相对于租赁营业仓库而言，企业利用自有仓库进行仓储活动具有以下优势。

（1）可以更大程度地控制仓储。

（2）自有仓储的管理更具灵活性。

（3）长期使用时，自有存储成本低于公共仓储。

（4）可以为企业树立良好形象。

并不是任何企业都适合拥有自己的仓库，因为利用自有仓库进行仓储也存在以下缺点。

（1）自有仓库固定的容量和成本使得企业的一部分资金被长期占用。

（2）由于自有仓库的成本高，所以许多企业因资金问题而难以修建自有仓库。

2. 营业仓库

营业仓库是一种面向社会，以经营为手段、赢利为目的的仓库。企业通常租赁提供营业性服务的仓库进行储存，其优势有以下几点。

（1）从财务角度上看，最重要的原因是企业不需要资本投资。

（2）可以满足企业在库存高峰时大量额外的库存需求。

（3）使用营业仓库可以避免管理上的困难。

（4）使用营业仓库进行公共仓储的规模经济可以降低仓储成本。

（5）使用营业仓库时企业的经营活动更加灵活。

（6）便于企业掌握保管和搬运成本。

营业仓库也存在以下缺点。

（1）增加了企业的包装成本。

（2）增加了企业控制库存的难度。

随着社会物流业的日益发展，以及社会化分工的日益深入，除利用自有仓库和租赁营业仓库进行仓储外，越来越多的企业转向利用第三方仓储。第三方仓储不同于一般的租赁营业仓库进行仓储，它为货主提供专门物流服务，其中包括存储、卸货、拼箱、订货分类、现货库存、在途混合、存货控制、运输安排、信息和货主要求等其他服务。总而言之，企业自建仓库、租赁营业仓库或采用第三方仓储各有优势，其决策的依据是物流的总成本最低。

（二）按储存物资种类多少分类

1. 综合性仓库

综合性仓库指在一个仓库里存储多种不同属性的物资。在综合性仓库里，所储存的各种物资的化学、物理性能必须是互不影响的。

2. 专业性仓库

在一定时期内，一个仓库里只存储某一大类物资，或虽存储两类以上物资，但其中某一类物资的数量占绝大多数的仓库，如金属材料库、机电设备库等。由于专业性仓库存放的物资单一，比较容易实现仓库作业机械化。

（三）按存储物资的不同保管条件分类

1. 普通仓库

普通仓库指用于存放无特殊保管要求的物品的仓库。

2. 保温、冷藏、恒温、恒湿库

这类仓库指用于存放要求保温、冷藏或恒温、恒湿的物品的仓库。

3. 特殊仓库

特殊仓库一般是指危险品仓库，即用以存放具有易燃性、易爆性、腐蚀性、有毒性和放射性等对人体或建筑有一定危险的物资的仓库，在仓库建筑结构及库内布局等方面有特殊要求。

（四）按仓库建筑结构分类

1. 封闭式仓库

这种仓库俗称为“库房”，该结构的仓库封闭性强，便于对库存物品进行维护保养，适宜存放保管条件要求比较高的物品。

2. 半封闭仓库

这种仓库俗称“货棚”，货棚的保管条件不如库房，但出入库作业比较方便，且建造成本较低，适宜存放那些对温湿度要求不高且出入库频繁的物品。

3. 露天式仓库

这种仓库俗称“货场”，货场最大的优点是装卸作业极其方便，适宜存入较大型的货物。

（五）按库内形态分类

1. 地面型仓库

地面型仓库一般指单层地面库，多使用非货架型的保管设备。

2. 货架型仓库

货架型仓库指采用多层货架保管的仓库。在货架上放置货物和托盘，货物和托盘可在货架上滑动。货架分固定货架和移动货架。

3. 自动化立体仓库

自动化立体仓库指出入库用运送机械存放取出，用堆垛机等设备进行机械化自动化作业的高层货架仓库。自动化立体仓库的入库、检验、分类整理、上货入架、出库等作业由计算机管理控制的机械化、自动化设备来完成，与普通的仓库相比其优点在于：节省人力，大大降低劳动强度，能准确、迅速地完成出入库作业；提高存储空间的利用效率；确保库存作业的安全性，减少货损货差；能及时了解库存品种、数量、金额、位置、出入库时间等信息。自动化立体仓库的使用要有足够的资金作为保障，同时对库存物品的包装标准化有较高的要求。

三、仓储系统的功能

仓储设施的设计围绕其四项主要功能展开，即存储、集中、拆装和混合。仓库的设计和布局通常可以反映该仓库侧重满足上述一项或几项功能。

（一）存储（Storing）

仓储设施最显著的用途就是保护和储藏存货。货物可能在仓库里存储的时间，以及货物对存储条件的要求会对仓储设施的结构和布局提出严格要求。仓储设施种类很多，既有长期的、专门化的储存仓库（例如陈年烈酒），也有通用商品的储存仓库（阶段性保有商品），还有暂时存放商品的仓库（如卡车车站）。在最后一种情况下，货物只停留很短的时间，以便装满整车。产品存储的形式也多种多样，包括准备进入市场的成品、待组装的或者需进一步加工的半成品和原材料。

仓库存储原则如下。

（1）面向通道进行存储。为使物品出入库方便，容易在仓库内移动，基本条件是将物品面向通道存储。

（2）尽可能地向高处码放，提高存储效率。有效利用库内容积应尽量向高处码放，为防止破损，保证安全，应当尽可能使用棚架等存储设备。

（3）根据出库频率选定位置。出货和进货频率高的物品应放在靠近出入口、易于作业的地方；流动性差的物品放在距离出入口稍远的地方；季节性物品则依其季节特性来选定放置的场所。

（4）同一品种在同一地方存储。为提高作业效率和存储效率，同一物品或类似物品应放在同一地方存储，员工对库内物品放置位置的熟悉程度直接影响着出入库的时间，将类似的物品放在邻近的地方也是提高效率的重要方法。

（5）根据物品重量安排存储的位置。安排放置场所时，当然要把重的东西放在下边，把轻的东西放在货架的上边。需要人工搬运的大型物品则以腰部的高度为基准。这对于提高效率、保证安全是一项重要的原则。

（6）依据形状安排存储方法。依据物品形状来存储也是很重要的，如标准的商品应放在托盘或货架上来存储。

（7）依据先进先出的原则。存储的重要一条是对于易变质、易破损、易腐败的物品和机能易退化、老化的物品，应尽可能按先入先出的原则，加快周转。由于商品的多样化、个性化和使用寿命的普遍缩短，这一原则是十分重要的。

（二）集中（Consolidation）

对企业而言，如果货物供应来源较多，进行多频次运输并不经济，建立货物集中地（如仓库或者货运站）将这些资源集中进来进行整装发货或许更节省费用。因为这样可以将零星货物集中成较大批量的运输单位，降低总的运输成本。上述情况假设买方的购买量不大，不足以保证每个供应地都采用批量运输的方式，那么运费的差别可能将足以抵消仓库的费用。

（三）拆装（Break-Bulk）

利用仓储设施进行拆装与利用仓储设施进行集中运输正好相反。以低费率大批量运输的货物运进仓库后，再根据客户的需要以小批量送到客户手中。

拆装是分拨仓库或场站仓库的常见业务，特别是入库货物的单位运输费率高于出库货物的单位运输费率时、客户以零担批量订购时、生产商与客户之间的运输距离遥远时，拆装业务更为普遍。由于运输费率的差异，分拨仓库的选址趋向于离客户近的地方，便于拆装作业，集中运输的情形则刚好相反。

这里使用分拨仓库（Distribution Warehouse）一词主要是要与存储仓库（Holding Warehouse）相区别。二者的差异在于仓库对储藏活动的重视程度和货物储存时间的长短。存储仓库指仓库内的大部分空间用于半永久性或长期存储。相反，分拨仓库的绝大部分空间则只是暂时存储货物，仓库更注重使产品流动更快速、更通畅。显然，很多仓库的运作是两者兼而有之，只是程度不同而已。

（四）混合（Mixing）

有的企业会从许多生产商那里采购产品，来供应多个工厂的某部分产品线，这样，管理人员会发现，如果建立一个仓库来将产品混合在一起，可能会带来运输中的经济效益。

如果没有这样的混装点，就要直接在生产地履行客户订单，由于货运量小，运输费率偏高。而在混装点则可以将各部分生产所需的货物通过大批量运输集中到一个地点，然后根据订单组合产品，再将混合后的货物运送到客户处。

四、仓库常用设备

（一）托盘（Pallet）

托盘是一种重要的集装器具，是在物流领域中适应装卸机械化而发展起来的一种集装器具，托盘的发展可以说是与叉车同步。叉车与托盘的共同使用，形成的有效装卸系统大大地促进了装卸活动的发展，使装卸机械化水平大幅度提高，使长期以来在运输过程中的装卸瓶颈得以解决或改善。所以，托盘的出现也有效地促进了全物流过程水平的提高。

托盘是用于集装、堆放、搬运和运输的放置作为单元负荷的货物和制品的水平平台装置。托盘是由木材、金属、纤维板制作的低平台，作为储运补给品的一个单元，是一种装卸物资的轻便平台。使用托盘便于用叉车、搬运车辆或吊车等装卸搬运单元物资或小数量的物资。

托盘在很多方面是优点、缺点互补，因而往往难以利用集装箱的地方可利用托盘，托盘难以完成的工作由集装箱完成。托盘主要有以下几个特点。

（1）自重量小，因而用于装卸、运输托盘本身所消耗的劳动较小，无效运输及装卸相对于集装箱来说要小。

（2）返空容易，返空时占用运力很少。由于托盘造价不高，又很容易互相代用，互以对方托盘抵补，所以无需像集装箱那样必有固定归属者，返空比集装箱容易。

（3）装盘容易。不需像集装箱那样深入到箱体内部，装盘后可以采用捆扎、紧包等技术处理，使用时简便。

（4）装载量有限。装载量比集装箱要小，但也能集中一定数量，比一般包装的组合量大得多。

（5）保护性差。保护性比集装箱差，露天存放困难，需要有仓库等配套设施。

托盘包装在国际贸易中已经使用了很多年，被认为是经济效益较高的运输包装方法之一，它不仅可以简化包装，降低成本，使包装可靠，减少损失，而且易机械化，节省人力，可实现高层码垛，充分利用空间。

常用的托盘主要有：平托盘、柱式托盘、箱式托盘、轮式托盘。

平托盘是托盘中使用量最大的一种，可以说是托盘中的通用性托盘。平托盘的基本构造如图 6-1 所示。

柱式托盘的四个角有固定式的或可卸式的柱子，这种托盘的进一步发展又可从对角的柱子上端用横梁连接，使柱子成门框型。柱式托盘的柱子部分用钢材制成，按柱子固定与否分为固定柱式和可卸柱式两种。柱式托盘的主要作用有两个：其一是防止托盘上放置的货物在运输、装卸等过程中发生塌垛；其二是利用柱子制成承重，可以将托盘货载堆高叠放，而不用担心压坏下部托盘上之货物。柱式托盘如图 6-2 所示。

图 6-1　平托盘的基本构造

图 6-2　柱式托盘

（二）货架

在仓库设备中，货架是指专门用于存放成件物品的保管设备。货架按货架的发展分为传统货架和新型货架。传统式货架包括：层架、层格式货架、抽屉式货架、橱柜式货架、U 形架、悬臂架、栅架、鞍架、气罐钢筒架、轮胎专用货架等。新型货架包括：旋转式货架、移动式货架、装配式货架、调节式货架、托盘货架、进车式货架、高层货架、阁楼式货架、重力式货架、屏挂式货架等。

货架结构简单，适用性强，有利于提高空间利用率，方便作业的存取，是人工作业仓库的主要存储设备。自动化仓库则多用重力式货架、自动化货架等。常用的货架有：托盘式货架、重力式货架、窄巷道货架、驶入驶出式货架、阁楼式货架、旋转式货架等。下面简单介绍较常用的托盘式货架和重力式货架。

托盘式货架是以托盘单元货物的方式来保管货物的货架，是机械化、自动化货架仓库的主要组成部分。托盘式货架使用广泛，通用性强。其结构是货架沿仓库的宽度方向分成若干排，期间有一条巷道，供堆垛起重机、叉车或其他搬运机械运行，每排货架沿仓库纵长方向分为若干列，在垂直方向又分成若干层，从而形成大量货格，得以用托盘存储货物，如图 6-3所示。

重力式货架（如图 6-4 所示）的一端较高，其通道作为放大货架用，另一侧较低，倾斜布置，其通道作为出货用。由于货物放在滚轮上，货架向出货方向倾斜，因此，可以利用重力使货物向出口方向自动下滑，以待取出。存货时托盘从货架斜坡高端送入滑道，通过滚轮下滑，逐个存放；取货时从斜坡底端取出货物，其后的托盘逐一向下滑动待取，托盘货物在每一条滑道中依次流入流出。这种储存方式在排与排之间没有作业通道，大大提高了仓库面积利用率。仓库利用率极高，运营成本较低。

图6-3　托盘式货架

图6-4　重力式货架

（三）叉车

叉车是一种用来提取、搬运、堆码单元物资的车辆，它是能完成出库、搬运、装卸、入栈等四种复合作业、使用非常方便的机械。叉车主要用于港口、码头、机场、车站、仓库和工厂等处进行成件货物的装卸和搬运。当配合多种附属机构装置时，叉车还能用于散装货物和不包装的其他货物的装卸和搬运。叉车的特点是：有很强的通用性，在物流的各个领域都有所应用；有装卸和搬运的双重功能，能将装卸和搬运两种作业合二为一，加快作业的效率；有很强的灵活性，叉车的转弯半径很小，作业时灵活性很强。图6-5是仓储作业中常见的平衡重叉车。

（四）自动导引搬运车

自动导引搬运车（Automated Guided Vehicle，AGV）：能够自动行驶到指定地点的无轨搬运车辆。自动导引搬运车是一种能在某一位置自动进行货物的装载，自动行走到另一位置，自动完成货物卸载的全自动物料搬运设备，如图6-6所示。自动导引搬运车以电池为动力，装备有电磁或光学等自动导航装置，能够独立自动寻址，并通过计算机系统控制完成无人驾驶及作业。

图6-5　平衡重叉车

图6-6　自动导引搬运车

自动导引搬运车的特点是：运行路径和目的地可以由管理程序控制，机动能力强；工位识别能力和定位精度高，具有与各种加工设备协调工作的能力，在通信系统的支持和管理系统的调度下，可实现物流的柔性控制；可装备多种声光报警系统，能通过车载障碍探测系统在碰撞到障碍物之前自动停车，当其列队行驶或在某一区域交叉运行时，具有避免相互碰撞的自控能力，比其他物料搬运系统更安全；该物流系统的设置柔性强，并可以充分利用人行通道和叉车通道，从而改善车间地面利用率；与其他物料输送方式相比，初期投资大，但可以大幅度降低运行费用，特别是在产品类型和工位较多时。

五、自动化立体仓库

自动化立体仓库也称为自动存取系统、自动仓库、自动化高架仓库、高架立体仓库、无人仓库等。它是自第二次世界大战后随着物流与信息技术的发展而出现的一种新型现代化仓库系统。自动化仓库一般建设成为立体仓库，自动化仓库的主体由高层货架、巷道式堆垛起重机、出入库工作台和自动运送及操作控制系统组成，如图 6-7 所示。

图 6-7　自动化立体仓库

（一）自动化立体仓库的主要构成

1. 仓库建筑与高层货架

自动化立体仓库的主体和货架为钢结构或钢筋混凝土结构，在货架内是标准尺寸的货位空间，巷道堆垛起重机穿行于货架之间的巷道中完成存、取货的工作。立体仓库的建筑高度一般在 5 米以上，最高的立体仓库可达 40 多米，常用的立体仓库高度在 7～25 米之间。库内高层货架每两排合成一组，每两组货架中间设有一条巷道，供巷道堆垛起重机和叉车行驶作业，每排货架分为若干纵列和横排，构成货格或存货位，用于存放托盘或货箱。巷道堆垛起重机自动对准货位存取货物，配合周围出入库搬运系统完成自动存取作业。

2. 巷道堆垛起重机

巷道堆垛起重机沿仓库轨道水平方向移动，载货平台堆垛机支架上下移动，起重机货叉可借助伸缩机构向平台的左右方向移动存取货物。它是由机架、运行机构升降机构或叉伸缩机构、电气控制设备组成。

3. 周边搬运系统

周边搬运系统包括搬运机、自动导引搬运车、叉车、台车、托盘等，其作用是配合巷道堆垛机完成货物输送、搬运、分拣等作业，还可以临时取代其他主要搬运系统，使自动存取系统维持工作，完成货物出入库作业。

4. 控制系统

自动化立体仓库的控制形式有手动控制、随机自动控制、远距离自动控制和计算机自动控制四种。

存取系统的计算机中心或中央控制室接收到出库或入库信息后，通过对输入信息的处理，由计算机发出出库或入库指令，巷道机、自动分拣机及其他周边搬运设备按指令启动，协调完成自动存取作业，管理人员在控制室对整个过程进行监控和管理。

（二）自动化立体仓库的优点

（1）由于能充分利用仓库的垂直空间，其单位面积存储量远远大于普通的单层仓库（一般是单层仓库的4～7倍）。目前，世界上最高的立体仓库可达40多米，容量多达30万个货位。

（2）仓库作业全部实现机械化和自动化，一方面能大大节省人力，减少劳动力费用的支出，另一方面能大大提高作业效率。

（3）采用计算机进行仓储管理，可以方便地做到“先进先出”，并可防止货物自然老化、变质、生锈，也能避免货物的丢失。

（4）货位集中，便于控制与管理，特别是使用电子计算机，不但能够实现作业的自动控制，而且能够进行信息处理。

（5）能更好地适应黑暗、低温、有毒等特殊环境的要求。例如，胶片厂把胶片卷轴存放在自动化立体仓库里，在完全黑暗的条件下，通过计算机控制可以实现胶片卷轴的自动出入库。

（6）采用托盘或货箱存储货物，货物的破损率显著降低。

第二节　仓储管理

一、仓储管理的定义

所谓仓储管理，是指对仓库和仓库中储存的物资进行管理。

现代企业的仓库已成为企业的物流中心。过去，仓库被看成是一个无附加价值的成本中心，而现在仓库不仅被看成是形成附加价值过程中的一部分，而且被看成是企业成功经营中的一个关键因素。仓库被企业作为连接供应方和需求方的桥梁。从供应方的角度来看，作为流通中心的仓库从事有效率的流通加工、库存管理、运输和配送等活动。从需求方的角度来看，作为流通中心的仓库必须以最大的灵活性和及时性满足各类顾客的需要。因此，对于企业来说，仓储管理的意义重大。在新经济新竞争形势下，企业在注重效益、不断挖掘与开发自己的竞争能力的同时已经越来越注意到仓储管理的重要性。精准的仓储管理能够有效控制和降低流通和库存成本，是企业保持优势的关键助力与保证。

由于现代仓储的作用不仅是保管，更多的是物资流转中心，对仓储管理的重点也不再仅仅着眼于物资保管的安全性，更多关注的是如何运用现代技术，如信息技术、自动化技术来提高仓储运作的速度和效益，这也是自动化立体仓库被广泛应用的原因。

自动化立体仓库由于大量采用大型的储货设备（如高位货架）、搬运械具（如托盘、叉车、升降机等）和自动传输轨道及信息管理系统，从而实现仓储作业的自动化。

二、仓储管理的活动和内容

从广义上讲，仓储管理是指服务于一切库存物资的经济技术方法与活动。所使用的管理的手段既有经济的，又有纯技术的，具体包括如下几个方面。

（一）仓库的规划与设计

主要指仓库的选址，仓库建筑面积的确定，库内运输道路与作业的布置等。

对仓库选址应考虑以下因素。

（1）成本因素。需要决策的是仓库是靠近原材料生产地还是靠近消费地，如果是要在几个生产地和几个消费地之间建立仓库，则需要运用线性规划模型，使运费达到最小，这当然只考虑了运费。

（2）场地的可获得性。建造仓库的候选地，其面积是否满足储存容量。例如10 000平方米的仓库，要建在市中心显然是不行的，因此要考虑地价。

（3）交通的便利性。要建综合物流中心，显然需要强调交通的便利性，在远离公路、铁路、水路或航空港的地方建立物流中心是不合适的。

（4）时间因素。建立综合物流中心，就是既要使整个供应链的成本最小，又要对顾客的需求作出有效的反应，因此也要考虑货物运送到顾客手中的时间限制。

（5）建筑材料的价格。这也是一个不得不考虑的因素，在什么地方建物流中心，很大一部分建筑材料都是在当地获得，因此建筑材料的价格低廉也可节省一大笔费用。

以上是仓库规划时常需考虑的因素，对这些因素要综合起来考虑，可运用高等运筹学中的线性规划模型加以解决。建库还要注意企业的战略发展，有时候需要将目光放长远一些，或许现在选址费用比较低廉，但不利于企业将来的发展，仓库选址问题需要运用战略家的眼光去看待。

（二）仓库机械作业的选择与配置问题

主要指如何根据仓库作业特点和所储存物资的种类，选择机械装备以及应配备的数量，如何对这些机械进行管理等。

存储和物料搬运必须协调考虑。从某种角度上说，存储仅仅是物料流动经过仓库时的暂时停留。选择合适的机械设备有利于促进容量的充分利用，提高物料搬运的效率。现在，仓库中很多种可用于装卸、拣货及搬运的机械化设备。搬运设备因专业化程度和所需手工作业程度不同的差异很大。总的来讲，设备可以分为三大类：手工搬运设备、动力辅助设备及全机械化设备。

（1）手工搬运设备。手工操作的仓库作业设备（如两轮手推车、四轮平板车）在货物搬运中能利用其优势，且只需要很少投资。大多数这类设备适用于多种货物、多种场合。但其中有些设备则有特殊用途，如地毯、家具的搬运设备。

一般来说，如果仓库里的产品种类处于变化之中，仓库的货流量不大，而且没必要投资机械化程度更高的设备时，手工搬运设备的灵活性与低成本使之不啻为良好的选择。然而，人工搬运设备的使用多少要受操作人员的抬举和推力的限制。

（2）动力辅助设备。使用动力辅助设备可以提高物料搬运速度，增加单位工时产出量。这类设备包括吊车、工业卡车、升降机和起重机。然而，工业企业用得最多的当属叉车及其各种变体。

（3）全机械化设备。随着计算机控制的搬运设备、条形码、扫描技术的发展，已经出现一些接近完全自动化的物料搬运系统。此系统被称为自动存取系统（Automated Storage and Retrieval System，AS/RS）。全自动化的设备体现了所有现有物料搬运技术的最广泛的应用。

（三）仓库日常的作业管理问题

仓库的日常作业按大类来分，可分为现场作业和事务作业两类。现场作业包括入库作业（如入库物品的检验、上架等）、保管作业、分拣备货作业、出库检验作业（按照出库单据或出库计划确认出库物品种类和数量）、捆包、包装作业、装载作业（按照运送不同方向或区域的货车分货、向货车载货）、流通加工（贴标签、装箱、装袋等）、盘点（将账面数量与实物数量进行核对以掌握准确的在存货数量）。事务作业包括入出库量更新（入出库发生时以及在盘点基础上的库存台账的更新）、票据制作（装箱单、备货明细、运单等票据的印刷）、结算处理（提供运费、保管费用、作业费用等数据）。

日常作业管理是仓储正常运行的条件，实际上仓储管理的大部分工作都是日常作业管理。作业管理的好坏直接影响了仓储作业的效率。

此外，仓库业务考核问题，新技术、新方法在仓库管理中的运用问题，仓库安全与消防问题等，都是仓储管理所涉及的内容。

（四）仓库资源利用评价指标

在仓库的规划及使用时，经常要认识和运用一些反映仓库能力及工作状态的参数，简述如下。

1. 仓库建筑系数

仓库建筑系数是各种仓库建筑物实际占地面积与库区总面积之比，即

$$仓库建筑系数=\frac{仓库建筑物占地面积}{库区总面积}\times 100\%$$

该参数反映库房及用于仓库管理的建筑物在库区内排列的疏密程度，反映总占地面积中库房比例的高低。

2. 库房建筑面积

库房建筑面积是仓库建筑结构实际占地面积，用仓库外墙线所围成的平面面积来计量。多层仓库建筑面积是每层面积之和。其中，除去墙、柱等无法利用的面积之后称有效面积，有效面积从理论上来讲，都是可以利用的面积。但是，可利用的面积中，有一些是无法直接进行生产活动的面积，如楼梯等，除去这一部分面积的剩余面积称使用面积。

3. 库房建筑平面系数

库房建筑平面系数是衡量使用面积所占比例的参数，即

$$库房建筑平面系数=\frac{库房使用面积}{库房建筑面积}\times 100\%$$

4. 库房面积利用率

库房面积利用率是使用面积中实际存放货物所占面积的一种衡量参数，即

$$仓库面积利用率=\frac{堆放货物的面积}{使用面积}\times 100\%$$

这个参数表示实际使用面积被有效利用的程度，也对应衡量出非保管面积所占比重。

5. 库房高度利用率

库房高度利用率是反映库房空间被有效利用程度的指标，即

$$库房高度利用率=\frac{货垛或货架的平均高度}{库房有效高度}\times 100\%$$

这个参数和库房面积利用率所起的作用是一样的，即衡量仓库有效利用程度。仓库中可以采取多种技术措施来提高这一利用程度。

6. 仓容

仓库中可以存放物资的最大数量。以重量单位（t）表示。仓容大小取决于面积大小及单位面积承载货物重量的能力以及货物的安全要求，即

$$仓容(t)=仓库使用面积(m^2)\times 单位面积存储定额(t/m^2)$$

7. 仓容利用率

仓容利用率指实际库容量与库容之比值的百分率，一般以年平均值为考核计算依据，反映库容利用之高低。

8. 仓库有效容积

仓库有效容积指仓库有效面积与有效高度之乘积。以往的仓库指标，主要描述平面利用的情况，按仓容指标的计算方法，仓库使用面积与单位面积存储定额之乘积，与库房高度关系不大，而有时仓容并不能反映库房容积利用情况。随着高平房仓库及立体仓库的出现，面积利用指标已不能完全反映仓库技术经济指标。仓库有效容积则是指描述仓库立体及其可利用，即

$$仓库有效容积(m^3)=仓库有效面积(m^2)\times 有效平均高度(m)$$

9. 仓库容积利用率

仓库容积利用率指仓库有效容积中实际使用的容积所占的比率，即

$$仓库容积利用率=\frac{仓库使用容积(m^3)}{仓库有效容积(m^3)}\times 100\%$$

因为仓储管理是一项综合工作，融合了技术管理、经济管理、设备管理和质量管理和在评价它时，应该设立相应的一套评价指标体系，同时这套评价指标又是物流系统绩效评价体系的组成部分。为了说明问题，我们只能列举以上几项供读者参考。在实践工作中，需要管理人员根据自己企业的特点、管理工作的要求进行具体的选用或设计。

第三节　现代配送中心作业模式

一、配送的概念

（一）配送的定义

配送是在经济合理区域范围内，根据客户要求，对物品进行拣选、加工、包装、分割、组配等作业，并按时送达指定地点的物流活动。集货、分拣、配货、配装、配送运输、送达

服务以及配送加工等是构成配送最基本的单元。不同产品的配送可能有独特之处，如燃料油配送就不存在配货、分放、配装工序，水泥及木材配送又多出了一些流通加工的过程，而流通加工又可能在不同环节出现。

配送是物流中一种特殊的、综合的活动形式，是商流与物流紧密结合，包含了商流活动和物流活动，也包含了物流中若干功能要素的一种形式。从物流来讲，配送几乎包括了所有的物流功能要素，是物流的一个缩影或在某小范围中物流全部活动的体现。一般的配送集装卸、包装、保管、运输于一身，通过这一系列活动完成将货物送达的目的。特殊的配送则还要以加工活动为支撑，所以包括的方面更广。但是，配送的主体活动与一般物流却有不同，一般物流是运输及保管，而配送则是运输及分拣配货，分拣配货是配送的独特要求，也是配送中有特点的活动，以送货为目的的运输则是最后实现配送的主要手段，从这一主要手段出发，常常将配送简化地看成运输中之一种。从商流来讲，配送和物流不同之处在于，物流是商物分离的产物而配送则是商物合一的产物，配送本身就是一种商业形式。虽然配送具体实施时，也有以商物分离形式实现的，但从配送的发展趋势看，商流与物流越来越紧密的结合，是配送成功的重要保障。

可以从以下方面认识配送的概念。

(1) 配送实质是送货。配送是一种送货，但和一般送货有区别：一般送货可以是一种偶然的行为，而配送却是一种固定的形态，甚至是一种有确定组织、确定渠道，有一套装备和管理力量、技术力量，有一套制度的体制形式。所以，配送是高水平的送货形式。

(2) 配送是一种“中转”形式。配送是从物流结点至用户的一种特殊送货形式。配送是“中转”型送货，而一般送货尤其从工厂至用户的送货往往是直达型；一般送货是生产什么，有什么送什么，配送则是企业需要什么送什么。所以，要做到需要什么送什么，就必须在一定中转环节筹集这种需要，从而使配送必然以中转形式出现。当然，广义上，许多人也将非中转型送货纳入配送范围，将配送外延从中转扩大到非中转，仅以“送”为标志来划分配送外延，也是有一定道理的。

(3) 配送是“配”和“送”有机结合的形式。配送与一般送货的重要区别在于，配送利用有效的分拣、配货等理货工作，使送货达到一定的规模，以利用规模优势取得较低的送货成本。如果不进行分拣、配货，有一件运一件，需要一点送一点，这就会大大增加动力的消耗，使送货并不优于取货。所以，追求整个配送的优势，分拣、配货等项工作是必不可少的。

(4) 配送以用户要求为出发点。在定义中强调“按用户的订货要求”明确了用户的主导地位。配送是从用户利益出发、按用户要求进行的一种活动，因此，在观念上必须明确“用户第一”、“质量第一”。配送企业的地位是服务地位而不是主导地位，因此不能从本企业利益出发而应从用户利益出发，在满足用户利益基础上取得本企业的利益。更重要的是，不能利用配送损伤或控制用户，不能利用配送作为部门分割、行业分割、割据市场的手段。

(二) 配送效益的评价

对于配送的决策优劣，不能简单处之，也很难有一个绝对的标准。例如，企业效益是配送的重要衡量标志，但是，在决策时常常考虑各个因素，有时要做赔本买卖。所以，配送的决策是全面、综合决策。对于配送合理化与否的判断，是配送决策系统的重要内容，目前国内外尚无一定的技术经济指标体系和判断方法，按一般认识，以下若干标志是应当纳入的。

1. 库存标志

库存是判断配送合理与否的重要标志。具体指标有以下两方面。

（1）库存总量。库存总量在一个配送系统中，从分散于各个用户转移给配送中心，配送中心库存数量加上各用户在实行配送后库存量之和应低于实行配送前各用户库存量之和。

此外，从各个用户角度判断，各用户在实行配送前后的库存量比较，也是判断合理与否的标准，某个用户上升而总量下降，也属于一种不合理。

库存总量是一个动态的量，上述比较应当是在一定经营量前提下。在用户生产有发展之后，库存总量的上升则反映了经营的发展，必须扣除这一因素，才能对总量是否下降作出正确判断。

（2）库存周转。由于配送企业的调剂作用，以低库存保持高的供应能力，库存周转一般总是快于原来各企业库存周转。

此外，从各个用户角度进行判断，各用户在实行配送前后的库存周转比较，也是判断合理与否的标志。

为取得共同比较基准，以上库存标志，都以库存储备资金计算，而不以实际物资数量计算。

2. 资金标志

总的来讲，实行配送应有利于资金占用降低及资金运用的科学化。具体判断标志如下。

（1）资金总量。用于资源筹措所占用流动资金总量，随储备总量的下降及供应方式的改变必然有一个较大的降低。

（2）资金周转。从资金运用来讲，由于整个节奏加快，资金充分发挥作用，同样数量的资金，过去需要较长时期才能满足一定供应要求，配送之后，在较短时期内就能达此目的。所以资金周转是否加快，是衡量配送合理与否的标志。

（3）资金投向的改变。资金分散投入还是集中投入，是资金调控能力的重要反映。实行配送后，资金必然应当从分散投入改为集中投入，以便增加调控作用。

3. 成本和效益

总效益、宏观效益、微观效益、资源筹措成本都是判断配送合理化的重要标志。对于不同的配送方式，可以有不同的判断侧重点。例如，配送企业、用户都是各自独立的以利润为中心的企业，则不但要看配送的总效益，而且还要看对社会的宏观效益及两个企业的微观效益，不顾及任何一方，都必然出现不合理。又例如，如果配送是由用户集团自己组织的，配送主要强调保证能力和服务性，那么，效益主要从总效益、宏观效益和用户集团企业的微观效益来判断，不必过多顾及配送企业的微观效益。

由于总效益及宏观效益难以计量，在实际判断时，常以按国家政策进行经营，完成国家税收及配送企业及用户的微观效益来判断。

对于配送企业而言（投入确定了的情况下），则企业利润反映配送的合理化程度。

对于用户企业而言，在保证供应水平或提高供应水平（产出一定）前提下，供应成本的降低，反映了配送的合理化程度。

成本及效益对合理化的衡量，还可以具体到存储、运输具体配送环节，使判断更为精细。

4. 供应保证标志

实行配送，各用户的最大担心是害怕供应保证程度降低，这是个心态问题，也是承担风险的实际问题。

配送的重要一点是必须提高而不是降低对用户的供应保证能力，才算实现了合理。供应保证能力可以从以下方面判断。

（1）缺货次数。实行配送后，对各用户来讲，该到货而未到货以致影响用户生产及经营的次数，必须下降才算合理。

（2）配送企业集中库存量。对每一个用户来讲，其数量所形成的保证供应能力高于配送前单个企业保证程度，从供应保证来看才算合理。

（3）即时配送的能力及速度是用户出现特殊情况的特殊供应保障方式，这一能力必须高于未实行配送前用户紧急进货能力及速度才算合理。

特别需要强调一点，配送企业的供应保障能力，是一个科学的合理的概念，而不是无限的概念。具体来讲，如果供应保障能力过高，超过了实际的需要，属于不合理。所以追求供应保障能力的合理化也是有限度的。

二、配送中心

配送中心又称集配中心，是从事配送业务的物流场所或组织。它应符合下列要求：主要为特定的客户服务；完善的信息网络；辐射范围小；多品种、小批量；以配送为主、存储为辅。除配送的功能外，为了保证配送任务准确、快速地完成，配送中心必须具有灵敏、完整的信息系统负责物流信息情报的收集、汇总、存储以及传递功能。

配送中心也可以看做是流通仓库，同保管型仓库相比，流通仓库的主要功能是加快商品周转，提高流通效率，满足客户对物流的高度化需求。保管型仓库与配送中心（流通型仓库相比）的差异，如表6-1所示。

表6-1　保管仓库与配送中心的差异

	仓　库	配送中心
功能	以物资保管为主要功能	入库、验收、保管、备货、分拣、流通加工、检验、出库等均为配送中心功能
空间	保管空间	保管空间占一半，其他功能占一半空间
设计	以保管为主体，平面摆放，通路少，未进行严格的场所管理	按配送中心功能的流转顺序设计，利用货架实行立体存放，有严格的场所管理
信息特征	货物的状况和信息不一致	货物的状况和信息一致
事务处理、信息传送的系统化	基本上使用人工完成事务处理和信息的传送	利用信息系统工具和物流信息系统完成事务处理和信息传送
作业的自动化和省力化	基本上是人工作业	在信息系统的支持下实现作业的自动化和省力化
对多样化物流需求的适应力	基本上不能适应	可以适应

三、配送中心作业模式

配送中心的效益主要来自“统一进货、统一配送”。统一进货的主要目的是避免库存分散、降低企业的整体库存水平。通过降低库存水平，可以减少库存商品占用的流动资金，减少为这部分占压资金支付的利息和机会损失，降低商品滞销压库的风险。

配送中心的作业项目包括订货、到货接收、验货入库与退货、订单处理、储存、加工、拣选、包装、装托盘、组配、配装、送货、送达服务等作业项目，之间衔接紧密，环环相扣，整个过程既包括实物流，又包括信息流，同时还有资金流。

（一）接受订单处理

配送中心和其他组织一样，具有明确的经营目标和对象，配送中心的业务活动是以客户订单发出的订货信息作为驱动源。在配送活动开始前，配送中心根据订单信息，对客户的分布、所订商品的品名，商品特性和订货数量、送货频率和要求等资料进行汇总和分析，以此确定所要配送的货物种类、规格、数量和配送的时间，最后由配送中心调度部门发出配送信息（如拣货单、出货单等）。订单处理是配送中心调度、组织配送活动的前提和依据，是其他各项作业的基础。

订单处理是配送中心客户服务的第一个环节，也是配送服务质量得以保证的根本。在订单处理过程中，订单的分拣和集合是重要的环节。订单处理的工作之一是填制文件，通知指定仓库将所订货物备齐，一般用订单分拣清单表明所需集合的商品项目，该清单的一联送到仓库管理人员手中。仓库接到产品的出货通知后，按清单拣货、贴标签，最后将商品组配装车。

电子化运作的配送中心可通过 EDI（电子数据交换）、E-mail 等方法直接将订单直接传送到企业，在分拣方面的发展趋势是通过计算机控制进行自动分拣，不但加快了订单的分拣速度，也提高了分拣的准确性。

配送中心收到客户订单后，进行处理的主要工作有以下几项。

（1）检查订单是否全部有效，即订单信息是否完全、准确。

（2）信用部门审查客户的信誉。

（3）市场销售部门把销售额记入有关销售人员的账目。

（4）会计部门记录有关的账目。

（5）库存管理部门选择和通知距离客户最近的仓库，分拣客户的订单，包装备运，并及时登记公司的库存总账，扣减库存。同时将货物及运单送交运输商。

（6）运输部门安排货物运输，将货物从仓库发运到发货地点，同时完成收货确认（签收）。

配送中心在订单处理完后，将发货单寄给客户，一般也由信息网络完成。

（二）进货作业

配送中心的进货作业包括订货、接货、验收入库和储存四个环节。

1. 订货

配送中心收到并汇总客户的订单以后，首先要确定配送货物的种类和数量，然后要查询管理信息系统看现有库存商品有无所需要的订货商品。如有现货且数量充足，则转入拣货作业；如果没有现货或现货量不足，则要及时向供应商发出订单，提出订货。另外，为了对流转速度较快的热门商品保证供货，配送中心也可以根据需求情况提前组织订货，批量上最好是经济批量。对于商流、物流相分离的配送中心，订货作业由客户直接向供应商下达采购订单，配送中心进货工作从接货作业开始。

2. 接货

供应商在接到配送中心或用户的订单后，会根据订单要求的品种和数量组织供货，配送中心则组织人力、物力接收货物。有时还需到港、站、码头接运到货。签收送货单后就可进行验收货物。

3. 验收

所订货物到达配送中心后，即由配送中心负责对货物进行检查验收，验收的内容主要是货物的品质质量、数量和包装的完好性。验收的依据主要是合同条款要求和有关质量标准。验收合格无误的货物办理入账、信息采集和货物入库手续；如不符合合同条款要求，配送中心将详细登记差错情况，按有关规定或合同中双方的事先约定处理，或者拒收货物。

4. 储存

配送中心为保证货源供应，通常都会保持一定数量的商品库存（安全库存）。另外，对于商流、物流一体化的配送中心来说，一次性集中采购，储备一定数量的商品，可享受供应商提供的价格折扣优惠。储存作业的主要内容就是随时掌握商品的库存动态，使库存商品保持质量完好并数量准确。

（三）拣货和配货作业

配送中心的核心作业就是拣货和配货作业。通过该项作业根据不同客户的订单要求进行货物的拣选、加工、包装和配装。为货物发出作好准备。

1. 拣选

分拣作业就是拣货人员依据业务部门按照客户订单要求下达的拣货单，从储存的货物中拣出一定品种和数量的商品。分拣作业的方法分为摘果式和播种式两种，常用的是摘果式拣选。具体做法是拣货员拉着拣货箱在仓库货架内巡回走动，根据拣货单和配货单在货架上的位置（货位或储存），拣取规定的货物品种、规格和数量并放入货箱内。另外，一些大型配送中心采用了自动分拣技术，利用自动分拣设备自动分拣，大大提高了拣货作业的准确性和作业效率。

2. 加工

配送中心的加工作业属于增值性活动，不具有普遍性。有些加工作业属于初级加工活动，如按照客户的要求，将一些原材料套裁；有些加工作业属于辅助加工，比如对产品进行简单组装，给产品贴上标签或套塑料袋等；也有些加工作业属于深加工，食品类配送中心的加工通常是深加工，比如将蔬菜，水果洗净、切割、过磅、分份并装袋，加工成净菜，或按照不同的风味进行配菜组合，加工成原料菜等配送给超市或零售店。不同类型的配送中心会根据其配送商品的特性，用户的要求，加工的可行性选择是否进行配送加工作业，作业内容也不尽相同，通过加工作业会完善配送中心的服务功能。

3. 包装

配送中心将需配送的货拣取出来后，为便于运输和识别不同用户的货物，有时还要对配送货物进行重新包装或捆扎，并在包装物上贴上标签。

4. 配装

为充分利用运输车辆的运力，提高运输效率，配送中心一般将在同一时间内出货的不同用户的货物组合配装在同一批次运输车辆上进行运送，这就是配送中心的配装作业。合理的混装与配装，不但能有效地降低成本，还可以减少城市道路的交通流量，改善交通状况。

（四）出货作业

出货作业是配送中心的末端作业环节，包括装车和送货两个作业项目。

1. 装车

配送中心装车作业可以采用机械装车，也可采用人力装车。通常对于较大批量或较大体积和重量的货物采用装卸机械设备（如叉车）和托盘进行装车；对于批量较小的散货，由于其数量少，重量轻，可人力装车。装车时要注意避免货物损坏和外包装的破损。

2. 送货

一般情况下，配送中心都自备送货车辆，有时也可根据实际需要借助社会运力来组织送货，送货作业的重点是正确选择取货点、运输工具和合理选择运输路线。给固定用户送货，可事先编排出合理的运送线路，选择合适的送货时间，进行定时定线送货；临时送货可根据用户要求和当时的交通状况，选择合适的路线送货。

四、配送中心的服务

配送服务应考虑以下内容。

（一）供货的品种

供货的品种按商品本身的特性来划分，如商品的性质、规格、形状、大小、价值等，这些特性将会影响货物搬运、储存和运输时拣选的方式。

（二）仓库服务

配送经营的范围将影响库内作业的内容和方式，配送中心的商品一般具有多品种、少批量的特点，其供应商较多，所以应考虑用计算机进行控制与管理。

（三）订货方式

配送中心的客户订货方式有：电话订货、传真或邮寄订单，或由业务人员直接从客户处取回订单等。订单的接收方式会影响到订单数据的处理与传递效率。

（四）订货批量的限制

订购批量的大小将会影响货物的包装形式、大小和包装容器的选择以及配送方式的选择。

（五）订单的处理次数

要制定每天订单的处理次数、出货配送次数，规划配货时段，因为这些将影响出货拣取作业的次数、频率及数据的处理量。根据商品的不同特性对其进行分类，以免影响配送的次数及配送的设备。

（六）订单结账时限

货物采购一般采用月结或固定周期结账的方式。这种方式常造成订购时段高峰订单拥挤，以至无法及时处理。日本曾推行循环式结账日并将客户分区分类，使不同的客户在不同日期或时段结账，这样可以分散订单高峰，使订单的处理量平均化。

（七）交货形式及收发方式

配送交货方式有：交货至店内摆放上架，并根据送货单由店内人员点数；交货至店门由店内人员自行摆放，不予点数；交货至店内，由店内人员自行补货上架，也不予点数。不同的交货方式选用不同的包装容器、搬运工具及随车人员。

（八）退货处理

退货是配送服务中的一项不可避免的工作。货物的退还有各种原因：有的是发货人在按订单发货时发生了错误，有的是运输途中产品受到损坏，有的是客户订货有误。退货处理将影响商品是否入库，入库后是否拆包检验，是否要修理、再加工等。

案例6-1

配送中心的自动化

丹麦最大的连锁超市之一——Netto连锁超市在柏林附近的Wustermark货物运输中转站建立了一个新的物流配送中心。作为该配送中心高度自动化、柔性化的仓储管理系统的一部分，物流输送系统除了负责处理欧洲标准托盘和杜塞尔多夫半托盘外，同时还需完成无纸化的分拣。

对一个现代化的物流配送中心而言，如何协调众多供货商交付的货物，如何进行高效率的堆垛操作，如何实现更快速的订单组合并快速备货将成为复杂的具有挑战性的任务。

1. 超前的思维

具有预见性的计划、灵活的概念和可靠的组件是实施这样一个物流项目的基础，而Netto这个新的配送中心则是这方面的典范。利用半自动化的货物高架仓库，可以存储大约750种不同的货物大类（其中30%是自有品牌，以及大量的地区性产品）可以供应位于柏林、勃兰登堡、萨克森-安哈特等地的220个Netto超市点。

成立于1990年的Netto连锁店最初只是一个食品折扣商店，由著名的Dansk Supermarked超市集团与Spar超市集团联合投资，如今Netto已经具有超过200家的连锁店和3 000多名员工，这些店分布在德国梅克伦堡-前波莫瑞州、勃兰登堡、柏林和萨克森-安哈特州。总部位于斯塔维哈根梅克伦堡的Netto公司已经成为德国东部排名前20的著名公司之一。现在，Netto公司在德国每年都会新开超过25家以上的商店。

Netto公司正在制订新的扩张计划，特别是在萨克森-安哈特地区，以及在一些像汉堡和石勒苏益格-荷尔斯泰因等新的区域。这就需要在Wustermark这样的中转站采用先进的物流理念、综合的货物管理系统和现代化的配送仓库。作为内部物流供应商，SSI Schaefer（胜斐迩）公司将为Netto这样的超市巨头提供满足上述需求的解决方案。来自SSI Schaefer公司的Giebelstadt工厂团队成为了主要合同商，负责该项目的规划与实施。

除了钢货架结构、托盘输送系统和堆垛机，SSI Schaefer公司还针对从货物到达到装运出货的整个操作流程提供IT基础产品，从而实现连续并透明的平滑控制。Netto公司的这个项目有一个特殊的要求，即考虑到配送中心货物流的复杂程度，为保证实现优化的系统组合与快速平滑的系统启动，必须事先验证所存货品的可达性和物流流程优化的收益情况。为此，SSI Schaefer公司团队专门设计了一个仿真模型。

整个厂房所用到的技术还包括基于CAD的工作模型、设计前输送机与后输送机，以完成欧洲标准托盘和杜塞尔多夫半托盘输送。

2. 自动化控制

在这个新的配送中心高架仓库中，总共有大约9 700个托盘存放位置，可以满足一个典型食品折扣店所有货物的存储。所有进库货物在货物接收区通过9个库门进入，在这里利用电瓶式叉车将装有货物的托盘放置到输送带上，然后才进入自动化控制环节。借助于输送车辆的装载方式，可以将货物装载到单个或成对的杜塞尔多夫半托盘上。

由于采用了 EAN 条码的托盘可以实现自动化扫描，所有托盘相关数据，如批次号、货物号、最佳食用期等信息在这一过程中被自动地记录下来。传统货物交付过程中经常用到的纸质货盘交付通知将退出历史舞台。更进一步地，所有货物的接收与存储过程都会由仓储管理系统来进行控制。

仓储管理系统向托盘发出指令，托盘根据需要进行重新调整并被传输出去。对于杜塞尔多夫半托盘的运送，则根据其货物容积进行单个运送或者成对托盘运送。利用两条高性能的垂直提升式输送带，托盘被运送到上面一层。在这里电子式高架输送带小车将自动取走托盘。

输送小车将托盘运到高架式仓库堆垛机上，或者运到位于上层的特殊货品分拣区。该仓库拥有 885 处分拣点，满足对香烟、纺织品等特殊货物的存储，这类货物的交付形式通常都不是完整的托盘方式。

在 Netto 公司的高层式仓库里，一共有 8 台堆垛机在为托盘存储区工作。当这些堆垛机在进入高层货架区域后，将从转移滚筒式输送带上提取托盘，其高效率的托盘吞吐量可以达到：存储速度大于 209 次/h，提取速度大于 234 次/h。

3. 特殊订购的货物

库存本身一般是双层货架，杜塞尔多夫半托盘的存储则是四层的。除了完成一般的存储过程，货品还要被记录到仓储管理系统 WMS 的库存清单中。

来自 Netto 连锁店订单的订单组合由高架式仓库的半托盘、托盘和订单拣选托盘完成。此外还有通过所谓的“促销托盘”（Promotion Pallets）交付到 Wustermark 中转站的一种特殊情况，这种托盘所运送的货物是根据 Netto 折扣店的要求每周改变种类的，因此需要提供针对这类托盘的特殊物流过程。图 6-8 示出了 Netto 公司配送中心内部货箱在快速移动。

图 6-8　Netto 公司配送中心内部货箱在快速移动

为了结合订单组件的理念，在仓库装运区规划设立了一个特殊区域。利用堆垛机、上下层的电子式高架输送带和连接上下层的垂直提升式输送带，将托盘从存储区运送到仓库底层的装运区。在这里，原来成对存储在高层货架上的杜塞尔多夫半托盘也可以单个提取。在装运区还安装了重力式滚筒输送带进行货物运送的过渡。在订单拣选仓库的 8 个通道中，由底层的订单拣选车根据“人-货”原则对订单组件进行组合并提取。根据需要，这里的拣选车可以同时拣取两个欧洲标准托盘。对于 SSI Schaefer 公司项目团队而言，Netto 项目树立了仓库物流方面的一个应用典范，他们第一次利用“声音拣选”方法实现了订单拣选工作。

图 6-9示出了 Netto 公司配送中心内部在进行声控拣选。

图 6-9　Netto 公司配送中心内部在进行声控拣选

所有的订单拣选动作都是真正完全的声控操作。因而，在这个项目中，拣选清单、扫描仪和叉车显示器都成为了历史。同样，也是通过对存储间的代号数字进行声音查询，完成相关拣取位置的检查。操作员的耳机可以单独进行配置，耳机之间的通信则利用 28 个无线数据终端实现。

订单拣选过程由仓储管理系统 WMS 进行控制。这一过程已经考虑了某些货物的特殊性，特别是像易碎玻璃品之类的东西，它会提供关于这类货物的敏感度信息。作为一种选择，系统化也可以帮助实现对此类货物的顶层拣选方法。

订单拣选的托盘在高架仓库的入口区进入自动化物流系统。利用传输带系统，这些托盘首先被运送到一台自动化拉伸包装机上固定货物。然后系统将打印托盘标签并对拣选托盘进行自动贴标。

托盘的拣选日期和相应的存储号将显示在标签上面。最后，利用传输带系统，通过“蚂蚁”路径寻优算法从装运区的 45 条重力传输带中找到最佳的托盘传输带完成托盘传送。在这里订单拣选的托盘与其相关订单的货物托盘汇聚到一起，甚至也有可能与拣选的香烟货箱汇聚到一起，而香烟类货物则是被拣选放置到特殊容器中并人工搬运到装货区的。然后，所有这些托盘都将送到 15 个发运库门的某一位置。

在物流操作过程的并行控制的同时，仓储管理系统还要完成连续的过程信息化登录和相关的库存数据更新。这一系统的实施有助于满足货物运送的质量要求，实现 Danish 的零售商对新的高架仓库货物的完整检测，并加强食品工人对食品货物追溯流程的责任心，这也是欧盟所强制要求的。通过固定的控制站，物料流动、应用水平和订单生成等都实现了可视化。仓储管理系统 WMS 可以显示操作状态，同时还确保过程的连续透明与高效的系统管理。

在项目启动阶段，88 名仓库员工负责 114 家 Netto 连锁店的供货。在不远的将来，更多的连锁销售终端将进一步集成起来。

（以上资料来自：http：//www. newmaker. com/art_24509. html）

基本练习

1. 简述仓储在物流系统中的作用。
2. 简述仓储系统的功能。
3. 仓储系统中有哪些主要的设备？其主要特点是什么？
4. 什么是自动化仓库？自动化仓库的主要构成有哪些？自动化仓库的优点是什么？
5. 仓储管理的定义是什么？仓储管理的内容或活动有哪些？
6. 仓储资源利用的评价指标有哪些？
7. 什么是配送？配送的主要作业有哪些？
8. 解释配送中心的概念。配送中心的分类有哪些？
9. 简述配送中心的作业流程。
10. 配送中心设有哪些岗位？其管理的内容和方法有哪些？
11. 简述全自动化配送中心的主要优点。

应用练习

案例分析

案例 6-2

货物分拣系统提高顶峰公司的物流速度

在传统的货物分拣系统中，一般是使用纸制书面文件来记录货物数据，包括货物名称、批号、存储位置等信息，等到货物提取时再根据书面的提货通知单，查找记录的货物数据，人工搜索、搬运货物来完成货物的提取。在这样的货物分拣系统中，制作书面文件、查找书面文件、人工搬运等浪费了巨大的人力物力，而且严重影响了物流的流动速度。随着竞争的加剧，人们对物流的流动速度要求越来越高，这样的货物分拣系统已经远远不能满足现代化物流管理的需要。今天，一个先进的货物分拣系统，对于系统集成商、仓储业、运输业、后勤管理业等都是至关重要的，因为这意味着比竞争对手更快的物流速度，更快地满足顾客的需求，其潜在的回报是惊人的。建立一个先进的货物分拣系统，结合有效的吞吐量，不但可以节省数十、数百、甚至数千万元的成本，而且可以大大提高工作效率，显著降低工人的劳动强度。使用这样的货物分拣系统，完全摒弃了使用书面文件完成货物分拣的传统方法，采用高效、准确的电子数据形式，提高效率，节省劳动力；使用这样的货物分拣系统，不但可以快速完成简单订货的存储提取，而且可以方便地根据货物的尺寸、提货的速度要求、装卸要求等实现复杂货物的存储和提取；使用这样的货物分拣系统，分拣工人只需简单的操作就可以实现货物的自动入库、出库、包装、装卸等作业，降低了工人的劳动强度，提高了效率；使用这样的货物分拣系统，结合必要的仓库管理条件，可以真正实现仓库的现代化管理，充分实现仓库空间的合理利用，显著提高企业的物流速度，为企业创造、保持市场竞争优势创造条件。

顶峰电子公司位于美国亨茨维尔市的近 15 000m^2 的仓库，采用自动识别系统技术改进货物分拣系统，从出货到装船，实现了全部自动化操作，显著改善了该公司的物流管理。这套系统在基于 Unix 的 HP9000 上运行美国 ORACLE 公司的数据库，服务器由 4 个 9000MHz 的 Norand RF 工作站组成，它连接各个基本区域，每个区域支持 20 个带有扫描器的手持式无线射频终端。订单从配送中心的商务系统（在另一 HP9000 上运行的）下载到仓储管理系统（WMS），管理系统的服务器根据订单的大小、装船日期等信息对订单进行分类，实施根据订单分拣与零星分拣策略，并且指导分拣者选择最佳分拣路线。

根据订单分拣货物。如果订单订货数量比较大，可以根据订单，一个人一次提取大量订货。货物分拣者从他的无线射频终端进入服务器，选择订单上各种货物，系统会通过射频终端直接向货物分拣者发送货物位置信息，指导分拣者选择最佳路径。货物分拣者在分拣前扫描货柜箱上的条形码标签，如果与订单相符，直接分拣。完成货物选择后，所有选择的货物经由传送设备运到打包地点。扫描货物目的地条码，对分拣出来的货物进行包装前检查，然后打印包装清单。完成包装以后在包装箱外面打印订单号条码（使用 CODE－39 条码）。包装箱在 UPS 航运站称重，扫描条形码订单号，并且把它加入到 UPS 的跟踪号和重量信息条码中，这些数据，加上目的地数据，构成跟踪记录的一部分上报到 UPS。

零星分拣货物。小的订单（尤其是 5kg 以下的订货）的分拣或者单一路线货物分拣，则采用“零星分拣货物”的策略来处理。信号系统直接将订单分组分派给货物分拣者，每个分拣人负责 3～4 个通道之间的区域。货物分拣者在他负责的区域内，携带取货小车进行货物分拣，取货小车上旋转多个货箱，一个货箱盛放一个订单的货物。如果货架上的货物与订单相符，就把货物放进小车上的货箱，并且扫描货箱上条形码序列号。在货物包装站，打印的包装清单既包括货物条码也包括包装箱序列号。

这一系统方案为顶峰电子公司遍及全美的服务区域提供了电视、录像装备，实现远程监控与订货，装船作业在接到订单 24～48 小时内完成，每日处理订单达到 2 000 份。同时，应用这一系统，顶峰公司绕过了美国国内 60 个，国外 90 个中间商，把产品直接输送到个人服务中心，缩短了产品供应链，大大降低产品的销售成本，显著提高顶峰公司企业的市场竞争能力。

新的货物分拣系统使装船准确率增长到 99.9%，详细目录准确率保持在 99.9%，货物分拣比例显著提高。以前，货物分拣者平均每小时分拣 16 次，现在是 120 次。由于这一系统的运用，劳动力减少到原来的 1/3，从事的业务量增加了 26%。尽管公司保证 48 小时内出货，实际上 99% 的 UPS 订货在 15 分钟内就能完成，当日发出。

（资料来源：http：//www.128code.net/Files/Faq71.htm）

讨论题：

1. 做出顶峰电子公司的“订单分拣货物”、“零星分拣货物”的作业流程图，说明这两种模式各有什么特点。

2. 顶峰电子公司在货物分拣系统中采用条码技术的作用是什么？条码技术的特点有哪些？

第七章

运输管理及其规划技术

导入案例

物流运输发展趋势分析

中国目前的运输物流行业整体处于行业发展的积累阶段，市场集中程度较低，行业竞争激烈，产品和服务相似度高且种类单一，未来全行业将逐步向行业集中阶段发展。在这一过程中，受中国经济总量持续稳定增长、对运输物流业务外包的逐渐认可导致的客户行为改变、运输物流基础设施建设加快、国内消费增长以及中国对外贸易发展等因素的推动，中国运输物流业将迎来新的发展。

1. 高质量服务成为企业命门

在客户挑选物流服务提供商的过程中，服务的质量而非价格才是最重要的选择因素。同时，客户需求的演变，包括运输物流的外包、一站式服务、对供应链协同的附加要求（如JIT、VMI）等，还将推动运输物流服务从基本服务向增值服务和一体化服务拓展。

这些变化将导致运输物流各个子行业之间的界限愈发的模糊，比如，未来我们将会看到一些传统的货运企业将开始提供原来只有快递企业才提供的门到门的限时服务。使运输物流企业产生这样变化的重要原因，除了客户需求的演变外，也包括一些了行业自身发展的瓶颈，例如航空货运普货业务的利润越来越薄、国际货代的盈利空间被挤压、公路货运整车/零担业务回报有限等，也是使运输物流企业思变的重要原因。

2. 横纵向整合系统

受企业自身发展的需要、客户需求的变化以及政策支持的推动，中国运输物流行业会从积累阶段逐渐发展到集中阶段，市场集中度逐渐增加。同时，根据不同子行业的特点，既会出现同子行业内部及同领域内不同企业的横向整合，也会出现不同子行业之间的，甚至不同行业之间的纵向整合。但这并不会催生更大规模企业的出现，而是那些已经有一定规模的企业会从简单的规模增长转变为价值增长，步入“做大做强”的合理增长轨道。

3. 西部地区将成为新增长点

以往运输物流企业的网络往往侧重于三大经济圈，即珠三角、长三角及环渤海，未来网络覆盖所需的宽度将加大，向中国的西部和北部转移。这是由多方面的因素所导致的：一是中央及地方的政策鼓励西部等地区的经济发展；二是未来几年，上万亿的基础设施投资计划用于西部地区的铁路、道路和高速公路的建设；三是西部及北部的消费将稳步提高。除了对网络广度的要求扩大，对网络密度的要求也将提高。这里一方面是由于B2C和C2C电子商务的快速发展，另一方面是企业分销模式的转变。中国电子商务市场总额从2006年的258

亿人民币增长到2008年的1 887亿人民币，年均增长达到了94%，而企业的分销渠道也由原来的经销商模式向多渠道和直营模式转变，这对网络的密度及反应的速度也提出了新的要求。

4. 低碳经济挑战成本结构

全球经济向低碳模式转变是不可逆转的趋势，中国对此也将积极应对，将减排目标作为约束性指标纳入国民经济和社会发展的中长期规划，而加快建设以低碳为特征的交通体系就是其中之一。政府的种种“低碳”举措会给运输物流企业带来成本上的挑战，比如对于欧洲一个大型航空公司，欧盟的碳排放税将使其排放成本在2012年达到经营成本的1.6%，而对于国内一个大型的航空公司，由于航线网络的差异，排放成本的比例将会小于1%. 而对于公路货运企业，不仅是成本增加，还可能带来车辆更新的投资增加。另外，由于在等量运输下，铁路与公路的能耗比为1∶9.3，因此政府可能会出台一些举措来引导交通运输模式的变化，从而引导铁路对公路货量的分流。

（资料来源：http://info.china.alibaba.com/news/detail/v0-d1024190661.html）

第一节　运输概述

一、运输的概念

（一）运输的定义

运输（Transportation）是人和物的载运及输送。本书中专指“物”的载运及输送，指用设备和工具，将物品从一个地点向另一个地点运送的物流活动。其中包括集货、分配、搬运、中转、装入、卸下、分散等一系列操作。它是在不同地域范围间（如两个城市、两个工厂之间，或一个大企业内相距较远的两个车间之间），以改变“物”的空间位置为目的的活动。对大多数企业来讲，运输通常代表物流成本中最大的单项成本，因此，物流管理者需要对运输问题有很好的认识。

（二）运输的意义

运输是社会物质生产的必要条件之一，是国民经济的基础，在整个国民经济中，运输是加速社会再生产和促进社会再生产连续不断进行的前提条件，同时也是连接产销、沟通城乡的纽带。运输是生产过程的继续，这个“继续”虽然以生产过程为前提，但如果没有它，生产过程则不能最后完成。运输这种生产活动和一般的生产活动不同，它不创造新的物质产品，不增加社会产品数量，不赋予产品以新的使用价值，而只变动其所在的空间位置，但这一变动能使生产继续，使社会再生产不断推进，并且是一个价值增值的过程。

1. 运输是物流的主要功能之一

物流是物品实体的物理性运动，运输承担了改变物品空间状态的主要任务，是实现物流的空间效用的主要手段。运输再配以装卸搬运等活动，应能圆满完成改变空间状态的全部任务。

运输系统落后，市场就可能局限在生产地点附近的周边地区。随着运输系统的改进，运到远距离市场的产品的运达成本降低，运达的产品就可以与在同一市场销售的其他产品的价格竞争，因此，廉价、高质量的运输可以起到鼓励竞争的作用。它使得许多产品进入市场，甚至能够渗透到其原本无法进入的市场，从而导致销售额的实际增长。外来商品对市场上所有类似商品的价格也起到平抑作用。

2. 运输是“第三个利润源”的主要源泉

物流过程直接耗费活劳动和物化劳动，它所支付的直接费用主要有运输费、保管费和物流过程中的损耗等，其中，运输费用所占的比重最大，是影响物流费用的一项重要因素，特别在我国交通运输业还不发达的情况下更是如此。一般综合分析计算社会物流费用，运输费在其中占近50%的比例，有些产品运费甚至高于其生产成本，因此，廉价的运输也有助于降低产品的价格。例如原油在有些国家可以从国内产地获得，也可以进口。中东的石油储备比国内的更容易获得，石油的生产成本也更低。随着超级油轮的使用，石油能以很低的价格运到世界各地的市场，即便当地有石油资源，来自国外的原油价格可能比当地生产的还低。

3. 运输可以创造“场所效用”

场所效用的含义是：同种“物”由于空间场所不同，其使用价值的实现程度则不同，其效益的实现也不同。由于改变场所而最大程度发挥使用价值，最大限度提高产出投入比，这就称之为“场所效用”。通过运输，将“物”运到场所效用最高的地方，就能发挥“物”的潜力，实现资源的优化配置。从这个意义来讲，也相当于通过运输提高了物的使用价值。

二、各种运输方式

物质产品运输有五种基本方式，即铁路运输、公路运输、水路运输、航空运输和管道运输。另外，为了提高运输效果，在五种基本运输方式的基础上，还形成了联合运输、一贯托盘化运输等具有特殊功能的运输方式。

（一）五种基本运输方式

1. 铁路运输

铁路运输是使用铁路设备、设施运送旅客和物品的一种运输方式。其特点是运输能力大、连续性强，在长距离运输中，送达速度仅次于航空运输（但在过短距离，则又不及公路运输）。

2. 公路运输

公路运输是使用公路设备、设施运送物品的一种运输方式。其特点是机动、灵活，投资少，受自然条件限制小，能够送货上门，为铁路、水运、空运起集散作用。

公路运输主要承担近距离、小批量的货运和水路运输、铁路运输难以到达地区的长途、大批量货运及铁路运输、水路运输优势难以发挥的短途运输。由于公路运输有很强的灵活性，近年来，随着我国高速公路的快速建设，在有铁路运输、水路运输的地区，较长途的大批量运输也开始使用公路运输。

公路运输的主要优点是灵活性强，公路建设期短，投资较低，易于因地制宜。可以采取“门到门”运输形式，即从发货者门口直到收货者门口，而不需转运或反复装卸搬运。

同时公路运输也可作为其他运输方式的衔接手段，由于汽车的适应性和灵活性，在开展联合运输中，汽车既可开展公铁、公水、公航等的联合运输，又可开展铁、公、水等“挑两头”的多种运输方式的联合运输。在汽车运输本身，还可开展干支线连接运输，区域联运，跨省联运等，这种广泛性的联运条件也是汽车货运的一大特点。

3. 水路运输

水路运输是使用船舶运送客货的一种运输方式。水路运输主要承担大数量、长距离的运输，是在干线运输中起主力作用的运输形式。在内河及沿海，水路运输也常作为小型运输工具使用，担任补充及衔接大批量干线运输的任务。

水路运输的主要优点是成本低，能进行低成本、大批量、远距离的运输。但是水路运输也有显而易见的缺点，主要是运输速度慢，受港口、水位、季节、气候影响较大，因而一年中中断运输的时间较长。

4. 航空运输

航空运输是使用飞机运送客货的运输方式。具有航线直、速度快、可以飞越各种天然障碍、作长距离不着陆的优点，能保证贵重、急需或时间性要求很强的小批物品的运输；缺点是运载量小，运输成本高。

航空运输的单位成本较高，因而主要运载的物品有两类：一是价值高、运费承担能力很强的物品，如贵重设备的零部件、高档产品等；另一类是紧急需要的物品，如救灾抢险物品等。

5. 管道运输

管道运输是利用管道输送气体、液体和粉状固体的一种运输方式。其运输功能是靠物体在管道内顺着压力方向循序移动实现的。与其他运输方式相比，最主要的特点在于管道设备是静止不动的。

管道运输的主要优点是：由于采用密封设备，在运输过程中可避免散失、丢失等损耗，也不存在其他运输设备本身在运输过程中消耗动力所形成的无效运输问题；此外，它具有运输量大、连续作业的特点，适合批量大且连续不断运送的物品。

表 7-1 是五种基本运输方式的优缺点。

表 7-1　五种基本运输方式的优缺点

运输方式	优　点	缺　点
铁路	1. 可以满足大量货物一次性高效率运输 2. 运输运费负担较小的货物的时候，单位运费低廉，比较经济 3. 由于采用轨道运输，事故相对较少，安全性高 4. 铁路运输网完善，可以将货物运往各地 5. 运输上受天气影响小	1. 近距离运输费用较高 2. 不适合紧急运输的要求 3. 长距离运输的情况下，由于需要进行货车配车，路途停留时间较长
公路	1. 可以进行门到门的连续运输 2. 适合于近距离运输，比较经济 3. 使用上灵活，可以满足用户的多种需求	1. 运输单位小，不适合大量运输 2. 长距离运输运费较高
水路	1. 适合于运费负担能力较小的大量货物的运输 2. 适合于宽大、重量大的货物运输	1. 运输速度较慢 2. 港口的装卸费用较高 3. 航行受天气影响较大 4. 运输的正确性和安全性较差
航空	1. 运输速度快 2. 适合于运费负担能力大的少量货物的长距离运输	1. 运费高，不适合低价值货物和大量货物的运输 2. 重量受到限制

（续）

运输方式	优 点	缺 点
管道	1. 运输效率高 2. 适合于气体、液体货物的运输 3. 占用土地少 4. 运输效率高，适合于自动化管理	运输对象受到限制

（二）联合运输

1. 联合运输

这是各种运输方式在运输过程中遵照统一的规章或协议，使用同一运输凭证或通过代办中转业务，将各种运输方式紧密协调衔接起来，共同完成运输任务。联合运输吸取铁路、公路、水路、航空等基本运输方式的长处，把它们有机地结合起来，实行多环节、多区段、多工具相互衔接进行商品运输。

联合运输按其对象，可以分为货物联运和旅客联运；按其各种运输工具的组合，又可以分为水陆联运（包括：铁路、水路联运、公路、水路联运），铁公联运，水陆空联运等等；联运从地域概念来分类，可以分为国内联运和国际联运。在同一运输方式中，由于各运输企业分散与独立经营的特点，也可以组织江海联运，江河联运，江海河联运等。

2. 联合运输的主要特点

联合运输的优势一方面表现在它克服了单个运输方式或手段所固有的缺陷，从而在整体上保证了运输全过程的最优化和效率化；另一方面，从流通渠道来看，联合运输有效解决了由于地理、气候、基础设施建设等各种市场环境的差异而造成的商品在产销空间、时间上的分离，从而促进了生产与销售的紧密结合以及企业生产经营的有效循环运转。与一般运输相比，联合运输在组织生产活动中的特点表现如下。

（1）代理性。联合运输行业主要是以提供服务的方式为承运、托运双方提供代办中转和代理承托业务的，具有“一手托两家”的代办代理的双重身份，即对运输企业而言，它代表货主，对货主而言，又代理运输业务，所以从事联合运输的企业一般都具有代理性。

（2）协同性。联合运输不仅要求运输过程涉及的各部门和各环节在运输组织上协作配合，建立统一计划、统一技术作业标准、统一考核标准等规章制度；在技术装备上，也必须相互配套，实现运输设施的协同性。

（3）通用性。联合运输涉及两种以上运输方式或一种运输方式两程以上的衔接配合，以及产、供、运、销各企业间的运输协作，所使用的商务及货运规章、协议、合同规定，必须具有两种运输方式或两个以上企业共同遵循的通用性。

（4）全程性。在联运过程中，货物从受理、承运、交付直到运后服务、财务结算等环节，无论经过几程运输，几个中转环节，均可一票贯通全程，具有组织完成运输任务的全程性。

（5）简便性。联运实行“一次托运、一次起票、一次结算、一票到底、全程负责”的运输代理，与一般运输相比，手续非常简便，大大节省了货主运输的人力和时间，从而提高了运输效率和社会综合经济效益。

3. 联合运输的形式

根据不同的原则，对多式联运可以有多种分类形式。但就其组织方式和体制来说，基本上可分为协作式多式联运和衔接式多式联运两大类。

1. 协作式多式联运

协作式多式联运是指两种或两种以上运输方式的运输企业，按照统一的规章或商定的协议，共同将货物从接管货物的地点运到指定交付货物的地点的运输。

协作式多式联运是目前国内货物联运的基本形式。在协作式多式联运下，参与联运的承运人均可受理托运人的托运申请，接收货物，签署全程运输单据，并负责自己区段的运输生产；后续承运人除负责自己区段的运输生产外，还需要承担运输衔接工作；而最后承运人则需要承担货物交付以及受理收货人的货损货差的索赔。在这种体制下，参与联运的每个承运人均具有双重身份。对外而言，他们是共同承运人，其中一个承运人（或代表所有承运人的联运机构）与发货人订立的运输合同，对其他承运人均有约束力，即视为每个承运人均与货方存在运输合同关系；对内而言，每个承运人不但有义务完成自己区段的实际运输和有关的货运组织工作，还应根据规章或约定协议，承担风险，分配利益。

2. 衔接式多式联运

衔接式多式联运是指由一个多式联运企业（以下称多式联运经营人）综合组织两种或两种以上运输方式的运输企业，将货物从接管货物的地点运到指定交付货物的地点的运输。在实践中，多式联运经营人既可能由不拥有任何运输工具的国际货运代理、场站经营人、仓储经营人担任，也可能由从事某一区段的实际承运人担任。但无论如何，他都必须持有国家有关主管部门核准的许可证书，能独立承担责任。

在衔接式多式联运下，运输组织工作与实际运输生产实现了分离，多式联运经营人负责全程运输组织工作，各区段的实际承运人负责实际运输生产。在这种体制下，多式联运经营人也具有双重身份。对于货方而言，他是全程承运人，与货方订立全程运输合同，向货方收取全程运费及其他费用，并承担承运人的义务；对于各区段实际承运人而言，他是托运人，他与各区段实际承运人订立分运合同，向实际承运人支付运费及其他必要的费用。很明显，这种运输组织与运输生产相互分离的形式，符合分工专业化的原则，不但方便了货主和实际承运人，也有利于运输的衔接工作，因此，它是联运的主要形式。在国内联运中，衔接式多式联运通常称为联合运输，多式联运经营人则称为联运公司。

（三）国际联合运输

由于国际多式联运具有其他运输组织形式无可比拟的优越性，因而这种国际运输新技术已在世界各主要国家和地区得到广泛的推广和应用。目前，有代表性的国家多式联运主要有远东 - 欧洲，远东 - 北美等海陆空联运，其组织形式包括以下几种。

1. 海陆联运

海陆联运是国际多式联运的主要组织形式，也是远东/欧洲多式联运的主要组织形式之一。目前组织和经营远东/欧洲海陆联运业务的主要有班轮公会的三联集团、北荷、冠航和丹麦的马士基等国际航运公司，以及非班轮公会公司等。这种组织形式以航运公司为主体，签发联运提单，与航线两端的内陆运输部门开展联运业务，与大陆桥运输展开竞争。

2. 陆桥运输

在国际多式联运中，陆桥运输（Landbridge Service）起着非常重要的作用。它是远东 - 欧洲国际多式联运的主要形式。所谓陆桥运输是指采用集装箱专用列车或卡车，把横贯大陆的铁路或公路作为中间“桥梁”，使大陆两端的集装箱海运航线与专用列车或卡车连接起来的一种连贯运输方式。严格地讲，陆桥运输也是一种海陆联运形式。只是因为其在国际多式联运中的独特地位，故在此将其单独作为一种运输组织形式。目前，远东－欧洲的陆桥运输线路有西伯利亚大陆桥和北美大陆桥。

（1）西伯利亚大陆桥（Siberian Landbridge，SLB）。西伯利亚大陆桥是指使用国际标准集装箱，将货物由远东海运到俄罗斯东部港口，再经跨越欧亚大陆的西伯利亚铁路运至波罗的海沿岸如爱沙尼亚的塔林或拉脱维亚的里加等港口，然后再采用铁路、公路或海运运到欧洲各地的国际多式联运的运输线路。

西伯利亚大陆桥是目前世界上最长的一条陆桥运输线。它大大缩短了从日本、远东、东南亚及大洋洲到欧洲的运输距离，并因此而节省了运输时间。日本出口欧洲杂货的1/3、欧洲出口亚洲杂货的1/5是经西伯利亚大陆桥运输的。由此可见，它在沟通亚欧大陆，促进国际贸易中所处的重要地位。

西伯利亚大陆桥运输包括“海铁铁”、“海铁海”、“海铁公”和“海公空”4种运输方式。由俄罗斯的过境运输总公司（SOJUZTRANSIT）担当总经营人，它拥有签发货物过境许可证的权利，并签发统一的全程联运提单，承担全程运输责任。至于参加联运的各运输区段，则采用“互为托、承运”的接力方式完成全程联运任务。可以说，西伯利亚大陆桥是较为典型的一条过境多式联运线路。

（2）北美大陆桥（North American Landbridge）。北美大陆桥是指利用北美的大铁路从远东到欧洲的“海陆海”联运。该陆桥运输包括美国大陆桥运输和加拿大大陆桥运输。美国大陆桥有两条运输线路：一条是从西部太平洋沿岸至东部大西洋沿岸的铁路和公路运输线；另一条是从西部太平洋沿岸至东南部墨西哥湾沿岸的铁路和公路运输线。美国大陆桥于1971年底由经营远东/欧洲航线的船公司和铁路承运人联合开办“海陆海”多式联运线，后来美国几家班轮公司也投入营运。目前，主要有四个集团经营远东经美国大陆桥至欧洲的国际多式联运业务。这些集团均以经营人的身份，签发多式联运单证，对全程运输负责。加拿大大陆桥与美国大陆桥相似，由船公司把货物海运至温哥华，经铁路运到蒙特利尔或哈利法克斯，再与大西洋海运相接。

（3）其他陆桥运输形式。北美地区的陆桥运输不仅包括上述大陆桥运输，而且还包括小陆桥运输（Minibridge）和微桥运输（Microbridge）等运输组织形式。

小陆桥运输从运输组织方式上看与大陆桥运输并无大的区别，只是其运送的货物的目的地为沿海港口。目前，北美小陆桥运送的主要是日本经北美太平洋沿岸到大西洋沿岸和墨西哥湾地区港口的集装箱货物。当然也承运从欧洲到美西及海湾地区各港的大西洋航线的转运货物。北美小陆桥在缩短运输距离、节省运输时间上效果是显著的。以日本－美东航线为例，从大阪至纽约全程水运（经巴拿马运河）航线距离18 000km，运输时间21～24天。而采用小陆桥运输，运输距离仅13 700km，运输时间16天，可节省1周左右的时间。

微桥运输与小陆桥运输基本相似，只是其交货地点在内陆地区。北美微桥运输是指经北美东、西海岸及墨西哥湾沿岸港口到美国、加拿大内陆地区的联运服务。

3. 海空运输

海空联运又被称为空桥运输（Airbridge Service）。在运输组织方式上，空桥运输与陆桥运输有所不同：陆桥运输在整个货运过程中使用的是同一个集装箱，不用换装，而空桥运输的货物通常要在航空港换入航空集装箱。不过两者的目标是一致的，即以低费率提供快捷、可靠的运输服务。

海空联运方式始于20世纪60年代，但到80年代才得以较大的发展。采用这种运输方式，运输时间比全程海运少，运输费用比全程空运便宜20世纪60年代，将远东船运至美国西海岸的货物，再通过航空运至美国内陆地区或美国东海岸，从而出现了海空联运。

总的来讲，运输距离越远，采用海空联运的优越性就越大。因为同完全采用海运相比，其运输时间更短；同直接采用空运相比，其费率更低。

第二节　运 输 管 理

一、运输管理的概念

（一）运输管理的定义

运输管理是企业经营者对自己的运输企业的规划、决策、组织、控制的全过程，其中包括：运输组织管理、行车安全管理、财务核算管理、运输调度与组货管理、市场调查与预测管理，以及其他综合管理工作（如行政管理和人事管理等）。也可以把运输管理看做是指产品从生产者手中到中间商手中再至消费者手中的运送过程的管理。它包括运输方式选择、时间与路线的确定及费用的节约。其实质是对铁路、公路、水路、航空、管道5种运输方式的运行、发展和变化，进行有目的、有意识的控制与协调，实现运输目标的过程。

运输管理是保证物流活动正常进行的必不可少的环节，也是影响物流费用的重要因素，但要成功组织运输工作也要遵循一定的原则。

（二）运输管理的意义

1. 运输管理能保证劳动过程顺利进行，从而提高劳动生产效率

一个规模较大的物流或运输企业，有几百人乃至几千人在一起共同劳动，这是一种协作性的劳动。凡是共同劳动都有程度不同的分工，而有分工就有协作，分工越细，各个部门、环节之间的联系性就越强，协作关系也越密切。为了保证劳动过程顺利进行，就必须有管理。这就是由共同劳动过程的性质产生出来的管理职能。马克思说："一切规模较大的直接社会劳动或共同劳动，都或多或少地需要指挥，以协调个人的活动，并执行生产总体的运动——不同于这一总体的独立器官的运动——所产生的各种一般职能。"协作劳动需要管理，就像"一个乐队就需要一个乐队指挥"（《马克思恩格斯全集》第23卷，第367页）。

物流企业或运输企业的管理，就是对整个运输过程的各个环节——运输计划、发运、接运、中转等活动中的人力、运力、财力和运输设备，进行合理组织，统一使用，调节平衡，监督完成。以求用同样的劳动消耗（活劳动和物化劳动），运输较多的货物，提高劳动效率，取得最好的经济效益。

2. 运输中运输费所占比重大，是影响物流费用的重要因素

在物流业务活动过程中，直接耗费的活劳动和物化劳动，它所支付的直接费用，主要有：运输费、保管费、包装费、装卸搬运费、运输损耗费等。而其中运输费所占的比重最大，是影响物流费用的一项主要因素。特别在当前我国交通运输很不发达的情况下，更是如此。国外很重视物流费用的研究，如日本曾对一部分企业进行了调查，在从成品到消费者手中的物流费用中：保管费占16%，包装费占26%，装卸搬运费占8%，运输费占44%，其

他占6%。我国用于运输的费用也占物流费用的40%左右。可见运输费在物流费中所占的比重最大。因此，在物流各环节中，如何搞好运输工作，积极开展合理运输，不仅关系到物流时间问题，也影响到物流费用问题。物流企业只有千方百计节约运输费用，才能降低物流费用，以及整个商品流通费用，提高企业经济效益，增加利润。

（三）运输管理工作的原则

就物流而言，组织运输工作，应贯彻执行“及时、准确、经济、安全”的原则。

1. 及时

及时原则就是按着产、供、运、销情况，及时把货物从产地运到销地，尽量缩短货物在途时间，及时供应工农业生产和人民生活的需要。

2. 准确

准确原则就是在货物运输过程中，切实防止各种差错事故，做到不错不乱，准确无误地完成运输任务。

3. 经济

经济原则就是采取最经济、最合理的运输方案，有效地利用各种运输工具和运输设施，节约人力、物力和动力，提高运输经济效益，降低货物运输费用。

4. 安全

安全原则就是货物在运输过程中，不发生霉烂、残损、丢失、燃烧、爆炸等事故，保证货物安全地运达目的地。

“及时、准确、经济、安全”也称物流运输的“四原则”，这四个方面是辩证的统一，必须进行综合考虑，忽视或片面强调任何一方面都是不行的。

二、运输的合理化

（一）合理运输

1. 合理运输的意义

由于运输是物流中最重要的功能要素之一，物流合理化在很大程度上依赖于运输合理化。具体来说，物流过程的合理运输，是从物流系统的总体目标出发，运用系统理论和系统工程原理和方法，充分利用各种运输方式，选择合理的运输路线和运输工具，以最短的路径、最少的环节、最快的速度和最少的劳动消耗，组织好物质产品的运输活动。

合理运输的直接效果是节省运力、减少运费，除此之外，合理运输还可以促进生产部门和中转机构布局的进一步合理化，充分利用各种交通工具，大大节约货物的运输时间。所以，组织合理运输，对于加速物资流通，降低商品的生产和流通费用，提高运输效率和运力运用效率，降低运输成本，减少能源消耗，提高社会效益和经济效益，都有重要作用。

（1）合理组织物品的运输，有利于加速社会再生产的进程，推动国民经济持续、稳定、协调地发展。

（2）物品的合理运输，能节约运输费用，降低物流成本。

（3）合理的运输，缩短了运输时间，加快了物流速度。

（4）运输合理化，可以节约运力，缓解运力紧张的状况，还能节约能源。

2. 运输合理化的影响因素

运输合理化的影响因素很多，起决定性作用的有五方面的因素，称做合理运输的“五要素”。

（1）运输距离。在运输时，运输时间、运输货损、运费、车辆或船舶周转等运输的若干技术经济指标，都与运输距离有一定比例关系，运距长短是运输是否合理的一个最基本因素。缩短运输距离从宏观、微观者都会带来好处。

（2）运输环节。每增加一次运输，不但会增加起运的运费和总运费，而且必须会增加运输的附属活动，如装卸、包装等，各项技术经济指标也会因此下降。所以，减少运输环节，尤其是同类运输工具的环节，对合理运输有促进作用。

（3）运输工具。各种运输工具都有其使用的优势领域，对运输工具进行优化选择，按运输工具特点进行装卸运输作业，最大程度发挥所用运输工具的作用，是运输合理化的重要一环。

（4）运输时间。运输是物流过程中需要花费较多时间的环节，尤其是远程运输，在全部物流时间中，运输时间占绝大部分，所以，运输时间的缩短对整个流通时间的缩短有决定性的作用。此外，运输时间短，有利于运输工具的加速周转，充分发挥运力的作用，有利于货主资金的周转，有利于运输线路通过能力的提高，对运输合理化有很大贡献。

（5）运输费用。前文已言及运费在全部物流费用中占很大比例，运费高低在很大程度上决定整个物流系统的竞争能力。实际上，运输费用的降低，无论对货主企业来讲还是对物流经营企业来讲，都是运输合理化的一个重要目标。运费的判断，也是各种合理化实施是否行之有效的最终判断依据之一。

（二）不合理运输

合理运输与不合理运输是同一货流布局问题的两个对立方面，合理运输是基于不合理运输的存在而提出的，组织合理的运输，重点在于克服不合理的运输现象，使货物运输达到及时、准确、经济、安全的要求。

不合理运输指不考虑经济效果，违反货物合理流向和各种运输方式的合理分工，不充分利用运输工具的装载能力，不顾运输过程中环节的多寡导致浪费运力，增加货物损失和运输费用，延缓货物流转速度等不良结果的运输。其主要表现为以下几点。

（1）相向运输，也叫对流运输。它是指同类货物或可相互代用的物品，在同一运输线上的相向运输。

（2）过远运输。它是指一种舍近求远的运输，即有可能由距离较近的产地（或供应地）的物品，却从距离较远的地区采购后运来。或者同一物品有两个产地，不是分别供应邻近的销地，而是调运供应给较远的销地。

（3）迂回运输。它是指不是通过最短运输路线而绕道的运输。在交通网发达，特别是拥有环状交通线时，迂回运输最容易出现。

（4）重复运输。它就是货物由发点运达收点之前，经过了不必要的中转站的装卸转运，使原本可直达的货流经过不必要的周折。

（5）无效运输，它是指运输中包括无使用价值的物品，如部分杂质或水分等的运输。

三、合理的运输方法

物质产品从生产所在地向消费所在地的物理性转移，是通过不同的运输方式来实现的。在物流过程中，对运输方式和运输路线的合理选择，提高运输工具实载率都是合理运输的重要内容。

（一）自营运输与外包运输的选择

对于大多数企业，不具备铁路、水路、航空和管道运输的能力，但是卡车运输投资少，而且不需要企业自己建设道路，因此，企业往往可以承担部分或全部卡车运输。在“大而全、小而全”的传统经营模式下，企业以“自给自足”的方式开展运输和其他物流活动的现象比较普遍。随着企业经营方式的变化和物流意识的增强，将物流活动以对外委托的方式外包专业运输公司的做法开始受到重视，这对于物流合理化、社会化具有重要意义。

自营运输与外包运输各有长短，主要表现在以下方面。

（1）企业运用外包运输可以减少车辆设备的投资，减少相关运输管理工作，节约劳动力的使用，降低成本，回避因投资带来的风险。

（2）运输外包会削减企业对运输的控制能力，如果出现运输承担者不能按照货主企业的要求进行货物运输，必然影响货主企业物流的正常运作程序。而自营运输则可避免这种问题，因为企业完全可以根据自己的物流实际情况安排运输计划、配置运输资源、完成运输任务，积极促进企业商流活动的开展。

（3）企业自营运输最大的缺陷在于运输效益问题，一般而言，企业运输效率相对较差，装载率低下，回程空载等现象难以避免，运输运作费用高。

从企业物流管理的发展来看，外包运输成为一种趋势。特别是对于中小企业而言，外包运输是实现物流效率化，同时实现物流运作效益化的有效途径。

（二）选择运输方式

各种运输方式和运输工具都有各自的特点，不同类物品对运输的要求也不尽相同，合理选择运输方式，是合理组织运输、保证运输质量、提高运输效益的一项重要内容。

运输方式的选择就是从铁路、公路、水路、航空、管道运输等方式或联合运输中作出选择，通过对不同方式的运价和服务水平进行评价而作出决定。

由于运输成本在总物流成本中占有重要比例，而且，不同运输方式的运价相差很大，因此，运价是选择运输方式的五个非常重要的因素。但是，运输成本最低的运输方式通常会导致物流系统中其他部分成本的上升，因此难以保证整个物流系统的总成本最低。所以，尽管运价是影响决策的一个因素，但它绝不是唯一的因素，企业必须考虑运输服务的质量以及这种服务带来的对整个物流系统运作总成本的影响。运输服务质量通常包括运输时间、运输可靠性、运输安全性、服务容易性等。

不同运输方式下的运输时间将对物流系统各结点所要求的存货水平造成不同的影响，即较长的运输时间需要较高的存货水平。运输方式的可靠性和安全交货的程度也会影响各结点的存货水平、物料搬运设备和劳动力的使用、货损赔偿以及通信的时间与成本。

由此可见，运输方式的选择要根据物流系统的总体要求、结合不同方式的成本与服务特点，选择适合的运输方式。运输方式的选择是在综合考虑运输价格、运输时间、运输服务可靠性、安全性和容易性等因素基础上作出的决定。

（三）提高运输工具实载率

实载率有两个含义：一是单车实际载重与运距之乘积和标定载重与行驶里程之乘积的比率，这在安排单车、单船运输时，是作为判断装载合理与否的重要指标；二是车船的统计指标，即一定时期内车船实际完成的货物周转量（以吨公里计）占车船载重吨位与行驶公里之乘积的百分比。在计算时车船行驶的公里数，不但包括载货行驶，也包括空驶。

提高实载率的意义在于：充分利用运输工具的额定能力，减少车船空驶和不满载行驶的时间，减少浪费，从而求得运输的合理化。

提高运输工具实载率常用的方法有以下几种。

（1）满载超轴。满载的含义就是充分利用货车的容积和载重量，多载货，不空驶，从而达到合理化之目的。超轴的含义就是在机车能力允许情况下，多加挂车皮。我国在客运紧张时，也采取加长列车、多挂车皮的办法，在不增加机车情况下增加运输量。

（2）水运拖排和拖带法。竹、木等物资的运输，利用竹、木本身浮力，不用运输工具载运，采取拖带法运输，可省去运输工具本身的动力消耗从而求得合理。将无动力驳船编成一定队形，一般是"纵列"，用拖轮拖带行驶，可以有比船舶载乘运输运量大的优点，求得合理化。

（3）顶推法。是我国内河货运采取的一种有效方法。将内河驳船编成一定队形，由机动船顶推前进的航行方法。其优点是航行阻力小，顶推量大，速度较快，运输成本很低。

（4）汽车挂车。汽车挂车的原理和船舶拖带、火车加挂基本相同，都是在充分利用动力能力的基础上，增加运输能力。

另外，配送也是运输合理化的重要途径，配送的优势之一就是将多家需要的货和一家需要的多种货实行配装，以达到容积和载重的充分合理运用，比起以往自家提货或一家送货车辆大部空驶的状况，是运输合理化的一个进展。在铁路运输中，采用整车运输、合装整车、整车分卸及整车零卸等具体措施，都是提高实载率的有效措施。

第三节　运输规划技术

一、运输外包或自营决策

（一）运输外包与自营决策考虑要点

企业在进行运输管理或运输组织规划时，首先要考虑的是运输业务的外包或自营决策。运输外包就是将企业的运输业务委托第三方物流企业来做，企业可以关注自己的核心能力，发挥竞争优势。

运输外包主要的优势有：①获得业务能力。通过外包可以利用专业的物流运作能力，获得本身不具备的运输运作能力，得到自己需要的服务。②降低成本。如果企业自己运输运营能力较低，可能相关的运营成本也会偏高。运用第三方物流进行运输，可以通过其整合物流需求的能力，提高运输规模，达到降低运输成本的效果。同时，外包还可以避免投资风险，使企业的资金运作更为有效。③获得优质服务。由于第三方物流在信息网络和配送节点上具有优势资源，企业可以利用这些优势，得到优质服务。

但是，运输外包也存在着风险，最主要的风险是运营控制力的下降。运输业务的外包，也意味着企业不能直接进行运输运作控制，存在着一定的运营风险。另外，可能还存在企业运营机密泄露的风险。

运输自营的优点在于运营控制力的提高，避免企业运营机密泄露，盘活企业原有资产。同时也存在着运输成本上升、资源配置不合理等缺陷。

总之，运输外包或自营需要企业根据自身的需要和具体情况来选择。一般认为运输自营与外包的决策要考虑以下几点。

1. 外包是否符合企业发展战略

企业发展战略具有明显的全局性、战略性和相对稳定性的特征，它是企业发展中带有方向性、根本性的问题。运输外包或自营是企业物流的重要组成，对于企业的发展具有重要的作用。因此，首先必须分析企业物流业务是否属于企业的核心且具有竞争力的业务，分析其物流能力水平。判断物流业务是否具有核心竞争力的主要依据有：是否高度影响企业业务流程、是否具备相对先进的业务优势、在短期内能否不被其他企业所模仿。如果物流业务能够构成企业的核心竞争力，则要慎重考虑是否外包以及采取何种外包模式。

2. 外包能否提高竞争力

业务外包主要的优势就是便于集中有限资源发展自己的核心业务。如果企业没有对物流要求较高或者需要个性化的物流服务，此时物流外包就可能会降低其客户服务水平，从而可能降低其竞争力。因此企业必须细致考察外包及其服务水平等方面的关系，以提高企业的竞争力为重要的决策依据。

3. 外包能否提高运输效益

运输效益是指运输产出与运输投入的权衡。运输产出可以看做是物流绩效，而运输投入可以看做是运输费用。物流外包以后，运输绩效由运输承担服务商提供，而运输费用由企业投入。企业都希望以较低的费用来实现较高的绩效。因此必须考虑运输外包以后能否提高企业的绩效，否则就不需要考虑外包。

4. 企业能否控制外包风险

在企业外包决策中，企业还必须分析能否控制和应对外包后所面临的各种风险。如：供应链的控制权丧失、货物失去控制、物流公司无法有效地开展合作等。企业应根据自己的风险控制能力和承受能力决定运输决策。

（二）运输外包与自营的定量分析

1. 定量分析模型

运输外包与自营的规划分析，可以使用量本利分析模型，也称量本利分析技术、保本分析或盈亏平衡分析。量本利分析模型是通过分析生产成本、销售利润和产品数量这三者的关系，掌握盈亏变化的规律，指导企业选择能够以最小的成本生产最多产品并可使企业获得最大利润的经营方案。其基本参数如下：

贡献毛益 = 销售净额 − 变动成本总额

变动成本 = 变动性制造成本 + 变动性销售费用 + 变动性管理费用

单位贡献毛益 = 贡献毛益/销售量

贡献毛益率 = 单位贡献毛益/单位产品售价

或：贡献毛益率 = 总的贡献毛益/总的销售收入

以此推算企业需要达到什么样的业务量水平才可以补偿企业的所有成本——正好够本，盈亏相抵。这就是盈亏临界点分析。用公式可表示为

$$\left.\begin{array}{l} PX = C \\ C = F + XV \end{array}\right\} X = F/(P - V)$$

式中　X——盈亏临界点的业务量；

F——固定成本；

V——单位产品变动成本；

C——总成本，固定成本与变动成本之和；

P——单位产品或服务售价，企业业务量如低于此点，就发生亏损；如高于此点，则取得盈利。

盈亏临界点作业率，该指标说明企业要实现盈利所要求的最低作业水平。

$$盈亏临界点作业率 = 盈亏临界点的业务量/正常开工的业务量$$

安全边际：表示盈亏临界点销售量与预计业务量之间的差额，经济含义是指现有的业务量再降低多少企业将从盈利状态转入亏损状态。计算公式如下

$$安全生产业务量 = 预计业务量 - 盈亏临界点业务量$$

$$安全边际率 = (安全边际/实际业务量) \times 100\%$$

$$销售边际率 = 销售利润/销售收入 = 安全边际率 \times 贡献毛益率$$

表明只有安全边际部分（即超出盈亏临界点的业务量）的贡献毛益率才构成为企业的利润。

2. 量本利分析实例

例 7-1 某工厂的产品要运送销售地，有两种方案可供选择，即自运和外包。如果自己运输则需要增添运输设备，将增加固定成本 120 000 元，此外，运输每件产品的直接成本为 40 元。如果外运，每件需支付运输公司 100 元。试分析两种方案的可行性。

解： $F = 120\ 000$，$V = 40$，$P = 100$

自营的总成本：$C_1 = 120\ 000 + 40X$

外包的总成本：$C_2 = 100X$

盈亏平衡点的数量：$X = 120\ 000/(100 - 40) = 2\ 000$ 件

所以，当工厂运输的产品小于 2 000 件时，可以采用外包运输，当运输产品大于 2 000 件时，可采用自营运输。

例 7-2 假设某公司在甲地至乙地之间具有比较稳定的货流量。该企业的物流管理人员面临这样两种选择：一方面，第三方物流服务公司按平均的市场价格进行了报价：吨公里 0.45 元。甲地至乙地距离计为 1 500km，每趟运载能力为 10t，因此，每趟（10t）报价为 6 750元（0.45 × 1 500 × 10，含所有的装卸费用）。同时，对于往返运输的回程，则按单程报价的 50% 计算。而另一方面，该公司的管理人员也在考虑自己投资买车、配备司机、建自己的车队。他们进行了测算，投资购买一辆普通加长（10t）卡车，并改装成厢式货车，一次性投资为人民币 20 万元。每辆车配备两名司机（按正式员工录用，并享受所有人事方面的福利），运营中的固定和可变成本见表 7-2。

表 7-2 自建车队运输中的固定成本与变动成本

	每月固定成本/元	备　注	每趟可变成本	单程/元	往返/元
每月折旧	3 000	五年直线折旧	油耗	1 500	2 700
人工	4 500		路桥费	800	1 600
保险与维修	3 000	车辆保险和五年中平均月维修费用	住宿	270	540

（续）

	每月固定成本/元	备　注	每趟可变成本	单程/元	往返/元
养路费	1 500		装卸	100	200
小计	12 000		小计	2 670	5 040

将每月的运输总支出，根据运送的次数进行了计算，并对单程与往返、自营与外包进行了比较，见表7-3。

表7-3　单程与往返、自营与外包费用比较

每月运送次数	1	2	3	4	5	6	7
单程自营/元	14 670	17 340	20 010	22 680	25 350	28 020	30 690
单程外包/元	6 750	13 500	20 250	27 000	33 750	40 500	47 250
往返自营/元	17 040	22 080	27 120	32 160	37 200		
往返外包/元	10 125	20 250	30 375	40 500	50 625		

结果发现，不论是以单程还是以往返计算，如果货流量足以使运送次数保持在3趟或3趟以上，自营将比外包更经济。由于自营车辆每辆每月的最大往返次数为5趟，所以只有在货流量在6~7趟时，对于自营车辆无力运送的部分才可能采取外包。

二、运输方式及承运人选择

运输方式和承运人选择也是运输管理工作的内容之一。一般而言，运输方式和承运人的选择是关联的，首先是选择运输方式，然后是在上述运输方式中选择特定承运人。也就是说，运输管理者首先调查不同运输方式的成本和服务特征，这些方式包括两种及多种方式的组合（综合运输或多方式服务），并且选择与公司成本和服务目标相匹配的运输方式。然后，运输管理者调查选定运输方式中各个承运人的成本和服务特征，选择特定承运人提供预期的运输服务。

（一）运输方式的选择

运输决策始于确定提供的运输服务的成本和目标。根据这些目标，将进行相关的运输方式、服务和成本的测定和检查以选择合适的运输方式。运输方式选择包括铁路、公路、水路、航空和管道运输，这在第一节有所讨论。相关的承运人选择因素包括运输成本、运输时间和运输时间可靠性、可达性、能力和安全。

1. 运输成本

运输成本因素包括特定运输方式的承运人索要的费率。此外，这个因素还包括对承运人当地配送、调温设备和运输停留等辅助服务的估计。各种方式的运输成本不同，因为不同方式的成本构成不同。然而同一运输方式的承运人之间的成本差别较少，因为承运人有相似的成本构成。因此，运输成本在选择运输方式决策中比在选择承运人决策中稍微重要些。

2. 运输时间和运输时间可靠性

承运人选择决策的总成本暗示不但要考虑发生的直接运输费用，还要考虑与提供的服务质量有关的间接费用。运输时间和运输时间可靠性是影响托运人和收货人库存成本和脱销成本的两个运输服务质量因素。运输时间影响持有的库存水平以及由此带来的库存持有成本。

运输时间越长库存水平越高，库存持有成本也就越高。因此，使用较长运输时间的运输方式对总成本的影响是带来较高的库存持有成本。

运输时间可靠性影响所需的安全库存水平。不可靠的运输时间则需要保有较高的库存水平，防止脱销而产生利润损失。从营销的角度看，可靠的运输时间给买方提供了减少或控制存货和脱销成本的机会。因此，能够提供可靠运输时间的运输方式为卖方提供了市场优势。

3. 可达性

可达性因素考虑的是在给定的出发地和目的地之间能够提供运输服务的能力。各种运输方式提供到特定地点的直接服务能力是不同的。与道路及终点有关的自然条件的限制使运输不能直接到达特定地点。为克服可达性的限制，必须购买另一种可达性更好的运输方式服务。为克服一种方式在提供特定地点运输服务的无能为力而产生的附加费用就是可达性成本。

从五种运输方式来看，公路运输或汽车可以到达任何有路的地方，水路运输限于为邻近水路的使用人提供服务，同样如果没有综合运输服务，铁路运输限于为铁路沿线有支线地段的托运人提供服务，航空运输为机场的托运人服务，管道运输为临近管道的客户服务。因此，公路运输经常为其他方式的使用者提供直接运输服务，这样其他运输方式的使用者就可以不受该方式的自然条件的限制，这就产生了附加运输（可达性）费用。

4. 能力

能力因素指承运方式提供独特的运输服务和为使用者提供所需运输工具的能力。运输管理者会使用有能力提供独特服务或所需运输服务的运输方式。特殊运输工具需求的例子包括冷冻食品运输的调温设备、低密度产品（例如塑料瓶）运输的大立方容量设备和散装液体运输的罐车设备。独特的运输服务需要包括特定的接货或配送时间、进行货物定位及加速货运及电子数据交换能力。

5. 安全

安全因素考虑的是货物在运输过程中损坏或丢失带来的间接运输服务成本。运输中损坏或丢失的货物在需求时是不可用的，这有可能带来脱销成本；使用者提出损坏索赔请求或采取法律行为也会发生费用，如果得不到承运人退款或赔付，托运人也会产生成本；另外，托运人还会支付保险费用以防止货物因在运输途中受损坏而带来损失。

运输方式决策要在承运人选择之前作出，这是由于运输方式选择决策对运输管理人员来说更具有战略性并能带来长期性的影响。在一些情况下，选择特定的运输方式还会需要托运人的投资。例如，一个决定使用铁路运输的托运人可能需要在通往工厂或配送中心的轨道铺设的基础建设中进行投资。同样，每种运输方式都含有它们自己的成本和服务特征。托运人如果需要快速的市场反应可能需要航空或公路运输方式。如果公司执行的是低成本战略优势，托运人可能更乐于选择铁路或水路运输方式。然而，运输方式一旦确定，就需要选择该运输方式中的特定承运人来提供运输服务。

（二）承运人选择步骤

1. 确定运输承运商选择的原则

可以根据运输业务的特性选择承运商，如公路承运商、铁路承运商、航空承运商等。也可以综合成本最小原则，在对运输成本及其他成本（脱销成本、库存成本、间接费用等）进行综合评定进行选择。同时在选择时，还要考虑长远性与熟悉性，如果一个承运商与企业形成战略合作伙伴关系，不仅能更好地保证企业运输服务需要的满足，还能帮助企业更好地达成其发展战略的实现。

2. 初步选定运输承运商的范围

可以根据企业自己了解或从本地的企业黄页上找出一些符合自己运输业务类型的承运商；接着通过电话、传真或信函等形式与之取得联系，初次了解承运商的运输类型、运输资源，确认是否是自己需要的承运商；然后初步选定承运商及其数量。

3. 与运输承运商进行洽谈

客户应详细了解承运商拥有的资源，如拥有的车辆（如车型、吨位、数量、是否安装GPS等）、硬件设施（如停车场、维修站、集装箱堆场等）、运输网络的覆盖范围，以及有关运输、报价等方面的具体问题。也可以向承运商发放问卷表，以便更为详细地了解他们的整体情况。

4. 初步筛选

将运输承运商有关资料及问卷表录入计算机，作为承运商的第一手资料，供以后查询、评判及进一步调研。然后进行分析，淘汰一些明显不符合企业运输业务要求的承运商，确定进一步评价的承运商的名单。

5. 评价经初步筛选的运输承运商

首先确定评价承运商的方法，如服务质量比较法、运输价格比较法、综合评价法等；然后对经过初步筛选的运输承运商进行评价、比较，确定少数（如2～3家）可供选择的承运商。

6. 确定运输承运商

对确定下来的少数运输承运商进行实地考察，并把自己的详细运输标书交给他们，以使他们制定出各自的运输方案。然后，对他们的运输方案进行比较权衡，从而作出最终的选择。或者在经过初步筛选的运输承运商中，进行招投标，从中确定最终的承运商。

（三）承运人选择方法

1. 服务质量比较法

客户在付出同等的运费的情况下，总是希望得到好的服务，因此，服务质量往往成为客户选择不同运输承运商的首要标准。

（1）运输能力。客户在选择运输承运商时会将其运输能力作为一个重要的因素来考虑。客户通常从以下几个方面来考虑。

1）该运输公司提供运输工具的完好程度。

2）该公司所雇用的装卸公司的服务质量。

3）该公司所雇用的从业人员的经验及工作责任心。

4）该公司的货物运输控制流程。

（2）运输质量。客户在选择不同的运输承运商时还会从以下几方面考虑他们的运输质量。

1）运输的准班率。

2）航班的时间间隔、船舶的发船密度、铁路运输的发车间隔等。

3）单证的准确率。

4）信息查询的方便程度。

5）货运纠纷的处理。

2. 成本比较法

选择承运商简单的方法就是成本分析，即根据承运商提供的成本数据，按照一定的原则，采用一定的方法，核算其总成本，原则上选择总成本最低的承运商。通过控制成本达到最大经济效益的目的。

3. 运输价格比较法

各运输承运商为了稳定自己的市场份额，都会努力提高运输服务质量，而随着竞争的日趋激烈，对于某些货物来说不同的运输承运商所提供的服务质量已近乎相同，因此运价很容易成为各承运商的最后竞争手段。于是客户在选择时，如面对几乎相同的服务质量，或有些客户对服务质量要求不高时，运输价格成为了另一个重要的决策依据。

4. 综合评价选择法

在实际选择运输承运商时，客户会同时考虑许多对运输业务有影响的因素，如承运商的服务质量、运输价格，承运商的品牌，承运商的经济实力以及承运商的运输网点数量等，将这些因素综合考虑，采用对每一项打分，最后选择得分最高的承运商。

例 7-3 某公司欲将产品从位置 A 的工厂运往位置 B 的公司自有仓库，年运量 D 为 700 000件，每件产品的价格 C 为 30 元，每年的存货成本 I 为产品价格的 30%。公司希望选择使总成本最小的运输方式。据估计，运输时间 T 每减少一天，平均库存可以减少 1%。各种运输服务方式的参数如表 7-4 所示。

在途运输的年存货成本为 $ICDT/365$，两端储存点的存货成本各为产品价格 C 的 30%，但其中 C 值有差别，工厂的储存点 C 为产品的价格，购买者储存点的 C 为产品价格加上运费之和。

表 7-4 各种运输服务方式的参数

运输方式	运输费率 R /（元/件）	运达时间 T/天	每年运送批次	平均存货量 $Q/2$ /件
铁路	0.1	21	10	100 000
公路	0.20	5	20	50 000 × 0.84
水路	0.15	14	20	50 000 × 0.93
航空	1.40	2	40	50 000 × 0.81

问题：选择哪种运输方式的方案最优？

解： 根据成本计算，得表 7-5。

表 7-5 不同运输方案成本计算 （单位：元）

成本类型	计算方法	运输服务方案			
		铁路运输	公路运输	水路运输	航空运输
运输	$R \times D$	0.1 × 700 000 = 70 000	0.2 × 700 000 = 140 000	0.15 × 700 000 = 105 000	1.4 × 700 000 = 980 000
在途运输	$ICDT/365$	0.3 × 30 × 700 000 × 21/365 = 345 205	0.3 × 30 × 70 0000 × 5/365 = 86 301	0.3 × 30 × 700 000 × 14/365 = 241 644	0.3 × 30 × 700 000 × 2/365 = 34 521

（续）

成本类型	计算方法	运输服务方案			
		铁路运输	公路运输	水路运输	航空运输
工厂存货	ICQ/2	0.3×30×100 000 =900 000	0.3×30×50 000 ×0.84=378 000	0.3×30×50 000 ×0.93=418 500	0.3×30×25 000 ×0.81=182 250
仓库存货	ICQ/2	0.3×30.1×100 000 =903 000	0.3×30.2×50 000 ×0.84=38 0520	0.3×30.15×50 000 ×0.93=420 593	0.3×31.4×25 000 ×0.81=190 755
总成本		2 218 205	984 821	1 185 737	1 387 526

由表7-4得，公路运输的总成本最少，可优先选择公路运输。

三、运输路线规划

（一）运输路线的类型

车辆在运输生产活动中，按预定计划在道路上的运行路线，即是车辆运输路线。车辆运输路线从不同的角度可划分为不同的类型。

1. 按出发地和目的地数目划分

（1）单一出发地和单一目的地，这个问题可以视为网络规划问题，可以用运筹学的方法解决，其中最简单直接的解法是最短路线法。

（2）单起点和多终点问题，这个问题一般采用节约法来规划。

（3）多起点和多终点问题，实际运输中常常碰到有多个供应商供给多个工厂的问题，或者把不同工厂生产的同一产品分配到不同客户的问题。在这些问题中，起点和终点都不是单一的。在这类问题中，各供应商的供应量往往有所限制。

（4）起点和终点为同一地点，自有车辆运输时，车辆往往要回到起点。

2. 按运输路线的几何形状划分

（1）往复式运输路线。车辆在两个装卸作业点之间的路线上，作一次或多次重复运行的运输路线。这种运输路线的几何形状可近似看做是直线型。这种运输路线可分为单程有载往复式、回程部分有载往复式和双程有载往复式三种。这三种路线类型，以双程有载往复式路线的里程路线利用率最高，而单程有载往复式路线的里程利用率最底，在实际的运输组织工作中应尽量避免选择单程有载往复式运输路线。

（2）环行式运输路线。环行式运输是指车辆在若干个装卸作业点组成的封闭回路上，作连续单向运行的运输路线。在环行式运输路线的选择中，以里程利用率最高为原则。

（3）汇集式运输路线。汇集式运输路线是指车辆沿分布于运行路线上各装卸作业点，依次完成相应的装卸作业，且每次货物装卸量均小于该车额定载质量，直到整个车辆装满（卸空）后返回出发点的行使路线。这种形式的运输路线其组织工作较为复杂，但利用其能做到“取货上门，送货到家”，能为客户提供良好的服务。这种线路在配送运输中被广泛运用。在汇集式运输路线的选择中，以运输费用最低为原则。

（二）运输路线选择的目标

运输路线选择的目标就是运输路线的合理化。所谓运输路线合理化就是按照货物流通规律组织货物运输，力求用最少的劳动消耗得到最高的经济效益，即在完成货运任务，满足客户需求的前提下，使货物运输经过最短的里程、最少的环节，用最快的时间、最低的成本。运输路线合理化是物流中心进行运输管理的最基本的要求，合理化的运输路线可以节省运力、缩短运输时间，最终表现为节约运输成本和提高运输质量，增强物流中心的竞争优势。在确定运输路线选择目标时，可根据物流中心具体情况，选择如下的某一个具体目标。

（1）以效益最高或成本最低为目标。

（2）以里程最短为目标。

（3）以配送服务水准为最优。

（4）以运输周期量最小为目标。

（三）运输线路的定量分析方法

1. 运输优化的基本问题

运输路线的选择影响到运输设备和人员的利用，正确地确定合理的运输路线可以降低运输成本，因此运输路线的确定是运输决策的一个重要领域。尽管路线选择问题种类繁多，但我们可以将其归纳为几个基本类型。

（1）起讫点不同的单一问题。对分离的、单个始发点和终点的网络运输路线选择问题，最简单和直观的方法是最短路线法。网络由节点和线组成。点与点之间由线连接，线代表点与点之间运行的成本（距离、时间和距离加权的组合）。初始，除始发点外，所有节点都被认为是未解的，即均未确定是否在选定的运输路线上。始发点作为已解的点，计算从原点开始。

（2）单起点多讫点问题。在运输过程中，经常遇到单起点多终点问题，要指定同一个货源地到各个不同目的地的最佳路线，其实就是起讫点不同的单一问题的特殊情况，可以看成是几个起讫点不同的单一问题的集合，针对这一问题，最有效的方法就是节约法。

（3）多起讫点问题。如果有多个货源地可以服务多个目的地，那么我们面临的问题是，要指定各目的地的供货地，同时要找到供货地、目的地之间的最佳路径。该问题经常发生在多个供应商、工厂或仓库服务于多个客户的情况下。如果各供货地能够满足的需求数据有限，则问题会更复杂。解决这类问题常常可以运用一类特殊的线性规划算法，即表上作业法求解。

（4）起讫点重合的问题。物流管理人员经常遇到的一个路线选择问题是始发点就是终点的路线选择。这类问题通常在运输工具是私人所有的情况下发生。例如：配送车辆从仓库送货至零售点，然后返回仓库，再重新装货；当地的配送车辆从零售店送货至顾客，再返回；接孩子上学的学校巴士的运行路线；送报车辆的运行路线；垃圾收集车辆的运行路线等。这类问题求解的目标是寻求访问各点的次序，以求运行时间或距离最小化。始点和终点相重合的路线选择问题通常被称为“旅行推销点”问题，对这类问题应用经验探试法比较有效。

2. 运输优化模型

（1）点点间运输——最短路径法。

最短路径法就是求连通图的最短路径问题，即求两个顶点间长度最短的路径，主要有Dijkstra 算法、逐次逼近算法、Floyd 算法等。

（2）一点到多点运输——节约法。近年来，由于小批量、多批次的及时配送方式的发展，运输费用正在逐年提升，许多企业的运输费用已经超越了库存费用。选择有效的配送路线，已成为控制物流成本的主要措施。那么如何选择有效的配送路线呢？现代企业已经普遍接受了一种观点，即有效的配送路线实际上是在保证商品准时到达客户指定点的前提下，尽可能地减少运输的车次和运输的总路程。在这种思想的指导下，节约法已成为选择配送路线的主要方法，并受到国内外物流界的青睐。

假如由一家配送中心（DC）向 A、B 两个用户送货，配送中心到两客户的最短距离分别是 L_a 和 L_b，A 和 B 间的最短距离为 L_{ab}，如图7-1所示。A、B 的货物需求量分别是 Q_a 和 Q_b，且（Q_a+Q_b）小于运输装载量 Q。

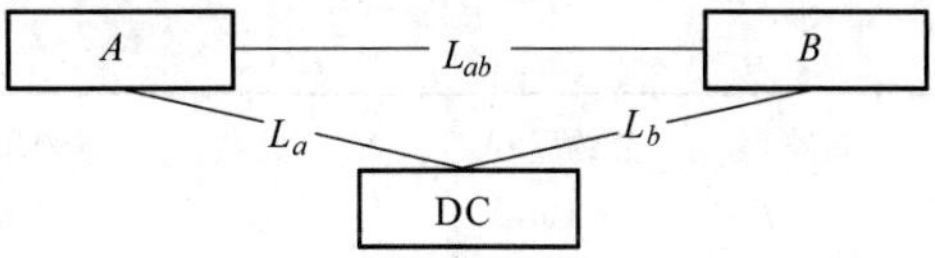

图7-1　配送距离示意图

如果配送中心分别送货，那么需要两个车次，总路程为：$L_1=2(L_a+L_b)$，如果改用一辆车对两客户进行巡回送货，则只需一个车次，行走的总路程为

$$L_2=L_a+L_b+L_{ab}$$

由三角形的性质我们知道

$$L_{ab}<L_a+L_b$$

所以第二种配送方案明显优于第一种，且行走总路程节约

$$\Delta L=(L_a+L_b)-L_{ab}$$

如果配送中心的供货范围内还存在着3，4，5，…，n 个用户，在运载车辆载重和体积都允许的情况下，可将它们按着节约路程的大小依次联入巡回路线，直至满载为止，余下的用户同样方法确定巡回路线，另外派车。

例7-4　设一配送中心（DC）向13个客户配送商品，配送中心及客户间的最短距离及需求量如表7-6所示，如果配送的车辆最大载重为200t，那么利用节约法求解的配送路线的步骤如下。

表7-6　最短距离及需求量表　　　　（距离单位：km）

序号	DC	1	2	3	4	5	6	7	8	9	10	11	12	13
1	12	0												
2	8	9	0											
3	17	8	10	0										
4	15	9	8	4	0									
5	15	17	9	14	11	0								
6	20	23	15	20	16	6	0							
7	17	22	13	20	16	5	4	0						
8	8	17	9	19	16	11	14	10	0					
9	6	18	12	22	20	17	20	16	6	0				
10	16	23	14	22	19	9	8	4	8	14	0			
11	21	28	18	26	22	11	7	6	13	19	5	0		
12	11	22	14	24	21	14	16	12	5	7	9	13	0	
13	15	27	20	30	28	22	23	20	12	9	16	20	8	0
需求量/t	48	36	43	92	57	16	56	30	57	47	91	55	38	

第一步，计算配送中心到客户间的最短距离，画出距离表。因为本例已经给出，所以可直接进行第二步。

第二步，根据最短距离表，利用节约法计算出用户间的节约里程，并由大到小排列，编制节约里程顺序表，如表 7-7 所示。

表 7-7 节约里程顺序表

序号	路程 ΔL	节约里程 /km	序号	路程 ΔL	节约里程 /km	序号	路程 ΔL	节约里程 /km	序号	路程 ΔL	节约里程 /km
1	6～11	34	9	5～7	27	17	3～5	18	25	8～11	16
2	6～7	33	10	5～11	25	18	12～13	18	26	2～3	15
3	7～11	32	11	5～10	22	19	10～12	18	27	2～4	15
4	10～11	32	12	1～3	21	20	3～6	17	28	7～8	15
5	7～10	29	13	11～12	19	21	11～13	16	29	6～12	15
6	5～6	29	14	4～5	19	22	8～10	16	…	…	…
7	3～4	28	15	4～6	19	23	7～12	16			
8	6～10	28	16	1～4	18	24	4～7	47			

第三步，根据节约里程顺序表和配送中心的约束条件，绘制配送路线。其具体步骤如下：首先选择最节约里程的路段（6-11），然后是（6-7），由于配送路线必须包含 DC，且每条循环路线上的客户需求量之和要小于 200t，在接下的选择中满足条件的只有路段（11-8），此时载重总量为 193t，因为在余下选择中没有满足条件的客户，所以，第一回合的配送路线为（DC-7-6-11-8-DC）。按此方法类推，其余的配送路线分别是（DC-1-3-4-DC），（DC-5-10-12-13-DC），（DC-2-9-DC）。

（3）多点间的运输——表上作业法。运输管理中常常碰到多个产地运输到多个销地的情况，为了达到运输费用最少、最经济，一般采用表上作业法来分析此类问题。

假设某种物资有 m 个产地，A_1，A_2，…，A_m，其产量分别为 $a_i(i=1，2，\cdots，m)$，联合供应 n 个销地，B_1，B_2，…B_n，其销量分别为 $b_j(j=1，2，\cdots，n)$，从 A_i 到 B_j 运输单位物资的运价为 C_{ij}，将这些数据汇总可以得到表 7-8，求怎样调运物资才能使总的运费最少。

表 7-8 物资运输产销地运费汇总

产地 \ 销地	B_1	B_2	…	B_n	产 量
A_1	C_{11}	C_{12}	…	C_{1n}	a_1
A_2	C_{21}	C_{22}	…	C_{2n}	a_2
…	…	…	…	…	…
A_m	C_{m1}	C_{m2}	…	C_{mn}	a_m
销量	b_1	b_2	…	b_n	

设 X_{ij} 表示由产地 A_i 供应销地 B_j 的物资数量，则运输问题的线性规划模型如下：在

$\sum_{i=1}^{m} a_i = \sum_{j=1}^{n} b_j$ 的情况下，求 $\min S = \sum_{j=1}^{n} \sum_{i=1}^{m} C_{ij} X_{ij}$（总费用最少）。

满足约束条件

$$\begin{cases} \sum_{i=1}^{m} X_{ij} = b_j (j = 1,2,\cdots,n) \text{（满足各销地的需要量）} \\ \sum_{j=1}^{n} X_{ij} = a_i (i = 1,2,\cdots,m) \text{（各产地的发出量等于各地产量）} \\ X_{ij} \geqslant 0 (i = 1,2,\cdots,m; j = 1,2,\cdots,n) \text{（调运量不能为负数）} \end{cases}$$

物资调运的表上作业法，是把物资调运最优方案的确定过程在物资调运平衡表上进行的一种调运方法。物资调运平衡表如表 7-9 所示。

表 7-9　物资调运平衡表

销地 / 产地	B_1	B_2	…	B_n	供应量
A_1	X_{11}	X_{12}	…	X_{1n}	a_1
A_2	X_{21}	X_{22}	…	X_{2n}	a_2
…	…	…	…	…	…
A_m	X_{m1}	X_{m2}	…	X_{mn}	a_m
需求量	b_1	b_2	…	b_n	$\sum_{i=1}^{m} a_i = \sum_{j=1}^{n} b_j$

表上作业法是单纯形法在求解运输问题时的一种简化方法，其实质仍是单纯形法，只是其具体计算过程和使用的有关术语有所不同。这一方法的计算步骤可以归纳如下。

1）找出初始基可行解，即在产销平衡表上给出 $m+n-1$ 个数字格。

2）求各非基变量的检验数，即在表上计算空格的检验数，判别是否达到最优解。如果已是最优解，则停止计算，否则转入下一步。

3）确定换入变量和换出变量，找出新的基可行解（即在表上用闭回路法进行调整）。

4）重复 2）、3）两步，经过有限次调整，即可得到最优解。

例 7-5　假设某种物资共有三个产地，其日产量分别是：A_1 为 7t，A_2 为 4t，A_3 为 9t，该种物资的四个销售地，其日销售量分别是：B_1 为 3t，B_2 为 6t，B_3 为 5t，B_4 为 6t；以及各产地到销售地的单位物资的运价如表 7-10 所示。试问在满足各销售点需要量的前提下，如何调运该种物资才能使总运费达到最小？

表 7-10　单位物资运价表　　（运价单位：元）

销地 / 产地	B_1	B_2	B_3	B_4	供应量/t
A_1	3	11	3	10	7
A_2	1	9	2	8	4
A_3	7	4	10	6	9
需求量	3	6	5	6	20

① 确定初始基可行解。确定初始基可行解的方法很多，一般而言，人们所希望的方法是既简便，又尽可能地接近最优解。在用表上作业法求解运输问题时，确定初始基可行解的最常用的方法有最小元素法。

最小元素法的基本思想是就近供应，即从单位运价表中最小的运价开始确定供销关系，然后考虑运价次小的，一直到给出初始基可行解为止。以上例为例，这一方法可由以下几个步骤来完成。

第一步：从表7-10中找出最小运价为1，表示应先将A_2的产品供应B_1。因为$a_2=4>b_1=3$，故A_2除满足B_1的全部需要外，还可多余1吨物资。

第二步：在表中再找出最小运价2，确定A_2多余的1吨物资供应B_3。

第三步：在表的元素中再找出最小运价3，这表示应将A_1的产品供应给B_3，因为$b_3=5$，而A_2已供应给$B_3$1吨的产品，故A_1应供应$B_3$4吨产品……这样一直下去，直到单位运价表上的所有元素被划去为止。最后在产销平衡表上得到一个调运方案，即初始基可行解，见表7-11。

表7-11　初始基可行解　（运价单位：元）

产地＼销地	B_1	B_2	B_3	B_4	供应量/t
A_1			4	3	7
A_2	3		1		4
A_3		6		3	9
需求量	3	6	5	6	20

② 最优解的判别。运输问题表上作业法，判定调运方案是否为最优解，有两种方法：一种叫做闭回路法，另一种叫做位势法，在这里介绍闭回路法。

闭回路法是优化物资调运方案中的一个常用方法，即在任一可靠的调运平衡表中，可以从任一空格（没有调运量的格）出发，做一个闭回路，除这个空格外，闭回路的其他顶点都由有数字的格构成，可以证明，从每一个空格出发一定存在并且可以找到唯一的闭回路。如表7-11中，（A_1B_1）为一空格，如果从（A_1B_1）空格出发，沿（A_1B_3）、（A_2B_3）、（A_2B_1）三个有数字的格，又回到（A_1B_1）空格，从而形成（A_1B_1）、（A_1B_3）、（A_2B_3）、（A_2B_1）、（A_1B_1）回路。以此类推，可以做出所有空格的闭回路。有了闭回路，就可以求出检验数。检验数的求法，就是在闭回路上，从空格出发，沿闭回路，将各顶点的运输成本依次设置“+”、“-”交替正负符号，然后求其代数和。这个代数和数字称为检验数，例如，上述空格的检验数为$3-3+2-1=1$，用同样的方法可以求其他各空格的检验数。根据检验数，就可以对调运方案作出判断，即如果全部检验数非负，则调运方案一定为最优方案，如果检验数中存在负数，则调运方案不是最优方案。可以验证，上述方案是不是最优解。（A_2B_4）为一空格，以它为起点，可做闭合回路，（A_2B_4）→（A_1B_4）→（A_1B_3）→（A_2B_3）→（A_2B_4），检验数为：$8-10+3-2=-1$，由于存在检验数为负，因此，此方案不是最优解，必须调整。

③ 当检验数出现负数时，需进行闭回路调整，具体步骤如下。

a）选择绝对值最大的负的检验数所对应的非基变量为换入变量。因为负的检验数绝对值越大，总成本改善越显著。在此例中，空格（A_2B_4）为调入格。

b）在换入变量对应的以基变量为顶点的闭回路上，选择偶数顶点上基变量值最小者为换出变量。因为闭回路上，自换入变量开始，奇数顶点增加一个单位，偶数顶点便要减少一个单位，才能达到新的平衡，为了保证可行性，必须取偶数顶点中最小者，否则基本解不可行。此例中，(A_1B_4)、(A_2B_3) 为偶数点，其数值为 3、1，因此取 1 为调入数。

c）使换出的变量值为零，进行闭回路调整。即偶数点都减去换出变量值，奇数点都增加同样大小的值。调整后，换出变量变成空格，其值转换到换入变量格中。

④ 再求检验数，重新判断。如此反复，直到求出最优解。现以上述实例完成求解的全过程，最后得到如表 7-12 所示的最优物资调运方案。

表 7-12　最优物资调运方案　（运价单位：元）

销地 产地	B_1	B_2	B_3	B_4	供应量/t
A_1			5	2	7
A_2	3			1	4
A_3		6		3	9
需求量	3	6	5	6	20

由表 7-12 得到对应最低成本为

$$S=(5\times3+2\times10+3\times1+1\times8+6\times4+3\times5)\text{元}=85\text{ 元}$$

（4）产销不平衡的运输问题。实际情况下，常存在产销不平衡情况，我们也可以将产销不平衡问题化成产销平衡的问题，利用前面的表上作业法求出调运方案。当产大于销时，运输问题的数学模型可写成

$$\sum_{i=1}^{m} a_i > \sum_{j=1}^{n} b_j \text{ 的情况下，求 } \min S = \sum_{j=1}^{n}\sum_{i=1}^{m} C_{ij}X_{ij}\text{（总费用最少）}$$

满足约束条件

$$\begin{cases}\sum_{i=1}^{m} X_{ij} = b_j(j=1,2,\cdots,n)\text{（满足各销地的需要量）}\\ \sum_{j=1}^{n} X_{ij} < a_i(i=1,2,\cdots,m)\text{（各产地的发出量小于各地产量）}\\ X_{ij}\geqslant 0(i=1,2,\cdots,m;j=1,2,\cdots,n)\text{（调运量不能为负数）}\end{cases}$$

由于总产量大于销量，我们可以假定一个产地来存储多余的产品或物资，设 $X_{i,n+1}$ 是产地 A_i 的贮存量，于是有

$$\sum_{j=1}^{n} X_{ij} + X_{i,n+1} = \sum_{j=1}^{n+1} X_{ij} = a_i(i=1,\cdots,m)$$

$$\sum_{i=1}^{m} X_{ij} = b_j(j=1,\cdots,n)$$

$$\sum_{i=1}^{m} X_{i,n+1} = \sum_{i=1}^{m} a_i - \sum_{j=1}^{n} b_j = b_{n+2}$$

令

$$C'_{ij}=C_{ij}\text{，当 } i=1,\cdots,n,\ j=1,\cdots,n \text{ 时，}$$
$$C'_{ij}=0\text{，当 } i=1,\cdots,m,\ j=n+1 \text{ 时}$$

将其分别代入，得到

$$\begin{cases}\sum_{j=1}^{n+1} X_{ij} = a_i \\ \sum_{i=1}^{m} X_{ij} = b_j \\ X_{ij} \geqslant 0\end{cases}$$

在这个模型中，$\sum_{i=1}^{m} a_i = \sum_{i=1}^{n} b_i + b_{n+1} = \sum_{j=1}^{n+1} b_i$，转化成产销平衡的运输问题。若当产大于销时，只要增加一个假定的销地 $j=n+1$，该销地总需要量为

$$\left(\sum_{i=1}^{m} a_i - \sum_{j=1}^{n} b_i\right)$$

而在单位运价表中从各产地到假定销地的单位运价为 $C'_{i,n+1}=0$，就转化成一个产销平衡的运输问题。当销大于产时，可以在产销平衡表中增加一个假定的产地 $i=m+1$，该地产量为 $\left(\sum_{j=1}^{n} b_i - \sum_{i=1}^{m} a_i\right)$，在单位运价表上令从假定产地到各销地的运价 $C'_{m+1,j}=0$，同样可以转化为一个产销平衡的运输问题。

基本练习

1. 阐述运输的概念及在物流系统中的作用。
2. 运输方式有哪几种？阐述它们的优缺点。
3. 阐述运输管理的概念及其意义。
4. 阐述合理化运输的影响因素。
5. 阐述不合理运输的现象。
6. 简要说明运输外包的优点。
7. 自运与外包的决策的考虑要点有哪些？
8. 阐述运输方式选择的考虑要素。
9. 简要说明运输承运人选择的步骤。
10. 运输承运人选择的方法有哪些？
11. 运输路线的分类有几种？简要说明运输路线类型。

应用练习

1. 运输自运外包决策

深蓝公司是一家手机生产企业，其年销售量为 200 000 台。由于产品性能与质量较好，其手机销售前景看好，预计未来三年平均销售增长率为 20%。现在公司的运输是委托一家物流公司进行运输，其运输价格为 10 元/台。根据现有的数据显示，如果公司自行运输，则需要购置运输车辆及进行基础设施建设，这部分费用达 500 000 元，另外，车辆运输时还会发生相关费用为 8 元/台，试分析深蓝公司现行的外包策略合理吗？如果按照销售量的预测，深蓝公司应该选择继续外包还是自运？

2. 承运人选择

甲公司要从位于S市的工厂直接装运500台电视机送往位于T市的一个批发中心。这批货物价值为150万元。T市的批发中心确定这批货物的标准运输时间为2.5天，如果超出标准时间，每台电视机每天的机会成本是30元。甲公司的物流经理设计了下述三个物流方案，请从成本角度评价这些运输方案的优劣。

(1) A公司是一家长途货物运输企业，可以按照优惠费率每公里0.05元/台来运送这批电视机，装卸费为每台0.10元。已知S市到T市的公路运输里程为1 100km，估计需要3天的时间才可以运到（因为货物装卸也需要时间）。

(2) B公司是一家水运企业，提供水陆联运服务，即先用汽车从甲公司仓库将货物运至S市的码头（20km），再用船运至T市的码头（1 200km），然后再用汽车从码头运至批发中心（17km）。由于中转的过程中需要多次装卸，整个运输时间大约为5天。询价后得知，陆运运费为每公里0.05元/台，装卸费为每台0.10元，水运运费为每公里每百台0.6元。

(3) C公司是一家物流企业，可以提供全方位的物流服务，报价为22 800元。它承诺在标准时间内运到，但是准点的百分率为80%。

3. 路线规划练习

已知某公司的工厂在A_1、A_2、A_3三个地方，并分别有B_1、B_2、B_3三个配送中心。根据统计，产地与配送中心的单位运价如表7-13所示，试用表上作业法求出最优调运方案。

表7-13 某工厂产地与配送中心单位运价表 （运价单位：元）

销地 产地	B_1	B_2	B_3	供应量/t
A_1	4	2	5	8
A_2	3	5	3	7
A_3	1	3	2	4
需求量	4	8	5	

4. 案例分析

案例7-1

自营、外包——两难的选择

三四年前，周兴发这个总经理过得比现在可轻松多了。那时候，兴发公司肩扛国产MP3大旗风光无限。公司每次推出外形优雅功能实用的产品，都能轻松获利。

可惜好景不长，大大小小的MP3生产厂商随后如雨后春笋般冒了出来，MP3价格马上开始大跳水。据统计当时市场上的MP3厂商有四五百家，竞争激烈毫不亚于家电行业。兴发公司的销售体系也从最初的一级市场（省会城市）向下延伸至四级市场（乡镇），为维持如此庞大的体系，公司每年都不得不支付庞大的开支，再加上越来越小的市场空间，兴发公司被压得喘不过气来。激烈竞争的市场使得每家MP3厂商的利润都缩水了不少，兴发也未能幸免，这就是现在周兴发一看到利润报表就皱眉头的原因。其中，销售费用大是因为包括了很大部分的物流费用。兴发公司的物流与销售连为一体，很多过桥过路费、仓库租金、工人工资等都算在销售费用中。另外，因为物流运作不当而支付的赔偿费，已经可以用“不计其数”来形容了。销售体系延伸后，库房也向下延伸。现在地级市的库房，物流人员素质与仓储管理水平都不高，货物丢失严重，库存信息与货物型号对不上号，财务更是难以对账。有时，销售部门为了确保销量，不得不满足代理商的要求，为其退货换机型，串货情况十分严重。总部查下去，互相隐瞒，最后总是不了了之。另外，还有丢失损耗，2/3 的库存可能都不对账，在仓库中积压一年的机器就与垃圾没什么分别。最初，国产 MP3 厂商大多采取由销售人员直接带货拓展销量的模式，此举加强了市场渗透率，在初期取得了良好的效果。但随后越来越庞大的销售队伍就带来了以上种种问题，尽管财务制度和人事制度已经很规范，但对改变现状显得力不从心。而在这两种相对严格的制度掩盖下，物流成为一个不易察觉的无底洞。

周兴发每次参加国内 MP3 生产商聚会，物流总是不变的话题，几乎每个人都为此头痛不已。如果物流管理无法规范，企业每年 1/3，甚至是 1/2 的利润都可能被侵蚀掉。

如何解决物流中的这些问题，周兴发在两种选择中纠结不已。

第一种选择，周兴发也曾想过把 MP3 物流外包出去，但是追寻市场都找不到一家合适的第三方物流企业。物流公司虽多，但是却没有针对 MP3 这种多批次、小批量的专业物流公司。于是，自建物流公司的想法便顺理成章地跳入周兴发脑中。一台 MP3 自工厂出来到客户手中，大概要经过以下几个步骤：MP3 进入总仓并录入相关信息；总仓根据生产厂商（代理商）的发货指令发货至各省分库；分库根据相应分公司的发货指令，配送至销售终端。兴发公司目前只是将这些步骤的运输外包，库存和信息管理还是兴发公司自己做。

据分析，MP3 的物流问题正是出现在分拣、包装、信息录入、出入库账目处理等这些兴发公司自己管理的环节。由于没有专业的物流人员，而是由一些仓库管理员或是配送员运作着价值上亿元的产品，这方面的所有损失相当于一个中小型二级市场全年的销售额。

如果把物流彻底分离出来，招聘专业的物流人才，建立物流公司，完全可以免去销售公司的后顾之忧。直到零售终端，销售人员完全见不到货物，避免了私自拿货，也规范串货问题。

经过初步测算，专业的物流公司可以使公司节省 60% 的物流成本，这里的物流成本包括显性和隐性的。相当于把一台 MP3 的物流成本由 25 元降低到 10 元左右。不仅如此，专业的物流操作减轻库存积压，售后物流也能圆满解决，对改进品牌形象，提高总公司对地方的监控力度都有好处。而另一方面，专业的物流公司发展起来后，还可以为其他 MP3 企业服务，成为第三方物流公司。

虽然周兴发清楚这些好处，但是另一种选择还是让他犹豫不决。

据周兴发了解，其他类似企业的物流公司建立起来后确实起到了一些作用，但也碰到了不少问题。其物流模式大概有三种：第一种是巨额物流资产投入、构建大物流体系、强调服务水平、其他企业难以模仿；第二种是业务集中于其生产制造公司，以部分现金入股建立物流公司；第三种是以自己的货源为股份入股，建立物流公司。

这三种模式各有优缺点。第一种高投入高产出，物流效率提高了很多。但最近有很多人质疑这种不计成本的模式，一般规模的企业难以承受。而后两种其实很相似，只不过股权结构不太相同，但都是以自己的生产厂商为基础。

拆分出独立的物流，节省了成本，提高了效率。然而既然分出了物流公司，但要做第三方物流，首先要投入大量的人力财力，这对于以生产制造为主的企业，不想也没有太多的余力做。客观的障碍就更难克服了，如果要给别人做物流，当然是做自己相同业务的，但这样就等于为竞争对手做，很难取得客户信任。但如果不为竞争对手做，就不得不转向公司不熟悉的领域，和社会上的其他第三方物流竞争，短时间内不会取得竞争优势。稍有不慎就可能制造另一个财务黑洞，使公司骑虎难下。

物流问题不能不解决，但面对如此巨大的风险又该怎么办，周兴发陷入困惑之中。

（资料来源：http：//wl. 100xuexi. com/HP/20110805/DetailD1679588. shtml）

讨论题：

1. 根据案例背景请归纳企业物流营运有哪些模式？并说明其运作机理？

2. 兴发公司要将物流作业活动剥离出去，为什么？

3. 如果兴发公司要将物流作业活动剥离，根据案例背景有哪几种剥离方式可供选择？为什么兴发公司物流剥离不直接采用外包选择社会化的第三方物流企业来承担？

4. 根据所学的物流理论知识，结合当前社会物流环境，你认为兴发公司采用哪种物流营运方式比较切实可行？为什么？

5. 案例讨论

案例 7-2

LOF 公司的承运商选择

LOF 公司是一家建筑和汽车玻璃制造商，它所面临的挑战是要搬运和运输大量棘手的产品。LOF 公司对顾客的服务承诺使其需要这样一种承运人：既有竞争性价格，又能提供优越的物流服务。这些服务需求要求 LOF 公司去寻找有创新意识的承运人和势力强大的渠道伙伴关系。

过去，LOF 公司曾使用过多达 534 位承运人进行内向运输和外向运输。玻璃运输往往需要使用专门化设备，以使玻璃损坏降到最低程度。但如果使用专门化设备，则意味着 LOF 公司无法提供回程运输的产品，因此，承运人要么以竞争性低价揽取回程运输产品，要么 LOF 公司支付空载回程费用。

值得庆幸的是，LOF 公司通过与两位承运人的联盟，解决了这个问题。所有内向和外向的零担装运货物全部安排给罗德威物流服务公司（Roadway Logistics Services，ROLS）承担。虽然 ROLS 公司负责与装运有关的所有日常事务、货物跟踪和支付，但它并不需要运输所有货物。这种安排使 LOF 公司向其供应商提供免费电话号码，对所有内向的装运给予协作。这种“礼仪线路”（Rite Route）系统为内向和外向的装运都选择了最低成本的运输方式和承运人。该系统已在 300 万美元的运费预算中减少了 50 万美元，并排除了 7 万件的书面工作。此外，凯斯物流公司（Cass Logistics）提供第三方的付款服务，负责用电子手段处理所有账单信息。

尽管成本是 LOF 运输联盟所要考虑的一个因素，但在建筑玻璃的整车运输中依然存在着强烈的质量意识。Schneider National 公司的专门化卡车运营需要经过 18 个月试运，才获准成为 LOF 公司主要的整车承运人之一。Schneider National 公司的总裁唐·斯纳德（Don Schneider）声称，这是他所经历的最严格的资格审查之一。Schneider National 公司与拖车制造商 Wabash National 公司是合伙关系，他们对一种专业拖车申请了专利，专门用来运输 LOF 公司的玻璃。这种拖车是一种 A 字形，改变了标准的平板卡车结构，也排除了专门化设备所产生的问题，但不适合做其他货物的回程运输。在 LOF 公司、Schneider National 公司以及 Wabash National 公司之间的排他性安排，确保了所有的设备都可以为三方合伙人所利用，任何一家公司都不会承担发展总量紊乱的风险或财务风险。由于这种独特的运输伙伴关系，使所有这三家公司都分别享受各自在其行业中的竞争优势。

除技术方面外，LOF 公司在其他承诺上也确定了非常高的服务期望和要求。LOF 公司不是利用价格来刺激业务，而是致力于降低成本。尽管 LOF 公司认识到它的合伙人在业务上必须要有充分的回报，但它认为超额的利润反而会损害合伙关系。LOF 公司在所有的组织层次上保持着与其合伙人之间的广泛沟通，这有助于进一步了解合伙关系的价值和状况。LOF 公司认为，这种合伙关系的处理将会为其顾客创造重大的价值。

（资料来源：http：//www. chinacpx. com/zixun/94036. html）

讨论题：

1. LOF 公司选择玻璃运输承运人的主要标准有哪些？
2. LOF 公司的运输承运人从哪些方面为其提供服务？
3. 你认为 LOF 公司的选择有什么好处？可能存在的缺陷是什么？

第八章

供应链物流信息管理技术及信息管理系统

导入案例

海尔的物流信息系统

海尔在对其物流过程改进的过程中，首先根据其发展战略的需要，改变了传统的按库存生产（MTS）的模式，转而采用按订单生产（MTO）的管理模式，消除了对需求预测的盲目性和误差。为了保证按单生产模式的成功，海尔集团实施了现代物流同步的模式，全球供应链网络得到了全面优化整合，国际化供应商的比例大幅度上升，保证了产品质量和JIT交货。

海尔集团每个月平均接到6 000多个销售订单，定制的产品品种达7 000多个，通过整合物流，库存资金减少了67%。海尔物流中心货区面积只有$7000m^2$，但其吞吐量却相当于普遍仓库的30万m^2。

海尔在流程再造的过程中形成的三大网络系统如图8-1所示。

（1）供应网络。供应网络是指供应链上游环节各个供应商企业结成的网络，为核心企业提供各种生产产品（提供服务）所需的物料，也可以称为流入物流。

（2）制造网络。制造网络在这里狭义地指制造商生产环节结成的网络，而不是整个制造网络。

（3）分销网络。分销网络则是指产成品从制造商分拨到各个地区配送中心以及从地区配送中心再到最终用户的网络，也可以称为流出物流。

相应地，可以认为与三个网络匹配存在有三种物流形态：供应物流、生产物流、分销物流。

在海尔的流程再造中，建立现代物流体系是其关键工程。重整物流，就要以时间消灭空间，用速度、时间消灭库存空间。海尔的物流中心不是为了仓储而存在，而是为了配送暂存的。如果把传统企业的仓库比做水库的话，很多企业的问题就是水库把水蓄死了、蓄臭了。海尔就是把所有水库的闸门都打开，让水流动起来，变成一条畅通的河流。

海尔物流的成功在于实施了JIT采购、JIT送料和JIT分拨的关键环节。而在这三个JIT中，JIT采购和JIT送料这两个环节对于提高制造型企业的竞争力来讲有着不可估量的影响。像海尔这样生产类型的企业，其流入物流（种类和数量）远大于流出物流。海尔流出的有58个门类，13 000多个品种，而流入的却高达26万种各类物料。流入与流出的种类比例达到了约25∶1。可想而知，流入物流的管理难度要远大于对流出物流的管理。要想实现按单生产，关键是要抓好流入物流。这里面不仅有物料种类繁多、数量庞大的原因，还有因物流

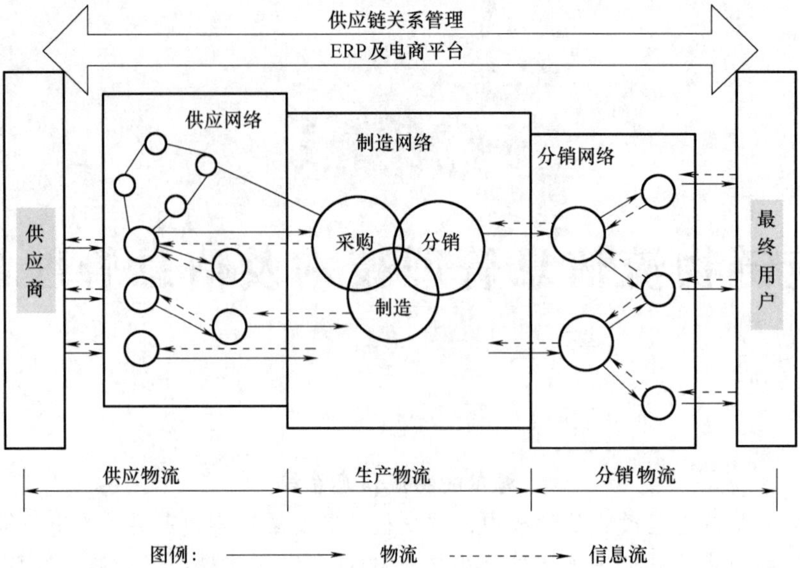

图 8-1 海尔的三大网络系统

整合而触及各方利益的深层次的原因，因此，海尔人付出了艰苦的努力，终于掌握了流入物流这条巨龙。

海尔在整合物流过程中，牢牢地抓住了流入物流管理这个七寸之处。通过优化供应商组合，与供应商建立了动态优化的战略合作关系，并在采购过程与供应一起推进 JIT 采购，通过信息网络和 SAPIR3 软件系统，成功地与供应商一起建立了 JIT 运行机制，需求拉动式的送料方式。根据装配线上的消耗及生产订单，向配送中心发出拉料指令，配送中心根据拉料需求组织配货，并准时配送到所需要的工位，建立了有效的“五定”（订单、定点、定时、定量、定人）管理模式，最大限度地保证了生产计划的执行，同时降低了在制品的占用量。

（资料来源：http：//www. aifmb. com/ladetail/1722828. html）

第一节 供应链物流信息

一、物流信息的概念

（一）物流信息的定义

物流信息（Logistics Information），是反映物流各种活动内容的知识、资料、图像、数据、文件的总称。物流信息是物流活动中各个环节生成的信息，一般是随着从生产到消费的物流活动而产生的信息流，与物流过程中的运输、保管、装卸、包装等各种职能有机结合在一起，是整个物流活动顺利进行所不可缺少的。从信息的产生来看，企业物流信息可分为狭义和广义两种。狭义的物流信息指的是与企业物流活动直接相关的信息，如库存量、采购量、生产线物料发送量、运输计划等；广义的物流信息除了上述企业内部的物流信息，还包括外部顾客和供应商的部分物流信息，如顾客的订货要求、服务要求、供应商的物料生产情况、送货信息等，广义的物流信息实际上是我们常讲的整合生产厂家、供应商、批发商、零售商到最终消费者的整个供应链的信息。

物流信息是物流系统的基础，无论是对物流活动进行管理，制定相关决策，还是物流活动效率化都需要详细、准确、直接的物流信息。因此在开发物流信息系统时，必须对物流信息有一个清晰的了解。

（二）物流信息的分类

物流信息有不同的分类方法，弄清其不同的分类方法，对搞好企业物流管理，实现其价值有很大的关系，以下从不同的侧面对物流信息进行分析。

1. 按信息载体的类型分类

在企业中，物流信息载体通常分为物流单据（凭证）、物流台账、物流报表、物流计划、物流文件等多种类型。

物流单据（凭证）发生在企业的操作层，一般记载物流工作实际发生的情况，根据单据的制定者，单据分为企业内部和外部的单据，凡是由企业外部制定和开出的单据属于外部单据，而由企业自身制定的单据则为内部单据，例如货物采购时由供应厂商开出的发票是外部单据，企业为客户开出的销售发票则为内部单据。

物流单据按照一定的要求（如时间次序、某种分类等）积累则形成物流台账。物资管理工作中的商品明细台账就是按物资类别，将某种物资的入库、出库按时间次序记载的流水账。

物流报表是按照一定的统计要求，将一定周期内的物流单据或者物流台账进行计算、汇总、排序、分类汇总等形成的信息载体。其作用是通过对一定时期生产经营的统计，检查生产经营情况，发现存在的问题，为制定相关决策提供信息。

物流计划对于企业物流管理是一种非常重要的信息，它是企业物流管理决策的具体体现。从管理职能来说，企业有不同计划，例如需求计划、采购计划、项目预算计划、财务计划等，企业的领导靠它向下传达企业下一个计划期企业生产经营的意图，用以统一指挥各部门的行动，而企业的下级通过报表反映计划的实际实施情况。

物流文件分为企业内部和外部文件，外部文件的制定者是企业的外部单位、组织，而内部文件又可分为企业级的、企业各部门的。文件多为非数值型数据。

物流单据（凭证）、物流台账和物流报表则是有确定性的，是对现实的反映，而物流计划具有可变性，是实现过程控制和评价的标准之一。

2. 按管理层次分类

根据管理层次的划分，物流信息分为战略管理信息、战术管理信息、知识管理信息和操作管理信息。

战略管理信息是企业高层管理决策者制定企业年经营目标、企业战略决策所需要的信息，例如企业全年经营业绩综合报表、消费者收入动向和市场动态、国家有关政策法规等。这类信息一部分来自企业内部，多为报表类型，另一部分来自企业外部，且数据量较少、不确定性程度高、内容较抽象。

战术管理信息是部门负责人进行关系局部或中期的决策所涉及的信息，例如月销售计划完成情况、单位产品的制造成本、库存费用、市场商情信息等。这类信息一般来自于本单位所属各部门。

知识管理信息是知识管理部门相关人员对企业自己的知识进行收集、分类、存储和查询，并进行知识分析得到的信息。例如专家决策知识、物流企业相关业务知识、工人的技术和经验形成的知识信息等。这类信息一般隐藏在企业内部，需要挖掘和提炼。知识管理信息贯穿企业的各个部门、各个层次。

操作管理信息产生于操作管理层，反映和控制企业的日常生产和经营工作，它是管理信息中的最底层，是信息源，来自于基层，例如每天的产品质量指标、用户订货合同、供应厂商原材料信息等。这类信息通常具有量大且发生频率高等特点。

3. 按信息来源分类

按信息来源的不同，管理信息分为内部信息和外部信息。

外部信息是在物流活动以外发生，但提供给物流活动使用的信息，包括物流知识层信息、物流战术层信息、物流战略层信息。具体表现为供货人信息、顾客信息、订货合同信息、交通运输信息、市场信息、政策信息，还有来自企业内部运作、财务等部门与物流有关的信息，例如消费者收入动向和市场动态、国家有关政策法规、国家各种统计资料等均为企业外部信息，企业全年生产经营指标完成情况、生产计划完成情况等为企业内部信息。一般外部信息与内部信息相比，其不确定程度比不准确程度高、信息收集困难，不可控制。物流企业经常遇到不确定的信息，导致物流企业的经营成本增加，计划赶不上变化，无法很好的安排采购、运输。在市场竞争趋于白热化的今天，谁能更快、更及时、更全面地掌握用户信息，谁就能更好地占有市场。

企业外部信息的收集、加工和利用是实现危机管理、风险管理的基础和保证，1998 年波及全球范围的东南亚金融危机向企业管理决策者敲起了危机管理的警钟。通常对企业来说，重要的外部信息有许多，例如市场情况的监测信息、竞争对手的情况、与本企业涉及相关领域的最新科技成果信息、国家的政策法规等宏观信息、国际国内资本市场信息等。这些信息又是企业制定战略决策的集成和保证。通常外部信息处理的关键环节是数据的收集，国际互联网的建立为企业收集外部信息提供了非常便利的渠道，但是由于国际互联网的信息量太大、太分散，因此对信息的识别成为关键的一环，信息服务提供者（ISP）也由此产生。全部的外部信息其实构成了企业从事生产经营活动的信息世界，无论哪一个信息发生变化，都有可能导致这个信息世界发生较大的变化，因此对外部信息的收集，并加以充分的利用，对企业来说越来越重要。

4. 按稳定程度分类

按信息的稳定程度，物流信息分为静态信息和动态信息。例如国家的政策法规、物流运送周期、供应商信息等是静态信息，国际国内市场报价信息、物流配送、销售情况等为动态信息。大多数企业外部信息的稳定程度较低。静态信息是相对的，随着企业生产经营的变化、管理水平和职工技能的提高、技术的进步等，也会发生变化，只是其更新频率较低而已。例如企业要定期地修改物流运送周期，增加供应商信息等。因此对于静态信息的数据处理关键是信息的利用，动态信息的处理关键是信息的收集、存储、加工等。

5. 按物流活动分类

按物流活动划分，物流信息一般由物流系统内信息和物流系统外信息两部分组成。物流系统内信息包括物料流转信息、物流操作层信息，具体为运输信息、存储信息、物流加工信息、配送信息、定价信息等，物流系统外信息主要包括用户物品信息、配送信息、社会可用运输资源信息、交通和地理信息等。按照这类方法分析物流信息，其优势在于它是按信息产生源头划分，容易保证信息的收集以及信息的正确性，但是要注意容易产生“信息孤岛”。

二、物流信息的特点

与其他信息比较，物流信息具有如下特点。

（1）物流信息量大、分布广，信息的产生、加工、传播和应用在时间、空间上不一致，方式也不同。

（2）物流信息动态性强，实时性高，信息价值衰减速度快，时效性强。因而对信息管理的及时性和灵活性提出了很高的要求。

（3）物流信息种类多，不仅本系统内部各个环节有不同种类的信息，而且由于物流系统与其他系统（如生产系统、供应系统）关系密切，因而还必须收集这些物流系统中的有关信息，使得物流信息的收集、分类、筛选、统计、研究等工作的难度增加。

（4）物流信息趋于标准化。由于物流是一个大范围的活动，物流信息源也分布于一个大范围内，信息源点多、信息量大。如果这个大范围中未能实现统一管理或标准化，则信息便缺乏通用性。

第二节　物流信息系统

一、物流信息系统的定义及特点

（一）定义

物流信息系统（Logistics Information System，LIS），把物流和物流信息结合成一个有机的系统，用各种方式选择收集输入物流计划的、业务的、统计的各种有关数据，经过有针对性的计算机处理，即根据管理工作的要求，采用特定的计算机技术，对原始数据处理后输出对管理工作有用的信息的一种系统。

从物流信息系统来说，信息和物流是同时进行的，其关键是两者内容相一致。为此，必须信息先行，信息跟不上，就什么都谈不上。物流信息系统是企业信息系统中的一类，是企业按照现代管理思想、理念，以信息技术为支撑所开发的信息系统。该系统充分利用数据、信息、知识等资源，实施物流业务、控制物流业务、支持物流决策、实现物流信息共享，以提高物流企业业务的效率、决策的科学性，其最终目的是提高企业的核心竞争力。

（二）特点

物流信息系统具有集成化、模块化、实时化、网络化和智能化等主要特点。随着社会经济的发展，科技的进步，物流信息系统正在向信息分类的集成化、系统功能的模块化、信息采集的实时化、信息传输的网络化以及信息处理的智能化方向发展。

1. 集成化

集成化是指物流信息系统将业务逻辑上相互关联的部分连接在一起，为企业物流活动中的集成化信息处理工作提供基础。在系统开发过程中，数据库的设计、系统结构以及功能的设计等都应该遵循统一的标准、规范和规程（即集成化），以避免出现“信息孤岛”现象。

2. 模块化

模块化是指把物流信息系统划分为各个功能模块的子系统，各子系统通过统一的标准来进行功能模块开发，然后再集成、组合起来使用，这样就能既满足物流企业的不同管理部门的需要，也保证了各个子系统的使用和访问权限。

3. 实时化

实时化借助于编码技术、自动识别技术、GPS 技术、GIS 技术等现代物流技术，对物流活动进行准确实时的信息采集；并采用先进的计算机与通信技术，实时地进行数据处理和传送物流信息；通过 Internet/Intranet 的应用将供应商、分销商和客户按业务关系连接起来，使整个物流信息系统能够即时地掌握和分享属于供应商、分销商或客户的信息。

4. 网络化

网络化是指通过 Internet 将分散在不同地理位置的物流分支机构、供应商、客户等连接起来，形成一个复杂但有密切联系的信息网络，从而通过物流信息系统这个联系方式实时地了解各地业务的运作情况。物流信息中心将对各地传来的物流信息进行汇总、分类，以及综合分析，并通过网络把结果反馈传达下去，以指导、协调、综合各个地区的业务工作。

5. 智能化

智能化物流信息系统现在虽然尚缺乏十分成功的案例，但物流信息系统正在往这个发展方向努力。比如在物流企业决策支持系统中的知识子系统，它就负责收集、存储和智能化处理在决策过程中所需要的物流领域知识、专家的决策知识和经验知识。

二、物流信息系统的总体结构

（一）物流信息系统的组成要素

根据系统的观点，构成企业物流信息系统的主要组成要素有硬件、软件、数据库和数据仓库、相关人员以及企业管理思想、制度和规范等，物流信息系统将这些结合在一起，对物流活动进行管理、控制和衡量。

1. 硬件

物流信息系统的硬件包括计算机、必要的通信设施等，例如计算机主机、外存、打印机、服务器、通信电缆、通信设施，它是物流信息系统的物理设备、硬件资源，是实现物流信息系统的基础，它构成系统运行的硬件平台。

2. 软件

在物流信息系统中，软件一般包括系统软件、实用软件和应用软件。系统软件是指那些管理和支持计算机资源及它的信息处理活动的程序，这些程序是计算机硬件和应用程序之间重要的软件接口。系统软件主要有操作系统、网络操作系统等。实用软件主要有数据库管理系统、计算机语言、各种开发工具、浏览器等，主要用于开发应用软件、管理数据资源、实现通信等。应用软件指为了用户处理信息的需求，具有特定功能的程序。对于物流信息系统而言，它是为了企业进行相关的物流管理活动开发的程序，应用软件一般面向的是具体问题，不同的企业有不同的物流活动，因此其物流应用软件，甚至物流信息系统也是千差万别的。

3. 数据库和数据仓库

数据库和数据仓库用来存放与应用相关的数据，是实现辅助企业管理和支持决策的数据基础。随着国际互联网的深入应用以及计算机安全技术、网络技术、通信技术等的发展，以及市场专业化分工与协作的深入，企业和企业之间数据交换趋势日益增强，企业许多物流信息来源于外部，因此企业数据库的设计将面临采取集中、部分集中、分布式管理的决策。同时，随着物流信息系统应用的深入，采用数据挖掘技术的数据仓库也应运而生。

4. 相关人员

无论是物流信息系统的开发、运行和维护，都离不开各级人员的参与。这些人员既有专业人员、终端用户，还有管理人员、业务人员等，不同的人员在物流信息系统开发、运行和维护中起着不同的作用。对于企业而言，不仅要考虑开发、选择合适的物流信息系统，还要注意员工计算机系统使用能力的培养。

5. 企业的管理思想、制度和规范

企业本身的决策者和管理者的管理思想和理念决定物流信息系统的结构；同时管理制度与规范，如组织机构、部门职责、业务规范和流程、岗位制度等，都是物流信息系统成型开发和运行的管理基础和保障，它是构造物流信息系统模型的主要参考依据，制约着系统硬件平台的结构、系统计算模式、应用软件的功能。

（二）物流信息系统的计算模式

物流信息系统计算模式说明了系统中相关软、硬件的组成、联系、作用以及存储中的相关逻辑结构。随着计算机技术和网络技术的发展，信息系统结构从单机发展到了计算机网络结构，但从完成数据处理工作的过程来分析，根据系统中各部件所起的不同作用，目前较常使用的有以下两种模式。

1. 客户/数据库服务结构

客户/数据库服务器结构（Client/Server，C/S）由服务器和若干台工作站组成，但大多数的应用程序驻留在客户端，只有少量的公共程序、数据库和数据库管理系统驻留在服务器上，这里的工作站称为客户机，服务器称为数据库服务器。

在这种结构中，服务器同时担负数据存储、数据管理和数据处理工作，要求服务器具有很高的配置（包括大容量的存储器和很高处理速度的主机）。由于应用程序分散在不同的客户端，每当应用程序发生修改，就需对每个客户端的应用程序进行复制，从而使得应用程序的维护和升级极为不便。

2. 客户/业务逻辑服务器/数据库服务器

在物流信息系统中，用户的应用其实也可以分为三层，即用户服务、业务逻辑服务和数据服务。

用户服务提供用户与系统的交互界面，包括浏览定位、输入/显示/打印信息等；业务逻辑服务提供与系统控制规则或控制逻辑有关的功能（如企业共同的业务政策、规则、计算方法等），它们具有保证处理一致性的共同特点；数据服务则完成数据的定义、存储与检索服务，以保证数据的一致性。这样就让不同的服务可分别驻留在不同的机器上——应用服务驻留在客户端，业务逻辑服务驻留在业务逻辑服务器中，数据服务由数据库服务器完成，从而形成了“客户/事务服务器/数据库服务器”计算模式，实际也就是一种三层的 C/S 结构模型。在这种结构中，业务逻辑服务器和数据库服务器为多个客户提供服务，当由于企业规则、计算方法等发生变化时，只需要修改事务服务器中的程序，而不需要修改客户端，从而减少了系统的维护量。随着 Internet 应用的推广，现在常用于信息查询的三层 C/S 结构的有浏览器/Web 服务器/数据库服务器结构（Browse/Web/Database，B/W/D），如图 8-2 所示。

该结构利用 Internet 的 Web 技术，为用户提供了统一的界面。

图 8-2　B/W/D 结构

三、物流信息系统的主要作用

从本质来看，物流信息系统（Logistics Management Information System，LMIS）是利用信息技术，通过信息流，将各种物流活动与某个一体化过程连接在一起的通道。物流系统中的相互衔接是通过信息予以沟通的，基本资源的调度也是通过信息共享来实现的，因此，组织物流活动必须以信息为基础。为了使物流活动正常有序地进行，必须保证物流信息畅通。物流信息的网络化就是要将物流信息通过现代信息技术使其在企业内、企业间乃至全球达到共享的一种方式。

物流信息网络化不仅指企业内部物流信息实现交换、共享，为了提高全社会的效率，更需要以网络方式将企业的各部门、生产企业、商业企业等连在一起，实现社会性的各部门、各企业之间低成本的数据高速共享。

企业物流信息系统至少包括以下三个方面的作用。

（1）仓储管理。使用仓储管理系统管理存储业务的收发、分拣、摆放、补货、配送等等，同时仓储管理系统可以进行库存分析与财务系统集成。先进的系统还能帮助企业实现“回收物流”的管理。

（2）加快供应链的物流响应速度。通过建立物流信息系统，达到全局库存、订单和运输状态的共享和可见性，以降低供应链中的需求订单信息畸变现象。

（3）物流整合。即采用最优化理论，将企业物流上的各个环节综合考虑，制定全局优化的物流策略。

四、物流信息系统的开发

（一）系统开发过程

根据结构化开发方法的思想，物流信息系统的开发过程包括物流系统规划、物流系统分析、物流系统设计、物流系统实施和物流系统运行等阶段。在整个开发过程中，贯穿用户至上、严格管理、自上而下分析、自底而上设计的思想，开发过程中的每一步都按标准规范化、标准化。

1. 物流信息系统规划

系统规划阶段是按用户的系统开发请求，进行初步调查，明确问题，确定系统目标和总体结构，确定分阶段实施进度，然后进行可行性研究。建立企业物流信息系统，不是单项数据处理的简单组合，必须要有系统的规划。因为它涉及传统管理思想的转变，管理基础工作的整顿提高以及现代化物流管理方法的应用等许多方面，是一项范围广、协调性强、人机紧密结合的系统工程。系统规划实际上是信息系统工程的决策，它关系到企业的利益、工程的成败。

2. 物流信息系统分析

在系统可行性报告基础上，就可以进行物流信息系统分析工作。系统分析阶段的任务是分析业务流程，分析数据与数据流程，分析功能与数据之间的关系，最后提出分析处理方式和新系统逻辑方案。在这个阶段，最主要的工作之一就是对企业的物流业务过程进行调查和客观分析，确定与之相符的数据流程，只有建立与企业物流过程相符的信息系统，才能与企业的运行过程有机结合，发挥计算机技术的优点。但是，建立信息系统不能局限于对原有人工系统的照搬照抄，还要考虑系统规划阶段确定的企业的未来发展和总体目标，这样才能使建立的信息系统能改善现有的运行机制，促进企业的发展。

3. 物流信息系统设计

系统设计工作主要有总体结构设计、代码设计、数据库/文体设计、输入/输出设计及模块结构与功能设计。系统设计的主要目的是在各种技术和实施方法中权衡利弊，合理使用各种资源，最终勾画出新系统的详细方案。由于企业物流信息来源渠道多，涉及部门广，因此进行物流信息系统的设计时必须注意处理信息收集的问题。现在许多企业还不具备将物流业务从各个部门独立出来的条件，这样物流活动实际是上分散在不同的部门中进行，如何设计出符合企业现有物流运行状态，又有利于物流资源整合的信息系统是设计工作的难点。

4. 物流信息系统实施

系统实施阶段的任务是编程、人员培训、试运行和系统转换。物流信息系统是按照人们预先编写的程序工作的。进行编程时，我们可以选择适应的工具，这些工具一般为：编程语言、数据库系统、程序生成工具、专用系统开发工具、客户/服务器型工具等。

完成程序编写后，就要进行调试和试运行。一般程序调试的过程是模块调试，主要确定模块内部功能；然后是分调，指对与子系统有关的各模块实行联调，以考查各模块外部功能、接口以及各模块之间调用关系的正确性；最后是联调，各模块、各子系统均经调试准确无误后，就可进行系统联调，联调是实施阶段的最后一道检验工序。联调通过后，就可投人程序的试运行阶段和转换。

5. 物流信息系统运行

运行阶段的任务是进行系统的日常运行管理、评价、监理审计三部分工作。评价信息系统运行效果有利于了解系统的状态，识别系统问题，根据识别的问题进行系统修改、维护或者局部调整。如果出现了不可调和的大问题，或系统无法适应企业运行的要求时，则标志着老系统生命结束，需要进行新系统的开发。

（二）物流信息系统的功能

企业的物流启动于顾客订货活动，根据价值链的思想，只有根据顾客订单信息分解出各种企业内部的物流需求并进行相关的物流活动，企业的物流业务过程才是具有价值的。企业内部的物流活动包括库存、配送、运输、采购及相关的管理工作。根据企业的物流活动组成，我们可以得出物流信息系统的功能结构图，见图 8-3。

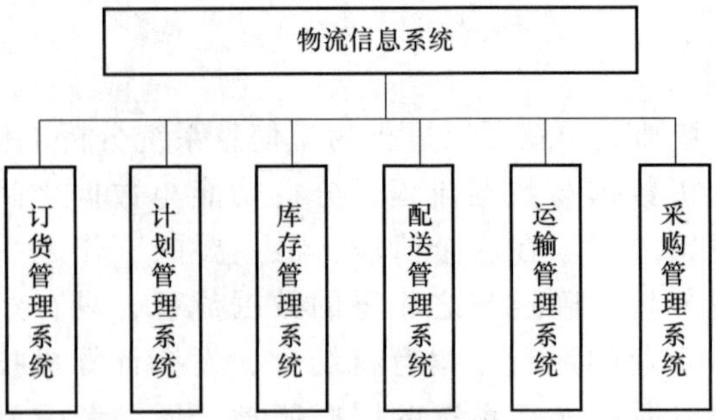

图 8-3　物流信息系统功能结构图

订货管理系统主要处理顾客订货信息，从接收订货信息开始，对订货信息的完整程度、准确程度进行检查，然后对客户的相关制约条件进行检查，如货款缴纳情况、信息情况等。在确定可以接受订货要求后，按照订单进行库存确认。在接受订货过程中，如果客户订货信息发生变化要及时进行信息的修正，最后对货物的价格进行确定。在接受订单处理业务完成后，要将处理后的订货信息传给客户确认。订货信息处理要在下一步物流活动启动之前结束，因为具体的物流作业活动都是基于订货信息处理结果之上来完成的。

计划管理系统指的是根据汇总后的订货信息，制订企业相关的物流作业计划，如物流配送计划、运输计划、物料需求计划等。这些计划安排了物流活动的时间、数量等要求，功能完善的计划管理系统不仅根据订货信息制订物流计划，还具有一定的预测功能，根据生产经营的需要来预测下一时间段的物料需求作业数量。

库存管理系统对于制造企业而言极其重要。库存管理系统能实现预测库存量、管理存货信息、补充订货以及各种存货货位分配、库存日常作业的管理工作。有时还要对现有存货进行核算，并将有关的核算信息传送给财务部门，进行财务处理。由于库存涉及金额管理，是企业管理中的敏感部分，在程序中对该模块必须进行权限设置，只有库存管理人员和相关人员才能进行该模块操作。

配送管理系统能实现备货管理、配送加工管理、分拣配货管理、送达服务等工作。有时将订货拣选活动也划归为配送管理的范围。企业的配送管理不仅有产成品的配送处理，还有内部生产的物料上线处理。

运输管理系统主要包括运输计划、车辆计划、人员计划、货物追踪、运输调度等。在现代物流环境下，客户对货物的流动过程信息要求极高，希望能随时查询货物的流动范围，迫使企业增强了对运输货物的追踪能力。全球卫星定位系统和全球地理信息系统为企业提供了随时随地的货物追踪能力。货物追踪系统信息处理的原理是，在货物装车时，通过货物中转站时，读取货物单据上的条形码，可得知货物的编号，就可以清楚地知道编号为××××××的货物通过什么地方，处于什么状态。当客户查询货物时，只要提供货物编号，就可以获知所运送货物的有关的启运、在途、配送、配送完毕等信息。利用这个系统，对于尚未配送完的货物也可以及时把握，在防止配送延误方面也能起到重要作用。

采购管理系统能提供原材料、零配件等方面的采购信息，并能对供应商进行管理。企业物流活动越来越谋求供应商、企业、客户的协作运行。供应商的物流活动组织，对于企业的总体物流效率至关重要，如何及时处理和反映供应商信息是企业物流信息的重要组成部分。许多企业都在寻找最方便快捷的信息交换模式，加快有经营联系的企业间的信息传递和处理速度，Internet 是较实用的途径之一。

第三节 条形码技术

一、条形码概述

条形码技术属于自动识别技术范畴，它是随着电子技术的进步，尤其是计算机技术在现代化生产和管理领域中的广泛应用而发展起来的一门实用的数据输入技术，是实现物流信息自动采集与输入的重要技术。从系统看，条形码技术涉及编码技术、光传感技术、条形码印刷技术以及计算机识别应用技术等。在流通和物流活动中，为了能迅速准确地识别商品、自动读取有关商品的信息，条形码技术被广泛应用。条形码是有关生产厂商、批发商、零售商、运输业者等经济实体进行订货和接受订货、销售、运输、保管、出入库检验等活动的信息源。由于在活动发生时点能及时读取信息，因此便于及时捕捉到消费者的需要，提高商品的销售效果，也有利于促进物流系统提高效率。另外，条形码与其他辨识商品的方法比较，具有印刷成本低和读取精度高等特点。

（一）定义

条形码（Bar Code）：由一组规则排列的条、空及字符组成的，用以表示一定信息的代码。

条形码隐含着数字信息、字母信息、标志信息、符号信息，主要用以表示商品的名称、产地、价格、种类等，是全世界通用的商品代码的表示方法。条形技术是研究如何把计算机所需要的数据用一种条形码来表示，以及如何将条形码表示的数据转变为计算机可以自动采集的数据。因而，条形码技术主要包括：条形码编码原理及规则标准、条形码译码技术、光电技术、印刷技术、扫描技术、通信技术、计算机技术等。具体来说条形码是一种可印制的机器语言，它采用二进制数的概念，经 1 和 0 表示编码的特定组合单元。直观看来，常用的条形码是由一组字符组成，如数字 0 ~ 9、字母 A ~ E 或一些专用符号。

（二）条形码的结构

一个完整的条形码符号是由两侧空白区、起始字符、数据字符、校验字符（可选）和终止字符组成的。图 8-4 给出了一个条形码符号的完整结构。

图 8-4 条形码的结构

其中，空白区没有任何印刷符或条形码信息，它通常是白的，位于条形码符号的两侧，空白区的作用是提示阅读器即扫描器准备扫描条形码符号。起始字符是条形码符号的第一位字符，它的特殊条、空结构用于识别一个条形码符号的开始。阅读器首先确认此字符的存在，然后处理由扫描器获得的一系列脉冲。数据字符由条形码字符组成，用于代表一定的原始数据信息。终止字符是条形码字符的最后一位字符，它的特殊条、空结构用于识别一个条形码符号的结束。阅读器识别终止字符，便可知道条形码符号已扫描完毕。若条形符号有效，阅读器就向计算机传送数据并向操作者提供"有效读入"的反馈。终止字符的使用，避免了不完整信息的输入。当采用校验字符时，终止字符还指示阅读器对数据字符实施校验计算。

起始、终止字符的条、空结构通常是不对称的二进制序列。这一非对称允许扫描器进行双向扫描。当条形码符号被反向扫描时，阅读器会在进行校验计算和传送信息前把条形码各字符重新排列成正确的顺序。校验字符是通过对数据字符进行一种算术运算而确定的。有些码制的校验字符是必需的，有些码制的校验字符则是可选的。

（三）条形码分类

1. 按条形码码制分类，可分为九类。

（1）UPC码。1973年，美国率先在国内的商业系统中应用UPC码，之后加拿大也在商业系统中采用UPC码。UPC码是一种长度固定的连续性数字式码制，其字符集为数字0～9。它采用四种元素宽度，每个条或空是1、2、3或4倍单位元素宽度。UPC码有两种类型，即UPC-码和UPC-E码。

（2）EAN码。1977年，欧洲经济共同体各国按照UPC码的标准制定了欧洲物品编码EAN码，与UPC码兼容，而且两者具有相同的符号体系。EAN码的字符编号结构与UPC码相同，也是长度固定的、连续性的数字式码制，其字符集为数字0～9。它采用四种元素宽度，每个条或空是1、2、3或4倍单位元素宽度。EAN码有两种类型，即EAN-13码和EAN-8码。EAN条形码组成如下。

1）前缀码：由三位数字组成，是国家的代码，我国为690、691、692、693、694、695，是国际物品编码会统一决定的。

2）造厂商代码：由四位数字组成，我国物品编码中心统一分配并统一注册，一厂一码。

3）品代码：由五位数字组成，表示每个制造商的商品，由厂商确定，可标识十万种商品。

4）校验码：由一位数字组成，用以校验前面各码的正误。

（3）交叉25码。交叉25码是一种长度可变的连续性自校验数字式码制，其字符集为数字0～9。采用两种元素宽度，每个条和空是宽或窄元素。编码字符个数为偶数，所有奇数位置上的数据以条编码，偶数位置上的数据以空编码。如果为奇数个数据编码，则在数据前补一位0，以使数据为偶然个数位。

（4）39码。39码是第一个字符数字式码制。1974年由Intermec公司推出。它是长度可变的离散性自校验字母数字式码制。其字符集为数字0～9、26个大写字母和7个特殊字符（－、。、Space、/、＋、%、$），共43个字符。每个字符由9个元素组成，其中有5个条（2个宽条，3个窄条）和4个空（1个宽空，3个窄空），是一种离散码。

(5) 库德巴码。库德巴码（Code Bar）出现于1972年，是一种长度可变的连续性自校验数字式码制。其字符集为数字0~9和6个特殊字符（—、:、/、。、+、$），共16个字符。常用于仓库、血库和航空快递包裹中。

(6) 128码。128码出现于1981年，是一种长度可变的连续性自校验数字式码制。它采用四种元素宽度，每个字符由3个条和3个空，共11个单元元素宽度，又称（11，3）码。它有106个不同条形码字符，分别为A、B、C。它使用这3个交替的字符集可将128个ASCII码编码。

(7) 93码。93码是一种长度可变的连续性字母数字式码制。其字符集为数字0~9、26个大写字母和7个特殊字符（-、。、空格、/、+、%、$）以及4个控制字符。每个字符有3个条和3个空，共9个元素宽度。

(8) 49码。49码是一种多行的连续性、长度可变的字母数字式码制。出现于1987年，主要用于小物品标签上的符号。采用多种元素宽度。其字符集为0~9、26个大写字母和7个特殊字符（-、。、空格、/、+、%、$），3个功能键（F1、F2、F3）和3个变换字符，共49个字符。

(9) 其他码制。除上述码制外，还有其他的码制。例如25码出现于20世纪60年代后期，主要用于航空系统的机票的顺序编号；11码出现于1977年，主要用于电子元器件标签；矩阵25码是11码的变形；Nixdorf码已被EAN码所取代；Plessey码出现于1971年5月，主要用于图书馆等。

2. 按维数分类

(1) 普通的一维条码，如图8-5所示。普通的一维条码自问世以来，很快就得到了普及并广泛应用。但是由于一维条码的信息容量小，如商品上的条码仅能容纳13位的阿拉伯数字，更多的描述商品的信息只能依赖数据库的支持，离开了预先建立的数据库，这种条码就成了无源之水，无本之木，因而条形码的应用范围受到了一定的限制。

(2) 二维条码，如图8-6所示。二维条码是一种由点、空组成的点阵形条码，它不需要数据库的支持就可以使用，实际上是一种高密度、高信息量的便携式数据文件，具有信息容量大、编码范围广、纠错能力强、译码可靠性高、防伪能力强等技术特点，而且制作成本低，可广泛应用于各个领域。一维条形码的符号是沿垂直方向印刷标示，作为水平方向的"线"存储信息。而二维码的符号是在水平和垂直两个方向印刷标示，以"面"来存储信息。而且阅读也是以识别"面"为特征。二维条形码储存的信息量远远超过一维条码。一维条码一般只能容纳20个文字的信息，而二维条码可以容纳2000个文字左右的信息。信息的表达形式不仅仅局限于英文字母和数字，还可以是汉字等。

9 787504 717757 >

图8-5　一维条码

图8-6　二维条码

美国 Symbol 公司于 1991 年正式推出名为 PDF417 的二维条码，简称为 PDF417 条码，即“便携式数据文件”。PDF417 条码是一种高密度、高信息含量的便携式数据文件，是实现证件及卡片等大容量、高可靠性信息自动存储、携带并可用机器自动识读的理想手段。

随着经济社会对信息储存及收集需求的增长，人们已开始进行三维条码的研制与初步使用，以提高条码的存储量及灵活性。

3. 按使用目的分类

（1）商品条形码。以直接向消费者销售的商品为对象，以单个商品为单位使用的条形码。它由 13 位数字组成，最前面的两个数字表示国家或地区的代码，中国的代码是 69，接着的五个数字表示生产厂商的代码，其后的五个数字表示商品的品种代码，最后一个数字用来防止机器发生误读错误。

（2）物流条形码。物流过程中的以商品为对象、以包装商品为单位使用的条形码。标准物流条形码由 14 位数字组成，除了第一位外，其他 13 位数字代表的意义与商品条形码相同。物流条形码第一位数字表示物流识别代码，在物流识别代码种，1 代表集合包装容器装 6 瓶酒，2 代表装 24 瓶酒。

二、条形码阅读器

条形码阅读器包括光电扫描器与译码器。选择什么样的条形码阅读器是一个综合问题。目前，生产条形码阅读器的厂家很多，提供给用户的条形码阅读器种类也很多。

1. 光笔条形码扫描器

光笔条形码扫描器是一种轻便的条形码读入装置。在光笔内部有扫描光束发生器及反射光接收器。目前市场上出售的这类扫描器有很多种，它们主要在发光的波长、光学系统结构、电子电路结构、分辨率、操作方法等方面存在不同。光笔条形码扫描器不论采用何种工作方式，从使用上都存在一个共同点，即阅读条形码信息时，要求扫描器与待识别的条码接触或离开一个极短的距离（一般是 0.2 ~ 1mm 左右）。

2. 手持式枪型条形码扫描器

手持式枪型条形码扫描器内一般都装有控制扫描光束的自动扫描装置。阅读条形码时不需与条码符号接触，因此，对条形码标签没有损伤。扫描头与条形码标签的距离短的在 0 ~ 20mm范围内，而长的可达到 500mm 左右。枪型条形码扫描器具有扫描光束迅速扫描的优点，因此，阅读效果比光笔扫描器要好，扫描速度快。

3. 台式条形码自动扫描器

台式条形码自动扫描器适合于不便使用手持式扫描方式阅读条形码信息的场合。如果工作环境不允许操作者一只手处理标附有条形码信息的物体，而另一只手操纵手持式条形码扫描器进行操作，就可以选用台式条形码扫描器进行扫描。这种扫描器也可以安装在生产流水线传送带旁的某一固定位置，等待附有条形码标签的待测物体以平稳、缓慢的速度进入扫描范围，对自动或生产流水线进行控制。

4. 激光自动扫描器

激光自动扫描器的最大优点是扫描光照强，可以远距离扫描。激光扫描器的扫描速度快，有的扫描产品可以达到 1200 次/秒，这种扫描器可以在百分之一秒时间内对某一条形码标签扫描阅读多次，而且可以做到每一次扫描不重复上一次扫描的轨迹。扫描器内部光学系统可以将单束光转变成十字光或米字光，从而保证被测条形码从各个不同角度进入扫描范围时都可以被识读。

5. 卡式条形码阅读器

卡式条形码阅读器可以用于医院病案管理、身份验证、考勤和生产管理等领域。这种阅读器内部的机械结构能保证标有条形代码的卡式证件或文件在插入滑槽后自动沿轨道作直线运动，在卡片前进过程中，扫描光点将条形码信息读入。卡式条形码阅读器一般都具有与计算机传送数据的能力，同时具有声光提示以证明识别正确与否。

6. 便携式条形码阅读器

一般来讲，便携式条形码阅读器配接光笔式或轻便的枪型条形码扫描器，但有的也配接激光扫描器。便携式条形码阅读器本身就是一台专用计算机，有的甚至就是一台通用微型计算机。这种阅读器本身具有对条形码信号的译解能力。条形码译解后，可直接存入机器内存或机内磁带存储器的磁带中。这种条形码阅读器具有与计算机主机通信的能力，通常它本身带有显示屏、键盘、条形码识别结果声响指示及用户编程功能。使用时这种阅读器可以与计算机主机分别安装在两个地点，通过线路连成网络，也可以脱机使用，利用电池供电。这种设备特别适用于流动性数据采集环境。收集到的数据可以定时送到主机内存储。有些场合，标有条形码信息或代号的载体体积大，比较笨重，不适合搬运到统一数据采集中心处理，在这种情况下，使用便携式条形码阅读器就十分方便。

三、条形码在物流管理中的应用

条形码在物流中有较为广泛的应用，主要在以下几方面。

1. 销售信息系统（POS 系统）

在商品上贴上条码就能快速、准确地利用计算机进行销售和配送管理。其过程为，对销售商品进行结算时，通过光电扫描读取并将信息输入计算机，然后输进收款机，收款后开出收据，同时，通过计算机处理，掌握进、销、存的数据。

2. 库存系统

在库存物资上应用条码技术，尤其是规格包装、集装、托盘货物上，入库时自动扫描并输入计算机，由计算机处理后形成库存的信息，并输出入库区位、货架、货位的指令，出库程序则和 POS 系统条码应用一样。

3. 分货拣选系统

在配送方式和仓库出货时，采用分货、拣选方式，需要快速处理大量的货物，利用条码技术便可自动进行分货拣选，并实现有关的管理。其过程如下：一个配送中心接到若干个配送订货要求，将若干订货汇总，每一品种汇总成批后，按批发出所在条码的拣货标签，拣货人员到库中将标签贴于每件商品上并取出用自动分拣机分货，分货机始端的扫描器对处于运动状态分货机上货物扫描，一是确认所拣出货物是否正确，另一方面识读条码上的用户标记，指令商品在确定的分支分流，到达各用户的配送货位，完成分货拣选作业。

条形码功能强大，输入方式具有速度快、准确率高、可靠性强等特点，在商品流通、工业生产、仓贮标证管理、信息服务等领域获得了广泛的应用。目前在我国推广应用条形码技术已具有一定的物质基础，条形码技术的应用对开发我国物品标识系统，使其规范化、标准化，并实现与国际标准兼容，以推进我国的计算机应用和现代化管理，促进国内商品经济的繁荣，增强中国产品在国际市场的竞争力，对推动生产自动化和管理现代化具有深远的意义。但条形码技术在我国的发展道路仍是漫长的，它的应用推广将逐步显示其社会经济效益。

第四节　无线射频识别技术

一、无线射频识别技术概述

（一）定义

无线射频识别技术（Radio Frequency Identification，RFID）是一种非接触的自动识别技术。其基本原理是利用射频信号和空间耦合（电感或电磁耦合）传输特性，实现对被识别物体的自动识别。

RFID 射频识别是一种非接触式的自动识别技术，它通过射频信号自动识别目标对象并获取相关数据，识别工作无须人工干预，可工作于各种恶劣环境。RFID 技术可识别高速运动物体并可同时识别多个标签，操作快捷方便。RFID 是一种突破性的技术：第一，RFID 技术可以识别单个的非常具体的物体，而不是像条形码那样只能识别一类物体；第二，RFID 技术采用无线电射频，可以透过外部材料读取数据，而条形码必须靠激光来读取信息；第三，RFID 技术可以同时对多个物体进行识读，而条形码只能一个一个地读。此外，RFID 储存的信息量也非常大。

最基本的 RFID 系统由三部分组成：标签（Tag），由耦合元件及芯片组成，每个标签具有唯一的电子编码，附着在物体上标识目标对象；阅读器（Reader），读取（有时还可以写入）标签信息的设备，可设计为手持式或固定式；天线（Antenna），在标签和读取器间传递射频信号。

RFID 系统的工作原理：RFID 标签进入磁场后，接收解读器发出的射频信号，凭借感应电流所获得的能量发送出存储在芯片中的产品信息（无源标签或被动标签，Passive Tag），或者主动发送某一频率的信号（有源标签或主动标签，Active Tag）；解读器读取信息并解码后，送至中央信息系统进行有关数据处理。

（二）RFID 的优势及特点

RFID 的优势及特点主要表现在以下几方面。

1. 快速扫描

条形码一次只能有一个条形码受到扫描，RFID 辨识器可同时辨识读取数个 RFID 标签。

2. 体积小型化、形状多样化

RFID 在读取上并不受尺寸大小与形状限制，不需为了读取精确度而配合纸张的固定尺寸和印刷品质。此外，RFID 标签更可往小型化与多样形态发展，以应用于不同产品。

3. 抗污染能力和耐久性

传统条形码的载体是纸张，因此容易受到污染，但 RFID 对水、油和化学药品等物质具有很强的抵抗性。此外，由于条形码是附在塑料袋或外包装纸箱上，所以特别容易受到折损，而 RFID 卷标是将数据存在芯片中，因此可以免受污损。

4. 可重复使用

现在的条形码印刷上去之后就无法更改，RFID 标签则可以重复地新增、修改、删除 RFID 卷标内储存的数据，方便信息的更新。

5. 穿透性和无屏障阅读

在被覆盖的情况下，RFID 能穿透纸张、木材和塑料等非金属或非透明的材质，并能进行穿透性通信；而条形码扫描机必须在近距离而且没有物体阻挡的情况下，才可辨读条形码。

6. 数据的记忆容量大

一维条形码的容量是 50 字节，二维条形码最大的容量可储存 2 ~ 3 000 字符，RFID 最大的容量则有数兆字节。随着记忆载体的发展，数据容量也有不断扩大的趋势。未来物品所需携带的资料量会越来越大，对扩充卷标容量的需求也相应增加。

7. 安全性

RFID 承载的是电子式信息，其数据内容可经由密码保护，使其内容不易被伪造及编造。

近年来，RFID 因其所具备的远距离读取、高储存量等特性而备受瞩目。它不仅可以帮助一个企业大幅提高货物、信息管理的效率，还可以让销售企业和制造企业互联，从而更加准确地接收反馈信息，控制需求信息，优化整个供应链。

在统一的标准平台上，RFID 标签在整条供应链内任何时候都可提供产品的流向信息，让每个产品信息有了共同的沟通语言。通过计算机和互联网就能实现物品的自动识别和信息交换与共享，进而实现对物品的透明化管理，就能实现真正意义上的“物联网”。

（三）无线射频识别技术分类

1. 根据标签的供电形式分类

（1）有源射频标签。它使用标签内电池的能量，识别距离较长，可达几十米甚至上百米，但是它的寿命有限并且价格较高；标签由于带有电池，因此，有源标签的体积比较大，无法制作成薄卡（比如信用卡标签）。

（2）无源射频标签。它不含有电池，利用耦合的读写器发射的电磁场能量作为自己的能量，它的重量轻、体积小，寿命可以非常长，很便宜，可以制成各种各样的薄卡或挂扣卡；但它的发射距离受限制，一般是几十厘米到几十米，且需要有较大的读写器发射功率。

2. 根据标签的数据调制方式分类

（1）主动式。一般来讲，有源系统为主动式。主动式的射频系统用自身的射频能量主动地发送数据给读写器（读头），调制方式可为调幅、调频或调相；主动方式的射频标签发射的信号仅穿过障碍物一次，因此主动方式制作的射频标签主要用于有障碍物的场合中，距离更远。

主动式标签内部自带电池进行供电，它的电能充足，工作可靠性高，信号传送的距离远。另外，主动式标签可以通过设计电池的不同寿命，对标签的使用时间或使用次数进行限制，它可以用在需要限制数据传输量或者使用数据有限制的地方。主动式标签的缺点主要是标签的使用寿命受到限制，而且随着标签内电池电力的消耗，数据传输的距离会越来越短，从而影响系统的正常工作。

（2）被动式。一般来讲，无源系统为被动式。被动式的射频系统，使用调制散射方式发射数据，它必须利用速写器的载波来调制自己的信号，在门禁或交通的应用中比较适宜，因为读写器可以确保只激活一定范围内的射频系统，在有障碍物的情况下，采用调制散射方式，读写器的能量必须来去穿过障碍物两次。被动式标签内部不带电池，要靠外界提供能量才能正常工作。被动式标签产生电能的典型装置是天线与线圈。当标签进入系统的工作区域时，天线接收到特定的电磁波，线圈就会产生感应电流，在经过整流电路时，激活电路上的微型开关，给标签供电。被动式标签具有永久的使用期，常常用在标签信息需要每天读写或频繁读写多次的地方，而且被动式标签支持长时间的数据传输和永久性的数据存储。被动式标签的缺点主要是数据传输的距离要比主动式标签短，因为被动式标签依靠外部的电磁感应供电，它的电能就比较弱，数据传输的距离和信号强度就受到限制，需要敏感性比较高的信号接收器（阅读器）才能可靠识读。

（3）半主动标签系统。也称为电池支援式反向散射调制系统。半主动标签本身也带有电池，只起到对标签内部数字电路供电的作用，但是标签并不通过自身能量主动发送数据，只有被阅读器的能量场“激活”时，才通过反向散射调制方式传送自身的数据。

半主动射频标签的电池相当于汽车发动机的马达，汽车利用马达来启动发动机，发动机一旦启动，就不再需要马达提供的动力。

3. 根据标签的工作频率分类

读头发送无线信号时所使用的频率被称为 RPID 系线的工作频率，基本上划分为以下几个主要范围：低频（30～300kHz）、高频（3～30MHz）和超高频（300MHz～3GHz）以及微波（245GHz 以上）。

（1）低频系统一般工作在 100～50kHz，常见的工作频率有 125kHz、134. 2kHz。

（2）高频系统工作在 10～15MHz 左右，常见的高频工作频率为 13. 56kHz。

（3）超高频工作频率为 850～960MHz，常见的工作频率为 915MHz。超高频系统应用于需要较长的读写距离和较高的读写速度的场合，如火车监控、高速公路收费等系统。

（4）微波工作在 2. 4～5GHz 的微波频段、低频系统用于短距离、低成本的应用中，如多数的门禁控制、动物监管、货物跟踪。高频系统用于门禁控制和需传送大量数据的场合。

4. 根据标签的可读写性分类

根据射频标签内部使用存储器类型的不同可分成三种：可读写卡（RW）、一次写入多次读出卡（WORM）和只读卡（RO）。RW 卡一般比 WORM 卡和 RO 卡贵，如信用卡等。WORM 卡是用户可以一次性写入的卡，写入后数据不能改变，WORM 卡比 RW 卡要便宜。RO 卡存有一个唯一的号码 ID，不能修改，因而具有较高的安全性，RO 卡最便宜。

只读标签内部只有只读存储器（Read Only Memory，ROM）和随机存储器（Random Access Memory，RAM）。ROM 用于存储发射器操作系统程序和安全性要求较高的数据，它与内部的处理器或逻辑处理单元完成内部的操作控制功能，如响应延迟时间控制、数据流控制、电源开关控制等。另外，只读标签的 ROM 中还存储有标签的标识信息，这些信息可以在标签制造过程中由制造商写入 ROM 中，也可以在标签开始使用时由使用者根据特定的应用目的写入特殊的编码信息。这种信息可以只简单地代表二进制中的“0”或“1”，也可以像二维条码那样，包含复杂的相当丰富的信息。但这种信息只能是一次写入，多次读出。只读标签中的 RAM 用于存储标签反应和数据传输过程中临时产生的数据。另外，只读标签中除了 ROM 和 RAM 外，一般还有缓冲存储器，用于暂时存储调制后等待天线发送的信息。

可读可写标签内部的存储器除了 ROM、RAM 和缓冲存储器之外，还有非活动可编程记忆存储器。这种存储器除了存储数据功能外，还具有在适当的条件下允许多次写入数据的功能。非活动可编程记忆存储器有许多种，电可擦除可编程只读存储器（EEPROM）是比较常见的一种，这种存储器在加电的情况下，可以实现对原有数据的擦除以及数据的重新写入。

5. 根据标签中存储器数据存储能力分类

（1）标识标签。对于标识标签来说，一个数字或多个数字、字母字符串存储在标签中，是为了识别的目的，也可能是进入信息管理系统中数据库的钥匙（Key）。条码技术中标准码制的号码，如 EAN/UPC 码、混合编码，或者标签使用者按照特别的方法编的号码，都可以存储在标识标签中。标识标签中存储的只是标志号码，用于对特定的标志项目，如人、物、地点进行标识，关于被标识项目的详细信息，只能在与系统相连接的数据库中进行查找。

（2）便携式数据文件。它的标签中存储的数据非常大，足以看做是一个数据文件。这种标签一般都是用户可编程的，标签中除了存储标识码外，还存储有大量的被标识项目中其他的相关信息，如包装说明、工艺过程说明等。在实际应用中，关于被标识项目的所有信息都存储在标签中，读标签就可以得到关于被标识项目的所有信息，而不用再连接到数据库进行信息读取。另外，随着标签存储能力的提高，可以提供组织数据的能力，在该标签的过程中，可以根据特定的应用目的控制数据的读出，实现在不同情况下读出不同的数据。

二、无线射频技术在物流管理中的应用

1. RFID 在集装箱跟踪管理上的应用

超高频 RFID 技术具有识别距离长、识别物体速度快、系统成本低等特点，因此成为用于集装箱和托盘跟踪的最理想的手段。

对于大宗货物的运输来讲，最理想的运输方式当然是集装箱运输。集装箱运输具有运输私密性好、包装不破损、运输成本低、环境适应性强、装载密度高、码垛规范等特点。

一般情况下，集装箱由专门的集装箱运输公司提供给需要运输的企业使用。货物运到后，经过掏箱，然后由集装箱公司回收使用。在集装箱的运输和使用过程中，最关键的环节就是集装箱的跟踪管理以及如何防止集装箱的丢失、被盗和损坏，提高集装箱的周转率，从而提高资源的使用效率。

为了实现以上目的，集装箱运营公司需要在整个物流过程中对其集装箱进行跟踪，以减少丢失、被盗和损坏，从而最大程度地利用其资源，提高企业的效益。

RFID 识别系统在集装箱管理上的应用是将标签粘贴或者镶嵌在集装箱或者托盘上，伴随集装箱或者托盘经过集装箱的整个生命周期。

通过入口处的悬空读头、安装在叉车上的读头或者手持机来读取标签，实时信息在显示器上被显示出来或者直接进入数据库。集装箱 RFID 识别系统可以同时识别 40 个托盘和 80 个塑料集装箱。

2. 运用 RFID 进行水果等食品的跟踪

在鲜果的供应上，从鲜果产地到最终消费者之间的物流全过程也可以采用 RFID 来进行

跟踪管理，以保证鲜果的品质和鲜度。

将标签贴在或者镶嵌在水果箱上，直到水果箱最终被消费。标签可以通过入口处的悬空读头、叉车读头或者手持机来识别，读取的信息将被实时送到显示器或者数据库中。

不久的将来，RFID 标签将用于家用冰箱使其能够识别冷冻（藏）物：剔除过期的食品，减少高胆固醇食物的消费等。

3. 仓库管理

将 RFID 系统用于智能仓库货物管理，RFID 完全有效地解决了仓库里与货物流动有关的信息管理，它不但大大提高了仓库的货物处理能力，也大大提高了处理货物的信息量。

读头和天线设置在货物所通过的仓库大门边上，每个货物单元都贴有 RFID 标签，所有标签的信息都被存储在仓库的中心计算机里，该货物的有关信息都能在计算机里查到。当进行货物作业时，比如出库或者搬运，由读头识别并告知计算中心它被放在哪个拖车上。这样管理中心可以实时地了解到已经生产了多少产品和发送了多少产品，并可自动识别货物，确定货物的位置，从而对货物进行跟踪管理。

第五节　电子数据交换技术

一、电子数据交换概述

（一）定义

电子数据交换（Electronic Data Interchange，EDI）：通过标准化的格式，利用计算机网络进行结构化数据的传输和交换。

EDI 按照统一规定的一套通用标准格式，将标准的经济信息，通过通信网络传输，在贸易伙伴的电子计算机系统之间进行数据交换和自动处理，俗称“无纸贸易”。

（二）EDI 的特点

（1）EDI 是企业之间传输商业文件数据的一种形式，EDI 的使用对象是有经常性业务联系的单位。

（2）EDI 所传送的资料是一般业务资料，如发票、订单等，而不是指一般性的通知。

（3）传输的文件数据是采用共同的标准并具有固定格式，例如联合国 EDIFACT 标准，这也是与一般 E-mail 的区别。

（4）通过数据通信网络，一般是增值网和专用网来传输，由收送双方的计算机系统直接传送，交换资料，尽量避免人工的介入操作。

（5）与传真或电子邮件的区别是：传真与电子邮件需要人工的阅读判断处理才能进入计算机系统，需要人工将资料重复输入计算机系统中，浪费人力资源，也容易发生错误。

（三）EDI 的构成要素

EDI 数据标准、EDI 软件及硬件和通信网络是构成 EDI 系统的三要素。

1. 数据标准

数据标准是由各企业、各地区代表共同讨论制定的电子数据交换通用标准，可以使各组织之间的不同文件格式通过共同的标准，达到彼此之间文件交换的目的。

2. EDI 软件及硬件

实现 EDI，需要配备相应的 EDI 软件和硬件。EDI 软件具有将用户数据库系统中的信息，译成 EDI 的标准格式，以供传输和交换的能力。由于 EDI 标准具有足够的灵活性，可以适应不同行业的众多需求，然而，每个公司有其自己规定的信息格式，因此，当需要发送 EDI 电文时，必须用某些方法从公司的专有数据库中提取信息，并把它翻译成 EDI 标准格式，进行传输，这就需要 EDI 相关软件的帮助。EDI 软件可分为转换软件、翻译软件和通信软件三大类。

（1）转换软件（Mapper）。转换软件可以帮助用户将原有计算机系统的文件或数据库中的数据，转换成翻译软件能够理解的平面文件，或是将从翻译软件接收来的平面文件，转换成原计算机系统中的文件。

（2）翻译软件。将平面文件翻译成 EDI 标准格式，或将接收到的 EDI 标准格式翻译成平面文件。

（3）通信软件。将 EDI 标准格式的文件外层加上通信信封，再送到 EDI 系统交换中心的邮箱，或由 EDI 系统交换中心内，将接收到的文件取回。

EDI 所需要的硬件设备大致有：计算机、调制解调器及通信线路。

（1）计算机。目前使用的计算机，无论是 PC、工作站、小型机、主机等，均可使用。

（2）调制解调器。由于使用 EDI 来进行电子数据交换，需通过通信网络，目前采用电话网络进行通信是很普遍的方法，因此调制解调器是必备硬件设备。其功能与传输速度应根据实际需求来选择。

（3）通信线路。一般最常用的是电话线路，如果在传输时效及资料传输量上有较高要求，可以考虑租用专线。

3. 通信网络

EDI 通信方式有多种，贸易伙伴数量较少的情况下使用点对点方式。随着贸易伙伴数目的增多，许多公司逐渐采用第三方网络即增值网络（VAN）方式。

二、EDI 的实现过程

为了理解 EDI 如何工作，我们不妨来跟踪一个简单的 EDI 应用过程。以订单与订单回复为例作以简单介绍。

1. 制作订单

购买方根据自己的需求在计算机上操作，在订单处理系统上制作出一份订单来，并将所有必要的信息以电子传输的格式存储下来，同时生成一份电子订单。

2. 发送订单

购买方将此电子订单通过 EDI 系统传送给供货商，此订单实际上是发向供货商的电子信箱的，它先存放在 EDI 交换中心上，等待来自供货商的接收指令。

3. 接收订单

供货商使用邮箱接收指令，从 EDI 交换中心自己的电子邮箱中收取全部邮件，其中包括来自购买方的订单。

4. 签发回执

供货商在收妥订单后，使用自己计算机上的订单处理系统，为来自购买方的电子订单自动产生一份回执，经供货商确认后，此电子订单回执被发送到网络，再经由 EDI 交换中心存放到购买方的电子信箱中。

5. 接收回执

购买方使用邮箱接收指令，从 EDI 交换中心自己的电子信箱中收取全部邮件，其中包括供货商发来的订单回执。整个订货过程至此完成，供货商收到订单，客户（购买方）则收到了订单回执。

EDI 实现过程就是用户将相关数据从自己的计算机信息系统传送到有关交易方的计算机信息系统的过程，该过程因用户应用系统以及外部通信环境的差异而不同。在有 EDI 增值服务的条件下，这个过程分为以下几个步骤。

（1）发送方将要发送的数据从信息系统数据库提出，转换成平面文件（亦称中间文件）。

（2）将平面文件翻译成 EDI 报文，并组成 EDI 信件。接收方从 EDI 信箱收取信件。

（3）将 EDI 信件拆开并翻译成平面文件。

（4）将平面文件转换并送到接收方信息系统中进行处理。

由于 EDI 服务方式不同，平面转换和 EDI 翻译可在不同位置（用户端、EDI 增值中心或其他网络服务点）进行，但基本步骤是相同的，可用图 8-7 描述 EDI 系统的工作原理。

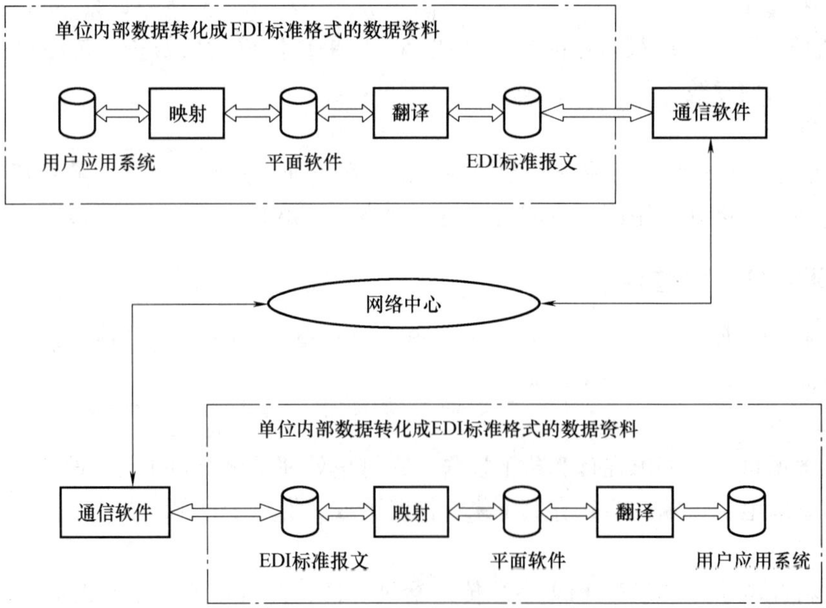

图 8-7　EDI 系统工作原理

第六节 空间数据管理技术

一、地理信息系统

(一) 定义

地理信息系统（Geographical Information System，GIS）：以地理空间数据为基础，采用地理模型分析方法，适时地提供多种动态的空间地理信息的计算机技术系统。

地理信息系统是多种学科交叉的产物，其基本功能是将表格性数据（无论其来自数据库、电子表格文件或直接在程序中输入）转换为地理图形显示，然后对显示结果浏览、操作和分析。其显示范围可以从洲际地图到非常详细的街区地图，显示对象包括人口、销售情况、运输路线以及其他内容。一般来说，地理信息系统由计算机系统、地理数据和用户组成，通过对地理数据的集成、存储检索、操作和分析，生成并输入各种地理信息，从而为地理利用、资源管理、环境监测、交通运输、经济建设、城市规划以及政府各部门行政管理提供新的知识，为工程设计和规划、管理决策服务。

(二) 特点

与一般的管理信息系统相比，地理信息系统有如下特征。

(1) GIS 使用了空间数据与非空间数据，并通过 DBMS 将两者联系起来共同管理、分析和应用；而 MIS 只有非空间数据库的管理，即使存储了图形，也往往以文件形式等机械形式存储，不能进行有关空间数据的操作，如空间查询、检索、相邻分析等，不能进行复杂的空间分析。

(2) GIS 强调空间分析，通过利用空间解析式模型来分析空间数据，GIS 的成功应用依赖于空间分析模型的研究和设计。

(3) GIS 的成功应用不仅取决于技术体系，而且依靠一定的组织体系（包括实施组成、系统管理员、技术操作员、系统开发设计者等）。

(三) 组成

一个典型的 GIS 应包括三个基本部分：计算机系统（硬件及软件）、地理数据库系统和系统开发、管理和使用人员。

1. 计算机系统

计算机系统可分为硬件系统和软件系统。GIS 的硬件系统包括主机、保存数据和程序的存储设备、用于数据输入显示和输出的外围设备等。其中大多数硬件是计算机技术的通用设备，在 GIS 中数字化仪、扫描仪等得到了广泛的应用。

GIS 的软件系统由核心软件和应用软件组成。其中核心软件包括数据处理、管理，地图模拟和空间分析等部分，而特殊的应用软件包组紧紧地与核心模块相连，并面向一些特殊的应用问题，如网络分析、数字地形模拟分析等。虽然 GIS 软件有些是通用的 DBMS，但大部分软件是专用的，仅限于地理信息领域，有些软件是面向特定硬件的，但大多数软件独立于特定硬件，为开放系统。

2. 地理数据系统

GIS 的地理数据分为空间数据和非空间数据。

空间数据（几何数据）由点、线、面组成，它的数据表达可采用栅格及矢量两种形式，表现了地理空间实体的位置、大小、形状、方向以及拓扑几何关系。

地理数据库系统由数据库和地理数据库管理系统组成。地理 DBMS 主要用于数据维护、操作和查询检索。地理数据库是 GIS 应用项目重要的资源和基础，它们的建立和维护是一项非常复杂的工作，涉及许多步骤，需要技术和经验，需要投入高强度的人力和开发资金，是 GIS 应用项目开展的瓶颈技术之一。

另外，从系统中数据处理看，地理信息处理系统是由数据输入子系统、数据存储与检索子系统、数据处理与分析子系统和输出子系统组成。数据输入子系统，负责数据的收集、预处理和数据转换等。数据存储与检索子系统，负责组织和管理数据库中的数据，以便于数据查询、更新与编辑处理。数据处理与分析子系统，负责对系统中所存储的数据进行各种分析计算，如数据的集成和分析、参数估计、空间拓扑叠加、网络分析等。输出子系统，以表格、图形或地图的形式将数据库中的内容或系统分析的结果以屏幕显示或其他方式输出。

3. 使用者

人是 GIS 中的重要构成因素。地理信息系统从其设计、建立、运行到维护的整个生命周期，处处离不开人的作用。仅有系统软硬件和数据还构不成完整的地理信息系统，需要人进行系统组织、管理、维护和数据更新、系统扩充完善、应用程序开发，并灵活采用地理分析模型提取多种信息，为研究和决策服务。

（四）基本功能

由于 GIS 发展的多源性，其功能具有可扩充性以及应用的广泛性。其基本功能可以分为以下几方面。

1. 数据采集、检验及编辑

这个功能主要用于获取数据，保证 GIS 数据库中的数据在内容与空间上的完整性、数据值逻辑一致无错等。一般而论，GIS 数据库的建设占整个系统建设投资的 70% 或更多，并且这种比例在最近不会有明显的改变。为此，信息共享与自动化数据输入成为地理信息研究的重要内容。目前可用于 GIS 数据采集的方法和技术很多，有些仅用于 GIS，如手扶跟踪数字化仪，而自动化扫描输入与遥感技术的集成最为人们所关注。扫描技术的应用与改进是一个富有挑战性的问题，扫描数据的自动化编辑与处理仍是 GIS 主要研究的技术关键。

2. 数字格式化、转换、概化，通常称为数据操作

数据的格式化是指不同数据结构的数据间转换，是一种耗时、易错、需要大量计算机处理的工作，应尽量避免。数据转换包括数据格式转化、数据比例尺的变换。数据比例尺的变换涉及数据比例尺缩放、平移、旋转等方面，其中最为重要的是投影变换，许多软件系统都对常见的投影进行了定义。数据概化包括数据平滑、特征集结等。目前 GIS 提供的数据概化功能极弱，与地图综合的要求还有很大差距，需要进一步发展。

3. 数据的存储与组织

这是一个数据集成的过程，也是建立 GIS 数据库的关键步骤，涉及空间数据和非空间数据的组织。栅格模型、矢量模型或栅格/矢量混合模型是常用的空间数据组织方法。空间数据结构的选择在一定程度上决定了系统所能执行的数据与分析的方法。混合型数据结构利用了矢量与栅格数据结构的优点，为许多成功的地理信息软件所采用。目前，非空间数据的组织方式有层次结构、网络结构与关系型数据库管理系统等，其中关系型数据库是目前最为广

泛应用的数据库系统。在地理数据组织与管理中，最为关键的是如何将空间数据与非空间数据融合为一体。大多现行系统都是将两者分开存储，通过公共项来连接。这种组织方式的缺点是无法有效的记录数据在时间与空间上的变化属性，数据的定义与数据操作相分离。

4. 查询、检索、统计、计算功能

查询、检索、统计、计算是 GIS 以及许多其他自动化地理数据处理系统所应具备的最基本的分析功能。

5. 空间分析功能

空间分析是 GIS 的核心功能。也是 GIS 与其他计算机系统的根本区别。模型分析是在 GIS 支持下，分析和解决问题的方法体现，它是 GIS 应用深化的重要标志。

6. 显示功能

GIS 为用户提供了许多用于显示地理数据的工具，其表达形式既可以是计算机屏幕显示，也可以是诸如报告、表格、地图等文件形式输出。

（五）地理信息系统在物流信息系统中的作用

GIS 应用于物流信息系统，可通过客户邮编和详细地址字符串，自动确定客户的地理位置（经纬度）和客户所在的中心站和分站。

通过基于 GIS 的查询、地图表现的辅助决策，实现对物流配送、投递路线的合理调度和安排客户投递排序，用地图符号在地图上表示客户的地理位置，不同类型的客户采用不同的标志。通过 GIS 能在地图上点击地图上的客户符号，显示客户的属性信息和知识。通过业务系统调用 GIS 以图形的方式显示业务系统的各种相关操作结果的数值信息。通过基于综合评估模型和 GIS 的查询，实现对下级机构区域的拆分、合并。

空间地理技术应用的另一个重要领域是客户端应用。它能够实现可视化功能，如地图或图表显示，还可实现查询和分析功能。例如，当用户运行一个查询功能时，客户端应用利用 SQL 将其写入，并传递给数据库以执行查询过程。数据库将查询结果发送回客户端，该客户端能够理解如何表示或显示数据。客户端可以用红线绘制高速公路，用灰线绘制辅助路线，并将其他地点类型以图表显示出来。客户端还可以执行分析功能，如计算两点之间的距离。在基于 Web 的 GIS 实施过程中，许多客户端功能都可以由位于应用服务器上的中间件处理。若第三方物流的汽车安装了 GIS，客户更可以随时查询货物的动态情况。否则，只能要求司机每隔一定的时间用手机向总部汇报目前的所在位置。最典型的应用是美国的沃尔玛在开设新分店的时候，利用 MapInfo 的技术，对这个地区的人口分布及收入进行分析，然后确定新店的位置。

物流地理信息系统主要应用包括以下几个功能。

（1）客户地址定位。地址定位就是系统由一个地理点的地址字符串确定其地理位置，包括自动定位、交互定位两类。自动定位由业务系统调用，通过业务系统传来的业务点的地址字符串确定其地理位置，并传回业务系统。地理信息系统通过接口接收由业务系统提供的客户邮编和详细地址字符串，自动确定客户的地址位置（经纬度）和客户所在的区站、分站和投递段，再通过接口将定位结果传回业务系统。自动定位主要用于用户（调度）非实时地处理大量客户的地址。自动定位结果获得客户的地理位置（经纬度）和客户所在的区站、分站和投递段。交互定位是指通过地理信息系统交互，在地图上漫游查找，直到确定地理位置（经纬度）为止，首先由业务系统调用此功能，用户先在业务系统录入界面上点击按钮，启动交互定位地图界面，找到地址后，再通过接口将定位结果传回业务系统录入界面。用户输入由客户提供的粗略地址，通过地理信息系统交互，在地图上漫游查找，直到确定客户准确的地理位置和客户所在的区站、分站和投递段，再通过接口将定位结果传回业务系统。

（2）机构区域划分。用户基于综合评估模型和地理信息系统的查询、地图表现，实现对机构区域编辑。先在地图上对要编辑的区域进行临时编辑，然后提交，由综合评估模型给出编辑后的区域评估值，并可对编辑后的区域进行查询和地图表现。判断编辑是否满意，若不满意则进行临时编辑，若正确则正式提交为编辑方案存档。当业务需要进行编辑时，则从编辑方案存档中选择一种方案执行。当编辑区域时，首先需要对其下属的分站进行编辑，先执行编辑投递段，再编辑分站，最后执行编辑区站。

（3）站点选址。由用户基于分站综合评估模型和地理信息系统的查询、地图表现，实现对业务机构的站点选址。先在地图上标出要选择的几个分站站点候选方案，然后提交，由综合评估模型给出各分站站点评估值，并可对站点选址后的分站进行查询和地图表现。选择最优的站址正式提交为站点选址方案存档生效。

（4）投递顺序、路线编辑。通过地理信息系统的地图表现，实现对送货投递路线的合理编辑（如：创建、删除、修改）和客户投递排序。

二、全球定位系统

（一）全球定位系统的定义

全球定位系统（Global Positioning System，GPS）：具有在海、陆、空进行全方位实施三维导航与定位能力的系统。

GPS 利用卫星星座、地面控制部分和信号接收机对对象进行动态定位，能对静态、动态对象进行动态空间信息的获取，快速、精度均匀、不受天气和时间的限制反馈空间信息。

（二）GPS 的构成

GPS 系统主要由空间星座部分、地面监控部分和用户设备部分组成。

1. 空间星座部分

GPS 卫星星座由 24 颗卫星组成，其中 21 颗为工作卫星，3 颗为备用卫星。24 颗卫星均匀分布在 6 个轨道平面上，即每个轨道面上有 4 颗卫星。卫星轨道面相对于地球赤道面的轨道倾角为 55°，各轨道平面的升交点的赤经相差 60°，一个轨道平面上的卫星比西边相邻轨道平面上的相应卫星升交角距超前 30°。这种布局的目的是保证在全球任何地点、任何时刻至少可以观测到 4 颗卫星。

GPS 卫星是由洛克菲尔国际公司空间部研制的，卫星重 774kg，使用寿命为 7 年。卫星采用蜂窝结构，主体呈柱形，直径为 1.5m。卫星两侧装有两块双叶对日定向太阳能电池帆板（BLOCK Ⅰ），全长 5.33m，接受日光面积为 7.2m^2。对日定向系统控制两翼电池帆板旋转，使板面始终对准太阳，为卫星不断提供电力，并给三组 15Ah 镍镉电池充电，以保证卫星在地球阴影部分能正常工作。在星体底部装有 12 个单元的多波束定向天线，能发射张角大约为 30°的两个 L 波段（19cm 和 24cm 波）的信号。在星体的两端面上装有全向遥测遥控天线，用于与地面监控网的通信。此外，卫星还装有姿态控制系统和轨道控制系统，以便使卫星保持在适当的高度和角度，准确对准卫星的可见地面。

2. 地面监控部分

地面监控部分主要由 1 个主控站（Master Control Station，MCS）、4 个地面天线站（Ground Antenna）和 6 个监测站（Monitor Station）组成。

主控站位于美国科罗拉多州的谢里佛尔空军基地，是整个地面监控系统的管理中心和技术中心。另外还有一个位于马里兰州盖茨堡的备用主控站，在发生紧急情况时启用。

注入站目前有 4 个，分别位于南太平洋马绍尔群岛的瓜加林环礁，大西洋上英国属地阿森松岛，英属印度洋领地的迪戈加西亚岛和位于美国本土科罗拉多州的科罗拉多斯普林斯。注入站的作用是把主控站计算得到的卫星星历、导航电文等信息注入到相应的卫星。注入站同时也是监测站，另外还有位于夏威夷和卡纳维拉尔角 2 处监测站，故监测站目前有 6 个。监测站的主要作用是采集 GPS 卫星数据和当地的环境数据，然后发送给主控站。

3. 用户设备部分

用户设备主要是 GPS 接收机，主要作用是从 GPS 卫星收到信号并利用传来的信息计算用户的三维位置及时间。

（三）GPS 在物流信息系统中的作用

GPS 具有实现准确定位、进行精确导航的作用，而且还可以监视事物移动，可以用于运输的控制方面。据研究表明，第三方物流在提供的服务中，有 2/3 是基本的运输服务。移动数据库技术配合 GPS 技术，可以用于智能交通管理、大宗货物运输管理。GPS 车辆监控调度系统采用了 GPS 全球卫星定位技术和无线数据通信技术，可对移动中的车辆进行实时监控和调度。

安装在车辆上的 GPS 定位仪可以实时获取车辆的位置信息，包括经纬度、速度、方向等。通过车辆无线数据通信系统，将车辆的定位信息以短消息的方式发送到指挥监控中心，并显示在电子地图上。同样，无线车载终端也可以将指挥中心的命令传送到移动的车辆上。在运输方面，利用移动计算机与 GPS/GIS 车辆信息系统相连，使得整个运输车队的运行受到中央调度系统的控制，中央调度系统可以对车辆的位置、状况等进行实时监控。利用这些信息可以对运输车辆进行优化配置和调遣，极大地提高运输工作的效率，同时能够加强成本控制。另外，通过将车辆载货情况以及到达目的地的时间预先通知下游单位配送中心或仓库等，有利于下游单位合理的配置资源、安排作业，从而提高运营效率，节约物流成本。

第七节 ERP 技术

一、ERP 概述

（一）定义

ERP，英文名称 Enterprise Resource Planning，中文译为企业资源计划，是指建立在信息技术基础上，以系统化的管理思想，为企业决策层及员工提供决策运行手段的管理平台。ERP 系统是建立和规范企业管理的工具。简单地说，ERP 是将企业的信息流、物流、资金流、价值流和业务流进行全面一体化管理的管理信息系统。

ERP 是一种以市场和客户需求为导向，以实行企业内外资源优化配置、消除生产经营过程中一切无效劳动和资源、提高企业竞争力为目的，以网络和信息技术为平台，集客户、市场、销售、计划、采购、生产、财务、质量、服务、信息集成和业务流程重组等功能为一体。

我们可以从管理思想、软件产品、管理系统三个层次，给出 ERP 的定义。

（1）ERP 是由美国著名的计算机技术咨询和评估集团 Gartner Group Inc 提出的一整套企业管理体系标准，其实质是在制造资源计划（Manufacturing Resource Planning，MRPII）的基础上，通过前馈的物流和反馈的信息流、资金流，把客户需求和企业内部的生产经营活动以及供应商的资源整合在一起，体现完全按客户需求进行经营的一种供应链管理思想的功能网链的结构模式。

（2）ERP 是综合应用了客户机/服务器体系、关系数据库结构、面向对象技术、图形用户界面、第四代语言（4GL）、网络通信等信息产业成果，以 ERP 管理思想为灵魂的软件产品。

（3）ERP 是整合了企业管理理念、业务流程、基础数据、人力物力、计算机硬件和软件于一体的企业资源管理系统。

（二）ERP 的内容及作用

1. ERP 的内容

ERP 系统是物流企业长期以来一直在寻找的现代企业管理模式。其内容包括以下功能模块。

（1）销售管理、分销管理。

（2）采购管理、库存管理。

（3）生产管理：主生产计划、物料需求计划、能力需求计划、车间作业管理。

（4）质量管理。

（5）财务管理：总账管理、现金管理、应收/付管理、成本管理、固定资产管理、工资管理。

（6）人力资源管理。

（7）设备管理。

（8）系统管理。

随着信息技术和现代管理思想的发展，ERP 的内容还会不断扩展。

2. ERP 的作用

ERP 的作用就是调整运用企业资源。企业发展的重要标志便是合理调整和运用上述的资源，在没有 ERP 这样的现代化管理工具时，企业资源状况及调整方向不清楚，要作调整安排是相当困难的，调整过程会相当漫长，企业的组织结构只能是金字塔形的，部门间的协作交流相对较弱，资源的利用难以比较并作出调整。

信息技术的发展，特别是针对企业资源进行管理而设计的 ERP 系统正是针对这些问题设计的，成功推行的结果必将使企业能更好地运用资源。

二、ERP 的功能及管理思想

（一）ERP 具备的标准功能

ERP 具备的标准功能应包括四个方面。

1. 超越 MRPII 范围的集成功能

包括质量管理、实验室管理、流程作业管理、配方管理、产品数据管理、管制报告和仓库管理。

2. 支持混合方式的制造环境

包括既可支持离散又可支持流程的制造环境、按照面向对象的业务模型组合业务过程的能力和国际范围内的应用。

3. 支持能动的监控能力，提高业务绩效

包括在整个企业内采用控制和工程方法、模拟功能、决策支持和用于生产及分析的图形能力。

4. 支持开放的客户机/服务器计算环境

包括客户机/服务器体系结构、图形用户界面（GUI）、计算机辅助设计工程（CASE）、面向对象技术、使用 SQL 对关系数据库查询、内部集成的工程系统、商业系统、数据采集和外部集成。

（二）ERP 的管理思想

ERP 是信息时代的现代企业向国际化发展的更高层管理模式。ERP 管理思想主要体现了供应链管理（Supply Chain Management，SCM）的思想，还吸纳了准时制生产（Just In Time，JIT）、精益生产、并行工程、敏捷制造等先进管理思想。

ERP 既继承了 MRPII 管理模式的精华，又在许多方面对 MRPII 进行了补充。

1. 在资源管理范围方面

ERP 扩展了管理范围，把客户需求与企业内部的制造活动，以及供应商的制造资源整合在一起，形成企业完整的供应链，并对供应链上所有环节进行有效管理。

2. 在生产方式管理方面

在 20 世纪 90 年代初，许多企业为了紧跟市场的变化，主要采用多品种、小批量生产以及 JIT 等生产方式，并由单一生产方式向混合型生产发展，ERP 能很好地支持和管理混合型制造环境，满足企业多元化经营需求。

3. 在管理功能方面

ERP 除了 MRPII 系统的制造、分销、财务管理功能外，还增加了支持供应链上供、产、需各环节之间的运输管理和仓库管理，并支持生产保障体系的质量管理、实验室管理、设备维修和备品备件管理等。

4. 在事务处理控制方面

ERP 通过在线分析处理（On-Line Analysis Process，OLAP）、售后服务及质量反馈，可将设计、制造、销售、运输等集成起来，并行处理各种相关作业，为企业提供对质量、适应变化、客户满意、绩效等关键问题的实时分析能力。

5. 在财务管理方面

ERP 系统将财务计划和价值控制功能集成到了整个供应链上。

6. 在跨国（或地区）经营事务处理方面

ERP 还可以满足跨国经营的多国家地区、多工厂、多语种、多币制应用需求。

三、ERP在物流管理中的作用

ERP能解决物流企业中五个普遍性的具体问题。

（一）销售问题

随着市场竞争的加剧，现在的客户给的往往不是订单，而是直接要求提货。如果物流企业遇到了这样的问题，那么需要ERP通过合理的调配机制和信息反馈机制，来帮助你很好地处理这些问题，实现对订单和计划执行的动态跟踪，全面准确地掌握销售情况，提高资金回笼的时效性。

（二）生产管理问题

企业在生产过程中，由于信息不畅，容易出现资源的闲置和浪费，增加生产成本和管理成本的开支。而ERP可以通过相应的管理模块，使生产流程、业务流程成为高效的“流水线”，减少生产中个别物料短缺造成的生产中断，提高生产线的劳动效率，同时又可减少办公文档的传递工作，提高办公效率，减少职工加班时间。ERP能在处理紧急任务时也预先设计出最合理的生产流程，降低无效劳动。

（三）采购管理问题

在企业的采购过程中，可能会产生一些损害公司利益的情况，如采购员的“灰色交易”、由于采购员造成的“随意性采购”、“采购渠道不稳定”等问题。面对这些情况，通过ERP，可以实现采购信息的发布和收集，及时把握和分析供货商的相关信息（包括信誉、生产能力），同时进行供货商的延续性管理、客户关系管理以及采购过程的公开公正化管理，最终通过准确的采购计划，保证物料供应，为采购人员节省大量精力，降低采购管理成本。

（四）库存管理问题

每个物流企业都会遇到市场需求旺盛期和平淡期，通常物流企业只能通过经验上的判断来规划库存保有量。ERP可以对库存进行合理的规划，能及时设定准确的需求计划，可在恰当的时间得到恰当的物料，大大降低了库存，降低相应的成本和风险。

对于拥有多个生产基地的集团物流企业，还可以实现多个生产厂的库存和在途物料的信息共享，由系统自动生成准确的批次物料需求计划，减少库存资金占用，提高库存资金周转次数。

（五）财务管理问题

ERP的财务系统能更好地实现整合性的功能化财务数据的收集和整理，采用滚动成本核算法，实物账和资金账同时产生，将物流和资金流进行无缝管理，极大地降低财务管理人员的工作量，提高财务数据处理的及时性、准确性，为实现财务管理的事前预算、事中控制、事后分析提供第一手资料。

最终ERP还可以自动化形成直观的财务分析报告，便于决策层随时了解真实准确的物流企业运营状况。

第八节　物联网技术

一、物联网概述

（一）物联网概念

物联网概念是在互联网概念的基础上，将其用户端延伸和扩展到任何物品与物品之间，进行信息交换和通信的一种网络概念。物联网是通过射频识别（RFID）、红外感应器、全球定位系统、激光扫描器等信息传感设备，按约定的协议，把任何物品与互联网相连接，进行信息交换和通信，以实现智能化识别、定位、跟踪、监控和管理的一种网络概念。

物联网概念最早出现于比尔·盖茨 1995 年写的《未来之路》一书，在《未来之路》中，比尔·盖茨已经提及物联网概念，只是当时受限于无线网络、硬件及传感设备的发展，并未引起世人的重视。1998 年，美国麻省理工学院（MIT）创造性地提出了当时被称做 EPC 系统的“物联网”的构想。1999 年，美国 Auto-ID 首先提出“物联网”的概念，主要是建立在物品编码、RFID 技术和互联网的基础上。2005 年，ITU 发布了《ITU 互联网报告 2005：物联网》，综合了二者的内容，正式提出了“物联网”的概念，包括了所有物品的联网和应用。

应该说，物联网的概念是从互联网概念的基础上发展起来的，但是物联网和互联网之间的关系目前并无定论，人们认为它们之间关系可以从以下四个方面来理解。

（1）物联网是传感网，不接入互联网。物联网就是传感网，只是给人们生活的环境中的物体安装传感器，这些传感器可以更好地帮助我们认识环境，这个传感器网不接入互联网络，物联网与互联网的关系是相对独立的两张网。

（2）物联网是互联网的一部分。物联网并不是一张全新的网，实际上早就存在了，它是互联网发展的自然延伸和扩张，是互联网的一部分。互联网是可包容一切的网络，将会有更多的物品加入到这张网中。也就是说，物联网是包含于互联网之内的。

（3）物联网是互联网的补充网络。我们通常所说的互联网是指人与人之间通过计算机结成的全球性的网络，服务于人与人之间的信息交换。而物联网的主体则是各种各样的物品，通过物品间传递信息从而达到最终服务于人的目的，两张网的主体是不同的，所以，物联网是互联网的扩展和补充，物联网与互联网是相对平等的两张网，互联网好比是人类信息交换的动脉，物联网就是毛细血管，两者相互连通，是互联网的有益补充。

（4）物联网是未来的互联网。从宏观的概念上讲，未来的物联网将使人置身于无所不在的网络之中，在不知不觉中，人可以随时随地与周围的人或物进行信息的交换，这时，物联网也就等同于泛在网络，或者说未来的互联网。物联网、泛在网络、未来的互联网，它们的名字虽然不同，但表达的都是同一个愿景，那就是人类可以随时、随地、使用任何网络、联系任何人或物，达到信息交换的自由。

（二）物联网的关键技术

物联网体系可分为4层结构，即感知、传输、处理和应用，对应的关键技术体系也分为4层，如图8-8所示。

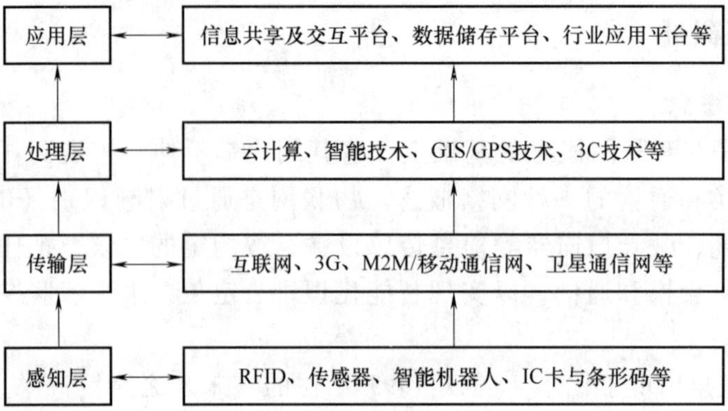

图8-8　物联网体系结构和关键技术

感知层是物联网信息的源头，其关键技术主要是对各类物体的识别和信息的获取，要求能够全面感知物理世界的各种信息，即利用多种传感器、RFID、二维码、摄像头、智能仪表等来全面感知物体的各种信息，具有节点数量多、成本低、计算能力弱等特点。通常有多样化感知和网格化感知两种工作方式。多样化感知有三种形式：单感知节点——单传感器信息感知；多感知节点——多传感器信息感知；智能感知节点——具有前端智能的感知。网格化感知是指以网格为单位，设立各类感知节点来感知信息，包括温湿度、标识信息、视频信息、交通流量信息、违章信息等。因此感知技术是物联网的最底层技术，是物联网的核心技术之一。

传输层主要是指各种信息与互联网的组网、融合、传输和接入。关键技术包括M2M（Machine-to-Machine）、异构互联、3G、Internet、协同技术等，即通过全面的通信网和互联网的融合和统一，汇集感知数据，并实时、准确地传递出去以便及时处理。

处理层就是利用云计算、模糊识别、智能处理等关键技术，来完成各种智能计算、海量数据处理和信息实时发布。

应用层是指直接用于支持物联网应用系统运行的各类平台技术，包括物联网信息共享和交互技术、物联网信息存储技术以及各行业末端网络应用技术等，实现物联网与行业技术的深度融合和无处不在的智能化功能。

另外，物联网的关键技术还包括各层内部及每层之间的协议及标准化技术、各类智能化设备的研发、海量信息的安全保密技术等。

二、物联网与物流管理

物联网与物流的关系如同电子商务与物流的关系，主要表现为物流支持物联网各种物的移动（处理）活动，同时物联网产业扩大物流的服务市场以及物联网对智能物流发展的推动。物联网对智能物流发展的推动表现为当前物联网技术在物流中的应用。

1. 物流管理支持物联网的运作

物流是最早接触物联网理念的行业之一，RFID、EPC 技术也都在物流领域有实践应用。在物联网这种新的信息环境、产业结构和商务模式下，物流发挥着实物流通的基础设施、派生需求与支持服务的作用。物联网借助信息技术和网络技术，将万物相连，实现对物的智能化识别、定位、跟踪、监控和管理。物联网中对物的智能处理要求物是移动的、流通的，而不是固定不动的，这就需要物流节点、运输线路等支持物的转移与暂存之间的协调，甚至会需要物流中心这样的大型物流节点实现区域内物联网中物的智能处理的全部活动。因此由物流节点与运输线路构成的物流网络是物联网运作的基础设施。

2. 物联网产业扩大物流的服务市场

物联网是基于互联网的应用，其所到之处皆有可能成为物流服务的市场或者潜在市场。

物联网产业扩大物流服务市场表现在三个方面：①物联网产业本身的发展需要物流服务。物联网将成为全球信息通信行业的万亿元级新兴产业。物联网产业在发展的同时还将带动传感器、微电子、视频识别一系列产业的同步发展。随着物联网产业的芯片制造、工程实施、平台建设与系统运行的逐步推进，将形成完善的物联网产业链。物联网产业链涉及大量的物资采购、安装，随之将产生巨大的物联网工业物流服务需求。②物联网应用带来的物流服务需求。物联网不是孤立的网络或平台，应用是其根本，物联网的应用范围几乎覆盖了各行各业。当前物联网行业的应用需求和领域非常广泛，潜在市场规模巨大。物联网的这些应用领域都涉及物的智能处理，因此可以看成是物流服务的需求方。③基于物联网应用带来的新的物流服务需求，当前与未来物联网的应用主要侧重于关乎国计民生的领域，例如国防军事、环境监测、智能电网等。物联网的应用需要高服务质量的物流支持。一方面需要物流附加增值活动满足特定领域的智能管理，另一方面需要跨地域的物流协作来降低物联网的运作成本。

3. 物联网与物流网络结合，实现物的智能化管理

物联网的目的是追求物的智能化处理，是通过标识物体属性、识别属性、转化信息、采集信息、信息传输、信息处理以及发出指令等动作实现的，最终达到对物体的实时在线监测、定位追溯、信息联动、调度指挥、预案管理、远程控制、安全防范、远程维护、在线升级、决策支持等管理和服务功能。物联网实现对万物的“高效、节能、安全、环保”的“管、控、营”一体化，因此，物联网运作是具有经济性的管理活动。虽然物联网管理的媒介是信息，但是管理的对象是实物。物联网的信息共享与处理是借助互联网络实现的，而具体到实物的智能化管理则需要借助物流网络的支持。物流网络作为基础设施，保障物品流通过程中的集中存储、集中运输与共同配送的组织与操作，实现物流管理的规模优化目标。对于物联网应用企业而言，适宜的物流管理外包与物流网络的完善，可以实现物流的专业化分工和规模化运作，从而降低整个物联网应用企业的运营成本。

三、物联网物流管理运用实例

物联网在物流系统中可以从多个层次进行应用。如挪威最大的肉食产品生产商及供应商的 IT 子公司 Matiq，为了提高能力打入新市场，利用可跟踪性技术来追踪家禽和肉产品从农场、供应链直到超市货架的物流情况。Matiq 公司在每个产品包装中都附上 RFID 芯片，用以确保产品在供应链中处于最佳状态，提高产品质量控制和食品安全，利用标准化优势来获取信息，并确保产品严格遵守政府食品行业要求。现在，Matiq 公司能够在整个价值链上捕

获和分析数据，从而提高了效率，降低了成本，并通过改善库存管理和提高供应链响应速度以应对不断变化的客户购买模式，实现供应链优化。

联邦快递为包裹推出了新型跟踪装置和网络服务，名字叫做 SenseAware，它可以显示包裹的温度、地点和其他重要信息，比如是否被打开过或被玩耍过。目前，联邦快递已和 50 家保健公司和生命公司展开了试点合作，用于跟踪手术工具包、医疗设备和器官等。

南昌市烟草公司（以下简称南昌烟草）采用先进的 RFID 技术、GPS 技术、GPRS 技术、GIS 技术和计算机通信技术等现代科技，在优化物流工艺流程的基础上，设计规划出一套高度信息化、适度自动化、贯穿卷烟物流作业全程的信息化解决方案。开发了一套贯穿卷烟收货、上架入库、下架出库、电话订货、线路与车辆装载优化、分拣暂存、动态补货、半自动分拣、发货暂存、装车发运、配送到户、电子结算、作业调度等卷烟配送中心全程物流作业管理的信息系统。整个系统采用 B/S 结构，建立以智能仓储、全程监控、综合调度为基础的全程可视化调度管理平台。平台总体架构如图 8-9 所示。

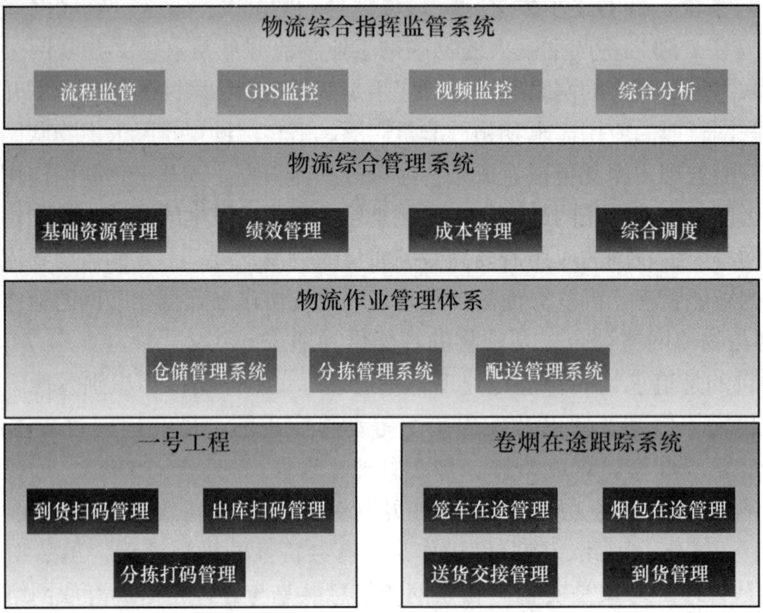

图 8-9　南昌市烟草物流全程信息化平台总体架构

借助 RFID、GPS、GIS 等物联网技术，全面优化物流架构和配送流程。通过设计出配送线路优化和车辆装载改善的智能化调度模型，打破了地区行政区划，实现了配送线路、配送车辆和配送人员等物流资源的有效整合，全面降低了物流运营成本，有效提升了物流效率和效益，实现了物联网“智能处理”的目标。依托 RFID、GPS、GIS 等物联网技术，将物品与后台各类信息系统连接起来进行信息交换和通信，实现对烟包、送货车辆、送货人员、送货流程等物流资源以及分拣系统、物流管理系统、网上订货系统等信息系统的全面有效改进，最终构建起一个集识别、定位、跟踪、监控和管理等功能于一体的跨媒介网络。

物流信息系统对配送中心的作业进行全程控制，包括出入库作业、在库管理、分拣作业、配送作业、结算及相关的绩效考评，见图 8-10。

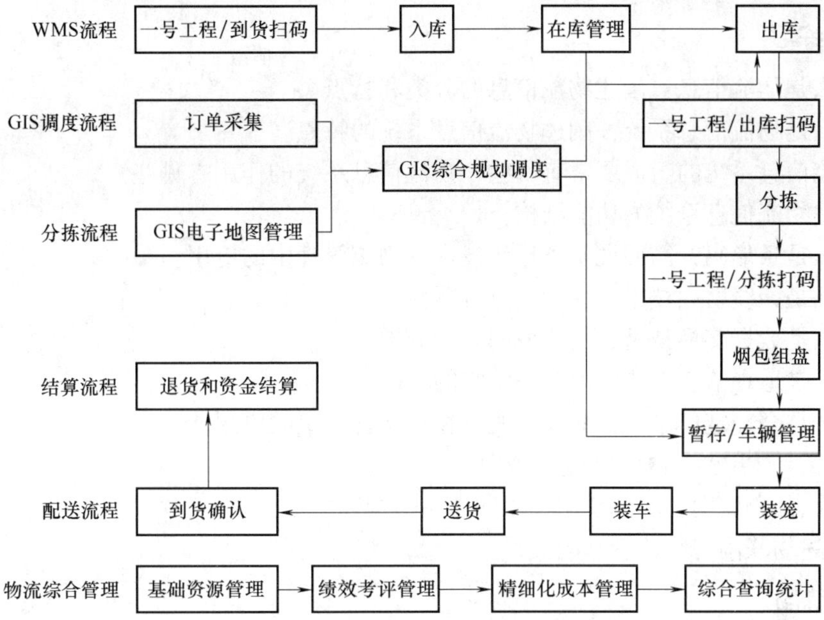

图 8-10　南昌烟草配送中心信息流程图

另外，信息系统还提供了随时随地的物流信息查询功能。对于仓储环节，可实时查看当前的库容、库存结构和当日出入库情况等信息；对于分拣环节，可实时查看当前的分拣进度、分拣效率以及正在分拣的零售客户信息等内容；对于配送环节，可实现对订单的跟踪查询，对配送车辆的实时状态查询。实现物流运作各个环节的可视化、透明化管理，见图 8-11。

图 8-11　南昌烟草物流配送中心作业全程监控

（资料来源：http：//www. chinawuliu. com. cn/xsyj）

基本练习

1. 什么是物流信息？阐述物流信息的分类和特点。
2. 什么是物流信息系统？阐述物流信息系统的特点。
3. 物流信息系统的组成要素有哪些？物流信息系统的作用有哪些？
4. 阐述物流信息系统的功能结构。
5. 什么是条形码？简要说明条形码技术在物流管理中的应用。
6. 什么是无线射频技术？它的优点有哪些？
7. 什么是数据交换技术？简要说明它的分类。
8. 什么是地理信息系统？简要说明它的功能。
9. 什么是全球定位系统？简要说明它在物流管理中的应用。
10. 什么是ERP？简要说明它的功能。
11. 什么是物联网？简要说明物联网体系结构和关键技术。
12. 阐述物联网与物流管理的关系。

应用练习

1. 分析报告：搜集条形码技术、无线射频技术的相关资料，进行比较分析，并写出分析报告。

(1) 条形码技术与无线射频技术的定义、组成与发展过程。

(2) 条形码技术与无线射频技术的技术特点。

(3) 条形码技术与无线射频技术的成本分析。

(4) 条形码技术与无线射频技术在物流管理中的应用。

(5) 条形码技术与无线射频技术在物流管理中的应用前景。

建议分析报告字数为4 000字。

2. 分析报告：搜集物联网技术在物流系统中的应用案例，并写出分析报告。

(1) 应用背景。

(2) 使用的主要技术及相关分析。

(3) 实现的物流或供应链管理功能分析。

(4) 应用效果分析，包括应用前后主要绩效指标分析。

(5) 总结与体会。

建议分析报告字数为4 000字。

3. 案例分析

案例8-1

联合速递公司的技术

联合速递公司（United Parcel Service）是世界上最大的配送公司。1992年，UPS公司的收入接近160亿美元，其包裹和单证流量大约为29亿件，平均每天向100多万户顾客递送1 100万件包裹。公司向制造商、批发商、零售商和服务公司提供各种范围的陆路和空运的包裹和单证的递送服务，以及大量的增值服务。

1986年以前，UPS公司并不依赖信息技术来推动其配送业务。为了提高公司的竞争能力，UPS制订了从根本上对其技术进行彻底变革的计划，将之变成一个精通现代化技术的公司。UPS 制定了一个 5 年计划和 15 亿美元的预算，但是，在不到 5 年的时间，UPS 已花完了所有的预算，后来不断追加投资。到 1991 年，UPS 公司的通信网络已连接了 6 台大型计算机、250 台小型计算机、4 万台个人计算机，以及全世界 1 300 个配送点之间的 7.5 万个手提计算机。

公司对信息技术的要求是，对未来市场需求和顾客需求作出高度精确的描述。整个 20 世纪 80 年代，UPS 公司以其大型的棕色卡车车队和及时的递送服务，控制了航空和陆路的包裹速递市场。然而，到了 80 年代后期，随着竞争对手利用不同的定价策略以及跟踪和开单的创新技术对 UPS 的市场进行蚕食，公司的收入开始下滑。为了提供可靠的、明确规定时间的递送服务，路面运输和航空运输展开了激烈的竞争。航空运输企业利用延迟装运方式既缩短了运输时间又降低成本。

UPS 公司致力于信息技术的升级和利用，提供除通宵装运之外的各种服务。此外，信息技术还提高了预测需求的精度。许多大型的托运顾客希望通过单一服务商实现全程的配送服务。随着竞争越演越烈，顾客服务需求变得越来越苛刻，顾客们不仅要求托运的货物准时送达，还要求获得更多的信息、控制成本和提高效率。UPS 认识到，要在竞争中取得胜利，必须满足重要顾客的服务要求，提供信息服务已是包裹递送业务中的一个至关重要的竞争要素。

UPS 公司已通过广泛应用三项以信息为基础的技术来提高其服务能力。

第一，条形码和扫描仪使 UPS 公司能够有选择地每周 7 天、每天 24 小时地跟踪和报告装运状况，顾客只需拨个免费的电话号码，即可获得“地面跟踪”和航空递送这样的增值服务。

第二，UPS 公司的递送驾驶员现在携带着笔记本电脑到排好顺序的线路上收集递送信息。这种笔记本电脑使驾驶员能够用数字记录包裹托运人的签字，以提供收货核实。计算机化的笔记本协调驾驶员信息，减少了差错，加快了递送速度。

第三，UPS 公司最先进的信息技术应用，是 1993 年创建的一个全国无线通信网络，使用了 55 个蜂窝状载波计算机。蜂窝状载波电话技术使驾驶员能够把实时跟踪的信息从卡车上传送到 UPS 公司的中央计算机。通过新泽西州 Mahwah 数据中心提供的无线移动技术和系统，使 UPS 能够进行大量的电子数据储存，并能跟踪公司在全球范围内每天上百万笔递送业务。为了支持公司在欧洲增长的业务，UPS 还在 Mahwah 基地安装了卫星地面站，提供美国与德国之间的直接链接。

UPS 公司致力于信息技术的升级与利用，公司准备再投资 30 亿美元用于扩大系统，以达到实时包裹跟踪。

（资料来源：http：//www. chinacpx. com/zixun/95837. html）

讨论题：

1. UPS 公司使用了哪些信息技术？为公司的物流服务提供了何种支持？
2. 在进行物流信息系统建设的时候，要考虑哪些因素？

第九章

供应链的构建

导入案例

高露洁公司的 SCM 管理实践

高露洁公司作为一家知名的跨国公司，向来以采用正确的发展策略为业内称道。为综合管理其供应链，该公司于 1999 年 11 月建立了高露洁全球供应链管理系统。作为一家资产达 94 亿美元的全球性消费品公司，高露洁公司的业务遍布两百多个国家，其中 70% 的销售来自国际市场，80% 的雇员位于海外。高露洁公司在 SAP 企业管理解决方案的基础上建立高露洁 mySAP 供应链管理（mySAPSCM）。

高露洁从 1995 年开始采用 SAP 提供的企业管理核心解决方案，通过财务管理、后勤规划和其他业务环节的统一并支持公司的运营。采用 SAP 的系统也推动了高露洁公司内部所有产品命名、配方、原材料、生产数据及流程、金融信息等方面的标准化。这些方面的改进提高了高露洁公司在全球的运营效率。如订单的实现率提高到 90%，北美订单在企业内部循环的时间由 9 天缩减到 5 天。但总体而言，整个公司运营成本还是偏高。

为解决上述问题，高露洁建立了高露洁全球供应链系统。在该系统中，高露洁确定了三个主要的供应链战略。首先是推出 VMI 项目，大幅削减渠道的库存和循环时间；其次，实施一个跨边界资源计划，将地域性模式拓展为全球性模式，这种模式转型可以提高企业的预测能力，减少非盈利股份，凝聚资产，平衡公司的全球业务；最后，实施一个与下游企业的协同计划程序，用来管理供应链中的市场需求和协调各项活动。

1. VMI 项目

在高露洁内部，VMI 是一个推动过程，公司将根据 VMI 提供的每日消费需求与库存信息对各消费者中心进行补充。目前 VMI 的重点在北美，在那里，VMI 管理着来自 5 个工厂 40% 的集装箱、40 个分销中心和 12 个消费区，包括高露洁所有的产品。由于 mySAPSCM 使高露洁能更加准确地契合供给与需求，最终降低了成品库存，提高了在产订单和已完成订单的达成率，缩短了补充循环的时间。

VMI 商业程序由 mySAPSCM 供应网络的规划能力支持。每天来自消费分销中心的库存量和需求信息传递到 mySAPSCM，对需补充的订单数进行统计。mySAPSCM 能够对企业生产能力信息进行综合以确定生产需求和供应不足。随后，补充订单通过 EDI 传回给消费者进行确认，然后处理顾客的要求。VMI 调度的 98% 在产订单和已完成订单，并将补充订单循环时间缩至一天。随着在北美和其他地域 VMI 的实施，高露洁所获得的上述收益还将成倍增长。

2. 跨地域资源利用系统

高露洁的跨地域资源利用系统（CBS）将需求和全球资源信息整合在一起，使以前的月度预测发展成为每周的订货补充。

高露洁的投入迅速见效，其中包括出货率的上升、集装箱整箱率上升、补充订单的循环次数下降、库存下降8%等。在新商业模型中，供应商直接负责对高露洁分销中心的资源补充（在此之前，高露洁的销售分支每月发展不均，向海外的工厂发布的补货要求经常不准确）。新的周补给制度是由客户的订单流量来驱动的，通过高露洁在世界各地的分销中心直接传递给供应商。补给要求也是根据高露洁销售机构提供的需求信息（如推广活动刺激的需求增长等）来计算。

CBS商业控制程序也由mySAPSCM支持，根据每日需求信号和库存量对补货订单进行计算，使供需更加吻合，更加适应特殊订单的要求，同时减少了不准确预测产生的影响，进而降低了成品库存、减少了补充订单的循环次数、大幅提高了企业内部补充和用户订单中的在产订单和已完成订单的达成率等。此外，通过使用功能强大的补货系统，高露洁还提高了订单的实现率和资本使用效率。这个灵活、有效的产品补充系统加快了前往分销中心的物流进程，而且企业的运输成本由于有良好的全局规划而并没有增加。

3. 需求规划

高露洁（美国）采用的mySAP需求规划系统的功能和mySAPSCM的协同引擎能够向供应商传达公司的需求信息并在供应链网络中作出协调计划。mySAPSCM能够计算出基本需求，推动各种可重复的补充过程，相应增加因市场推广带来的增长的业务。对市场推广带来的额外需求增长的管理独立于基本需求管理之外，是进行生产、产品后整理和分销的重要依据。这种协同引擎通过最新计划信息的交流、偶然事件的管理、对预测准确性等功能测试的跟踪等，对市场推广带来的需求增长进行协同管理支持。

4. 绩效确认

通过采用供应链管理系统，高露洁提高了市场竞争力，在价格战、全球业务拓展和市场推广中更有优势。这些商业优势使高露洁能够更加降低业务成本。同时，公司通过协同加强与全球客户的联系，也进一步降低成本。此外，高露洁通过电子商务还进一步加强了企业内部整合，密切了与合作伙伴和客户的关系。

（资料来源：http：//www.clb.org.cn/Print）

第一节　供应链构建概述

一、供应链的基本构成

一条供应链的最终目的是满足客户需求，同时实现自己的利润。它包括所有与满足客户需求相关的环节，不仅仅是生产商和供应商，还有运输、仓储、零售和顾客本身。客户需求是供应链的驱动因素，一条供应链正是从客户需求开始，逐步向上延伸的。

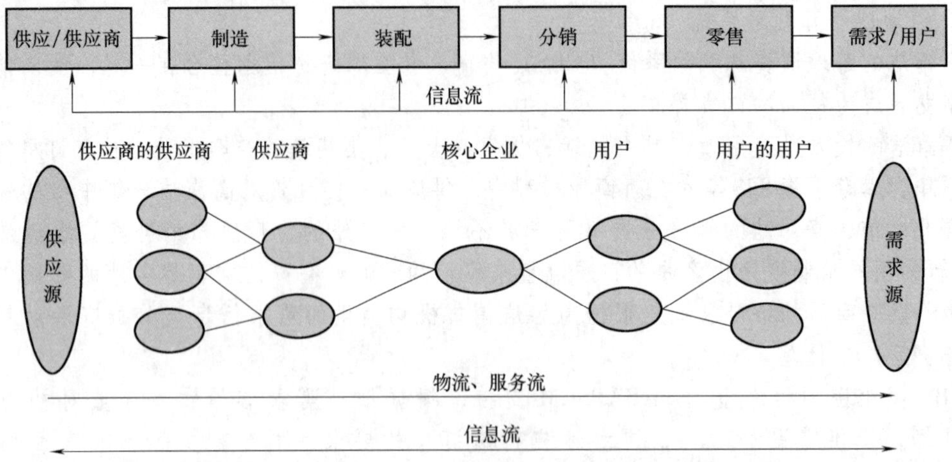

图 9-1　供应链的结构

例如，当一个顾客走进零售店去购买食品，供应链就开始于这个顾客对食品的需求，这个供应链的下一阶段是零售商、运输商、分销商、生产工厂、原料供应商等。在这个过程中，还会在供应链上发生产品流、信息流和资金流的动力。一般供应链的结构如图 9-1 所示，它包含了顾客、零售商、产品生产商、原料提供商、物流服务商等组织，又包含了物流、资金流、信息流等活动。而这些活动使供应链呈现了强烈的动态性。

有时把供应链分为上游和下游环节，在供应链中的原材料供应、产品开发、生产运行可被称为“上游环节”；成品储运、市场营销和售后服务可称为“下游环节”。上游环节增值活动的中心是产品生产，与产品的技术特性密切相关，下游环节的中心是满足顾客，与市场紧密相连。任何企业都只能在供应链的某些环节上拥有优势，而不可能拥有全部的优势，在某些价值增值环节上本企业拥有优势，而在其余的环节上其他企业可能拥有优势。企业之间彼此在各自的关键成功因素——供应链的优势环节上展开合作，可以求得整体收益的最大化。

供应链的成员是按照一定的供需关系自主组合成的一条链，但在形成这条链条的时候，往往会有某一个强势企业，能够凭借自己的核心竞争力将其他的配套供应链成员吸引在自己的周围形成协调一致的网链结构，这类企业称之为核心企业。根据供应链的性质和产品结构的不同，核心企业可以是产品制造商或者大型的零售企业，譬如汽车行业的丰田，计算机领域的苹果，零售业的沃尔玛等。目前全球性的制造供应链的顺利实施都是建立在核心企业发挥协调作用的基础上的。供应链是通过企业间的不断磨合，而逐渐形成的一种战略合作伙伴关系，在这个过程中核心企业通过自己的企业规模及在行业中的影响、产品的开发能力和主导能力、产品在市场上的占有率、商业信誉以及经营思想和合作精神等都影响着这种战略合作伙伴关系。很多供应链上的其他企业就是从自己的利益角度出发，觉得自己能在以核心企业为中心的供应链中获益才加入到供应链体系中来的。核心企业可以充分发挥自己在系统中的协调作用，从提高供应链成员的整体受益出发，促进供应链良性、有序地发展。

二、供应链构建的基本要点

供应链的构建应遵循一些基本原则，以保证供应链的设计或构建能满足供应链管理的思想。

1. 集成和分解相结合的原则

集成是供应链从局部到整体自下而上资源、信息集中的过程，它强调供应链的整合性和一体化物流特征。分解是供应链从全局到局部、由上到下的过程，它强调在全局性战略计划和决策的前提下，通过将供应链整体目标的分解来实现资源的合理配置，并且具体实践供应链的目标。集成和分散是相互依赖、相互促进的关系，共同实现供应链的优化设计，提高整个供应链的竞争力。

2. 集优化原则

供应链的形成是由各企业提供自己的能力来反应顾客或市场需求。实际上供应链的构建往往通过核心企业将非主营业务外包给专业化企业而形成的，基于业务外包基础上的供应链保证了各节点企业在所从事行业中都是最优秀的，从而实现了强强联合，达到实现资源外用的目的，每个企业只集中精力致力于各自核心的业务过程，就像一个独立的制造单元，这些所谓单元化企业具有自我组织、自我优化、动态运行和充满活力的特点，能够实现供应链业务的快速重组。

3. 简洁、精炼化原则

快速反应市场的能力或柔性是实施供应链管理的出发点和优势所在，在供应链构建时，要满足供应链柔性的要求，就必须坚持简洁、精炼化原则，通过删除不能带来增值的环节，选择合理的供应商、分销商，设计适宜的供应链节点数，使供应链既功能完备又灵活高效，提高快速反应能力。供应链中的合作伙伴的选择原则都是少而精，通过建立战略伙伴关系，推动准时物流、准时反应，实现业务流程的快速运行和供应链的快速反应。

4. 协作性原则

供应链的设计必须体现协作性原则。建立战略合作伙伴关系是供应链管理的重点，也是集成化供应链管理的核心。供应链管理的关键就在于供应链各节点企业间的连接和合作，以及相互之间在设计、生产、竞争、策略等方面的良好协调。

5. 动态性原则

为了适应市场变化、柔性、速度、革新、知识等需要，供应链必须设计为一个动态的网链结构，在这个结构中，不能适应供应链需求的企业将从供应链联盟中被淘汰，从而使供应链成为一个能快速重构的动态组织结构，即集成化供应链动态联盟。联盟是基于一定的市场需求，根据共同的目标而组成的，通过实时信息的共享来实现集成。同步化的、扩展的供应链计划和控制系统是主要工具。

6. 创新性原则

供应链管理本身就是创新思维的产物，作为一种新型的管理模式，供应链的设计同样要坚持创新性原则，这也是供应链设计集成化、动态性的要求。这种创新性体现在设计供应链时要敢于突破陈规、大胆质疑现有管理方法，采用新的更先进的管理技术，从新的角度、新的视野审视原有的管理模式和体系，进行创造性地创新设计。

7. 战略性原则

供应链虽然是由不同企业合作形成的，但它们之间却有着“赢得共享、风险共担”的关系，因此只有坚持战略性原则，对供应链发展进行长远规划，才能实现企业和整个供应链的长远利益，保证供应链的系统结构发展和企业的战略规划相一致。

三、供应链的构建步骤

1. 分析市场竞争环境

供应构运行是在一定的竞争环境中进行的，进行供应链构建的第一步就是要对市场竞争环境进行分析，分析包括：市场容量、市场份额、顾客对产品和服务的需求与期望、竞争对手及其供应链状态、市场风险等内容。同时对于市场的不确定性要有分析和评价。

2. 确定企业现状

分析企业管理的现状，重点是供需管理现状，如果企业已经有供应链管理，则分析供应链的现状。分析、找到、总结企业存在的问题及影响供应链设计的阻力等因素，确定研究供应链开发的方向。

3. 针对存在的问题提出供应链设计项目，分析其必要性和可行性

根据现有问题，对供应链构建的必要性进行分析，并从组织资源、技术能力、管理水平、信息资源等方面评价构建供应链的可行性。

4. 提出供应链设计的目标

围绕着供应链“可靠性”和“经济性”两大核心要求，提出供应链设计的目标，这些目标首先包括提高服务水平和降低库存投资的目标之间的平衡，以及降低成本、保障质量、提高效率、提高客户满意度等目标。

5. 分析供应链的组成，提出组成供应链的基本框架

供应链中的成员组成分析主要包括制造工厂、设备、工艺以及供应商、制造商、分销商、零售商及用户的选择及其定位，以及确定选择与评价的标准。

分析供应链节点的组成，提出组成供应链的基本框架；供应链组成包括产品设计公司、制造工厂、材料商、外包厂（如表面处理）、物流伙伴以及确定选择和评价的标准包括质量、价格、准时交货、柔性、提前期（L/T）和批量（MOQ）、服务、管理水平等指标。

6. 分析和评价供应链设计的技术可能性

在可行性分析的基础上，结合本企业的实际情况为开发供应链提出技术选择建议和支持。这也是一个决策的过程，如果认为方案可行，就可进行下面的设计；如果不可行，就要重新进行设计。结合企业本身和供应链联盟内（如设计公司，外包厂）资源的情况进行可行性分析，并提出建议和支持，如果不可行，则需要重新设计供应链，调整节点企业或建议客户更新产品设计。

7. 设计供应链

主要解决以下问题：供应链的成员组成（供应商、设备、工厂、分销中心的选择与定位，计划与控制）；原材料的来源问题（包括供应商、流量、价格、运输等问题）；生产设计（需求预测、生产什么产品、生产能力、供应给哪些分销中心、价格、生产计划、生产作业计划和跟踪控制、库存管理等问题）；分销任务与能力设计（产品服务于哪些市场、运输、价格等问题）；信息管理系统设计；物流管理系统设计等。

在供应链设计中，要广泛地应用到许多工具和技术，包括：归纳法、集体解决问题、流程图、模拟和设计软件等。3PL的选择与定位，计划与控制；确定产品和服务的计划，运送和分配，定价等，设计过程中需要各个节点企业的参与交流，以便于以后的有效实施。

8. 检验供应链

供应链设计完成以后，应通过一定的方法、技术进行测试检验或试运行，如不行，返回第四步重新进行设计；如果没有什么问题，就可以实施供应链管理了。

9. 实施供应链

供应链实施过程中需要核心企业的协调，控制和信息系统的支持，使整个供应链成为一个整体。

第二节　基于 BPR 的供应链构建

一、BPR 的概念和重要理论

（一）BPR 概念的提出

美国麻省理工学院的哈默教授等人于 1993 年首先在其著作《Reengineering the Corporation》中提出了业务流程再造（Business Process Reengineering，BPR）的思想，曾经轰动全世界，这几年成为各国研究和应用的热点。它的中心思想是：长期以来建立在英国经济学家亚当·斯密的“劳动分工论”基础上的生产经营方式及组织管理模式已经不能适应当代急剧变化的商品市场需求，必须抛弃这种“分工越细、效率越高、经营效果越好”的观念，以及由此形成的金字塔式的层层递阶控制、部门繁多、分工巨细的组织结构，而必须在重新审视整个企业生产经营过程后，根据企业的工作流程，包括物流和作业流，利用信息技术，对企业的组织结构和工作方法进行“彻底的、根本性的”重新设计，以适应当今市场发展和信息社会的需求。他们由此提出了企业的组织结构和工作设计应该从面向功能转变成为面向过程，强调要以作业流程为中心，依照跨部门的作业流程，将分散于各部门的职务重新组合等一系列企业重构的原则。这一思想正在对全世界制造业企业的管理产生深远的影响，值得引起我国企业高度关注。

（二）BPR 的含义

定义：企业再造就是从根本上考虑和彻底地设计企业的流程，使其在成本、质量、服务和速度等关键指标上取得显著的提高。

作为一种基于信息技术的、为更好地满足顾客需要服务的、系统化的企业组织的工作流程的改进哲学及相关活动，业务流程再造突破了传统的劳动分工理论的思想体系，强调以“流程导向”替代原有的“职能导向”的企业组织形式，为企业经营管理提出了一个全新的思路。自从业务流程再造思想诞生以来，已经有非常多的学者对其作了不同的定义，他们都有自己的理解，那么 BPR 的基本内涵是什么呢？

1. BPR 的核心是面向顾客满意度的业务流程

作业流程是这样一系列活动：即进行一项或多项投入，以创造出顾客所认同的有价值的产出。在传统劳动分工的影响下，作业流程被分割成各种简单的任务，经理们将精力集中于个别任务效率的提高上，而忽略了最终目标，即满足顾客的需求。而实施 BPR，就是要有全局的思想，从整体上确认企业的作业流程，追求全局最优，而不是个别最优。企业的作业流程可分为核心流程和支持流程，核心流程包括物流作业活动、管理活动和信息系统。支持流程包括企业基础设施、人员、培训、技术开发、资金等，以支持和保证核心流程。

2. BPR 面向顾客和信息技术的实质

除了面向企业流程外，实施业务流程再造，还必须面向顾客，并合理利用信息技术。

（1）面向顾客。BPR 诞生于美国，而不是日本，是有其必然性的。长期以来，美国企业以技术为推动，忽略了顾客的核心地位，故难以适应瞬息万变的市场环境。回顾历史，战后美国在世界经济格局中举足轻重，长期缺乏竞争对手，使之将精力投入学院式基础研究，走上了一条技术推动型道路。而日本则相反，科研为生产服务，到了 20 世纪 80 年代，日本的竞争力已经大大加强，并在机械、钢铁、汽车、化工等美国传统优势行业显示出明显的比较优势。进入 20 世纪 90 年代，顾客购买行为表现得不再像以前一样有整体的特性了，顾客要求产品和服务按照他们独特的需要设计，整体顾客的概念不再存在，取而代之的是个体顾客的概念。于是，针对变化了的顾客需求，美国企业开始转变思想，一切以市场、顾客为核心，逐步夺回了竞争优势。顾客的选择范围扩大，期望值提高，如何满足客户需求，解决“个性化提高”和“交货期缩短”之间的矛盾，已成为困扰企业发展的主要问题。实施 BPR 如同“白纸上作画”，这张白纸应是为顾客准备的，首先应当由顾客根据自己的需求填满，其中包括产品的品种、质量、款式、交货期、价格、办事程序、售后服务等，然后企业围绕顾客的意愿，开展重建工作，这是成功的关键。例如有的企业为了充分了解顾客和市场，甚至在其 BPR 小组中吸纳几名顾客，作为一个整体开展工作，通过这些顾客反馈信息，企业可以及时调整重建方向，以避免 BPR 的结果与意愿相违背。以顾客为导向必须使公司的各级人员都明确，企业存在的理由是为顾客提供价值，而价值是由流程创造的。只有改进为顾客创造价值的流程，企业的改革才有意义。顾客要的是流程的结果，过程与顾客无关。所以，任何流程的设计和实施都必须以顾客标准为标准，以顾客为中心，这是企业再造的成功保证。

（2）合理运用信息技术。BPR 与信息技术有着紧密的关系，但也有区别，主要表现在 BPR 是一种思想，而信息技术是一种技术。BPR 可以独立于信息技术而存在，但这种独立是相对的，在 BPR 由思想到现实的转变过程中，信息技术起到了一种良好的催化剂的作用。

实施 BPR 不是单纯的技术问题，更是一种思维方式的转变，而多数企业却将信息技术镶嵌于现有的经营过程中，他们想的是“如何运用信息技术来改善现有流程”，却没有从根本上考虑“我们要不要沿用现有流程”，而后者才是 BPR 的观点，它不是单纯地搞自动化，不是单纯的用技术解决问题，而是一种管理创新。

BPR 的基本内涵是以作业为中心，摆脱传统的组织分工理论的束缚，提倡顾客导向、组织变通、员工授权及正确的运用信息技术，达到适应快速变动的环境的目的，其核心是过程观点和再造观点。过程观点，即集成从订单到交货或提供服务的一连串作业活动，使其建立在“超职能”基础上，跨越不同职能部门的分界线，以求管理作业过程的重建；再造观点，即打破旧有管理规范，再造新的管理程序，以回归原点和从头开始，从而获取管理理论和管理方式的重大突破。

二、价值链理论

（一）价值链含义

价值链一词最初是由美国哈佛大学商学院教授迈克尔·波特于 1985 年在其所著《竞争优势》中提出的。价值链作为一种对企业竞争优势进行强有力的战略分析的框架，多年来不断发展创新并被财务分析、成本管理、市场营销等专门领域所广泛融入和吸收。从企业经济活动的角度分析，可以这样来定义价值链：使企业为客户、股东、企业职员等利益集团创造价值所进行的一系列经济活动的总称。在价值链中，价值的概念可以从内外两个角度来理解。对外针对企业客户，指产品的使用价值；对内针对企业自身及其内部流程等，指产品能为企业带来销售收入的特性，其数量表现就是在特定时间、特定地点顾客支付的产品价款。企业创造价值的过程一般可分解为产品开发、设计、生产、营销以及对产品起辅助作用的一系列互不相同但又互相关联的经济活动，或称为“增值作业”，其总和即构成企业的价值链。

在《竞争优势》中，将企业价值活动分为基本活动和辅助活动两类，基本活动是涉及产品物流过程中的各种活动，如产品制造及其销售、转移给买方和售后服务的各种活动。任何企业中，基本活动都可以划分为五种类别，即进货后勤、生产作业、发货后勤、经营网络和服务。辅助活动是辅助基本活动并通过提供外购投入、技术、人力资源以及各种公司范围的职能以相互支持。

（二）价值链分析法

价值链分析法是企业战略管理中比较流行的一种系统分析方法，该方法认为企业创造的价值产生于其自身的一系列活动，如采购、生产、服务、产品开发等，企业价值链是这些创造价值的总和。价值活动是企业竞争优势的资源。在进行价值链分析时，首先要确定企业的价值链构成，然后确定每一项活动对企业整体价值的贡献。如果对某项活动，企业在可能的市场范围内无法找到外部交易市场，则可以与竞争对手的成本进行比较，企业的成本低于对手的成本，则该项活动为企业提供正价值，反之，则提供负价值。总的来说，企业应该保留能为企业提供正价值的活动，对提供负价值的活动，则可以考虑出售，然后从市场上购入该项活动。对那些提供负价值，而又无法从市场购入的活动，就需要进一步分析这部分活动对企业整体价值的削弱情况。一旦从事该项活动会使企业整个价值低于最低可接受水平，企业就需要果断地停止整个业务。

根据以上分析，可以看出价值链所包括的对象：一系列经济活动，也是流程的基本要素。流程是企业业务流程再造的根本对象，因此从企业内部视角看，运用价值链进行业务流程分析是可行的。从企业外部视角看，BPR 面向顾客的本质，决定了企业要进行业务流程再造，必须为客户创造更大的价值，因此，要从顾客满意度来评估业务流程再造。价值链理论认为，顾客是价值链的一部分，因此，在进行业务流程再造时，不仅要对企业内部组成价值链的各个流程、各项活动进行价值分析，同时还要站在企业外部视角，对企业的供应商、客户进行价值评估，也就是说，要从整个供应链的角度来分析和改进流程。

（三）对供应链的价值分析

对企业外部供应商和客户的价值分析包括两项内容，一项是分析企业价值链与为自己提供前项或后项活动的价值链的接口。另一项分析是将企业的价值链系统与竞争对手的价值链系统进行对比分析。对绝大部分企业来说，其竞争对手有着与自己相同的供应商和客户，企业与对手的竞争不但表现在自己的价值链功能与对手的价值链功能的竞争上，还表现在双方在与供应商和客户价值链连接的效果上，企业只有在价值链系统整体价值高于竞争对手时，才能在市场上表现出更高的竞争力。从这一点上看，企业不但要关心自身价值链的培养，而且要注重供应链整体竞争力的提高。

虽然价值活动是构筑竞争优势的基石，但是价值链并不是一些独立活动的集合，而是相互依存的活动构成的一个系统。价值活动是由价值链的内部联系连接起来的。这些联系是某一价值活动进行的方式与成本或与另一活动之间的关系。例如，购买高质量、预先剪切好的钢板可以使生产简化并减少废料。竞争优势经常来源于活动间的联系，如同它也来自个体活动本身一样。联系可以通过最优化和协调一致这两种方式带来竞争优势。在对内部供应链进行再造时，要充分考虑各活动之间的联系，以便于充分利用信息系统技术来从联系中获取优势。同时要注重考虑各种物流活动的价值，找出物流业务过程中正价值和负价值的部分，然后进行流程再造。联系不仅存在于一个企业价值链内部，而且存在于企业价值链与供应商和渠道的价值链之间。这些联系与价值链内部的各种联系类似，即供应商或渠道的各种活动进行的方式影响企业活动的成本或效益，反之亦然。

在供应链上，供应商生产某个企业用于其价值链的产品或服务，供应商的价值链也在其他接触点影响着企业。例如，一个企业的采购和后勤活动与供应商的订单处理系统互相作用，同时，供应商的应用工程人员与企业的技术开发与生产人员之间也是协同工作的。供应商的产品特点以及它与企业价值链的其他接触点，能够十分显著地影响企业的成本和标新立异。例如，供应商频繁的运输能降低企业库存的要求，供应商的产品的适当包装能减少包装费用，供应商对发货的检查能减少企业对产品进行检查的需要。

在供应链管理中，制造企业通过与供应商建立长期合作关系，使彼此互相信任，紧密合作，减少供应链上不增值的活动，使整个供应链的竞争力增强。通过整合供应商与销售渠道的资源，改变原来的竞争关系，使原来的一方受益一方受损的零和游戏关系得到改善，变为双方受益的关系。通过企业之间的价值流动，形成了整个供应链上的价值。

三、供应链管理环境下的企业组织和业务流程

（一）供应链管理环境下的企业业务流程的主要特征

供应链管理环境下的业务流程的特征目前还是一个有待于进一步研究的问题。可以从制造商与供应商之间业务流程的变化、企业内部业务流程的变化以及支持业务流程的手段的变化三个方面，讨论给企业业务流程带来的变化。

1. 制造商与供应商之间业务流程的变化

在供应链管理环境下，制造商与供应商、或者制造商与分销商、供应商与供应商之间一般要借助于互联网或 EDI 进行业务联系，由于实施了电子化商务交易，因此许多过去依靠人工处理的环节在信息技术的支持下变得更加简捷了，有的环节甚至省去了，从而引起了业务流程的变化。例如，过去供应商企业总是在接到制造商的订货要求后，再进行生产准备等工作，等到零部件生产出来，已消耗很多的时间。这样一环一环地传递下去，导致产品生命周期很长。而在供应链管理环境下，合作企业间可以通过网络方便地获得需求方生产进度的实时信息，从而可以主动地做好供应或出货工作。

2. 企业内部业务流程的变化

供应链管理的应用，提高了企业管理信息计算机化的程度。从国外成功经验看，实施供应链管理的企业一般都有良好的计算机辅助管理基础，不管其规模是大还是小。借助于先进的信息技术和供应链思想，企业内部的业务流程也发生了很大的变化。以生产部门和采购部门的业务流程关系为例，过去在人工处理条件下，生产管理人员制订出生产计划后，再由物

资供应部门编制采购计划，还要经过层层审核，才能向供应商发出订货。这是一种顺序工作方式的代表。由于流程较长，流经的部门较多，因而不可避免的出现脱节、停顿、反复等现象，导致一项业务要花费较多的时间才能完成。在供应商管理环境下，有一定的信息技术作为支持平台，数据可以实现共享，并且可以实现并发处理，因而使原有的顺序工作的方式有可能发生变化。

3. 支持业务流程的手段的变化

为了更好地发挥出供应链管理的潜力，人们已经开发了很多管理软件，借助于强大的数据库和网络系统，供应链企业可以快速地交换各类信息，共享支持企业不同业务的管理系统并行处理的相关数据库信息，为实现同步运作提供了可能。信息技术的应用使得企业业务数据处理方式发生了很大变化，打破了原有的顺序处理方式，有利于实现并行工作，保证数据更新的同步化和数据传输的一致性。

（二）供应链管理环境下企业业务流程再造的几个问题

在供应链管理环境下，企业的业务流程发生了变化，也影响了企业的组织结构，自从BPR的概念提出以后，组织结构的变化逐渐从过去的注重功能集合转向注重流程再造上来。传统组织改变的只是集权和分权的权重或是顾客、地区或产品之间的合作，而不对基本工作流程进行任何重大的重新设计。在新的环境下，对工作流程进行单纯的效率提高变革对企业获得优秀绩效的作用仍显不足，因为现在所处的经营环境和所依赖的信息技术都发生了变化，不彻底改变流程就不能实现新的目标。所以人们提出要将流程的整合作为新的工作重心。以流程再造的观点来指导企业供应链的构建要注意以下问题。

1. 从整体上把握工作流程的重新设计

过去企业在进行组织变革时，往往把注意力放在提高某个瓶颈环节的效率上，很少从整体上考虑整个流程是否合理。BPR则不同，它一切从“零”开始，从企业整体来考虑流程的再设计。因此，以BPR为指导的企业组织变革设计策略强调首先在人们头脑中树立起对整体流程进行重新设计的概念。供应链管理理念的核心是将资源配置从一个企业扩展到多个企业，因此，在这种环境下的工作流程设计不仅要考虑企业内部的部门重组，而且要把流程的工作特征考虑到相关企业中去。

2. 确定首要的企业流程再造的项目

企业中有各种各样的作业流程，结构十分复杂。全面地进行重新设计必将分散精力，难以取得成功。应该首先选择一些关键性的作业流程作为实施BPR的项目，以关键流程带动一般流程的重构。

3. 分析和评价现行作业流程

分析现行流程是为了找出存在的问题，以免在将来的流程中重新出现，评价现行作业流程是为了对将来的改进找到一个“比较”的基准。例如，如果目标是缩短生产周期和降低成本，就要测出现行作业流程下生产周期和成本的准确值，作为将来评价供应链管理模式实施后在这两个目标上取得绩效的基准。

4. 选择合适的信息技术手段

现行的作业流程都是在传统的管理模式下设计出来的，因而企业在工作流程上并没有与供应链管理及其信息支持体系有多大的关系。现在，在引入信息技术时，首先要明确定义企业职能部门和作业流程的实体，明确企业在供应链管理模式下运作的要求，然后再选择计算机系统和管理软件的开发环境。BPR 强调在作业流程设计的初始阶段就考虑信息技术的作用，根据信息技术的能力明确新的作业流程。当前许多人都认为电子商务是 21 世纪企业经营的一个理想信息平台，因此在对供应链管理企业的重新设计时也要考虑这一问题。

5. 取得合作伙伴的支持和配合

供应链管理环境下的企业业务流程再造不同于单个企业内部的流程再造，企业除了要对其内部流程改造外，还必须改造与合作伙伴共同进行的业务，如与供应商企业的业务联系、与分销商企业的业务联系等。因此，在理想的情况下，供应链管理业务流程再造应该从整个系统出发，所有节点企业同步进行再造。应该着重做好有接口关系的企业的协调工作，首先取得他们的配合，否则就难以保证整个供应链的整体协调性。

案例 9-1

耐克公司的全球化供应链

耐克公司作为全球最大的运动品公司，有着许多先进的经营之道。在技术上，耐克产品具有领先优势，而且它采用以品牌为导向的营销策略，成功地使用超级体育明星做广告，把这个品牌确立为年轻人中的偶像。然而，像任何一个全球化的组织一样，供应链的后勤和管理是耐克的一个关键的战略问题。

耐克公司总部位于美国俄勒冈州的 Beaverton，运营着一个跨越全球的虚拟企业。它的核心部分是一套业务流程，流程的设计将它的高强的研发能力和低成本制造战略结合在一起。例如，耐克的“Air Max Penny”篮球鞋，是在美国俄勒冈和田纳西设计，由俄勒冈、中国台湾和韩国的技术人员开发的。成人尺码的鞋在韩国、青少年尺码的鞋在印度尼西亚制造，52 个部件由日本、韩国、中国台湾、印度尼西亚和美国的公司供应。而且，生产过程极为复杂，每双鞋经过了 120 多双手，制造期较长。

协调这一漫长流程的是信息系统，以及以物流为基础的组织结构，实现了在恰当的时刻把部件聚集到一起，同时管理全球市场的成品供应。重要的是，还能适应不断革新的产品、原材料和流程，使耐克公司每年有 300 多种新款鞋走向市场。

在美国和欧洲，耐克产品的主要分销活动越来越多包给专业化的第三方，它们和公司的全球销售和客户服务支持系统连接起来。这种连接使承包商能够优化发货次序和订单管理，提高效率，同时确保整个耐克虚拟企业的所有决策者都能很容易地获得产品可用信息。当供应链全球化后，产品也是面向全球市场，供应链的管理成为公司成败的一个关键决定因素。

（资料来源：http：//cio. ccw. com. cn/research）

第三节　基于产品类型的供应链构建

一、创新性产品与功能性产品

费舍尔（Fisher）认为供应链的设计要以产品为中心。供应链的设计首先要弄清楚顾客对企业产品的需求是什么，必须设计出与产品特性一致的供应链，也就是所谓的基于产品的供应链设计策略。也就是说，在供应链设计的前期，必须认真考虑与企业产品相关的一些重要问题，如产品寿命周期、市场需求预测、产品市场定位、提前期和服务的市场标准等。

供应链是由最终顾客的需求驱动的，为了有效地满足顾客需求，需要对不同产品的特点进行分析。根据需求特点，产品可分为两大类，即功能性产品（Functional Products）和革新性产品（Innovative Products）。功能性产品主要面向生产生活的基本需求，具有生命周期较长、需求稳定、便于预测、产品改型变异程度小等特点；革新性产品则是异于功能性产品的，主要面向创新性需求的，具有生命周期较短、产品改型变异程度大、设计和制造成本高、高边际利润、需求不稳定难以预测等特点的一类产品。

两者在上市速度要求、季末降价幅度、平均缺货率等方面差别也很大，详见表9-1。

表9-1 两个不同类型产品的特征比较

需求特征	功能性产品	革新性产品
产品寿命周期/年	>2	1~3
边际贡献（%）	5~20	20~60
产品多样性	低（每个目录10~20个）	高（每个日录上了个）
预测的平均边际错误率（%）	10	40~100
平均缺货率（%）	1~2	10~40
季末降价率（%）	0	10~25
按订单生产的提前期	6个月~1年	1天~2周

上市速度方面，功能性产品生命周期较长的特点使得其对新产品上市速度要求不高，一般不会出现因为过季而降价的现象；创新性产品生命周期较短的特点必然要求其加快新产品的上市速度，而一旦产品过季，必然较大幅度的降价。缺货率方面，由于功能性产品的式样、规格、型号、款式等相对简单，因而缺货率较低；而创新性产品的式样、规格、型号、款式等则较为繁杂，缺货率较高。相对于功能性产品而言，为消化额外的市场性费用，创新性产品要求高得多的边际贡献率。

产品有不同的特点，供应链有不同的功能，只有两者相匹配，才能起到事半功倍的效果。企业可以根据产品的不同设计不同的供应链。

二、有效供应链和反应性供应链

产品分为功能型产品和革新性产品两种类型。

功能性产品具有用户已接受的功能，能够根据历史数据对未来或季节性需求作出较准确的预测，产品比较容易被模仿，其边际利润低。与功能性产品相匹配的供应链应当尽可能地降低链中的物理成本，扩大市场占有率。因此，对于功能性产品，应采取有效性供应链。

有效性供应链也称效率型供应链，是以最低的成本将原材料转化成零部件、半成品、产品，并以尽可能低的价格有效地实现以供应为基本目标的供应链管理系统。由于产品需求一般是可以预测的，在整个供应链各环节中总是力争存货最小化，并通过高效率物流过程形成物资、商品的高周转率，从而在不增加成本的前提下尽可能缩短导入期。选择供应商时着重考虑服务、成本、质量和时间因素。有效性供应链设计符合重视低成本运作和准时交货的原则，有效性供应链设计特点包括流水线、低库存缓冲、低库存投资。

革新性产品追求创新，不惜一切努力来满足用户差异化需求。这类产品往往具有某些独特的、能投部分用户所好的功能，由于创新而不易被模仿，因而其边际利润高，在产品供货中强调速度、灵活性和质量，甚至主动采取措施，宁可增加成本大量投资以缩短提前期。对创新功能产品的需求是很难作出准确预测的，因此，追求降低成本的有效性供应链对此是不适应的，这时只有反应性供应链才能抓住产品创新机会，以速度、灵活性和质量获取高边际利润。

反应性供应链是指体现供应链的市场中介功能，即把产品分配到满足用户需要的市场，对未预知的需求作出快速反应的供应链。反应性供应链以实现供应链的商流功能为主要目标，即对市场需求变化作出迅速的反应。反应性供应链需要保持较高的市场应变能力，实现柔性生产，从而减少产品过时和失效的风险。反应性供应链设计符合重视快速反应、开发速度、迅速交货、定制和产量柔性的原则。反应性供应链的设计特点包括：柔性和中间流程、根据需要设定库存以便快速交货、大大缩短提前期。

表 9-2 是两种不同供应链的比较。

表 9-2　两种不同供应链的比较

比 较 内 容	有效性供应链	反应性供应链
基本目标	以较低的成本供应可预测的需求	尽可能使不可预测的需求遭受最小损失
创造核心	保持高的利润率	提高安全库存
提前期	大量投资以缩短提前期	控制成本前提下，尽可能短的提前期
节点企业成本	成本、质量为核心	速度、服务、质量为核心

当然，产品与供应链之间是否匹配，并非绝对的，匹配与不匹配也会随着情况的变化而发生变化。理论上很容易得出有效性供应链匹配功能性产品、反应性供应链匹配革新性产品的判断，但实践中，由于市场行情、用户需求、企业经营状况等因素的影响，匹配和不匹配也是相对的。一方面原本相匹配的产品和供应链可能变成不相匹配的。例如，对于革新性产品采取反应性供应链，这时二者是匹配的，随着时间的推移，革新性产品的创新功能也会被模仿，一旦革新性产品变成功能性产品，如果仍选用反应性供应链，原来匹配的情形就会相应变成不匹配的情形。另一方面，原本不匹配的产品和供应链随着情况的变化也可能变成匹配的。比如说，企业进行产品开发时，由于市场信息不灵，不知对手已推出相同的产品而将自己刚刚开发出的功能性产品误认为是革新性产品，并错误地使用反应性供应链，这时就会产生不匹配的情况。如果企业在原有产品的基础上开发出新的功能，这类功能性产品在一段时间内对某些用户可能表现出革新性的特征，企业选用反应性供应链，这时不匹配的情况就变成匹配的情况。相反，如果在产品表现出革新性特征时，企业没有认清形势，却错误地选用了有效性供应链，就会造成新的不匹配。所以随着诸多因素的变化，匹配与不匹配也会随时发生变化，关键在于企业能否随即作出调整。

三、推动式供应链和拉动式供应链

有效性供应链和反应性供应链的划分是从供应链本身功能来讲的。按照供应链的驱动方式来划分，可将供应链划分为推动式供应链和拉动式供应链。

推动式供应链是以制造商为核心企业，根据产品的生产和库存情况，有计划地把商品推销给客户，其驱动力源于供应链上游制造商的生产。在这种运作方式下，供应链上各节点比较松散，追求降低物理功能成本，属卖方市场下供应链的一种表现。由于不了解客户需求变化，这种运作方式的库存成本高，对市场变化反应迟钝。

拉动式供应链是以客户为中心，比较关注客户需求的变化，并根据客户需求组织生产。在这种运作方式下，供应链各节点集成度较高，有时为了满足客户差异化需求，不惜追加供应链成本，属买方市场下供应链的一种表现。这种运作方式对供应链整体素质要求较高，从发展趋势来看，拉动方式是供应链运作方式发展的主流。

现实生活中完全采取推动战略或者完全采取拉动战略的并不多见。这是因为单纯的推动或拉动战略虽然各有优点，但也存在缺陷。

在一个推动式供应链中，生产和分销的决策都是根据长期预测的结果作出的。准确地说，制造商是利用从零售商处获得的订单进行需求预测。事实上企业从零售商和仓库那里获取订单的变动性要比顾客实际需求的变动大得多，这就是通常所说的牛鞭效应，这种现象会使得企业的计划和管理工作变得很困难。例如，制造商不清楚应当如何确定它的生产能力，如果根据最大需求确定，就意味着大多数时间里制造商必须承担高昂的资源闲置成本；如果根据平均需求确定生产能力，在需求高峰时期需要寻找昂贵的补充资源。同样，对运输能力的确定也面临这样的问题：是以最高需求还是以平均需求为准呢？因此在一个推动式供应链中，经常会发现由于紧急的生产转换引起的运输成本增加、库存水平变高或生产成本上升等情况。

推动式供应链对市场变化作出反应需要较长的时间，可能会导致一系列不良反应。比如在需求高峰时期，难以满足顾客需求，导致服务水平下降；当某些产品需求消失时，会使供应链产生大量的过时库存，甚至出现产品过时等现象。

在拉动式供应链中，生产和分销是由需求驱动的，这样生产和分销就能与真正的顾客需求而不是预测需求相协调。在一个真正的拉动式供应链中，企业不需要持有太多库存，只需要对订单作出反应。

拉动式供应链有以下优点：①通过更好地预测零售商订单的到达情况，可以缩短提前期；②由于提前期缩短，零售商的库存可以相应减少；③由于提前期缩短，系统的变动性减小，尤其是制造商面临的变动性变小了；④由于变动性减小，制造商的库存水平将降低；⑤在一个拉动型的供应链中，系统的库存水平有了很大的下降，从而提高了资源利用率。当然，拉动式供应链也有缺陷。最突出的表现是由于拉动系统不可能提前较长一段时间作计划，因而生产和运输的规模优势也难以体现。

拉动式供应链虽然具有许多优势，但要获得成功并非易事，需要具备相关条件：第一，必须有快速的信息传递机制，能够将顾客的需求信息（如销售点数据）及时传递给不同的供应链参与企业；第二，能够通过各种途径缩短提前期。如果提前期不太可能随着需求信息缩短时，拉动式系统是很难实现的。

对一个特定的产品而言，应当采用什么样的供应链战略呢？企业是应该采用推动式还是拉动式战略，前面主要从市场需求变化的角度出发，考虑的是供应链如何处理需求不确定的运作问题。在实际的供应链管理过程中，不仅要考虑来自需求端的不确定性问题，而且还要考虑来自企业自身生产和分销规模经济的重要性。

综上所述，企业在设计供应链时不仅要考虑产品特点、市场需求，而且要考虑企业自身生产和分销规模经济的重要性，只有综合考虑，才能选择适合企业的推动式或拉动式供应链战略。

第四节　供应链运作参考模型

一、供应链运作参考模型的概念

供应链运作参考模型（Supply-Chain Operations Reference-model，SCOR）是由国际供应链协会开发支持，适合于不同工业领域的供应链运作参考模型。1996 年春，两个位于美国波士顿的咨询公司——Pittiglio Rabin Todd & McGrath（PRTM）和 AMR Research（AMR）为了帮助企业更好地实施有效的供应链，实现从基于职能管理到基于流程管理的转变，牵头成立了供应链协会（SCC），并于当年底发布了 SCOR。

SCOR 是第一个标准的供应链流程参考模型，是供应链的诊断工具，它涵盖了所有行业。SCOR 使企业间能够准确地交流供应链问题，客观地评测其性能，确定性能改进的目标，并影响今后供应链管理软件的开发。流程参考模型通常包括一整套流程定义、测量指标和比较基准，以帮助企业开发流程改进的策略。SCOR 不是第一个流程参考模型，但却是第一个标准的供应链参考模型。SCOR 主要由四个部分组成：供应链管理流程的一般定义、对应于流程性能的指标基准、供应链“最佳实施”（Best Practices）的描述以及选择供应链软件产品的信息。

SCOR 把业务流程重组、标杆比较和流程评测等著名的概念集成到一个跨功能的框架之中。SCOR 是一个为供应链伙伴之间有效沟通而设计的流程参考模型，是一个帮助管理者聚焦管理问题的标准语言。作为行业标准，SCOR 帮助管理者关注企业内部供应链。

二、供应链运作参考模型的主要内容

SCOR 按流程定义可分为四个层次，每一层都可用于分析企业供应链的运作，如表 9-3 所示。在第四层以下还可以有第五、六、七等更详细的属于各企业所特有的流程描述层次，这些层次中的流程定义不包括在 SCOR 中。

SCOR 的第一层描述了五个基本流程：计划（Plan）、采购（Source）、生产（Make）、配送（Deliver）和退货（Return）。它定义了供应链运作参考模型的范围和内容，并确定了企业竞争性能目标的基础。企业通过对第一层 SCOR 的分析，可根据下列供应链运作性能指标作出基本的战略决策。

表 9-3　SCOR 的层次结构

层　次	主 要 内 容
第一层 流程类型	定义了供应链运作参考模型的范围和内容，并确定企业竞争性能目标的基础
第二层 流程种类	企业的供应链可以用 24 种流程来按订单配置第二层 公司通过其特有的供应链配置实施运营战略
第三层 流程元素层	第三层定义企业在其市场上竞争成功的能力，包括： ● 流程元素定义 ● 流程元素的输入和输出 ● 流程性能指标 ● 最佳运作方式及适用性 ● 系统能够支持最佳运作行为 企业在第三级供应链上对其运营战略进行微调

（续）

层　次	主要内容
第四层 实施层	公司在这个层次上实施具体的供应链管理运作，第四层定义了具体的 运作方式以获得竞争优势和适应不断变化的商业环境

第一层中的五个基本流程的内容如图9-2所示。

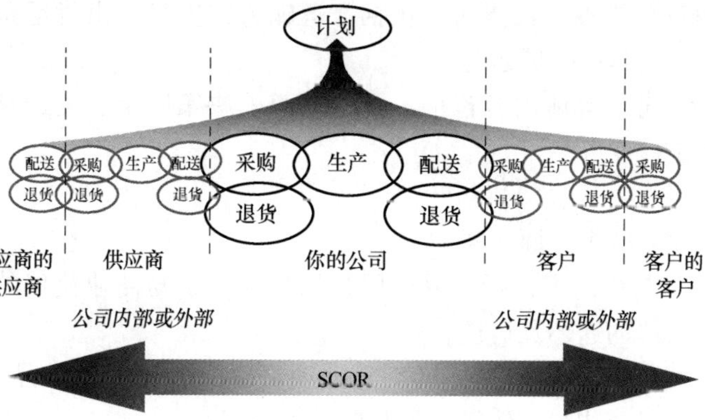

图9-2 SCOR的五个基本流程

1. 计划

计划的主要任务是制订需求/供应计划。具体内容有两个方面。

（1）评估企业整体生产能力、总体需求计划以及针对产品分销渠道进行库存计划、分销计划、生产计划、物料及生产能力的计划。

（2）制造或采购决策的制定、供应链结构设计、长期生产能力与资源规划、企业计划、产品生命周期的决定、生产正常运营的过渡期管理、产品衰退期的管理与产品线的管理等。

2. 采购

采购的主要任务有三个方面。

（1）寻找供应商和物料收取。具体内容包括：获得、接收、检验、拒收与发送物料、供应商评估、采购运输管理、采购品质管理、采购合约管理、进货运费条件管理、采购零部件的规格管理。

（2）原材料仓库管理。包括原材料运送和安装管理、运输管理、付款条件管理以及安装进度管理。

（3）采购支持业务。包括采购业务规则管理、原材料存货管理等。

3. 生产

生产流程的任务有两个方面。

（1）生产运作。具体内容包括：申请及领取物料、产品制造和测试、包装出货、工程变更、生产状况掌握、产品质量管理、现场生产进度制定、短期生产能力计划与现场设备管理以及在制品运输等。

（2）生产支持业务。具体内容包括：制造业务规格管理、在制品库存管理等。

4. 配送

配送的主要任务有四个方面。

（1）订单管理。具体内容包括：订单输入、报价、客户资料维护、订单分配、产品价格资料维护、应收账款管理、授信、收款与开立发票等。

（2）产品库存管理。具体内容包括：存储、拣货、按包装明细将产品装入箱、制作客户特殊要求的包装与标签、整理确认订单、运送货物。

（3）产品运输安装管理。具体内容包括：运输方式安排、出货运费调教管理、货品安装进度安排、进行安装与产品试运行。

（4）配送支持业务。具体内容包括：配送渠道的决策制定、配送存货管理、配送品质的掌握和产品的进出口业务。

5. 退货

退货的任务主要有两个方面。

（1）原料退回。具体内容包括：退还原料给供应商、与商业伙伴的沟通，同时准备好文件资料以及物料实体的返还及运送。

（2）产品退回。具体内容包括：接受并处理从客户处返回的产品、商业伙伴的沟通，同时准备好文件资料以及物料实体的返还及接受和处理。

第一层中的绩效衡量指标反映了供应链性能特征，高层绩效测量可能涵盖了多个不同层次的SCOR流程，如表9-4所示。衡量供应链的表现与理解其运作都是一样必要的。衡量工作必须结合企业的目标，要有可重复性，必须能对更有效地管理供应链提出见解，一定要适于所评测的流程活动。

表9-4　SCOR的第一层绩效衡量指标

性能特征	性能特征定义	第一层衡量指标
供应链配送可靠性	供应链配送的性能特征：正确的产品到达正确的地点、正确的时间、正确的产品包装和条件下，正确的质量和正确的文件资料，到达正确的客户	配送性能
		完成率
		完好订单的履行
供应链的反应	供应链将产品送达到客户的速度	订单完成提前期
供应链的柔性	供应链面对市场变化获得或维持竞争优势的灵活性	供应链响应时间
		生产的柔性
供应链成本	供应链运营所耗成本	产品销售成本
		供应链管理总成本
		增值生产力
		产品保证成本/退货处理成本
供应链管理的资产利用率	一个组织为满足需求利用资本的有效性，包括各项资本的利用：固定资本和运营资本	现金周转时间
		供应链库存总天数
		净资产周转次数

第二层是配置层，由24种核心流程类型组成，如图9-3所示。企业可选用该层中定义的标准流程单元构建他们的供应链。每一种产品或产品型号都可以有它自己的供应链。每一个SCOR流程都分三种流程元素进行详细描述：①计划元素，调整预期的资源以满足预期需

求量。计划流程要达到总需求平衡以及覆盖整个的规划周期。定期编制计划流程有利于缩短供应链的反应时间。计划流程同时综合模型中的部分及企业。②执行元素，由于计划或实际的需求引起产品形式变化，需要执行的流程包括：进度和先后顺序的排定、原材料及服务的转变及产品搬运。③支持元素，计划和执行过程所依赖的信息和内外联系的准备、维护和管理。

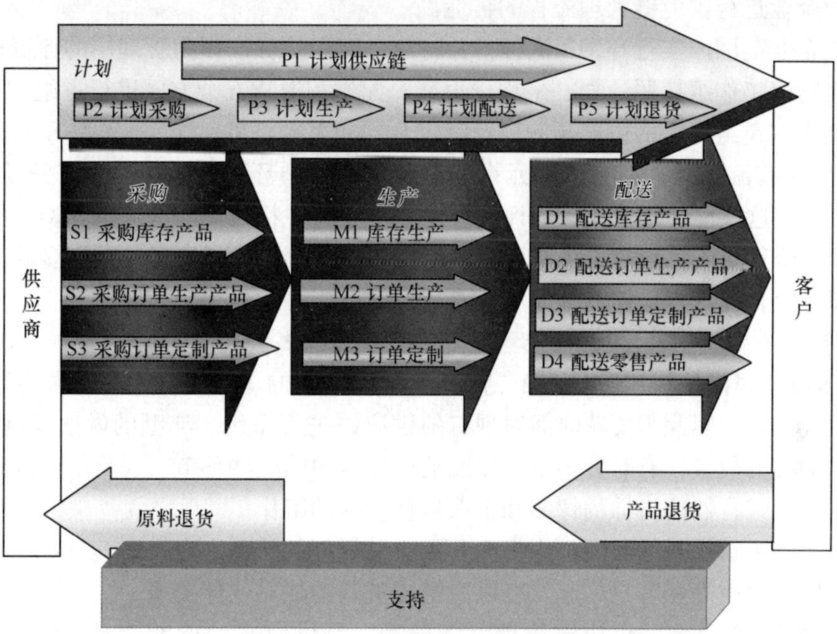

图 9-3　SCOR 配置层结构

第三层是流程元素层，包括流程流、输入和输出、输入的采购、输出目的地，如图 9-4 所示。

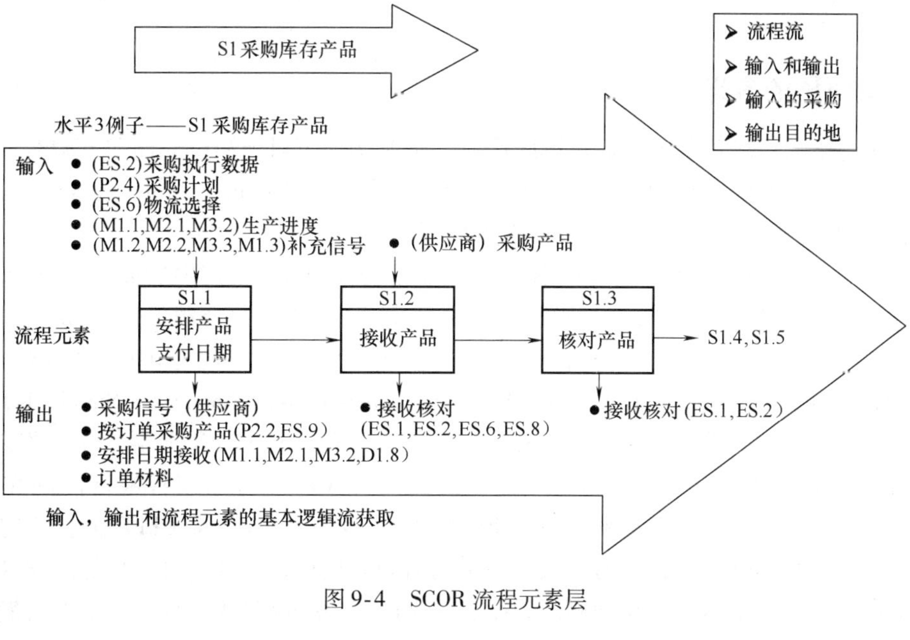

图 9-4　SCOR 流程元素层

三、SCOR 的应用

SCOR 可以用于以下途径。

（1）为支持新产品生产而计划、建立和规划一个公司。

（2）为企业进行供应链管理流程的再造。

（3）在企业范围内实行 SCOR 流程，并将第一级衡量标准作为管理层的评价标准。

（4）将物流工作组按照计划、采购、生产、配送和退货五个方面进行重组。

（5）用于多重组织中的协同预测以及制定合同和采购订单。

SCOR 中所有流程元素都有流程元素的综合定义，循环周期、成本、服务/质量和资金的性能属性，与这些性能属性相关的评测尺度，以及软件特性要求。但是 SCOR 不是软件指南，而是业务流程指南，但它也可作为供应链管理软件开发商的参考。在许多情况下，改变管理流程即可使企业获得最佳业绩而不需要开发软件。

SCOR 是一个崭新的基于流程管理的工具，国外许多公司已经开始重视、研究和应用 SCOR。大多数公司都是从 SCOR 的第二层开始构建他们的供应链，此时常常会暴露出现有流程的低效或无效，因此需要花时间对现有的供应链进行重组。典型的做法是减少供应商、工厂和配送中心的数量，有时公司也可以取消供应链中的一些环节。一旦供应链重组工作完成，就可以开始进行性能指标的评测和争取最佳业绩的工作。

企业在运营中自始至终必须努力提高其供应链管理的效率。在提高其自身运作效率的同时，企业可以同供应商和客户一起发展供应链成员间的战略伙伴关系。

SCOR 是第一个标准的供应链流程参考模型，是供应链的诊断工具，涵盖所有行业。SCOR 使企业间能够准确地交流供应链问题，客观地评测其性能，确定性能改进的目标，并影响今后供应链管理软件的开发。

第五节　CPFR 技术

一、CPFR 的含义

在快速变化的市场环境下，通过协同作业，企业实现了对上游供应商和下游客户在流程与信息上的整合。而协同预测、计划与补货（Collaborative Planning，Forecasting and Replenishment，CPFR）正是实现供应链协同的有效模型。

CPFR 产生于 1995 年 9 月，美国著名连锁企业 Wal-Mart 和其供货商 Warner-Lambert、管理信息系统供应商 SAP、供应链软件商 Manugistics，以及咨询公司 Benchmarking Partners 五家公司共同成立了零售业供应链工作小组，该小组为了解决零售业供应链问题而发展了 CPFR 模型。随后美国自愿跨行业标准（Voluntary Inter-industry Commerce Standards，VICS）协会为了改进整个供应链的效率，提议由 26 个领导厂商成立 CPFR 分会来正式发展 CPFR 的相关指引，该指引在 1998 年正式发表。实践表明，CPFR 可以改善零售商的在库标准 2% ~8%，并降低供应链库存水平 10% ~40%。根据美国 VICS 协会 CPFR 分会的定义，协同预测、计划与补货既是一种理念，又是一系列活动和过程，它通过合作伙伴之间共同管理业务过程和共享信息来达到提高预测准确度、减少库存、提高供应链效率和消费者满意度的目的。

CPFR 相对于 QR、ECR、VMI 要发展了许多，虽然 CPFR 是建立在 QR、ECR、VMI 的最佳实践基础上，但它摒弃了其相应的缺陷，通过供应链企业共同建立的一个适合所有贸易伙伴的业务过程来实现供应链集成，将协同行为渗透到预测、作业层次等。

从 CPFR 的基本思想看，供应链上下游企业只有确立起共同的目标，才能使双方的绩效都得到提升，取得综合性的效益。CPFR 这种新型的合作关系要求双方长期承诺公开沟通、信息分享，从而确立其协同性的经营战略，尽管这种战略的实施必须建立在信任和承诺的基础上，但是这是买卖双方取得长远发展和良好绩效的唯一途径。正是因为如此，所以协同的第一步就是保密协议的签署、纠纷机制的建立、供应链计分卡的确立以及共同激励目标的形成（例如不仅包括销量，也同时确立双方的盈利率）。应当注意的是，在确立这种协同性目标时，不仅要建立起双方的效益目标，更要确立协同的盈利驱动性目标，只有这样，才能使协同性能体现在流程控制和价值创造的基础之上。

为了实现共同的目标，还需要供应链上下游企业协同制订促销计划、库存政策变化计划、产品导入和中止计划以及仓储分类计划。

任何一个企业或双方都能作出预测，但是 CPFR 强调买卖双方必须作出最终的协同预测，协同预测能大大减少整个价值链体系的低效率、死库存，促进更好的产品销售、节约使用整个供应链的资源。与此同时，最终实现协同促销计划是实现预测精度提高的关键。CP-FR 所推动的协同预测还有一个特点是它不仅关注供应链双方共同作出最终预测，同时也强调双方都应参与预测反馈信息的处理和预测模型的制定和修正，特别是如何处理预测数据的波动等问题，只有把数据集成、预测和处理的所有方面都考虑清楚，才有可能真正实现共同的目标，使协同预测落在实处。

销售预测必须利用时间序列预测和需求规划系统转化为订单预测，并且供应方约束条件，如订单处理周期、前置时间、订单最小量、商品单元以及零售方长期形成的购买习惯等都需要供应链双方加以协商解决。根据 VICS 的 CPFR 指导原则，协同运输计划也被认为是补货的主要因素，此外，例外状况的出现也需要转化为存货的百分比、预测精度、安全库存水准、订单实现的比例、前置时间以及订单批准的比例，所有这些都需要在双方公认的计分卡基础下定期协同审核。潜在的分歧，如基本供应量、过度承诺等双方事先应及时加以解决。

二、CPFR 的实施

（一）CPFR 的指导性原则

CPFR 有三条指导性原则。

（1）合作伙伴框架结构和运作过程以消费者为中心，面向价值链。

（2）合作伙伴共同负责开发单一、共享的消费者需求预测系统，这个系统驱动整个价值链计划。

（3）合作伙伴均承诺共享预测并在消除供应过程约束上共担风险。

CPFR 针对合作伙伴的战略和投资能力不同、市场信息来源不同的特点，建成一个方案组。方案组通过确认合作伙伴从事关键业务的能力来决定哪家公司主持核心业务活动，合作伙伴可选用多种方案实现其业务过程。零售商和制造商从不同的角度收集不同层次的数据，通过反复交换数据和业务情报改善制定需求计划的能力，最后得到基于 POS（Point of Sale）的消费者需求的单一共享预测。这个单一共享需求计划可以作为零售商和制造商的与产品有关的所有内部计划活动的基础，换句话说，它能使价值链集成得以实现。以单一共享需求计划为基础能够发现和利用许多商业机会，优化供应链库存和改善客户服务，最终为供应链伙伴带来丰厚的收益。

（二）CPFR 的过程模型

CPFR 的过程模型，分为三个阶段，包括九个步骤。第一个阶段为计划，包括步骤一和二；第二个阶段为预测，包括步骤三到步骤八；第三个阶段为补给，包括步骤九。（详见图 9-5）。

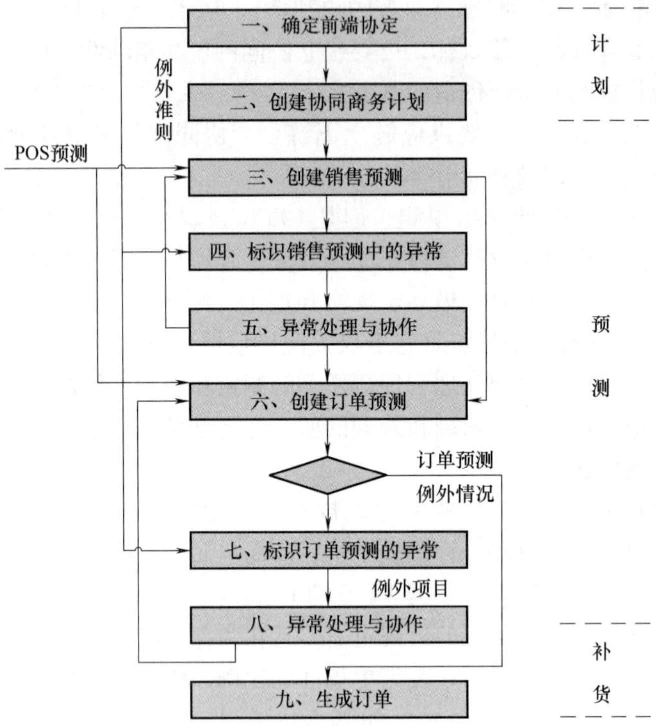

图 9-5　CPFR 实施步骤

CPFR 过程模型的九个步骤为。

步骤一：确定前端协定。生产制造商、零售商与分销商共同确定合作的原则和指南。各业务合作伙伴提出他们的期望并确定需要的介入资源。在这一步要形成一个通用业务协定，包括合作的全面认识、合作目标、机密协议、资源授权、合作伙伴任务和成绩的检测。

步骤二：创建协同商务计划。在该步骤，生产制造商和零售商交换有关公司策略的信息并创建协同策略。该步骤的目标是减少异常情况的数量。这一阶段也会包括一些营销和促销的协议。合作伙伴首先建立合作伙伴关系战略，然后定义分类任务、目标和策略，并建立合作项目的管理概况（如订单最小批量、交货期、订单间隔等。）

步骤三：创建销售预测。该预测基于 POS 数据和源自步骤二的特殊因素及计划促销的信息。

步骤四：标识销售预测中的异常。该步骤确定了那些与实际需求相比偏差超过了一定阈值的预测（在步骤一中定义）。产生这些偏差的原因不仅在于预测的不准确，还有可能是因为一些外部干扰造成。

步骤五：异常处理与协作。该阶段可以采用现场、E-mail、电话、交谈及电子会议等解决销售预测例外情况，同时可以利用共享数据库的方法提供新事件对销售将会带来何种影响的信息。该步骤的结果是一个修正了的预测。产生的变化可以提交给销售预测（步骤三）。

步骤六：创建订单预测。需求预测、因果关系信息和库存信息（实际库存、未执行订单和在途库存等）在本步骤中合并起来用于预计可能获得的实际订单，提出分时间段的实际需求量，并通过产品及接收地点反映库存目标。订单预测周期内的短期部分用于产生订单，在冻结预测周期外的长期部分用于计划。

步骤七：标识订单预测的异常。在本步骤中（与步骤四类似），实际到达的订单可能与生产制造商和零售商协定的数量不符。比如说，可能会出现因生产能力不足或物流不畅而无法满足需求的情况。

步骤八：异常处理与协作。与步骤五紧跟着步骤四相似，步骤八也是紧随步骤七而来。决策支持信息再一次从数据库中获得。它用于决定该异常是否能被忽略。如果不能，该如何反映，可能的解决方案有哪些。可通过查询共享数据、E-mail、电话、交谈会议等调查研究订单预测例外情况，并将产生的变化提交给订单预测（步骤六）。

步骤九：生成订单。在该步骤中，预测订单将被转变成固定订单，订单确认必须送回客户处。订单产生可由制造厂或者分销商根据能力、系统和资源来完成。

经过以上九个步骤，CPFR 过程模型基本建成了。上面建立了一个贸易伙伴框架结构，可用于创建一个消费者需求的单一预测，协同制造厂和零售商的订单周期，最终建立一个企业间的价值链环境，在获得最大赢利和消费者满意度的同时减少浪费和成本。

基本练习

1. 阐述供应链构建的原则和步骤。
2. 什么是流程再造？阐述流程再造的内涵。
3. 什么是创新性产品？什么是功能性产品？
4. 简述反应性供应链与有效性供应链的特点。
5. 阐述供应链运作模型（SCOR）的层次结构。
6. 阐述 SCOR 五个基本流程的主要内容。
7. 简述 SCOR 的第一层绩效衡量指标。
8. 简述 SCOR 的主要应用。
9. 什么是 QR？简述 QR 系统的重要组成部分。
10. 简述 QR 的实施步骤。
11. 什么是 ECR？简述 ECR 的四种关键要素。
12. 简述 ECR 系统的结构和实施步骤。
13. 简述 QR 与 ECR 的区别。
14. 什么是 CPFR？简述 CPFR 的指导性原则。

15. 简述 CPFR 的过程模型。

应用练习

1. 案例讨论

案例 9-2

雀巢与家乐福的 ECR 管理

雀巢公司是世界最大的食品公司，总部位于瑞士威伟市（Vevey），由亨利·雀巢（Henri Nestle）于1867年创立，目前在全球范围内拥有200多家子公司、500多家工厂，员工总数约有22万名，其产品行销80多个国家，主要产品涵盖幼儿食品、乳制品及营养品、饮料、冰激凌、冷冻食品及厨房食品、巧克力及糖果、宠物食品类与药品等。雀巢公司自1983年进入中国台湾，1987年开始进入中国大陆以来，业务发展迅速。

家乐福公司是世界第二大的连锁零售集团，于1959年在法国设立，全球有9 061家店，245万员工。截至2003年3月，家乐福在中国大陆拥有33家店，在中国台湾拥有28家店，业绩也在不断攀升。

雀巢公司和家乐福公司均在 ECR 的推动方面下了很大的力气。从1999年开始，两家公司在 ECR 方面计划进行更密切的合作，于是在中国台湾等地的分公司开始进行供应商管理库存（VMI）示范计划，并希望将相关成果在各自的公司内推广。

VMI 是 ECR 中的一项运作模式，主要指供应商依据销售及安全库存的需求，替零售商下订单或补货，而实际销售的需求则是供应商依据由零售商提供的每日库存与销售资料进行统计预估得来。通常供应商有一套管理系统来处理相关的事务。这样将大幅改进供应商面对市场的反应时间，从而能尽早得知市场确切的销售信息，降低供应商与零售商的库存，进一步提早安排生产，降低缺货率。

中国台湾雀巢从1999年10月开始，积极与家乐福公司合作，建立 VMI 示范计划的整体运作机制，总目标是增加商品的供应率，降低家乐福库存天数，缩短订货前置时间以及降低双方物流作业成本。具体指标包括：雀巢对家乐福物流中心的产品到货率达90%，家乐福物流中心对零售店面的产品到货率达95%，家乐福物流中心库存天数下降至预定标准，以及家乐福对雀巢的建议订货单修改率下降至10%等具体目标。另外，雀巢也希望将新建立的模式扩展至其他销售渠道上加以运用，以加强掌控能力并获得更大规模效益，而家乐福也会与更多的重点供应商进行相关合作。

整个计划是在一年之内，建立一套 VMI 的运作环境，并且可以循环执行。具体而言，分为两个阶段。

第一个阶段：包括确立双方投入资源、建立评估指标、就所需条件进行谈判、确定整个运作方式以及系统配置。时间约半年。

第二个阶段：为后续的半年，修正系统与运作方式，使之趋于稳定，并以评估指标不断进行问题寻找与改善，直至自动运行为止。

在人力投入方面，雀巢与家乐福双方均设置了一个协调机构，其他部门如物流、采购、信息等部门则是以协助的方式参与。在经费的投入上，家乐福公司主要是在 EDI 系统建设上的花费，雀巢公司除了 EDI 系统建设外，还引进了一套 VMI 系统。

在计划的实际执行上，还可细分为五个子阶段。

(1) 评估双方的运作方式与系统在合作上的可行性。

(2) 一把手的推动与团队建立。

(3) 沟通协调系统的建立。

(4) 同步化系统与自动化流程。

(5) 持续性训练与改进。

在系统建设方面，雀巢与家乐福双方均采用EDI网络的方式来进行资料传输，而在雀巢公司的VMI管理系统部分，则采取外购产品的方式来建设。雀巢在家乐福、法国及其他国家雀巢公司的建议下，充分考虑系统需求特性后，最后选用了Infule的EWR产品。

经过近一年的推进实施，雀巢公司和家乐福公司整个VMI运作方式逐渐形成了如下五个步骤的运作模式。

(1) 每日9：30以前，家乐福用EDI方式传送结余库存与出货资料等信息到雀巢公司。

(2) 9：30~10：30，雀巢公司将收到的资料合并至EWR的销售资料库系统中，并产生预估的补货需求，系统将预估的需求量写入后端的BPCSERP系统，依实际库存量计算出可行的订货量，产生建议订单。

(3) 10：30前，雀巢公司以EDI方式传送建议订单给家乐福公司。

(4) 10：30~11：00，家乐福公司在确认订单并进行必要的修改后回传至雀巢公司。

(5) 11：00~11：30，雀巢公司依据确认后的订单进行拣货与出货。

除了建设一套VMI运作系统与方式外，在具体目标方面也取得了显著成果：雀巢公司对家乐福物流中心的产品到货率由原来的80%左右提升到95%；家乐福物流中心对零售店面的产品到货率也由70%左右提升至90%左右，而且仍在继续改善中；库存天数由原来的25天左右下降至目标值以下；在订单修改率方面也由60%~70%的修改率下降至10%以下。

而对雀巢公司来说最大的收获却是在与家乐福合作的关系上。过去与家乐福是单向的买卖关系，家乐福享受着大客户的种种优惠，雀巢公司则尽力推出自己的产品，这样，彼此都忽略了真正的市场需求，从而导致卖得好的商品经常缺货，而不畅销的商品却库存积压。经过这次合作，双方有了更多的相互了解，也有了共同解决问题的意愿，并使原本各项问题的症结点一一浮现，这对从根本上改进供应链的整体效率非常有利。同时，雀巢公司也开始考虑将VMI系统运用到其他销售渠道。

（资料来源：http：//cio. ccw. com. cn/research）

讨论题

1. 从此案例中可看出实施VMI对供应链上的企业能带来哪些效益？
2. 实施VMI的主要步骤有哪些？
3. 推动ECR的落实，需要把握几个关键点？

2. 案例讨论

案例9-3

沃尔玛与宝洁公司的供应链构建

20世纪80年代以来，随着零售企业的规模扩大和实力增强，零售企业形成了完备的流通信息网络，POS、EOS等现代零售管理系统开始进入零售店铺，使零售企业不仅经营绩效有了巨大提高，而且由于他们更准确、更及时地掌握了市场上的关键信息和顾客需求，从而相对于生产制造商，占据了信息上的优势地位。

与此同时，消费者的需求日益个性化，产品制造商们不从事销售，无法即时掌握市场动向，常造成生产和销售不协调，表现为：一是生产大于需求，库存积压；二是对市场急需的产品不了解而失去商机。在此背景下，产品制造商们必须寻找新的经营方式，否则，企业的发展面临挑战。

宝洁公司首先考虑的是对自己产品的销售环节进行变革，在研究其销售环节过程中，它们发现销售环节越长，流通费用和成本问题越大，更重要的是市场信息在通过销售环节传递给生产厂家的过程中被逐步放大，最后生产厂家得到的需求信息远远大于市场真正的需求数据，造成了生产与市场的脱节。以典型的产品传递过程来看，产品从生产到消费者手中，一般要经过如下过程：生产商—经销商—零售商—顾客。在这里，顾客需求信息就是市场需求信息，但是顾客信息要传递到生产商处，要经过零售商、经销商，有时在零售商和经销商之间还存在分销商环节。在通常情况下，零售商会考虑到市场风险设定安全库存，它将会把顾客需求数量和安全库存量相加后，传递给经销商；同样，经销商也会在零售商需求数量基础上增加自己所设定的安全库存，将之传递给制造商，最后，制造商得到的需求信息是一个在传递过程中被大大放大的信息，不能真实地反映市场。由此可见，要正确地确定市场需求，就必须尽可能地贴近市场。而减少流通环节，只有与经销商或零售商积极配合才有可能实现。宝洁公司意识到其发展的瓶颈，就开始寻求与零售商的密切合作的方式。

同样，零售企业沃尔玛公司也需要与制造商们进行密切合作，因为单靠零售商自身的实力和规模，仍难以应对国际化的挑战。当时沃尔玛公司面临的最大问题是既从事商品的配送，又要进行商品销售，运行成本较高，而这些成本又不能转嫁给消费者，背负较高的运行成本不利于企业的长远发展。只有产销之间紧密结合，相互补充、相互促进，才能解决问题。

在共同利益的驱动下，两家企业开始合作，目的就是通过产销联盟，改革营销模式，通过单环节的直接交易形式，同时借助以信息共享为特征的经营和物流管理系统，使产销双方都能对市场的变化作出及时响应，降低在库水准，遏止滞销品的产生，达到双赢。

为了合作的顺利进行，宝洁公司和沃尔玛双方组成由财务、流通、生产和其他各职能部门组成的专门合作团队，首先针对宝洁公司的纸尿裤产品实行供应链管理，构筑JIT型的自动订发货系统，其具体的形式是双方企业通过EDI和卫星通信实现联网，借助于这种信息系统，宝洁公司除了迅速知道沃尔玛物流中心内的纸尿裤库存情况外，还能及时了解纸尿裤在沃尔玛各店铺的销售量、库存量、价格等数据，这样不仅能使宝洁公司能及时制订出符合市场需求的生产和研发计划，同时也能对沃尔玛的库存实行具体的品种管理，做到连续补货。而沃尔玛则从原来繁重的物流作业中解放出来，专心于经营活动，同时在通过EDI从宝洁公司获得信息的基础上，及时决策商品的货架和进货数量，并由VMI系统实行自动进货。

具体作业流程如图9-6所示，沃尔玛的各店铺都制定了一个安全库存水平，同时各店铺的POS（销售时点系统）可以即时收集顾客的购买信息，并将此销售信息传递给库存管理系统实行即时的库存数据更新。一旦现有库存低于安全库存水平，设在沃尔玛的计算机通过通信卫星自动向宝洁公司的工厂订货，宝洁公司在接到订货后，将订购商品配送到各店铺，同时将发货信息传递给沃尔玛公司的库存系统实施下一循环在库管理。同时两个企业之间采用了 EFT（电子资金传递）系统，通过这种系统企业之间的财务结算就不需要传统的支票等纸面形式来进行，而是通过计算机终端等电子设备来完成。EFT 提高了企业的结算效率，加快了资金周转率。

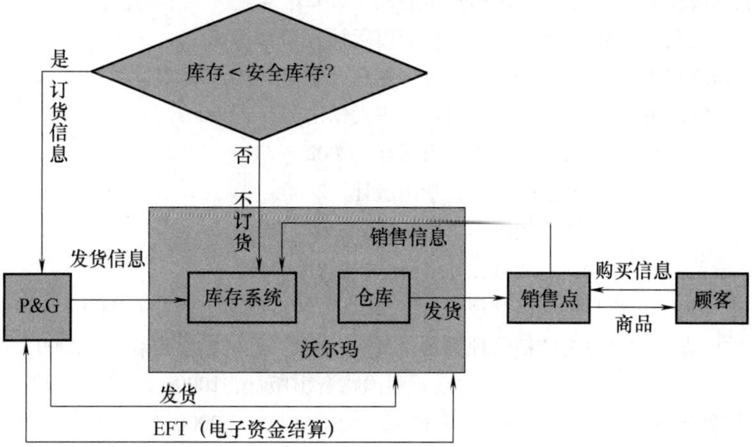

图 9-6　宝洁与沃尔玛供应链作业流程

商品供应链构建后使双方的效率和效益得到了大幅度的提高。对于宝洁公司来说，通过这种 VMI 系统使企业营销计划的制订和实现更加贴近市场，提高了工厂的生产率，增加了生产的柔性；同时减少了库存数量和风险，大大节省在库成本；由于流通环节的减少，降低了流通成本。对于沃尔玛公司而言，由于无纸贸易缩减了交易费用；在库成本和风险得到了压缩；由于使用 VMI 系统，不再需要进行库存决策和订货决策，由商品供应商主动补货，缩减了订货业务流程，可以专注于商品销售业务，减少人力成本和业务成本，增加了公司效益。

由于两家公司通过构建供应链取得了巨大成功，深深地刺激了其他的企业，供应链管理思想开始在美国乃至世界迅速传播和发展。

（资料来源：《雀巢与家乐福的 ECR 管理》，戴勇，《中国物流与采购》，2003 年第 17 期）

讨论题：

1. 为什么宝洁公司和沃尔玛要进行紧密的产销联盟？两家的目标相同和差异处有哪些？
2. 通过两家企业的供应链构建的过程和采用的技术，我们可以得到哪些启示？
3. 供应链是否适应所有具有供需关系的企业，在供应链构建和管理中应注意哪些问题？

参 考 文 献

[1] 崔介何. 电子商务与物流 [M]. 北京：中国物资出版社，2002.
[2] 崔介何. 企业物流 [M]. 北京：中国物资出版社，2002.
[3] 蔡淑琴. 物流信息系统 [M]. 北京：中国物资出版社，2002.
[4] 朱道立，等. 物流与供应链管理 [M]. 上海：复旦大学出版社，2002.
[5] 丁立言，张铎. 物流系统工程 [M]. 北京：清华大学出版社，2000.
[6] 丁俊发. 中国物流 [M]. 北京：中国物资出版社，2002.
[7] 吴清一. 物流学基础 [M]. 北京：清华大学出版社，2000.
[8] 齐二石. 物流工程 [M]. 天津：天津大学出版社，2002.
[9] 李京文. 物流学及其应用 [M]. 北京：经济科学出版社，1987.
[10] 宋华，胡左浩. 现代物流与供应链管理 [M]. 北京：经济科学出版社，2000.
[11] 宋华，胡左浩. 现代物流与供应链管理案例 [M]. 北京：经济科学出版社，2000.
[12] 王槐林. 采购管理与库存控制 [M]. 北京：中国物资出版社，2000.
[13] 董大海. 如何做物流管理 [M]. 大连：大连理工大学出版社，2000.
[14] 马士华，林勇，等. 供应链管理 [M]. 北京：机械工业出版社，2000.
[15] 薛华成. 管理信息系统 [M]. 北京：清华大学出版社，1999.
[16] 宋伟刚. 物流工程及其应用 [M]. 北京：机械工业出版社，2003.
[17] 李丽文. 生产与运作管理 [M]. 北京：清华大学出版社，1998.
[18] 龚益鸣. 质量管理学 [M]. 上海：复旦大学出版社，2000.
[19] 陈福生. 现代工业企业物资管理 [M]. 北京：经济管理出版社，1997.
[20] 王文信. 多种少量生产方式之生产计划管理实务 [M]. 厦门：厦门大学出版社，2002.
[21] 毕新华. 企业信息系统建设与管理变革 [M]. 长春：吉林大学出版社，2002.
[22] 现代物流管理课题组. 物流成本管理 [M]. 广州：广东经济出版社，2002.
[23] 张毅. 现代物流管理案例、习题 [M]. 上海：上海人民出版社，2001.
[24] 王明智. 物流管理案例与实训 [M]. 北京：机械工业出版社，2003.
[25] 唐纳德 J 鲍尔索克斯，戴维 J 克劳斯. 物流供应链管理 [M]. 林国龙，宋柏，沙梅，译. 北京：机械工业出版社，1998.
[26] 大卫 · 辛奇-利维，等. 供应链设计与管理 [M]. 季建华，邵晓峰，王丰，译. 上海：上海远东出版社，2000.
[27] 中田信哉. 物流配送 [M]. 陶庭义，译. 深圳：海天出版社，2001.
[28] 爱德华 · 巴蒂，等. 运输管理 [M]. 刘南，译. 北京：机械工业出版社 2009.
[29] 张芮，伍蓓. 采购运作管理 [M]. 北京：中国物资出版社，2008.
[30] 唐纳德 · 沃尔斯. 供应链管理概论 [M]. 高永玲，译. 北京：电子工业出版社，2010.
[31] 塞西尔 C 博扎思，罗伯特 B 汉德菲尔德. 运营与供应链管理导论 [M]. 李东贤，李成强，译. 北京：清华大学出版社，2007.
[32] 詹姆士 R 斯托克，道格拉斯 M 兰伯特. 战略物流管理 [M]. 邵晓峰，等译. 北京：中国财政经济出版社，2005.
[33] 李学工，等. 现代物流方案规划与设计 [M]. 北京：机械工业出版社，2011.
[34] 郝勇，张丽，黄建伟. 物流系统规划与设计 [M]. 北京：清华大学出版社，2008.

[35] 马丁·克里斯托弗. 物流与供应链管理 [M]. 何明珂, 崔连广, 等译. 北京: 电子工业出版社, 2011.
[36] 威廉·史蒂文森, 张群, 张杰. 运营管理 [M]. 北京: 机械工业出版社, 2009.
[37] 彭去飞, 邓勤. 现代物流管理 [M]. 北京: 机械工业出版社, 2009.
[38] 陈达强, 蒋长兵. 采购与供应链案例 [M]. 北京: 中国物资出版社, 2009.
[39] 彼得·贝利, 大卫·法摩尔. 采购原理与管理 [M]. 王增东, 杨磊, 译. 北京: 电子工业出版社, 2003.
[40] 王道平, 周叶. 现代物流决策技术 [M]. 北京: 北京大学出版社, 2009.
[41] 肯尼斯·莱桑斯, 布莱恩·法林顿. 采购与供应链管理 [M]. 鞠磊, 吴立生, 等译. 北京: 电子工业出版社, 2008.
[42] 艾伦·哈里森, 雷姆科·范赫克. 物流管理与战略 [M]. 任建标, 杜娟, 译. 北京: 中国人民大学出版社, 2010.
[43] C Langley, John J Coyle. Managing Supply Chains: A Logistics Approach [M]. 北京: 清华大学出版社, 2009.